广视角 · 全方位 · 多品种

权威 · 前沿 · 原创

皮书系列为

“十二五”国家重点图书出版规划项目

中国社会科学院创新工程学术出版资助项目

中国城市竞争力报告 No.11

ANNUAL REPORT ON CHINA'S URBAN COMPETITIVENESS (No.11)

新基准：建设可持续竞争力理想城市

A New Benchmark: Constructing the Ideal City with Sustainable Competitiveness

顾　　问／王伟光　李　杨　江小涓　仇保兴　陶斯亮
张卓元　牛文元　裴长洪　高培勇　郝寿义
樊　纲　姚景源　王　元　李晓西　王诚庆
邓淑德　吴志良
主　　编／倪鹏飞
副 主 编／侯庆虎　梁　华　陈小龙　杨　杰
特邀主编／沈建法　林祖嘉　刘成昆

社会科学文献出版社
SOCIAL SCIENCES ACADEMIC PRESS (CHINA)

图书在版编目(CIP)数据

中国城市竞争力报告. 11，新基准：建设可持续竞争力理想城市/倪鹏飞主编. —北京：社会科学文献出版社，2013.5
(城市竞争力蓝皮书)
ISBN 978-7-5097-4575-5

Ⅰ.①中… Ⅱ.①倪… Ⅲ.①城市-竞争力-研究报告-中国 Ⅳ.①F299.2

中国版本图书馆 CIP 数据核字（2013）第086924号

城市竞争力蓝皮书
中国城市竞争力报告 No.11
——新基准：建设可持续竞争力理想城市

主　　编 / 倪鹏飞
副 主 编 / 侯庆虎　梁　华　陈小龙　杨　杰

出 版 人 / 谢寿光
出 版 者 / 社会科学文献出版社
地　　址 / 北京市西城区北三环中路甲29号院3号楼华龙大厦
邮政编码 / 100029

责任部门 / 皮书出版中心（010）59367127
电子信箱 / pishubu@ssap.cn
项目统筹 / 姚冬梅
经　　销 / 社会科学文献出版社市场营销中心（010）59367081　59367089
读者服务 / 读者服务中心（010）59367028
责任编辑 / 高振华
责任校对 / 师旭光
责任印制 / 岳　阳

印　　装 / 北京季蜂印刷有限公司
开　　本 / 787mm×1092mm　1/16
印　　张 / 28.75
版　　次 / 2013年5月第1版
字　　数 / 467千字
印　　次 / 2013年5月第1次印刷
书　　号 / ISBN 978-7-5097-4575-5
定　　价 / 89.00元

中国社会科学院财经战略研究院简介

中国社会科学院财经战略研究院（NATIONAL ACADEMY OF ECONOMIC STRATEGY，CASS）简称“财经院”，成立于1978年6月。其前身为中国社会科学院经济研究所财政金融研究组和商业研究组。初称“中国社会科学院财贸物资经济研究所”。1994年，更名为“中国社会科学院财贸经济研究所”。2003年，更名为“中国社会科学院财政与贸易经济研究所”。2011年12月29日，作为中国社会科学院实施哲学社会科学创新工程的一个重大举措，也是在创新工程后成立的首批跨学科、综合性、创新型学术思想库和新型研究机构，以财政与贸易经济研究所为基础，组建综合性、创新型国家财经战略研究机构——财经战略研究院，并从此改用现名。

著名经济学家刘明夫、张卓元、杨圣明、刘溶沧、江小涓、裴长洪、高培勇先后担任所长。现任院长为高培勇教授，党委书记为揣振宇编审。

作为中国社会科学院直属的研究机构，自成立以来，财经院与祖国的改革开放事业共同成长，始终以天下为己任，奋进在时代前列。几代财经院人，不辱使命，在中国经济社会发展进程中的几乎每一个环节，都留下了自己的印记。经过30多年的努力，今天的财经院，已经发展成为拥有财政经济、贸易经济和服务经济等主干学科板块、覆盖多个经济学科领域的中国财经科学的学术重镇。

中国社会科学院竞争力模拟实验室简介

中国社会科学院竞争力模拟实验室是中国社会科学院城市与竞争力研究中心成员经过对城市与竞争力十余年的跟踪研究，建立的涵盖国家竞争力、城市竞争力、城市联系度、教育竞争力、人才竞争力、商务环境、住房发展等多个方面的大型综合模拟实验室，实验室的数据库目前已经拥有数百项指标的数据，样本包括世界主要国家和地区，全球500个城市，中国300个城市，是全球有关城市与竞争力最重要的数据库之一。数据库中系统地总结了中心专家十余年的调研成果，构建了城市与竞争力数据库。

为保证数据权威性与准确性，模拟实验室将数据来源、数据处理方法和指数合成方法等附在数据之中，便于数据库的使用者随时查阅。库藏城市与竞争力案例库是经由中心联合国内外专家悉心总结，综合中心多部著作及调研成果，制作的包含数百个经典案例的城市与竞争力案例库。

中国社会科学院城市与竞争力研究中心简介

中国社会科学院城市与竞争力研究中心是2010年4月26日成立的一个有关城市与竞争力的院级非实体研究中心。中心的主要任务是组织国内外各界相关研究人员，开展城市经济、城市管理、城市化、城市竞争力、房地产经济、房地产金融相关的学术研究；开展国内外学术交流，组织中心学者进行国际学术访问；组织国内外相关领域专家、城市市长等各界人士召开城市竞争力国际论坛以及相关学术会议；受国内外政府、企业、非政府组织等委托，开展相关的政策和战略咨询研究；通过举办高级研修班等多种形式的培训，培养学以致用的学术和城市管理人才。

近年来，中国社会科学院这支研究团队在城市与竞争力方面做了许多的创新探索，关于中国城市竞争力的研究获得了“孙冶方经济科学奖”；关于中国住房发展的研究获国家重大社科基金支持。城市竞争力蓝皮书等已成为中国社会科学院重要的学术品牌，为中央及地方政府的相关决策提供了参考。中心组织和联合全世界的城市竞争力研究专家，成立全球城市竞争力项目组，与世界银行集团及世界著名城市学者开展相关领域的高端合作，举办城市竞争力国际论坛，扩大了中国社会科学院在这些国际学术领域的话语权和影响力。

主要编撰者简介

倪鹏飞 男，南开大学经济学博士。中国社会科学院城市与竞争力研究中心主任，中国社会科学院财经战略研究院院长助理，研究员，博士生导师。曾获第十一届孙冶方经济科学著作奖。主要研究领域：国家竞争力、城市竞争力、城市经济学与房地产经济学。

侯庆虎 男，南开大学数学博士，南开大学组合数学研究中心教授，博士生导师。主要研究领域：机械证明、城市竞争力计量。

梁　华 女，南开大学经济学博士，中国社会科学杂志社副编审。主要研究领域：外国直接投资与中国经济发展。

陈小龙 男，国家统计局城市司城市资料处处长。主要研究领域：城市社会经济统计。

沈建法 男，伦敦经济学院地理学博士，香港中文大学香港亚太研究所教授，亚太城市与区域发展研究计划主任。主要研究领域：城市竞争力与中国城市化。

林祖嘉 男，加州大学洛杉矶分校经济学博士，台湾政治大学经济学教授。主要研究领域：城市竞争力与房地产经济。

刘成昆 男，南开大学经济学博士，澳门科技大学行政与管理学院副教授、课程协调主任。主要研究领域：城市和区域经济、澳门经济。

杨　杰 男，中国社会科学院研究生院金融学博士研究生。主要研究领域：城市与房地产金融。

摘　要

过去10年，中国城市在增长方式转变方面收效甚微，同时房价过高、环境恶化、社会问题多发等问题凸显，“城市病”不断加剧。寻求可持续的发展机制和走新型城市化道路成为中国城市当前所面对的迫切问题。本年度报告将“新基准：建设可持续竞争力理想城市”作为研究主题，就是对未来中国城市发展方向的一次追寻和探索。《中国城市竞争力报告 No. 11》在前十份报告十年研究的基础上，将城市竞争力理论又向前推进了一步，使其理论框架更加清晰，政策含义更加鲜明。首次将城市竞争力明确区分为产出的、当前的和短期的城市综合经济竞争力，城市产业体系竞争力与投入的、可持续的和长期的城市可持续竞争力三个组成部分。城市综合经济竞争力即城市创造价值的能力，体现为城市创造价值的规模、速度和效率，城市可持续竞争力即城市的要素与环境状况，体现为城市在主体素质、当地要素、当地需求、主体联系、公共制度和基础设施六个方面的状况。其中，以构建理想城市为目标，我们提出理想城市应该是以人为本的宜居城市、创业至上的宜商城市、公平包容的和谐城市、环境友好的生态城市、创新驱动的知识城市、城乡一体的全域城市、交流便捷的信息城市和开放多元的文化城市，并从城市可持续竞争力的六个方面提取出关键因素，按照理想城市的这八项特征重新组合，作为其构成成分。然后从这些构成成分出发，设计了可持续竞争力的指标体系。因此，城市可持续竞争力就反映了城市和理想城市的差距与城市不断迈向理想城市的能力。根据城市综合经济竞争力和城市可持续竞争力的指标体系，我们对中国293个城市的综合经济竞争力和287个城市的可持续竞争力进行了分析和比较，发现中国城市总体上在可持续竞争力及其八个方面距理想城市的标准都存在很大差距，每个方面都存在一系列迫切问题有待解决。未来中国城市的发展，必须以建设理想城市为目标，从可持续竞争力的八个方面入手，逐步解决各方面的问题，走新型城市化的可持续发展的道路。

Abstract

In the past decade, Chinese cities' progress of growth mode transformation is not obvious. Meanwhile, there are some emerging problems like soaring housing prices, worsening city environment and increasing social problems, highlighting urban diseases. It is an urgent issue for Chinese cities to seek the sustainable development mechanism and the new path of urbanization. This annual report has the theme of "A New Benchmark: Constructing the Ideal city with Sustainable Competitiveness" It is a quest to explore the future development directions for cities in China. Based on research in the past ten reports, Annual Report on Urban Competitiveness (No. 11) has achieved new progress in urban competitiveness theories with clearer theoretical framework and policy implications. It is the first time we clearly distinguish among the three parts of urban competitiveness, of which urban general economic competitiveness is the output, current and short-term aspect of urban competitiveness; urban industrial system competitiveness and urban sustainable competitiveness are the input, sustainable and long-term aspect of urban competitiveness. Urban general economic competitiveness shows cities' ability to create value, which is reflected by the scale, speed and efficiency of cities' value creation activity. Urban sustainable competitiveness is cities' conditions of factors and environment, which is illustrated from six aspects, including the quality of economic agents, local factors, local demand, local and global connections, social systems and infrastructure. Aimed at building an ideal city, we claim that an ideal city should be people-oriented, livable city, entrepreneurship and business-friendly fair, inclusive, harmonious, environment-friendly, innovation-driven, city, urban-rural integrated, an communication and information friendly, culturally open and diversified. We extract key elements from the six aspects of urban sustainable competitiveness, and recompose them according to the eight characteristics of an ideal city. Then we design the index system of urban sustainable competitiveness. Therefore, a city's urban sustainable competitiveness reflects the gap between an ideal city and its current state, as well as real cities ability to achieve the ideal. Based on the index system of urban general economic competitiveness and urban sustainable competitiveness, we analyze the urban general economic competitiveness of 293 cities and the urban sustainable competitiveness of 287 cities in China. And we find that there are big gaps between Chinese cities and the ideal city in terms of urban sustainable competitiveness in eight aspects. Each field needs to deal with a series of urgent problems. In the future, in order to build ideal cities and solve these problems effectively, Chinese cities should take the new path of urbanization and achieve sustainable development.

目录

𝔹Ⅰ 总体报告

𝔹Ⅱ 理论框架

𝔹Ⅲ 可持续竞争力分项报告

BⅣ 区域报告

皮书数据库阅读使用指南

CONTENTS

𝔹 I General Reports

𝔹 II Theoretical Framework

𝔹 III Topical Reports

BIV Regional Reports

总 体 报 告

General Reports

B.1 中国城市竞争力2012年度排名

一 2012年中国293个城市综合经济竞争力（见表1-1）

表1-1 2012年中国293个城市综合经济竞争力

城市	综合经济竞争力指数	排名	综合增量竞争力指数	排名	综合效率竞争力指数	排名
香　港	1.00000	1	0.44534	8	0.69968	3
深　圳	0.71833	2	0.63834	5	0.24552	5
上　海	0.68198	3	1.00000	1	0.13816	7
台　北	0.51147	4	0.07258	105	1.00000	1
广　州	0.43906	5	0.72137	3	0.07373	10
北　京	0.37921	6	0.83248	2	0.04381	18
苏　州	0.36337	7	0.62986	6	0.05542	15
佛　山	0.34481	8	0.42795	9	0.07588	9
天　津	0.33371	9	0.69569	4	0.03995	19
澳　门	0.31218	10	0.02097	252	0.98022	2
无　锡	0.30593	11	0.38915	11	0.06383	14
东　莞	0.30013	12	0.27964	22	0.08804	8

续表

城市	综合经济竞争力指数	排名	综合增量竞争力指数	排名	综合效率竞争力指数	排名
武　汉	0.23770	13	0.39604	10	0.03336	23
南　京	0.23707	14	0.34286	17	0.03967	20
青　岛	0.21623	15	0.38881	12	0.02625	29
成　都	0.20649	16	0.38417	15	0.02326	33
大　连	0.19965	17	0.38767	13	0.02084	37
沈　阳	0.19549	18	0.38630	14	0.01963	38
宁　波	0.19470	19	0.30874	20	0.02675	27
厦　门	0.18931	20	0.13365	57	0.06677	12
杭　州	0.18827	21	0.37516	16	0.01820	41
郑　州	0.18520	22	0.27118	23	0.02761	26
长　沙	0.18115	23	0.32866	18	0.01954	39
常　州	0.17761	24	0.20189	36	0.03546	22
新　竹	0.17568	25	0.01755	258	0.32849	4
济　南	0.17560	26	0.26455	24	0.02431	32
重　庆	0.16593	27	0.56744	7	0.00478	132
烟　台	0.16578	28	0.31101	19	0.01608	50
唐　山	0.16337	29	0.29664	21	0.01683	47
南　通	0.16245	30	0.24034	29	0.02201	35
中　山	0.16240	31	0.11891	67	0.05240	16
淄　博	0.15190	32	0.19583	38	0.02444	31
泉　州	0.14903	33	0.24298	26	0.01642	48
合　肥	0.14758	34	0.21153	32	0.01947	40
西　安	0.14293	35	0.22484	30	0.01627	49
嘉　兴	0.14131	36	0.14135	53	0.02990	24
台　中	0.14080	37	0.06111	125	0.07183	11
高　雄	0.13455	38	0.05947	129	0.06625	13
镇　江	0.13136	39	0.13286	59	0.02628	28
徐　州	0.12832	40	0.20246	35	0.01324	57
福　州	0.12637	41	0.20648	34	0.01210	65
绍　兴	0.12539	42	0.16223	43	0.01713	44
长　春	0.12509	43	0.24596	25	0.00814	92
石家庄	0.12279	44	0.20720	33	0.01085	72
扬　州	0.12126	45	0.15148	48	0.01717	43
潍　坊	0.12091	46	0.21262	31	0.00967	81
东　营	0.12039	47	0.16217	44	0.01510	53

续表

城市	综合经济竞争力指数	排名	综合增量竞争力指数	排名	综合效率竞争力指数	排名
泰　州	0.11845	48	0.13893	55	0.01797	42
南　昌	0.11722	49	0.15082	49	0.01507	54
温　州	0.11654	50	0.16775	41	0.01257	62
济　宁	0.11416	51	0.17342	39	0.01126	71
威　海	0.11234	52	0.12675	64	0.01702	45
珠　海	0.11188	53	0.07057	107	0.03596	21
台　州	0.11139	54	0.14611	51	0.01306	59
鞍　山	0.11009	55	0.15734	46	0.01162	67
泰　安	0.10930	56	0.14110	54	0.01339	55
哈尔滨	0.10792	57	0.24244	27	0.00342	166
汕　头	0.10362	58	0.06858	112	0.02980	25
邯　郸	0.10326	59	0.15026	50	0.00989	77
基　隆	0.10231	60	0.00402	290	0.20212	6
大　庆	0.10221	61	0.17008	40	0.00687	108
临　沂	0.10045	62	0.16412	42	0.00702	105
洛　阳	0.10002	63	0.15983	45	0.00769	98
包　头	0.09996	64	0.19674	37	0.00442	139
盐　城	0.09904	65	0.15661	47	0.00691	107
沧　州	0.09813	66	0.14387	52	0.00790	95
鄂尔多斯	0.09793	67	0.24059	28	0.00145	236
金　华	0.09730	68	0.12734	63	0.00974	78
台　南	0.09495	69	0.03134	218	0.05044	17
枣　庄	0.09214	70	0.08928	84	0.01514	52
芜　湖	0.09079	71	0.07875	98	0.01696	46
惠　州	0.09025	72	0.12154	65	0.00768	99
聊　城	0.08942	73	0.10993	69	0.00941	83
太　原	0.08866	74	0.09016	82	0.01293	60
焦　作	0.08809	75	0.07921	97	0.01552	51
许　昌	0.08795	76	0.08401	88	0.01335	56
呼和浩特	0.08743	77	0.13346	58	0.00542	118
马鞍山	0.08621	78	0.05345	145	0.02446	30
德　州	0.08589	79	0.10943	70	0.00807	93
昆　明	0.08586	80	0.13194	60	0.00505	126
滨　州	0.08535	81	0.10627	71	0.00815	91
江　门	0.08338	82	0.09845	75	0.00827	90

续表

城市	综合经济竞争力指数	排名	综合增量竞争力指数	排名	综合效率竞争力指数	排名
保　定	0. 08296	83	0. 12062	66	0. 00498	128
廊　坊	0. 08249	84	0. 08349	89	0. 01063	73
南　宁	0. 08217	85	0. 12765	62	0. 00405	151
吉　林	0. 08098	86	0. 13116	61	0. 00328	168
湖　州	0. 08029	87	0. 07651	101	0. 01132	69
安　阳	0. 07949	88	0. 08698	86	0. 00896	87
榆　林	0. 07834	89	0. 13853	56	0. 00195	218
淮　安	0. 07818	90	0. 09193	80	0. 00693	106
营　口	0. 07792	91	0. 07987	96	0. 00966	82
南　阳	0. 07791	92	0. 11684	68	0. 00366	160
岳　阳	0. 07698	93	0. 10138	74	0. 00510	125
揭　阳	0. 07658	94	0. 07303	103	0. 00968	79
漳　州	0. 07626	95	0. 09288	78	0. 00557	117
平顶山	0. 07625	96	0. 08232	93	0. 00836	89
茂　名	0. 07595	97	0. 08734	85	0. 00654	110
舟　山	0. 07552	98	0. 03922	195	0. 02274	34
连云港	0. 07490	99	0. 07734	100	0. 00802	94
襄　阳	0. 07462	100	0. 10269	73	0. 00388	155
宜　昌	0. 07409	101	0. 10424	72	0. 00364	161
新　乡	0. 07378	102	0. 07833	99	0. 00733	102
日　照	0. 07376	103	0. 06862	111	0. 00968	80
衡　阳	0. 07273	104	0. 09195	79	0. 00463	135
常　德	0. 07260	105	0. 09482	77	0. 00408	150
株　洲	0. 07193	106	0. 08328	90	0. 00568	116
菏　泽	0. 07141	107	0. 08570	87	0. 00501	127
湛　江	0. 07128	108	0. 08251	92	0. 00532	122
莆　田	0. 07050	109	0. 05685	133	0. 01044	74
贵　阳	0. 07007	110	0. 07272	104	0. 00702	104
乌鲁木齐	0. 06955	111	0. 08309	91	0. 00485	129
柳　州	0. 06949	112	0. 09109	81	0. 00350	162
清　远	0. 06912	113	0. 09516	76	0. 00281	185
宿　迁	0. 06836	114	0. 06838	113	0. 00625	112
周　口	0. 06725	115	0. 06956	108	0. 00514	123
盘　锦	0. 06674	116	0. 04616	167	0. 01151	68
湘　潭	0. 06671	117	0. 05669	134	0. 00900	85

续表

城市	综合经济竞争力指数	排名	综合增量竞争力指数	排名	综合效率竞争力指数	排名
咸　阳	0. 06600	118	0. 07058	106	0. 00540	119
松　原	0. 06556	119	0. 08184	94	0. 00256	194
商　丘	0. 06499	120	0. 06513	116	0. 00535	121
漯　河	0. 06450	121	0. 03996	191	0. 01269	61
铜　陵	0. 06436	122	0. 02768	234	0. 02131	36
海　口	0. 06430	123	0. 03273	211	0. 01308	58
肇　庆	0. 06406	124	0. 07309	102	0. 00348	164
邢　台	0. 06396	125	0. 06813	114	0. 00485	130
开　封	0. 06372	126	0. 05433	142	0. 00724	103
德　阳	0. 06295	127	0. 05003	156	0. 00785	96
濮　阳	0. 06252	128	0. 04548	172	0. 00918	84
辽　阳	0. 06229	129	0. 04990	157	0. 00782	97
通　辽	0. 06229	130	0. 08977	83	0. 00090	258
锦　州	0. 06137	131	0. 06217	122	0. 00461	136
新　余	0. 06127	132	0. 04257	180	0. 01004	75
兰　州	0. 06070	133	0. 06236	121	0. 00419	145
本　溪	0. 06053	134	0. 05894	130	0. 00512	124
秦皇岛	0. 06036	135	0. 05185	151	0. 00621	113
驻马店	0. 06013	136	0. 06111	124	0. 00346	165
抚　顺	0. 05974	137	0. 06074	127	0. 00395	154
信　阳	0. 05911	138	0. 06429	118	0. 00285	184
桂　林	0. 05870	139	0. 06882	110	0. 00192	221
安　庆	0. 05861	140	0. 05854	132	0. 00319	173
九　江	0. 05842	141	0. 06448	117	0. 00269	191
三门峡	0. 05835	142	0. 05894	131	0. 00415	147
淮　南	0. 05826	143	0. 03507	206	0. 01182	66
龙　岩	0. 05819	144	0. 06328	120	0. 00255	195
赣　州	0. 05804	145	0. 06914	109	0. 00135	241
宝　鸡	0. 05800	146	0. 06333	119	0. 00264	192
赤　峰	0. 05776	147	0. 08125	95	0. 00051	277
郴　州	0. 05751	148	0. 06028	128	0. 00270	189
内　江	0. 05737	149	0. 04626	166	0. 00644	111
南　充	0. 05733	150	0. 05271	150	0. 00328	169
莱　芜	0. 05723	151	0. 03149	216	0. 01231	64
自　贡	0. 05694	152	0. 04089	187	0. 00746	101

续表

城市	综合经济竞争力指数	排名	综合增量竞争力指数	排名	综合效率竞争力指数	排名
孝　感	0.05693	153	0.05073	155	0.00448	137
黄　石	0.05641	154	0.04108	186	0.00758	100
宜　宾	0.05594	155	0.05631	136	0.00324	171
三　明	0.05583	156	0.06109	126	0.00205	216
四　平	0.05529	157	0.05627	137	0.00272	188
银　川	0.05507	158	0.04649	163	0.00425	143
黄　冈	0.05497	159	0.05283	149	0.00242	202
玉　林	0.05493	160	0.05335	146	0.00324	172
衢　州	0.05489	161	0.04629	165	0.00426	142
绵　阳	0.05460	162	0.05533	141	0.00231	210
潮　州	0.05451	163	0.03100	219	0.00897	86
铁　岭	0.05446	164	0.05409	143	0.00273	187
上　饶	0.05417	165	0.05578	138	0.00191	222
延　安	0.05395	166	0.05666	135	0.00111	249
曲　靖	0.05389	167	0.06156	123	0.00167	230
长　治	0.05355	168	0.05111	153	0.00328	170
呼伦贝尔	0.05291	169	0.06751	115	0.00008	291
宜　春	0.05283	170	0.05323	147	0.00227	211
荆　州	0.05257	171	0.04648	164	0.00293	178
资　阳	0.05257	172	0.04167	183	0.00411	148
丹　东	0.05254	173	0.04931	159	0.00233	209
阜　阳	0.05246	174	0.04114	185	0.00366	159
达　州	0.05223	175	0.05111	154	0.00241	203
宁　德	0.05213	176	0.04532	173	0.00270	190
蚌　埠	0.05183	177	0.03550	205	0.00537	120
乐　山	0.05182	178	0.04801	162	0.00286	183
遵　义	0.05170	179	0.05388	144	0.00140	239
张家口	0.05168	180	0.05574	139	0.00123	243
吕　梁	0.05161	181	0.05140	152	0.00193	220
承　德	0.05140	182	0.05544	140	0.00104	253
滁　州	0.05133	183	0.04377	176	0.00252	198
乌　海	0.05090	184	0.02582	237	0.01128	70
荆　门	0.05087	185	0.04376	177	0.00290	179
鄂　州	0.05065	186	0.02152	248	0.01256	63
渭　南	0.05064	187	0.04910	160	0.00301	176

续表

城市	综合经济竞争力指数	排名	综合增量竞争力指数	排名	综合效率竞争力指数	排名
泸　　州	0.05062	188	0.04570	171	0.00288	181
齐齐哈尔	0.05061	189	0.05294	148	0.00095	257
阳　　江	0.05040	190	0.03667	203	0.00401	152
鹤　　壁	0.05032	191	0.02526	239	0.00994	76
朝　　阳	0.05030	192	0.04868	161	0.00160	233
西　　宁	0.05023	193	0.03981	192	0.00408	149
永　　州	0.05017	194	0.04577	169	0.00164	231
玉　　溪	0.05012	195	0.04086	188	0.00235	207
临　　汾	0.05004	196	0.04592	168	0.00214	214
通　　化	0.04986	197	0.04575	170	0.00195	219
娄　　底	0.04986	198	0.03859	198	0.00416	146
益　　阳	0.04965	199	0.04219	182	0.00289	180
萍　　乡	0.04957	200	0.02965	229	0.00684	109
牡 丹 江	0.04942	201	0.04988	158	0.00086	260
运　　城	0.04934	202	0.04316	178	0.00287	182
晋　　城	0.04913	203	0.03869	197	0.00385	156
十　　堰	0.04905	204	0.04432	174	0.00148	235
宿　　州	0.04881	205	0.03553	204	0.00329	167
六　　安	0.04863	206	0.04084	189	0.00181	225
绥　　化	0.04819	207	0.04235	181	0.00097	254
邵　　阳	0.04813	208	0.04008	190	0.00168	229
衡　　水	0.04805	209	0.03208	213	0.00442	138
吉　　安	0.04785	210	0.04384	175	0.00135	240
眉　　山	0.04783	211	0.03286	210	0.00382	157
南　　平	0.04769	212	0.04268	179	0.00131	242
遂　　宁	0.04748	213	0.02874	233	0.00464	134
丽　　水	0.04744	214	0.03757	201	0.00185	223
朔　　州	0.04741	215	0.03944	194	0.00299	177
汕　　尾	0.04731	216	0.03013	227	0.00440	140
淮　　北	0.04730	217	0.02317	243	0.00849	88
晋　　中	0.04692	218	0.03954	193	0.00227	212
梧　　州	0.04652	219	0.03752	202	0.00224	213
抚　　州	0.04648	220	0.03768	199	0.00160	232
辽　　源	0.04647	221	0.02904	231	0.00397	153
咸　　宁	0.04638	222	0.03305	209	0.00259	193

续表

城市	综合经济竞争力指数	排名	综合增量竞争力指数	排名	综合效率竞争力指数	排名
广　　安	0.04624	223	0.03168	215	0.00422	144
克拉玛依	0.04616	224	0.03042	224	0.00370	158
韶　　关	0.04600	225	0.03767	200	0.00178	226
怀　　化	0.04544	226	0.03870	196	0.00114	248
北　　海	0.04527	227	0.02433	241	0.00598	115
钦　　州	0.04490	228	0.03359	208	0.00235	208
景德镇	0.04465	229	0.02676	236	0.00438	141
巴彦淖尔	0.04429	230	0.04149	184	0.00037	282
贵　　港	0.04392	231	0.03195	214	0.00252	199
宣　　城	0.04389	232	0.02894	232	0.00207	215
攀枝花	0.04385	233	0.03004	228	0.00349	163
亳　　州	0.04329	234	0.02572	238	0.00302	175
三　　亚	0.04322	235	0.01252	269	0.00604	114
葫芦岛	0.04306	236	0.03013	226	0.00250	200
河　　源	0.04285	237	0.03078	222	0.00144	237
梅　　州	0.04282	238	0.03037	225	0.00184	224
六盘水	0.04261	239	0.03049	223	0.00246	201
大　　同	0.04242	240	0.02956	230	0.00241	204
白　　城	0.04224	241	0.03095	220	0.00078	265
白　　山	0.04218	242	0.03085	221	0.00116	247
百　　色	0.04150	243	0.03382	207	0.00069	270
佳木斯	0.04132	244	0.03140	217	0.00069	269
乌兰察布	0.04084	245	0.03258	212	0.00043	279
随　　州	0.03985	246	0.02124	249	0.00202	217
汉　　中	0.03984	247	0.02763	235	0.00085	262
鹰　　潭	0.03958	248	0.01710	260	0.00484	131
防城港	0.03890	249	0.02154	247	0.00252	197
七台河	0.03878	250	0.02057	253	0.00240	205
云　　浮	0.03797	251	0.01962	254	0.00253	196
阳　　泉	0.03787	252	0.01744	259	0.00469	133
鸡　　西	0.03767	253	0.02210	246	0.00084	263
河　　池	0.03727	254	0.02446	240	0.00062	273
双鸭山	0.03727	255	0.02423	242	0.00077	267
崇　　左	0.03724	256	0.02123	250	0.00105	252
阜　　新	0.03709	257	0.02103	251	0.00176	227

续表

城市	综合经济竞争力指数	排名	综合增量竞争力指数	排名	综合效率竞争力指数	排名
庆　阳	0. 03679	258	0. 01847	256	0. 00057	276
酒　泉	0. 03668	259	0. 02210	245	0. 00000	293
昭　通	0. 03615	260	0. 01806	257	0. 00075	268
来　宾	0. 03560	261	0. 02253	244	0. 00144	238
黄　山	0. 03553	262	0. 01349	267	0. 00150	234
安　康	0. 03499	263	0. 01587	261	0. 00060	274
池　州	0. 03497	264	0. 01577	262	0. 00175	228
雅　安	0. 03457	265	0. 01494	263	0. 00085	261
忻　州	0. 03405	266	0. 01865	255	0. 00078	264
石嘴山	0. 03286	267	0. 01426	264	0. 00276	186
巴　中	0. 03278	268	0. 01199	271	0. 00106	251
商　洛	0. 03256	269	0. 01295	268	0. 00065	271
天　水	0. 03251	270	0. 01138	272	0. 00096	255
广　元	0. 03232	271	0. 01404	265	0. 00090	259
张家界	0. 03199	272	0. 01023	277	0. 00119	244
贺　州	0. 03185	273	0. 01225	270	0. 00117	246
保　山	0. 03173	274	0. 01107	273	0. 00057	275
普　洱	0. 03048	275	0. 01025	276	0. 00017	289
铜　川	0. 03015	276	0. 00764	282	0. 00236	206
武　威	0. 02999	277	0. 00853	278	0. 00024	285
白　银	0. 02997	278	0. 01367	266	0. 00064	272
鹤　岗	0. 02993	279	0. 01075	274	0. 00077	266
黑　河	0. 02969	280	0. 01031	275	0. 00006	292
临　沧	0. 02942	281	0. 00716	284	0. 00035	283
嘉峪关	0. 02930	282	0. 00629	288	0. 00310	174
伊　春	0. 02787	283	0. 00683	285	0. 00021	287
平　凉	0. 02751	284	0. 00829	279	0. 00095	256
陇　南	0. 02696	285	0. 00509	289	0. 00020	288
张　掖	0. 02684	286	0. 00658	286	0. 00015	290
丽　江	0. 02653	287	0. 00386	291	0. 00024	286
金　昌	0. 02630	288	0. 00750	283	0. 00110	250
吴　忠	0. 02612	289	0. 00792	281	0. 00044	278
安　顺	0. 02604	290	0. 00826	280	0. 00118	245
中　卫	0. 02549	291	0. 00633	287	0. 00040	280
定　西	0. 02531	292	0. 00211	292	0. 00029	284
固　原	0. 02306	293	0. 00000	293	0. 00040	281

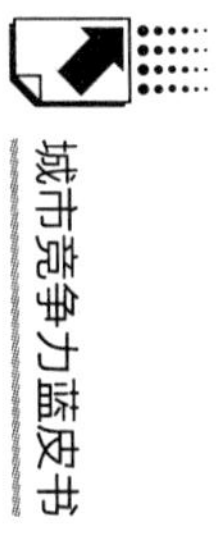

二　2012年中国287个城市可持续竞争力（见表1－2）

表1－2　2012年中国287个城市可持续竞争力

城市	可持续竞争力指数	排名	宜居城市竞争力指数	排名	宜商城市竞争力指数	排名	和谐城市竞争力指数	排名	生态城市竞争力指数	排名	知识城市竞争力指数	排名	全域城市竞争力指数	排名	信息城市竞争力指数	排名	文化城市竞争力指数	排名
香港	0.98029	1	1.00000	1	1.00000	1	1.00000	1	0.99304	2	0.83988	4	1.00000	1	0.90470	3	1.00000	1
上海	0.81675	2	0.58706	23	0.82113	3	0.60293	21	0.51417	51	0.88295	2	0.90070	4	1.00000	1	0.99880	2
深圳	0.76316	3	0.55838	36	0.65123	7	0.68911	5	0.63055	12	0.84913	3	0.99809	3	0.73960	5	0.60330	11
北京	0.75897	4	0.49472	74	0.86980	2	0.64357	14	0.39729	119	1.00000	1	0.72643	6	0.83340	4	0.84529	3
广州	0.75843	5	0.59596	18	0.76741	4	0.61113	19	0.63762	10	0.78199	7	0.58321	7	0.92739	2	0.74458	5
澳门	0.75160	6	0.99121	2	0.60835	12	0.87036	2	1.00000	1	0.42913	76	0.99976	2	0.43212	42	0.52308	29
杭州	0.69928	7	0.59799	16	0.61889	10	0.57032	30	0.62943	13	0.78883	6	0.51317	11	0.68804	6	0.66549	6
青岛	0.67925	8	0.62144	11	0.62509	9	0.68442	6	0.57227	32	0.63187	27	0.43606	25	0.67081	10	0.65144	7
无锡	0.66728	9	0.76774	3	0.57006	17	0.61376	18	0.53198	43	0.65198	19	0.53179	10	0.68472	7	0.45054	42
济南	0.65775	10	0.54965	44	0.60870	11	0.69411	3	0.56252	33	0.70089	13	0.40226	30	0.65898	11	0.54382	20
苏州	0.65626	11	0.68632	6	0.66055	6	0.57107	29	0.38533	128	0.63432	26	0.54459	8	0.49689	25	0.75266	4
南京	0.64914	12	0.56205	35	0.59696	14	0.52276	43	0.40166	115	0.79768	5	0.48157	17	0.68401	8	0.62317	9
武汉	0.64634	13	0.58661	25	0.64704	8	0.62575	17	0.46645	74	0.75648	9	0.38657	35	0.58363	17	0.58383	16
厦门	0.64603	14	0.57967	27	0.50950	31	0.66805	9	0.57645	27	0.68782	16	0.49845	12	0.52279	22	0.53990	22
沈阳	0.63965	15	0.52798	54	0.55466	18	0.65548	11	0.60588	18	0.69881	15	0.43038	26	0.52632	21	0.54012	21
宁波	0.63789	16	0.53431	49	0.55276	20	0.66199	10	0.41008	113	0.65883	18	0.49843	13	0.62611	12	0.58636	14
东莞	0.63761	17	0.57126	33	0.43639	56	0.49385	58	0.50357	56	0.60355	35	0.74981	5	0.61810	14	0.55487	18

续表

城市	可持续竞争力指数	排名	宜居城市竞争力指数	排名	宜商城市竞争力指数	排名	和谐城市竞争力指数	排名	生态城市竞争力指数	排名	知识城市竞争力指数	排名	全域城市竞争力指数	排名	信息城市竞争力指数	排名	文化城市竞争力指数	排名
长　沙	0. 62882	18	0. 57926	28	0. 59854	13	0. 64405	13	0. 62788	14	0. 70608	11	0. 38732	34	0. 46493	29	0. 46818	38
成　都	0. 62837	19	0. 50794	63	0. 58381	16	0. 60992	20	0. 52136	48	0. 70011	14	0. 37577	39	0. 56387	20	0. 59262	13
天　津	0. 62071	20	0. 59693	17	0. 59570	15	0. 39296	133	0. 35699	147	0. 76263	8	0. 47465	18	0. 62450	13	0. 64724	8
大　连	0. 62062	21	0. 51895	57	0. 51666	29	0. 67276	8	0. 61387	17	0. 72944	10	0. 47101	19	0. 41017	50	0. 46801	39
佛　山	0. 61922	22	0. 57679	30	0. 66650	5	0. 58904	22	0. 43057	100	0. 57103	42	0. 49033	14	0. 42748	43	0. 61208	10
中　山	0. 61582	23	0. 62417	10	0. 53187	26	0. 58615	23	0. 62595	15	0. 61339	30	0. 48978	15	0. 38652	56	0. 47734	37
珠　海	0. 61054	24	0. 68863	5	0. 46314	49	0. 50371	53	0. 48199	65	0. 64615	22	0. 53955	9	0. 41892	48	0. 54698	19
福　州	0. 60525	25	0. 55436	41	0. 55239	21	0. 47411	67	0. 57629	28	0. 63739	24	0. 34117	55	0. 57903	18	0. 53687	26
烟　台	0. 59112	26	0. 60497	14	0. 53843	24	0. 44836	89	0. 65493	8	0. 60949	31	0. 37024	40	0. 44675	36	0. 46102	41
南　昌	0. 57882	27	0. 51017	61	0. 49315	36	0. 48886	63	0. 70363	3	0. 62363	28	0. 26643	107	0. 46289	30	0. 53695	25
合　肥	0. 56994	28	0. 50872	62	0. 48188	40	0. 57905	25	0. 55478	35	0. 70326	12	0. 29073	83	0. 51851	23	0. 36587	63
威　海	0. 56759	29	0. 63651	7	0. 44369	55	0. 67634	7	0. 63535	11	0. 51412	52	0. 41423	29	0. 30443	114	0. 37204	60
西　安	0. 56737	30	0. 47296	90	0. 53143	27	0. 69011	4	0. 29230	199	0. 67469	17	0. 25258	121	0. 56598	19	0. 59314	12
常　州	0. 56628	31	0. 70326	4	0. 46679	47	0. 51904	45	0. 40448	114	0. 60739	33	0. 37743	38	0. 42320	45	0. 42884	48
镇　江	0. 56192	32	0. 62566	9	0. 45944	52	0. 50424	52	0. 47099	70	0. 60516	34	0. 35860	43	0. 34160	90	0. 52337	28
扬　州	0. 55686	33	0. 59891	15	0. 41242	65	0. 46042	78	0. 46991	71	0. 54202	47	0. 38089	37	0. 40650	52	0. 53945	23
嘉　兴	0. 55244	34	0. 58063	26	0. 49904	33	0. 41845	111	0. 36733	142	0. 59824	36	0. 44923	22	0. 45683	31	0. 40774	51
郑　州	0. 55128	35	0. 46156	98	0. 53797	25	0. 46044	77	0. 35260	149	0. 64662	21	0. 33760	59	0. 50102	24	0. 49427	33
绍　兴	0. 54905	36	0. 50076	69	0. 47108	45	0. 37716	144	0. 44880	89	0. 57621	39	0. 44231	23	0. 38167	59	0. 53924	24
芜　湖	0. 53297	37	0. 59088	21	0. 32187	121	0. 54395	38	0. 55085	36	0. 61716	29	0. 32652	63	0. 40672	51	0. 32942	77
呼和浩特	0. 53151	38	0. 46042	100	0. 43265	58	0. 50682	51	0. 47243	69	0. 58901	38	0. 34603	49	0. 41462	49	0. 37273	59

续表

城市	可持续竞争力指数	排名	宜居城市竞争力指数	排名	宜商城市竞争力指数	排名	和谐城市竞争力指数	排名	生态城市竞争力指数	排名	知识城市竞争力指数	排名	全域城市竞争力指数	排名	信息城市竞争力指数	排名	文化城市竞争力指数	排名
海口	0.53085	39	0.63195	8	0.47163	44	0.38274	142	0.45382	85	0.49510	57	0.29230	82	0.47232	27	0.41840	49
长春	0.53059	40	0.42451	134	0.50242	32	0.50882	50	0.62032	16	0.63484	25	0.27093	103	0.39891	53	0.31786	85
泉州	0.52569	41	0.47390	88	0.49898	34	0.45768	79	0.48249	64	0.40737	87	0.27879	91	0.38541	57	0.58607	15
温州	0.52501	42	0.52753	55	0.54310	22	0.47108	68	0.29318	197	0.50964	53	0.34580	51	0.58937	16	0.32107	79
重庆	0.52353	43	0.50517	66	0.49567	35	0.28335	210	0.41858	110	0.57060	43	0.18969	173	0.67866	9	0.58143	17
淄博	0.52235	44	0.58679	24	0.47256	43	0.44760	92	0.50348	57	0.45849	65	0.27557	98	0.36896	69	0.43079	46
南通	0.52143	45	0.59414	20	0.52293	28	0.49676	57	0.46507	75	0.49499	59	0.21665	145	0.32670	99	0.48742	35
惠州	0.51769	46	0.44938	109	0.47008	46	0.39615	128	0.39894	118	0.42205	81	0.36218	41	0.42133	46	0.53426	27
石家庄	0.51648	47	0.40910	146	0.55428	19	0.46134	75	0.38478	129	0.59019	37	0.32848	62	0.47141	28	0.30383	95
潍坊	0.51290	48	0.54530	47	0.51150	30	0.46661	70	0.33441	160	0.43422	75	0.34041	56	0.43345	41	0.37399	58
湖州	0.51114	49	0.56239	34	0.39008	74	0.39340	132	0.46961	72	0.53232	48	0.35264	45	0.36138	74	0.36620	62
江门	0.50244	50	0.48043	82	0.48737	37	0.37531	147	0.42932	101	0.40871	86	0.32944	61	0.35978	76	0.46246	40
秦皇岛	0.50127	51	0.51203	60	0.33357	109	0.50988	49	0.50551	54	0.37561	95	0.31700	65	0.41912	47	0.37512	57
包头	0.49777	52	0.43796	117	0.40898	68	0.47579	66	0.46357	78	0.50359	54	0.39340	33	0.36212	73	0.27054	122
哈尔滨	0.49660	53	0.32382	218	0.45993	51	0.41337	115	0.34888	154	0.64267	23	0.29781	76	0.44983	34	0.40429	52
东营	0.49473	54	0.58716	22	0.41209	66	0.28075	213	0.54905	37	0.57115	41	0.35121	47	0.37336	64	0.25639	135
太原	0.49397	55	0.37551	177	0.43451	57	0.38909	138	0.18155	249	0.64844	20	0.43674	24	0.60152	15	0.35704	67
金华	0.49338	56	0.55823	38	0.47357	42	0.27972	214	0.38632	125	0.51962	50	0.31247	68	0.44528	37	0.33840	73
银川	0.49324	57	0.49305	76	0.37819	83	0.32532	186	0.45327	86	0.57343	40	0.35947	42	0.35510	79	0.34696	70
徐州	0.49244	58	0.44947	108	0.46389	48	0.48905	62	0.38584	126	0.45270	68	0.18713	176	0.47613	26	0.42964	47
宜昌	0.49049	59	0.54554	46	0.38818	76	0.54976	35	0.52495	46	0.51829	51	0.20625	160	0.34328	89	0.29146	104

续表

城市	可持续竞争力指数	排名	宜居城市竞争力指数	排名	宜商城市竞争力指数	排名	和谐城市竞争力指数	排名	生态城市竞争力指数	排名	知识城市竞争力指数	排名	全域城市竞争力指数	排名	信息城市竞争力指数	排名	文化城市竞争力指数	排名
贵阳	0.48603	60	0.44649	111	0.41703	59	0.42997	105	0.38015	133	0.56018	45	0.30587	72	0.43561	39	0.26393	126
南宁	0.48402	61	0.50758	64	0.48399	39	0.39522	130	0.54045	40	0.53108	49	0.16777	194	0.43469	40	0.27931	117
昆明	0.48389	62	0.43183	123	0.44759	54	0.20761	243	0.32124	169	0.55106	46	0.34719	48	0.45549	32	0.50770	30
鄂尔多斯	0.48221	63	0.60694	13	0.33866	106	0.45227	87	0.60380	19	0.29207	138	0.45313	21	0.37322	65	0.19773	179
保定	0.48207	64	0.37469	179	0.36736	88	0.36375	158	0.57235	31	0.44868	70	0.27214	100	0.35847	77	0.43982	45
舟山	0.47870	65	0.57447	32	0.38720	77	0.48208	64	0.37606	137	0.49587	56	0.38302	36	0.32320	101	0.20627	170
肇庆	0.47764	66	0.41217	143	0.31877	123	0.49723	56	0.58569	25	0.34696	106	0.29843	75	0.25741	147	0.49050	34
株洲	0.47437	67	0.53399	50	0.36362	91	0.45442	82	0.44257	93	0.44310	72	0.26324	110	0.36334	71	0.28224	112
泰州	0.47381	68	0.53663	48	0.46059	50	0.52149	44	0.40061	116	0.42403	80	0.27604	97	0.22466	177	0.33861	72
鞍山	0.47378	69	0.42628	131	0.37940	81	0.64231	15	0.28292	202	0.46383	64	0.33791	58	0.30177	118	0.33156	76
洛阳	0.47370	70	0.46342	97	0.41469	61	0.49910	54	0.25342	220	0.46621	61	0.21192	152	0.42373	44	0.45031	43
连云港	0.46650	71	0.55013	43	0.29950	142	0.39154	134	0.42827	103	0.42842	77	0.21475	150	0.43841	38	0.35208	68
邯郸	0.46553	72	0.41706	140	0.40086	72	0.51122	48	0.41949	109	0.32864	113	0.24073	128	0.33752	96	0.40249	53
柳州	0.46469	73	0.47796	85	0.47412	41	0.51661	46	0.32747	166	0.44053	73	0.25314	120	0.34707	85	0.25416	137
漳州	0.46292	74	0.50078	68	0.30877	131	0.39696	124	0.59724	21	0.35647	105	0.21578	148	0.25315	151	0.50582	31
唐山	0.46019	75	0.39806	154	0.54012	23	0.45236	86	0.42199	107	0.39239	89	0.24980	124	0.28924	124	0.29370	102
铜陵	0.46002	76	0.50242	67	0.27520	163	0.58253	24	0.36854	141	0.44929	69	0.34602	50	0.28245	131	0.26076	130
马鞍山	0.45951	77	0.47595	86	0.31487	125	0.57799	26	0.38718	123	0.42147	82	0.30714	71	0.23254	170	0.33301	74
衢州	0.45756	78	0.59474	19	0.38225	79	0.36266	160	0.38217	130	0.42809	78	0.20529	163	0.36911	68	0.31450	88
乌鲁木齐	0.45704	79	0.34500	200	0.41246	64	0.22995	235	0.36665	143	0.56944	44	0.42529	28	0.37083	66	0.29548	100
廊坊	0.45319	80	0.41739	139	0.37964	80	0.38571	140	0.43765	95	0.46588	62	0.27209	101	0.24811	159	0.34753	69

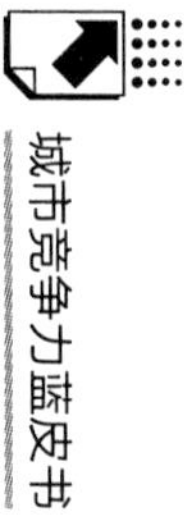

续表

城市	可持续竞争力指数	排名	宜居城市竞争力指数	排名	宜商城市竞争力指数	排名	和谐城市竞争力指数	排名	生态城市竞争力指数	排名	知识城市竞争力指数	排名	全域城市竞争力指数	排名	信息城市竞争力指数	排名	文化城市竞争力指数	排名
九　江	0. 45270	81	0. 43166	124	0. 35811	98	0. 37829	143	0. 63915	9	0. 36516	102	0. 20708	158	0. 32171	102	0. 31653	86
龙　岩	0. 45258	82	0. 53011	53	0. 41287	63	0. 44536	94	0. 52497	45	0. 34263	107	0. 21768	144	0. 30787	112	0. 24393	147
大　庆	0. 45168	83	0. 39831	153	0. 31018	129	0. 49383	59	0. 44552	91	0. 50203	55	0. 46957	20	0. 22613	176	0. 19318	181
临　沂	0. 44914	84	0. 47011	92	0. 40644	69	0. 33304	181	0. 43894	94	0. 36570	101	0. 21808	142	0. 39697	54	0. 30108	97
抚　顺	0. 44808	85	0. 46912	93	0. 34802	102	0. 52559	42	0. 35730	146	0. 38106	93	0. 33119	60	0. 25139	155	0. 26721	124
湘　潭	0. 44801	86	0. 51603	59	0. 30963	130	0. 63093	16	0. 32316	168	0. 44619	71	0. 23722	132	0. 23871	165	0. 31345	89
吉　林	0. 44799	87	0. 38082	171	0. 34498	104	0. 49089	61	0. 45852	83	0. 38554	91	0. 28206	90	0. 25854	145	0. 31235	90
沧　州	0. 44425	88	0. 35143	195	0. 38531	78	0. 45244	85	0. 47631	68	0. 24035	173	0. 27109	102	0. 44965	35	0. 27806	119
汕　头	0. 44395	89	0. 38590	166	0. 41403	62	0. 29659	202	0. 33026	163	0. 42487	79	0. 27677	96	0. 34047	92	0. 37856	55
济　宁	0. 44077	90	0. 55084	42	0. 36355	92	0. 39118	136	0. 46064	81	0. 33249	111	0. 22762	139	0. 25140	154	0. 31892	82
盘　锦	0. 43970	91	0. 55778	39	0. 32465	118	0. 43450	102	0. 42264	106	0. 32515	116	0. 39611	31	0. 19173	210	0. 25926	131
新　余	0. 43913	92	0. 57775	29	0. 23259	210	0. 57558	27	0. 59184	22	0. 31324	128	0. 17863	180	0. 28682	127	0. 28320	110
滨　州	0. 43541	93	0. 47540	87	0. 27735	160	0. 51654	47	0. 35777	145	0. 37463	97	0. 27827	92	0. 22096	180	0. 34408	71
锦　州	0. 43528	94	0. 42975	127	0. 35425	99	0. 56157	32	0. 11416	266	0. 46395	63	0. 28588	88	0. 45322	33	0. 32064	80
泰　安	0. 43417	95	0. 60946	12	0. 37506	86	0. 36609	156	0. 41804	111	0. 37547	96	0. 15335	207	0. 34507	88	0. 26724	123
日　照	0. 42892	96	0. 53351	51	0. 30046	140	0. 30725	193	0. 54896	38	0. 25365	161	0. 18172	179	0. 35707	78	0. 36963	61
新　乡	0. 42833	97	0. 46619	95	0. 28682	150	0. 44432	95	0. 38121	132	0. 38978	90	0. 21397	151	0. 37912	60	0. 22750	159
韶　关	0. 42631	98	0. 38755	164	0. 31886	122	0. 24528	226	0. 46373	77	0. 37089	99	0. 29008	84	0. 34611	87	0. 29809	99
黄　山	0. 42584	99	0. 50596	65	0. 27742	159	0. 36120	161	0. 66235	6	0. 32509	117	0. 16830	193	0. 31552	108	0. 26244	127
兰　州	0. 42509	100	0. 34383	203	0. 45603	53	0. 29887	200	0. 18478	247	0. 60937	32	0. 34536	52	0. 37743	61	0. 21778	164
桂　林	0. 42442	101	0. 35044	196	0. 36516	89	0. 23100	233	0. 41689	112	0. 49504	58	0. 24981	123	0. 31571	107	0. 30895	93

续表

城市	可持续竞争力指数	排名	宜居城市竞争力指数	排名	宜商城市竞争力指数	排名	和谐城市竞争力指数	排名	生态城市竞争力指数	排名	知识城市竞争力指数	排名	全域城市竞争力指数	排名	信息城市竞争力指数	排名	文化城市竞争力指数	排名
蚌埠	0.42349	102	0.40457	149	0.25961	175	0.36721	155	0.43422	96	0.41073	85	0.23077	137	0.36945	67	0.24772	144
岳阳	0.42309	103	0.45841	103	0.28132	153	0.55406	34	0.54212	39	0.29469	135	0.17613	186	0.22219	179	0.31846	84
台州	0.42303	104	0.55827	37	0.48649	38	0.09738	278	0.52058	49	0.45501	67	0.20766	157	0.37371	62	0.28399	109
本溪	0.42170	105	0.38131	170	0.26104	173	0.34430	175	0.39360	120	0.32499	118	0.35203	46	0.30219	117	0.29969	98
梅州	0.42049	106	0.37203	182	0.20687	227	0.41135	119	0.38638	124	0.30877	131	0.27708	95	0.28651	129	0.45027	44
辽阳	0.41971	107	0.43670	120	0.23968	200	0.46699	69	0.24323	226	0.32835	114	0.30820	70	0.35005	82	0.31480	87
衡阳	0.41916	108	0.42607	132	0.41045	67	0.45433	83	0.34742	155	0.27641	146	0.20096	166	0.34070	91	0.24966	139
三亚	0.41850	109	0.55713	40	0.16076	250	0.29889	199	0.48950	61	0.30597	133	0.26762	106	0.32953	97	0.36030	64
黄石	0.41785	110	0.46383	96	0.27952	156	0.49763	55	0.23126	231	0.41181	84	0.24761	126	0.26805	143	0.30964	92
襄阳	0.41781	111	0.48507	78	0.36253	94	0.34679	172	0.33005	164	0.40263	88	0.19094	172	0.32654	100	0.24961	140
淮安	0.41652	112	0.46128	99	0.39473	73	0.41276	117	0.29521	196	0.28279	142	0.15497	206	0.30353	116	0.41161	50
承德	0.41484	113	0.35724	192	0.37924	82	0.53274	41	0.46389	76	0.23706	176	0.26189	112	0.23027	171	0.24436	146
三明	0.41290	114	0.51662	58	0.40608	70	0.46492	74	0.44424	92	0.31208	129	0.26341	109	0.24449	162	0.12598	238
丽水	0.41232	115	0.53121	52	0.38935	75	0.35872	162	0.52790	44	0.43555	74	0.14679	210	0.29942	120	0.14329	225
盐城	0.41224	116	0.45039	107	0.41620	60	0.39135	135	0.27807	206	0.37392	98	0.20070	167	0.24683	160	0.29075	105
克拉玛依	0.41158	117	0.57669	31	0.33786	107	0.43672	100	0.58010	26	0.42125	83	0.48289	16	0.16065	235	0.06147	273
绵阳	0.41136	118	0.40833	147	0.34346	105	0.42254	108	0.33469	158	0.49122	60	0.17174	189	0.27143	139	0.23551	152
景德镇	0.41100	119	0.48440	79	0.18536	241	0.35606	164	0.65503	7	0.36289	103	0.23084	136	0.18523	214	0.32367	78
丹东	0.41086	120	0.48112	81	0.23769	204	0.37100	153	0.31747	176	0.38403	92	0.28394	89	0.25337	150	0.28606	108
营口	0.41017	121	0.37488	178	0.32293	119	0.41294	116	0.26178	216	0.32348	120	0.33844	57	0.22943	172	0.31890	83
鹰潭	0.40924	122	0.36236	186	0.21175	223	0.56622	31	0.58674	23	0.23016	186	0.19259	171	0.31923	103	0.27968	116

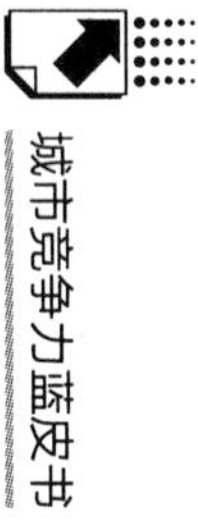

续表

城市	可持续竞争力指数	排名	宜居城市竞争力指数	排名	宜商城市竞争力指数	排名	和谐城市竞争力指数	排名	生态城市竞争力指数	排名	知识城市竞争力指数	排名	全域城市竞争力指数	排名	信息城市竞争力指数	排名	文化城市竞争力指数	排名
河源	0.40810	123	0.31960	220	0.25597	178	0.33134	182	0.60178	20	0.20150	207	0.26302	111	0.29440	123	0.38817	54
聊城	0.40613	124	0.49895	70	0.34975	100	0.43651	101	0.23461	228	0.36162	104	0.16663	195	0.28833	125	0.30173	96
德州	0.40571	125	0.49405	75	0.34638	103	0.39616	127	0.29626	195	0.26688	154	0.20181	165	0.38874	55	0.22126	161
湛江	0.40539	126	0.39803	155	0.32976	113	0.38342	141	0.35053	152	0.23932	175	0.24075	127	0.35245	80	0.25904	132
晋城	0.40440	127	0.44147	113	0.30137	136	0.45531	81	0.35227	150	0.20579	204	0.28617	87	0.32673	98	0.21940	163
清远	0.40222	128	0.33681	207	0.36089	95	0.32286	188	0.42866	102	0.21988	193	0.27722	94	0.31904	104	0.26158	129
莆田	0.40155	129	0.49678	72	0.40087	71	0.28098	212	0.50194	58	0.21525	197	0.12533	225	0.33983	93	0.31950	81
牡丹江	0.40065	130	0.38276	168	0.31386	127	0.31856	191	0.37413	138	0.36998	100	0.25053	122	0.23288	169	0.26610	125
许昌	0.40031	131	0.40038	151	0.29181	147	0.34008	178	0.57506	30	0.27058	147	0.30151	74	0.21695	184	0.20000	176
莱芜	0.39600	132	0.52601	56	0.24440	193	0.39618	126	0.30775	187	0.25928	158	0.23307	134	0.29648	122	0.25863	134
衡水	0.39529	133	0.34316	204	0.32734	115	0.46654	72	0.40009	117	0.24922	166	0.20547	162	0.30998	111	0.21386	167
咸阳	0.39360	134	0.34395	202	0.35841	97	0.49360	60	0.18496	246	0.31848	123	0.18244	178	0.33764	95	0.30721	94
长治	0.39036	135	0.41891	138	0.27867	158	0.46660	71	0.31283	180	0.26787	151	0.25794	116	0.36254	72	0.14549	224
南平	0.38857	136	0.42229	136	0.37508	85	0.43045	104	0.23137	230	0.31783	124	0.17809	181	0.37355	63	0.17750	199
宝鸡	0.38811	137	0.42170	137	0.27658	162	0.39941	123	0.48826	63	0.37845	94	0.16087	200	0.21933	183	0.19186	182
安阳	0.38787	138	0.38138	169	0.33207	112	0.42490	107	0.19048	242	0.30840	132	0.20467	164	0.23866	166	0.37851	56
焦作	0.38672	139	0.47887	84	0.37616	84	0.27777	215	0.28086	203	0.33741	108	0.25747	117	0.16508	233	0.28098	115
潮州	0.38544	140	0.38770	163	0.22618	215	0.20741	244	0.43388	98	0.26216	157	0.27776	93	0.19185	209	0.49510	32
攀枝花	0.38186	141	0.49584	73	0.29535	144	0.54728	36	0.18850	243	0.31770	125	0.32556	64	0.16967	230	0.18530	187
赣州	0.38177	142	0.28756	247	0.30873	132	0.24389	229	0.43412	97	0.27030	148	0.11719	234	0.33869	94	0.48475	36
铁岭	0.37950	143	0.39907	152	0.23537	207	0.41799	112	0.33039	162	0.24289	169	0.26583	108	0.23705	167	0.23586	151

续表

城市	可持续竞争力指数	排名	宜居城市竞争力指数	排名	宜商城市竞争力指数	排名	和谐城市竞争力指数	排名	生态城市竞争力指数	排名	知识城市竞争力指数	排名	全域城市竞争力指数	排名	信息城市竞争力指数	排名	文化城市竞争力指数	排名
枣庄	0.37865	144	0.48030	83	0.36754	87	0.30555	194	0.31276	181	0.27726	145	0.16487	196	0.25161	153	0.23452	153
德阳	0.37863	145	0.39215	161	0.30010	141	0.53497	39	0.32000	171	0.27785	144	0.17264	188	0.18293	215	0.25618	136
邢台	0.37810	146	0.37972	172	0.30051	139	0.41991	110	0.30476	189	0.23167	183	0.24962	125	0.21405	187	0.24938	141
郴州	0.37705	147	0.41342	142	0.30503	133	0.53354	40	0.31071	185	0.25726	159	0.12741	224	0.25390	149	0.24773	143
阳江	0.37704	148	0.29971	241	0.26641	169	0.31692	192	0.45441	84	0.22738	190	0.26989	104	0.19910	200	0.31152	91
张家口	0.37689	149	0.37557	176	0.32593	117	0.41574	114	0.27084	209	0.28410	141	0.22616	140	0.34921	83	0.13965	228
三门峡	0.37620	150	0.35489	193	0.27413	164	0.44774	91	0.37923	134	0.26580	156	0.23804	130	0.23671	168	0.17214	201
黄冈	0.37508	151	0.45507	104	0.24524	191	0.35532	166	0.48868	62	0.20355	206	0.19561	168	0.22835	174	0.23351	155
揭阳	0.37417	152	0.41580	141	0.35876	96	0.19579	249	0.50762	53	0.14089	242	0.25942	114	0.26978	141	0.27273	121
西宁	0.37309	153	0.28388	251	0.36379	90	0.29105	204	0.16764	253	0.45791	66	0.26983	105	0.31504	109	0.19900	177
十堰	0.37249	154	0.44798	110	0.23435	208	0.35530	167	0.51926	50	0.28575	140	0.25526	118	0.14921	239	0.18027	195
安庆	0.37223	155	0.38551	167	0.29277	146	0.44019	99	0.53416	42	0.26698	153	0.14606	212	0.26697	144	0.13541	229
荆门	0.37188	156	0.48304	80	0.36272	93	0.37384	152	0.31876	173	0.24116	172	0.16027	202	0.27202	137	0.17089	205
宁德	0.37121	157	0.39749	156	0.31464	126	0.33063	183	0.42129	108	0.24203	170	0.13103	221	0.34862	84	0.19055	184
吉安	0.37037	158	0.36220	188	0.29306	145	0.28343	209	0.45182	88	0.25330	162	0.11978	230	0.29952	119	0.29041	106
常德	0.36726	159	0.39724	157	0.28059	154	0.46092	76	0.46776	73	0.23391	180	0.13936	216	0.17947	220	0.23289	156
北海	0.36708	160	0.40567	148	0.21162	224	0.40204	122	0.37396	139	0.28883	139	0.16046	201	0.19450	205	0.28262	111
随州	0.36295	161	0.28524	248	0.24152	197	0.24511	227	0.66992	4	0.26900	149	0.19454	169	0.17076	227	0.28855	107
通化	0.36269	162	0.34578	199	0.22797	212	0.48124	65	0.31918	172	0.31920	121	0.31098	69	0.18003	219	0.13328	231
菏泽	0.36223	163	0.36235	187	0.23914	201	0.39569	129	0.25422	219	0.23179	182	0.15699	205	0.34654	86	0.26168	128
怀化	0.36219	164	0.35957	190	0.26248	172	0.64898	12	0.31466	179	0.19121	213	0.17764	183	0.27379	135	0.15828	216

续表

城市	可持续竞争力指数	排名	宜居城市竞争力指数	排名	宜商城市竞争力指数	排名	和谐城市竞争力指数	排名	生态城市竞争力指数	排名	知识城市竞争力指数	排名	全域城市竞争力指数	排名	信息城市竞争力指数	排名	文化城市竞争力指数	排名
荆州	0.36157	165	0.31185	232	0.23193	211	0.33651	180	0.42720	104	0.33004	112	0.15172	208	0.28256	130	0.19121	183
上饶	0.36057	166	0.36976	184	0.22047	219	0.43312	103	0.66705	5	0.17471	226	0.13200	220	0.17531	223	0.28105	114
开封	0.36052	167	0.34899	197	0.14417	262	0.41242	118	0.39012	121	0.25019	165	0.17719	184	0.25830	146	0.29344	103
滁州	0.35705	168	0.43303	122	0.22264	217	0.42935	106	0.37733	135	0.23161	184	0.12422	226	0.30360	115	0.17876	197
萍乡	0.35693	169	0.42447	135	0.21887	220	0.55530	33	0.43291	99	0.23494	177	0.17355	187	0.21002	190	0.12627	237
宿迁	0.35690	170	0.42714	130	0.26455	171	0.44907	88	0.34969	153	0.18359	220	0.20965	156	0.19873	201	0.18063	193
南阳	0.35663	171	0.30369	238	0.32924	114	0.34096	177	0.22305	235	0.31742	126	0.10895	241	0.27656	134	0.33256	75
鄂州	0.35376	172	0.46885	94	0.25462	180	0.25276	224	0.30317	190	0.21172	198	0.16884	192	0.31608	106	0.21768	165
宣城	0.35187	173	0.44091	114	0.24666	189	0.26515	218	0.58592	24	0.23153	185	0.10571	245	0.30641	113	0.16342	213
嘉峪关	0.35183	174	0.43022	126	0.19626	236	0.19098	252	0.38141	131	0.18607	219	0.39499	32	0.28674	128	0.16269	214
濮阳	0.34906	175	0.47353	89	0.27733	161	0.44223	97	0.32473	167	0.21533	196	0.16363	198	0.16986	229	0.17144	204
乌海	0.34824	176	0.45847	102	0.24939	187	0.39375	131	0.33564	157	0.23980	174	0.42886	27	0.21017	189	0.05409	277
平顶山	0.34781	177	0.31240	231	0.32671	116	0.45336	84	0.25945	218	0.24587	168	0.21773	143	0.17062	228	0.17162	203
阜新	0.34514	178	0.35982	189	0.21813	221	0.46571	73	0.16030	255	0.29549	134	0.30474	73	0.25082	157	0.12994	235
大同	0.34512	179	0.40187	150	0.32222	120	0.16025	263	0.06953	279	0.31722	127	0.27365	99	0.36658	70	0.36024	65
漯河	0.34257	180	0.43069	125	0.25124	182	0.42097	109	0.35068	151	0.12991	250	0.11373	236	0.28689	126	0.23200	158
阳泉	0.34225	181	0.45863	101	0.24236	196	0.34316	176	0.16593	254	0.21783	194	0.29654	77	0.31254	110	0.12320	241
茂名	0.33788	182	0.39577	159	0.33238	111	0.40372	121	0.22642	234	0.13435	248	0.25499	119	0.20305	197	0.16509	212
鹤壁	0.33682	183	0.42841	129	0.20501	228	0.44072	98	0.24549	223	0.15487	235	0.21952	141	0.20628	195	0.20157	173
齐齐哈尔	0.33682	184	0.22136	270	0.26748	168	0.41699	113	0.19814	240	0.32352	119	0.29471	81	0.14071	247	0.20504	171
淮南	0.33666	185	0.40976	145	0.33275	110	0.39671	125	0.16910	252	0.31199	130	0.17083	190	0.17240	224	0.15802	217

续表

城市	可持续竞争力指数	排名	宜居城市竞争力指数	排名	宜商城市竞争力指数	排名	和谐城市竞争力指数	排名	生态城市竞争力指数	排名	知识城市竞争力指数	排名	全域城市竞争力指数	排名	信息城市竞争力指数	排名	文化城市竞争力指数	排名
金昌	0.33538	186	0.48654	77	0.22278	216	0.26441	219	0.42637	105	0.16419	229	0.26095	113	0.17168	225	0.14172	227
晋中	0.33492	187	0.47091	91	0.30107	138	0.14523	267	0.09324	272	0.29277	137	0.25813	115	0.35057	81	0.24307	148
四平	0.33487	188	0.19771	275	0.14848	260	0.57464	28	0.29115	200	0.26655	155	0.28898	85	0.24925	158	0.13274	234
葫芦岛	0.33375	189	0.33320	211	0.19272	238	0.28506	207	0.19316	241	0.24620	167	0.18807	175	0.27066	140	0.27874	118
榆林	0.33335	190	0.44293	112	0.26098	174	0.16181	262	0.46316	79	0.18769	217	0.12970	222	0.24229	163	0.23374	154
延安	0.33189	191	0.25511	259	0.15803	256	0.20301	247	0.48015	66	0.21027	201	0.17711	185	0.31846	105	0.24756	145
咸宁	0.33055	192	0.39707	158	0.22694	214	0.23349	232	0.34556	156	0.31858	122	0.13257	219	0.20018	199	0.17943	196
防城港	0.33003	193	0.54763	45	0.23669	205	0.34547	174	0.26280	215	0.13614	247	0.21507	149	0.16521	232	0.18941	185
白山	0.32845	194	0.29319	244	0.29068	148	0.45566	80	0.23205	229	0.18046	224	0.34417	54	0.11835	260	0.15423	218
辽源	0.32765	195	0.31514	229	0.16534	247	0.34555	173	0.55948	34	0.23260	181	0.29551	80	0.15002	237	0.09416	261
信阳	0.32642	196	0.37870	174	0.33472	108	0.25499	223	0.45296	87	0.21052	200	0.08083	260	0.29866	121	0.12516	239
佳木斯	0.32615	197	0.18479	279	0.20138	233	0.24509	228	0.23117	232	0.33538	110	0.23678	133	0.21256	188	0.27340	120
梧州	0.32583	198	0.31741	225	0.23880	202	0.17459	261	0.46201	80	0.18933	215	0.14715	209	0.24636	161	0.22663	160
云浮	0.32469	199	0.30841	235	0.20061	234	0.26224	220	0.38546	127	0.18172	223	0.23211	135	0.17630	222	0.19855	178
淮北	0.32357	200	0.33588	208	0.21161	225	0.35634	163	0.31495	178	0.15981	232	0.21589	147	0.17802	221	0.18118	191
邵阳	0.32118	201	0.32540	216	0.29067	149	0.41050	120	0.37674	136	0.14548	241	0.14009	215	0.20326	196	0.13313	232
驻马店	0.31949	202	0.34289	205	0.20350	229	0.37422	151	0.53865	41	0.19633	209	0.09390	254	0.19197	208	0.15112	220
六安	0.31854	203	0.28516	249	0.22200	218	0.44596	93	0.49763	59	0.09755	268	0.09588	252	0.27274	136	0.20078	175
池州	0.31402	204	0.49817	71	0.25118	183	0.35335	169	0.24419	225	0.18801	216	0.08164	259	0.20955	193	0.18094	192
呼伦贝尔	0.31240	205	0.31788	224	0.25004	186	0.25810	221	0.21227	237	0.19117	214	0.35528	44	0.13972	248	0.14840	221
乐山	0.31203	206	0.37965	173	0.30110	137	0.30315	195	0.14297	261	0.32775	115	0.12003	229	0.10232	269	0.29545	101

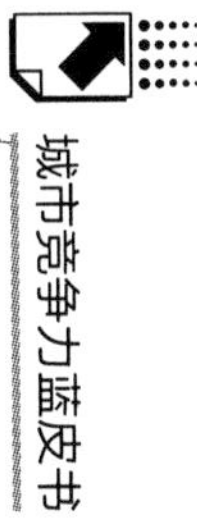

续表

城市	可持续竞争力指数	排名	宜居城市竞争力指数	排名	宜商城市竞争力指数	排名	和谐城市竞争力指数	排名	生态城市竞争力指数	排名	知识城市竞争力指数	排名	全域城市竞争力指数	排名	信息城市竞争力指数	排名	文化城市竞争力指数	排名
宜春	0.31097	207	0.30436	237	0.25471	179	0.29250	203	0.38782	122	0.17563	225	0.09598	251	0.14972	238	0.25877	133
玉溪	0.30838	208	0.43760	118	0.25102	184	0.23409	231	0.50451	55	0.28206	143	0.10532	247	0.11522	262	0.11568	248
朔州	0.30805	209	0.43871	115	0.23302	209	0.28189	211	0.31818	174	0.10114	267	0.16100	199	0.19360	207	0.18037	194
商丘	0.30670	210	0.17717	280	0.20162	231	0.32020	190	0.26689	214	0.14624	240	0.13491	218	0.36064	75	0.23232	157
益阳	0.30614	211	0.32620	215	0.27004	166	0.38669	139	0.28364	201	0.25110	164	0.07847	261	0.13670	251	0.18459	188
遵义	0.30439	212	0.23060	268	0.28354	152	0.28499	208	0.29679	194	0.24180	171	0.11246	238	0.12833	257	0.24045	149
娄底	0.30360	213	0.42851	128	0.20771	226	0.13915	268	0.31238	184	0.21700	195	0.14184	213	0.18937	211	0.20091	174
伊春	0.30123	214	0.15473	283	0.16765	246	0.37606	146	0.35403	148	0.22826	189	0.21661	146	0.13420	253	0.18212	190
汕尾	0.29940	215	0.31880	221	0.16505	248	0.20838	242	0.30800	186	0.10249	266	0.21035	154	0.14831	240	0.35903	66
永州	0.29875	216	0.43375	121	0.23866	203	0.29728	201	0.26777	212	0.15897	233	0.07489	263	0.22075	181	0.17169	202
汉中	0.29760	217	0.26674	257	0.27281	165	0.21310	241	0.24461	224	0.26896	150	0.11955	231	0.14191	246	0.21324	168
宜宾	0.29555	218	0.34278	206	0.28042	155	0.54597	37	0.07003	278	0.23478	178	0.11241	239	0.13277	254	0.25079	138
南充	0.29355	219	0.29542	242	0.31147	128	0.29022	205	0.29979	193	0.19506	210	0.08652	257	0.18022	218	0.12821	236
抚州	0.29286	220	0.45118	106	0.25137	181	0.26798	216	0.24556	222	0.12745	253	0.10645	244	0.14402	245	0.20983	169
鸡西	0.29280	221	0.24682	261	0.15189	258	0.37495	149	0.18292	248	0.15408	236	0.28850	86	0.13796	250	0.19698	180
巴彦淖尔	0.29276	222	0.35894	191	0.24008	199	0.20360	246	0.26941	210	0.15376	237	0.20978	155	0.18178	216	0.11170	252
黑河	0.29178	223	0.18864	278	0.10633	272	0.37503	148	0.31242	183	0.17232	228	0.31441	66	0.09187	271	0.24876	142
遂宁	0.29101	224	0.26902	256	0.25071	185	0.34731	170	0.44624	90	0.09399	270	0.09323	256	0.25086	156	0.12120	243
石嘴山	0.28949	225	0.45309	105	0.19822	235	0.07944	280	0.24788	221	0.20878	203	0.31382	67	0.19669	203	0.11694	246
运城	0.28696	226	0.37315	181	0.18917	239	0.18704	253	0.15059	259	0.25413	160	0.20564	161	0.13277	255	0.18284	189
松原	0.28422	227	0.28335	253	0.06915	278	0.37710	145	0.50765	52	0.12960	251	0.18562	177	0.20965	192	0.11326	249

续表

城市	可持续竞争力指数	排名	宜居城市竞争力指数	排名	宜商城市竞争力指数	排名	和谐城市竞争力指数	排名	生态城市竞争力指数	排名	知识城市竞争力指数	排名	全域城市竞争力指数	排名	信息城市竞争力指数	排名	文化城市竞争力指数	排名
玉林	0.28212	228	0.37817	175	0.30486	134	0.19898	248	0.27988	204	0.21147	199	0.04677	278	0.21573	185	0.14203	226
泸州	0.28196	229	0.32936	213	0.24439	194	0.44817	90	0.15645	258	0.16221	231	0.08571	258	0.12731	258	0.20318	172
渭南	0.28006	230	0.31862	222	0.23558	206	0.32080	189	0.08733	274	0.22993	187	0.10306	249	0.21981	182	0.17325	200
酒泉	0.27986	231	0.41191	144	0.24494	192	0.10878	275	0.21198	238	0.26720	152	0.23844	129	0.10332	268	0.12317	242
赤峰	0.27912	232	0.19033	277	0.26823	167	0.21592	240	0.09041	273	0.22190	192	0.16399	197	0.38353	58	0.13298	233
广元	0.27715	233	0.28977	245	0.28385	151	0.33743	179	0.18512	245	0.12184	259	0.11943	232	0.22928	173	0.09965	258
雅安	0.27645	234	0.31526	228	0.18664	240	0.30214	196	0.27965	205	0.22932	188	0.14677	211	0.09977	270	0.09949	259
白城	0.27539	235	0.28412	250	0.06865	279	0.44246	96	0.23603	227	0.19381	212	0.19394	170	0.17112	226	0.11941	245
阜阳	0.27510	236	0.25061	260	0.22704	213	0.35496	168	0.30683	188	0.12235	258	0.04114	282	0.28181	132	0.16595	211
周口	0.27501	237	0.29358	243	0.24580	190	0.28605	206	0.37098	140	0.09688	269	0.09809	250	0.19631	204	0.10855	255
乌兰察布	0.27480	238	0.33252	212	0.17548	244	0.33032	184	0.12936	262	0.12600	254	0.29600	79	0.18936	212	0.08823	265
朝阳	0.27384	239	0.31861	223	0.26625	170	0.32401	187	0.07767	277	0.14012	243	0.17778	182	0.25204	152	0.11076	253
天水	0.27210	240	0.16120	282	0.09505	274	0.18309	257	0.30131	192	0.33722	109	0.11895	233	0.18925	213	0.22068	162
安康	0.26678	241	0.32337	219	0.18313	243	0.32685	185	0.19928	239	0.13069	249	0.06782	269	0.28093	133	0.11633	247
孝感	0.26634	242	0.43814	116	0.25680	177	0.22856	237	0.04528	284	0.23415	179	0.10494	248	0.23949	164	0.15272	219
通辽	0.26600	243	0.32477	217	0.34924	101	0.22944	236	0.05732	283	0.20983	202	0.20674	159	0.25391	148	0.06276	272
丽江	0.26541	244	0.35328	194	0.09875	273	0.18238	258	0.57563	29	0.14817	238	0.12012	228	0.07392	275	0.21564	166
自贡	0.26535	245	0.30000	240	0.30377	135	0.15334	265	0.15875	256	0.18759	218	0.12152	227	0.08935	272	0.24003	150
商洛	0.26241	246	0.33583	209	0.11007	270	0.19204	251	0.30313	191	0.20406	205	0.09501	253	0.13621	252	0.16930	208
临汾	0.26211	247	0.37067	183	0.25703	176	0.18653	254	0.02868	285	0.25138	163	0.12826	223	0.26864	142	0.18666	186
双鸭山	0.26151	248	0.31164	233	0.15561	257	0.39073	137	0.12316	263	0.12591	255	0.29641	78	0.08439	274	0.12386	240

续表

城市	可持续竞争力指数	排名	宜居城市竞争力指数	排名	宜商城市竞争力指数	排名	和谐城市竞争力指数	排名	生态城市竞争力指数	排名	知识城市竞争力指数	排名	全域城市竞争力指数	排名	信息城市竞争力指数	排名	文化城市竞争力指数	排名
铜川	0.26150	249	0.34489	201	0.16030	251	0.36266	159	0.14621	260	0.19465	211	0.18896	174	0.20207	198	0.03922	280
广安	0.25611	250	0.30899	234	0.24368	195	0.23005	234	0.33278	161	0.10518	265	0.11708	235	0.08545	273	0.12049	244
河池	0.24932	251	0.39075	162	0.11945	268	0.25142	225	0.26108	217	0.14757	239	0.07371	267	0.14563	242	0.11299	250
张家界	0.24922	252	0.38600	165	0.14023	265	0.18543	255	0.47767	67	0.06673	278	0.07398	266	0.16441	234	0.13506	230
鹤岗	0.24822	253	0.30315	239	0.20333	230	0.36863	154	0.06778	280	0.13632	246	0.34434	53	0.11476	263	0.05978	274
忻州	0.24436	254	0.31313	230	0.20139	232	0.18414	256	0.10525	269	0.16267	230	0.11254	237	0.22663	175	0.08922	264
宿州	0.24431	255	0.33488	210	0.21332	222	0.21750	239	0.21917	236	0.07030	277	0.05125	274	0.21551	186	0.16007	215
亳州	0.24319	256	0.43736	119	0.14839	261	0.35565	165	0.32012	170	0.03562	283	0.02067	285	0.19765	202	0.28113	113
内江	0.23820	257	0.23774	263	0.27893	157	0.34713	171	0.18003	250	0.07744	274	0.06632	270	0.18028	217	0.08532	267
七台河	0.23120	258	0.20144	273	0.24028	198	0.18056	260	0.23005	233	0.11434	261	0.23039	138	0.07083	276	0.06460	270
武威	0.23095	259	0.23534	264	0.15933	253	0.05852	283	0.31268	182	0.13697	245	0.14079	214	0.12589	259	0.14605	223
达州	0.22589	260	0.23070	267	0.31589	124	0.15595	264	0.08729	275	0.06473	279	0.15851	203	0.20813	194	0.08941	263
资阳	0.22538	261	0.28924	246	0.29705	143	0.23806	230	0.52275	47	0.09249	271	0.07410	265	0.05723	280	0.03807	281
崇左	0.22493	262	0.36299	185	0.14235	264	0.11963	274	0.10136	271	0.22494	191	0.07488	264	0.10407	266	0.16767	210
眉山	0.22362	263	0.34765	198	0.19324	237	0.30177	197	0.12229	265	0.08250	273	0.10775	242	0.04357	284	0.16871	209
钦州	0.22335	264	0.42530	133	0.14942	259	0.12447	271	0.12303	264	0.07183	276	0.04729	277	0.27182	138	0.17834	198
百色	0.22282	265	0.37392	180	0.14343	263	0.10123	277	0.08267	276	0.20029	208	0.10562	246	0.22424	178	0.07725	269
白银	0.21850	266	0.22243	269	0.15895	254	0.37480	150	0.06166	282	0.17314	227	0.17063	191	0.06075	277	0.08788	266
中卫	0.21682	267	0.28364	252	0.11156	269	0.20537	245	0.11229	267	0.11271	262	0.11230	240	0.20993	191	0.06400	271
贺州	0.20132	268	0.39335	160	0.15830	255	0.02482	285	0.31597	177	0.10992	264	0.05063	275	0.16674	231	0.10047	257

续表

城市	可持续竞争力指数	排名	宜居城市竞争力指数	排名	宜商城市竞争力指数	排名	和谐城市竞争力指数	排名	生态城市竞争力指数	排名	知识城市竞争力指数	排名	全域城市竞争力指数	排名	信息城市竞争力指数	排名	文化城市竞争力指数	排名
吕梁	0. 20111	269	0. 31619	226	0. 24677	188	0. 18193	259	0. 00190	286	0. 07385	275	0. 21141	153	0. 15864	236	0. 17074	206
张掖	0. 19976	270	0. 31533	227	0. 17419	245	0. 13167	269	0. 00000	287	0. 29403	136	0. 13629	217	0. 13924	249	0. 16953	207
安顺	0. 19237	271	0. 19473	276	0. 10876	271	0. 06211	282	0. 29314	198	0. 12775	252	0. 04010	283	0. 14481	244	0. 11225	251
六盘水	0. 19177	272	0. 20986	272	0. 18322	242	0. 12933	270	0. 06630	281	0. 02555	285	0. 23785	131	0. 14792	241	0. 09706	260
庆阳	0. 18853	273	0. 17276	281	0. 06756	280	0. 36590	157	0. 26922	211	0. 12340	257	0. 06519	271	0. 05341	281	0. 04993	278
来宾	0. 18721	274	0. 32687	214	0. 11979	267	0. 12212	273	0. 11008	268	0. 11000	263	0. 05431	273	0. 13255	256	0. 05930	275
固原	0. 18487	275	0. 23280	266	0. 07776	275	0. 26681	217	0. 31751	175	0. 15548	234	0. 10719	243	0. 06019	278	0. 00773	285
贵港	0. 17406	276	0. 30711	236	0. 15995	252	0. 25753	222	0. 10387	270	0. 00453	286	0. 04319	281	0. 11716	261	0. 14827	222
平凉	0. 17350	277	0. 27893	254	0. 07627	276	0. 19228	250	0. 27228	208	0. 13771	244	0. 09323	255	0. 10388	267	0. 00000	287
曲靖	0. 16928	278	0. 27637	255	0. 16304	249	0. 00413	286	0. 15875	257	0. 08899	272	0. 06956	268	0. 19421	206	0. 09166	262
巴中	0. 16887	279	0. 23426	265	0. 07202	277	0. 29914	198	0. 36583	144	0. 03786	282	0. 04872	276	0. 04482	283	0. 04257	279
吴忠	0. 16105	280	0. 26058	258	0. 12631	266	0. 00000	287	0. 18579	244	0. 18174	222	0. 15764	204	0. 10609	265	0. 03357	282
保山	0. 15777	281	0. 20040	274	0. 05086	282	0. 05434	284	0. 33461	159	0. 12543	256	0. 03471	284	0. 03829	285	0. 10508	256
普洱	0. 15772	282	0. 21701	271	0. 00209	286	0. 07131	281	0. 45892	82	0. 11795	260	0. 07641	262	0. 05923	279	0. 10888	254
定西	0. 15717	283	0. 06906	286	0. 03968	284	0. 15203	266	0. 26721	213	0. 18191	221	0. 04477	280	0. 14496	243	0. 02201	284
临沧	0. 15583	284	0. 24176	262	0. 02796	285	0. 22831	238	0. 32938	165	0. 05144	281	0. 05898	272	0. 01778	286	0. 08282	268
绥化	0. 11111	285	0. 12418	284	0. 00000	287	0. 10633	276	0. 17173	251	0. 05625	280	0. 00877	286	0. 10872	264	0. 05849	276
昭通	0. 09014	286	0. 08882	285	0. 05099	281	0. 08802	279	0. 27710	207	0. 00000	287	0. 00000	287	0. 05043	282	0. 02455	283
陇南	0. 07974	287	0. 00000	287	0. 04436	283	0. 12442	272	0. 49528	60	0. 03430	284	0. 04577	279	0. 00000	287	0. 00139	286

B.2
中国城市竞争力2012年度综述
——建设可持续竞争力理想城市

倪鹏飞 李超*

一 新命题与新基准

（一）新十年，新趋势

2030年人类面临不一样的未来。2008年，全球超过50%以上的人口居住在城市里。今天，人类已进入经济全球化、科技信息化、城市集群化、生态低碳的城市社会。未来，随着全球中产阶级的壮大，贫困的减少，再加上新型的通信方式，个人的能力和赋权将得到全面提高；老龄化、城市化以及移民将快速增长，人口结构深刻变化。发达国家过度消费和新兴工业化大国迅速崛起导致的需求迅速膨胀，使不可再生资源变得严重短缺，发达国家以及新兴工业化大国的碳排放增加，导致全球变暖及环境进一步恶化。社交媒体以及信息化技术的创新、3D打印和机器人技术的突破，在解决一些全球性挑战的同时，也带来一些新的挑战。世界政治、经济、科技力量的调整，多极化以及权力的分散，资源环境的矛盾，使世界面临更加动荡的风险。

2030年将建成全面小康的城市中国。2011年，中国的城镇化率也超过了50%，目前，中国进入中等收入国家，改革开放创造了中国奇迹，使中国拥有了包括城镇化在内的转型升级的资本、人才和技术基础。由于居民收入的提升、素质的提升和社会的开放，市民意识觉醒，个人权利提升，将导致社会矛

---

* 李超，经济学博士，中国社会科学院财经战略研究院助理研究员，中国社会科学院城市与竞争力研究中心特约成员，主要研究领域为区域经济协调发展与产业结构演进。

盾突出，与此同时，生态脆弱，资源短缺。人口老龄化、城市化以及移民将导致中国的社会和经济体制出现重大波动。随着中国的中产阶级到 2030 年更加壮大，资源稀缺与资源需求大幅增长存在冲突。同样，政府能否跟上闪电般的技术创新步伐？机器推动经济发展的局面是否会加剧中国贫富分化？新技术在解决中国挑战的同时，也会带来新的挑战。

中国过去的城镇化模式不可持续。改革开放 30 多年来，中国演绎了波澜壮阔的城镇化史诗，也有力地支撑了中国经济增长的奇迹。但是，以经济发展为中心目标，以外向型工业化为中心动力，以地方政府为主导，以土地为主要内容，以规模扩张作为发展方式，以物质资本大量投入为驱动要素的传统城镇化模式，导致资源大量消耗、空间过度集中、经济结构失衡、环境严重污染、社会矛盾激化、一些城市和乡村患上比较严重的“城市病”和“乡村病”。

总之，在城市化的中国和世界里，技术的进步、人类的发展、资源的稀缺，使城市社会不仅面临激烈的竞争和冲突，更面临经济、政治、文化、社会、环境等可持续发展问题的挑战。提升城市可持续竞争力是个人、企业、城市、国家，也是世界实现物竞天择、可持续发展的新命题。

而中国传统城镇化的教训也要求：在这样一个全新的时代背景下，中国城市未来的健康发展，并逐步提升在全球城市体系中的战略地位，必须走新型城市化之路，建设知识型、生态型、和谐型、个性化、多元化、城乡一体的多层次、开放性的理想城市体系。

“可持续竞争力的理想城市”引领未来。过去的 10 年，《中国城市竞争力报告》与中国城市化和城市发展共成长，对中国城市发展和城市化起到了很好的引导、激励和决策参考的作用。从城镇化的角度，新型城镇化的新目标是建设可持续竞争力的理想城市；从竞争力的角度，最具竞争力的城市是可持续竞争力的理想城市。有鉴于国内外发展的新趋势和新命题、新型城镇化的新要求，未来 10 年，课题组将以可持续竞争力的理想城市评估原则和标准，进行理论、实证和案例研究，以此引领中国城市实现可持续的发展和竞争力提升。本次报告主题着力构建可持续理想城市的理论体系和评估基准。

（二）理想城市与新基准

城市竞争力是一个城市与其他城市相比较，更有效率地创造财富，为居民提供更多福利的能力。城市可持续竞争力是一个城市与其他城市相比较，更能够确保当前和未来持续有效率地创造财富，为世代居民提供更多福利的能力。城市竞争力决定机制是在城市间的要素环境及产业的相互竞争进而趋向空间一般均衡的过程中，实现要素环境决定产业体系，产业体系决定价值体系。

按照新的理论框架：竞争力分为当前短期竞争力（报告命名为综合经济竞争力）和未来长期竞争力（可持续竞争力）。当前短期竞争力指数是综合经济竞争力指数，选取表现产出价值的当前指标：经过数年理论研究和实证检验，按照指标最小化原则，我们选择“地均 GDP”和“GDP”年均增量（适当考虑环境成本），同时反映当前创造价值的规模、速度和效率。选取全国及港澳台 293 个城市样本，根据相关数据和计量方法，可以计算城市的综合经济竞争力指数。

可持续竞争力即未来长期竞争力，是推动支撑城市永续发展和竞争的关键因素及有机构成。最具可持续竞争力的城市是能确保当前和未来最持续、最有效率地创造财富，为世代居民提供最多福利能力的城市。依照理想城市的这些方面，通过把握世界发展趋势，瞄准世界标准，借鉴国际经验，并基于长期的研究，我们认为，最具可持续竞争力的城市具体由八个理想城市有机构成。

以人为本的宜居城市：以人为本是指作为居民栖息之地的城市，同时也是最大化地确保全体市民的个体创造以及分享幸福和发展成果的出发地和落脚地。在理想的宜居城市里，市民身体健康、精神愉悦、生活幸福和素质高尚；自然环境优美、基础设施齐备、政府服务周到，适宜大多数居民便捷、舒适地享用。

创业至上的宜商城市：创业至上主要指城市环境、基础设施、公私人服务的建设和提供一切以最大化确保居民自由创业、企业自由发展为出发点和落脚点。理想的宜居城市包括：企业的良好表现、广阔的市场需求以及优越的创业营商环境。主要表现为：外资纷至沓来，新企业层出不穷，当地市民创业激情高涨，中小企业蓬勃向上，大企业持续发展，经济充满活力。

公平包容的和谐城市：公平是指政府确保为每一个居民提供均等的发展机

会、公平的竞争环境、均等的公共服务。包容是指让老弱病残鳏寡孤独者皆有所养，让优者得到奖掖，使生命之花自由绽放。和谐城市是指城市里的全体市民相互包容，相互关爱，和谐相处，充满亲和力。主要包括：政府善治、社会公平、社会保障和社会福利、社会安全等四项内容。

环境友好的生态城市：环境友好是指天人合一，人类作为生态的有机构成部分，利用知识，道法自然。理想的生态城市是社会、经济、自然协调发展，物质、能量、信息高效利用，技术、文化与景观充分融合，人与自然的潜力得到充分发挥，居民身心健康，生态持续和谐的集约型人类聚居地。主要包括：低能耗、低污染和生态系统良好。

创新驱动的知识城市：知识型产业逐步成为城市的主导产业；信息技术广泛应用生活和商务；市民享受知识，致力于创新。创新驱动的知识城市对经济的增长质量、居民的生活、环境的保护程度提出了更高层次的要求，通过知识的外溢、形成规模经济来重新构建城市空间结构和形成新的城市圈，为城市竞争力的提高提供可持续的内生发展动力。

城乡一体的全域城市：城乡一体是指以城市为本底的城乡基础设施一体化、公共服务均等化。理想状态的全域城市，应该是工业园区化、农业现代化、土地集约化、农村城市化、城乡一体化、城市田园化，城乡居民收入差距合理、城乡公共服务均等、城乡基础设施一体、城市化与工业化协调发展的城市乡村组合体。城乡居民在田园般优美的环境中享受着现代城市所提供的现代化的基础设施和公共服务。

交流便捷的信息城市：城市主体与城内外的主体之间能够利用最先进的交通和通信工具，使物质、知识、思想和信息能够自由便捷地交流和交换。信息城市包括企业生产信息化、居民社会生活信息化以及政府服务信息化，信息技术广泛应用于城市的生产和生活服务。在理想的信息城市状态下，市民交流更加便捷、生产模式更加智能、城市规划更加合理、政府服务更加高效。

开放多元的文化城市：自由开放体现在能够汲取各国、各地区的文化精髓，形成多元一体的格局；多元包容性体现在能够融合不同的文化，形成独有的城市文化特色。理想城市的历史文化厚重久远，现代时尚文化枝繁叶茂，外来多样文化兼容并蓄，当地文化独具特色，在开放和多元的环境下，各种文化碰撞、交融、交相辉映。

基于以上8个方面，在指标的城市级数据可得的前提下，根据指标最小化原则，每个方面分别提炼出了6~10个核心指标，建立了可持续竞争力指标体系，确定就每个指标和方面而言，表现最好的样本为理想状态，然后选取港澳及内地地级以上287个城市做样本。采用相关统计计量方法，对287个城市实现可持续竞争力理想城市的状况进行定量的分析和比较，为各城市规划自身发展蓝图、确定自身发展方向提供重要参考。

二　现状与格局

根据城市综合经济竞争力指数和可持续竞争力指数，可以分析包括港澳台在内293个城市的综合经济竞争力的现状与格局，以及港澳和内地287个城市可持续竞争力的现实状况以及与理想城市的差距。

（一）综合经济竞争力指数比较

2012年综合经济竞争力指数排名前十的城市依次是：香港、深圳、上海、台北、广州、北京、苏州、佛山、天津和澳门。其中，港澳台地区占3席，东南沿海城市占5席，环渤海地区占2席，而广大中西部地区没有一个城市进入综合经济竞争力10强；进入20强的中西部城市仅有武汉和成都，而西北地区排名最靠前的西安仅列第36位。可见，区位优势对城市综合经济竞争力的影响十分明显。从城市的行政等级来看，特别行政区、直辖市、副省级城市和计划单列市、省会城市的综合经济竞争力要明显高于其他地级城市（见图2-1）。

从全国及各大区域综合经济竞争力指数来看，港澳台城市、东南沿海城市、环渤海城市的综合经济竞争力指数均值要高于全国平均水平，其他区域均低于全国平均水平，排名依次是东北地区、中部地区、西南地区和西北地区。从区域城市内部的综合经济竞争力差距来看，港澳台城市的变异系数最高，东南沿海城市和环渤海地区次之，中部城市的变异系数最小（见表2-1）。

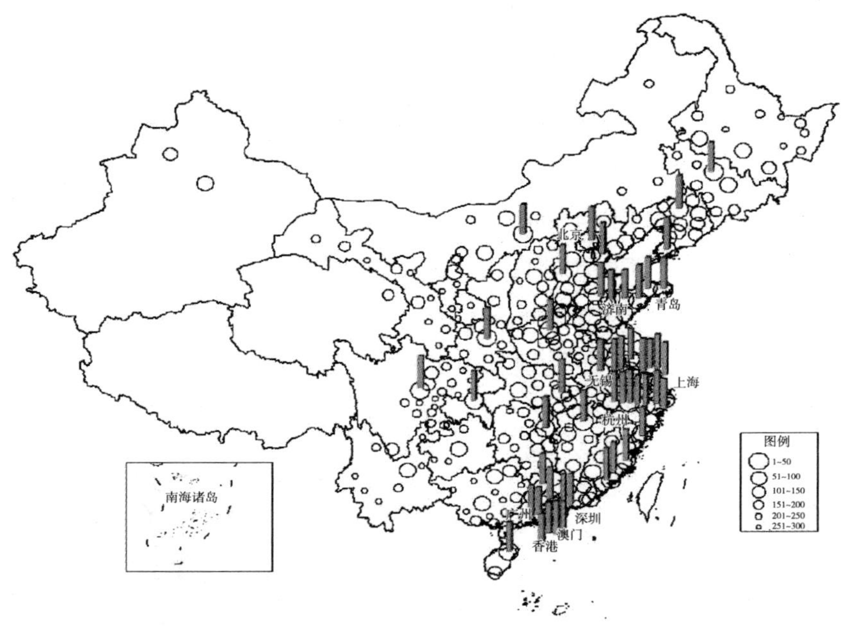

图2-1 2012年293个城市综合经济竞争力排名

注：2012年城市综合经济竞争力排名用“○”表示，“○”越大代表综合经济竞争力排名越高，图例中单位为“位次”。柱状图显示了2012年城市综合经济竞争力排名的前50位，柱状越高代表城市综合经济竞争力排名越高。

资料来源：中国社会科学院城市与竞争力指数数据库。

表2-1 全国及各大区域综合经济竞争力指数

区域范围	样本量	均值	标准差	最小值	最大值	变异系数
全国	293	0.0878	0.0993	0.0231	1.0000	1.1310
港澳台	8	0.3090	0.3125	0.0950	1.0000	1.0113
东南	55	0.1425	0.1399	0.0380	0.7183	0.9818
环渤海	30	0.1195	0.0761	0.0481	0.3792	0.6368
中部	80	0.0648	0.0333	0.0320	0.2377	0.5139
西南	47	0.0536	0.0315	0.0260	0.2065	0.5877
东北	34	0.0659	0.0409	0.0279	0.1997	0.6206
西北	39	0.0487	0.0255	0.0231	0.1429	0.5236

资料来源：中国社会科学院城市与竞争力指数数据库。

（二）可持续竞争力指数比较

2012 年可持续竞争力指数排名前十的城市依次是：香港、上海、深圳、北京、广州、澳门、杭州、青岛、无锡、济南。和综合经济竞争力一样，仍是港澳台地区、东南地区和环渤海地区三分天下。其中，港澳台地区占 2 席，东南沿海城市占 5 席，环渤海地区占 3 席。进入 20 强的中西部城市仅有武汉、长沙和成都，而西北地区排名最靠前的西安位列第 30 位。从城市可持续竞争力的相对差距来看，无论是全国总体水平还是区域内部差距都要小于城市综合经济竞争力指数（见图 2－2）。

图 2－2　2012 年 287 个城市可持续竞争力排名

注：2012 年城市可持续竞争力排名用“○”表示，“○”越大代表可持续竞争力排名越高，图例中单位为“位次”。柱状图显示了 2012 年可持续竞争力排名的前 50 位，柱状越高代表可持续竞争力排名越高。

资料来源：中国社会科学院城市与竞争力指数数据库。

从全国及各大区域的可持续竞争力指数来看，港澳台城市、东南沿海城市、环渤海城市的可持续竞争力指数均值要高于全国平均水平，但三大区域内部变异系数均小于全国总体水平。其他区域的可持续竞争力指数低于全国平均

水平，排名依次是中部地区、东北地区、西北地区和西南地区。从区域城市内部的可持续竞争力指数差距来看，除了西南地区和西北地区以外，其他各区域的变异系数均小于全国总体水平（见表2－2）。

表 2－2　全国及各大区域可持续竞争力指数

区域范围	样本量	均值	标准差	最小值	最大值	变异系数
全国	287	0. 3932	0. 1355	0. 0797	0. 9803	0. 3446
港澳台	2	0. 8659	0. 1617	0. 7516	0. 9803	0. 1867
东南	55	0. 5042	0. 1190	0. 2994	0. 8168	0. 2360
环渤海	30	0. 4810	0. 0983	0. 3622	0. 7590	0. 2044
中部	80	0. 3757	0. 0863	0. 2011	0. 6463	0. 2297
西南	47	0. 2985	0. 1188	0. 0901	0. 6284	0. 3980
东北	34	0. 3733	0. 1087	0. 1111	0. 6397	0. 2912
西北	39	0. 3120	0. 1122	0. 0797	0. 5674	0. 3596

资料来源：中国社会科学院城市与竞争力指数数据库。

（三）城市竞争力指数的横向关联

2012 年中国城市的可持续竞争力与综合经济竞争力还呈现典型的倒 U 形关系，即城市的可持续竞争力在初期会随着综合经济竞争力的上升而迅速增加，但上升至一定阶段后，可持续竞争力的上升幅度会有所趋缓，甚至会出现下行趋势。因此，提升中国城市竞争力的关键不在于现实综合经济竞争力的大小，而在于如何促进可持续竞争力的提高，增强中国城市的发展后劲，这也是未来中国经济社会发展模式转型的内在要求和不竭动力。

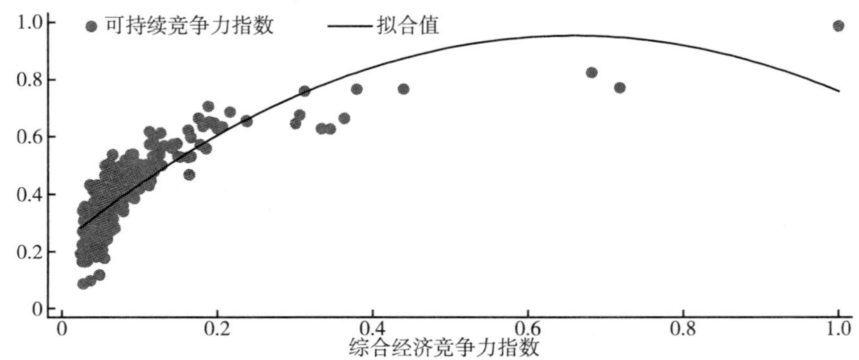

图 2－3　2012 年 287 个城市可持续竞争力与综合经济竞争力相关关系

参照理想城市的 8 个分项，我们分别设立了 8 个指标对中国城市的可持续竞争力进行综合评估，这 8 个分项包括以人为本的宜居城市、创业至上的宜商城市、公平包容的和谐城市、环境友好的生态城市、创新驱动的知识城市、城乡一体的全域城市、交流便捷的信息城市、开放多元的文化城市。通过对 8 个分项指数的统计分析发现，几乎所有的分项竞争力指数离理想城市的状态都相去甚远，其中，指数均值最高的分项“以人为本的宜居城市”仅为 0.4141，按均值大小排名依次是“环境友好的生态城市”、“公平包容的和谐城市”、“创新驱动的知识城市”、“创业至上的宜商城市”、“交流便捷的信息城市”、“开放多元的文化城市”、“城乡一体的全域城市”；分项“城乡一体的全域城市”的变异系数最大，表明中国城市之间的城乡统筹发展水平存在巨大差异，其他分项指标的变异系数排名依次是：“开放多元的文化城市”、“创新驱动的知识城市”、“交流便捷的信息城市”、“创业至上的宜商城市”、“公平包容的和谐城市”、“环境友好的生态城市”、“以人为本的宜居城市”（见表 2 - 3）。

表 2 - 3　8 个分项竞争力指数

指标	样本量	均值	标准差	最小值	最大值	变异系数
以人为本的宜居城市	287	0.4141	0.1305	0.0000	1.0000	0.3153
创业至上的宜商城市	287	0.3170	0.1505	0.0000	1.0000	0.4748
公平包容的和谐城市	287	0.3751	0.1541	0.0000	1.0000	0.4109
环境友好的生态城市	287	0.3935	0.1564	0.0000	1.0000	0.3974
创新驱动的知识城市	287	0.3278	0.1912	0.0000	1.0000	0.5834
城乡一体的全域城市	287	0.2428	0.1519	0.0000	1.0000	0.6253
交流便捷的信息城市	287	0.2898	0.1577	0.0000	1.0000	0.5441
开放多元的文化城市	287	0.2720	0.1650	0.0000	1.0000	0.6066

资料来源：中国社会科学院城市与竞争力指数数据库。

从 8 个分项竞争力指数对可持续竞争力总指数的贡献度来看（见表 2 - 4），排位依次是“创新驱动的知识城市”、“公平包容的和谐城市”、

“开放多元的文化城市”、“以人为本的宜居城市”、“创业至上的宜商城市”、“环境友好的生态城市”、“交流便捷的信息城市”和“城乡一体的全域城市”。8 个分项竞争力指数的显著性程度均较高，贡献度的相对差异较小。可见，从提高城市可持续竞争力的具体措施来看，8 个分项均十分重要，并不能厚此薄彼。

表 2－4　8 个分项竞争力指数对可持续竞争力总指数的贡献度

变量名	贡献度	变量名	贡献度
以人为本的宜居城市	0.138 *** (0.011)	创新驱动的知识城市	0.152 *** (0.011)
创业至上的宜商城市	0.127 *** (0.015)	城乡一体的全域城市	0.097 *** (0.010)
公平包容的和谐城市	0.143 *** (0.009)	交流便捷的信息城市	0.102 *** (0.013)
环境友好的生态城市	0.109 *** (0.008)	开放多元的文化城市	0.140 *** (0.012)
常数项	0.058 *** (0.004)	样本量	287
		R^2	0.986

注：括号内为标注误差，*** 代表 p<0.01，** 代表 p<0.05，* 代表 p<0.1。
资料来源：中国社会科学院城市与竞争力指数数据库。

（四）城市竞争力指数的纵向比较

2012 年，中国城市的综合经济竞争力十强相对于 2011 年和 2002～2011 年的平均排名变动幅度较小，表明中国城市的综合经济竞争力在时间序列上有很强的传承性，而在可持续竞争力排名中，综合竞争力十强城市的排名波动幅度较大。表明城市的综合经济竞争力越强，并不意味着城市的可持续发展能力越高。因此，对于可持续竞争力排名较低的城市，其发展转型的压力也就越大（见表 2－5）。

表 2-5　2012 年综合经济竞争力指数十强城市与其他指标排名对比

城市	2012 年综合经济竞争力指数	2012 年综合经济竞争力排名	2012 年可持续竞争力排名	2011 年综合竞争力排名	2002～2011 年十年平均排名
香　港	1.00000	1	1	1	1
深　圳	0.71833	2	3	5	4
上　海	0.68198	3	2	4	3
台　北	0.51147	4	—	2	2
广　州	0.43906	5	5	6	7
北　京	0.37921	6	4	3	6
苏　州	0.36337	7	11	14	18
佛　山	0.34481	8	22	12	15
天　津	0.33371	9	20	7	13
澳　门	0.31218	10	6	13	12

资料来源：中国社会科学院城市与竞争力指数数据库。

进一步，我们对 287 个样本城市 2012 年的可持续竞争力指数、综合经济竞争力指数和 2002～2011 年 10 年间综合竞争力指数的均值考察研究发现，2012 年的可持续竞争力指数与 2002～2011 年 10 年间综合竞争力指数的均值呈现比较典型的线性关系，而 2012 年的综合经济竞争力指数与 2002～2011 年 10 年间综合竞争力指数的均值呈现单调递增的双曲线关系。可见，2012 年的可持续竞争力指数、综合经济竞争力指数与过去 10 年的综合竞争力指数之间存在着很强的延续性。提升城市竞争力绝非一朝一夕的事情，需要在多个分项指标上进行长期积累（见图 2-4）。

（五）城市竞争力指数的空间变化规律

2012 年 287 个样本城市的可持续竞争力指数、综合经济竞争力指数与区位因素之间的空间关系呈现不同特点。我们通过纳入各城市的经纬度，测算出各城市距离最近海港的球面距离，可以发现中国城市竞争力指数的空间变化规律。

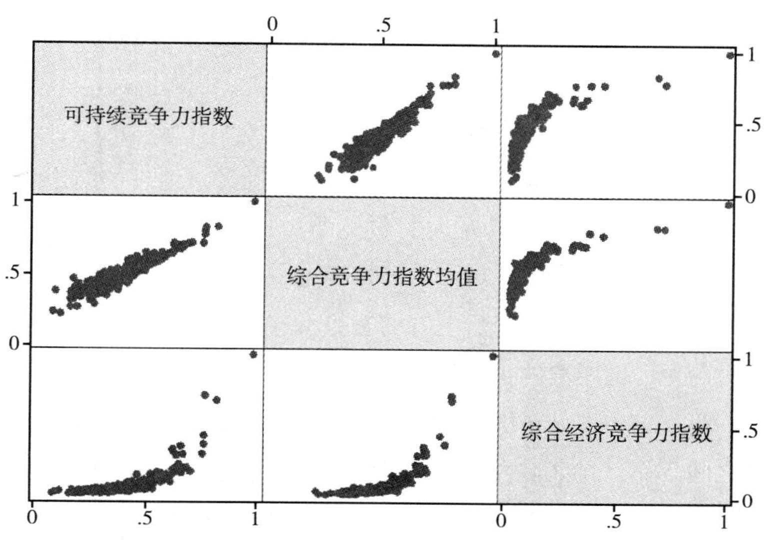

图 2-4　城市竞争力指数相关关系矩阵

注：图为2012年287个城市可持续竞争力指数、综合经济竞争力指数与2002～2011年综合竞争力指数均值的相关关系矩阵。

资料来源：中国社会科学院城市与竞争力指数数据库。

表 2-6　中国城市竞争力的空间变化

变量名	模型(1) 可持续竞争力指数	模型(2) 综合经济竞争力指数
与最近海港城市距离	-0.326 ***	-0.296 ***
	(0.033)	(0.058)
与最近海港城市距离的平方	0.120 ***	0.259 ***
	(0.020)	(0.075)
与最近海港城市距离的三次方		-0.061 ***
		(0.022)
常数项	0.492 ***	0.146 ***
	(0.011)	(0.010)
样本量	287	287
R^2	0.304	0.154

注：括号内为标注误差，*** 代表 p<0.01，** 代表 p<0.05，* 代表 p<0.1。

资料来源：中国社会科学院城市竞争力指数数据库。

从表 2－6 中可以看出，2012 年 287 个样本城市的综合经济竞争力指数呈现 Fujita 等（1996）所预测的典型的“∽”规律。也就是说，距离海港城市越近，城市的综合经济竞争力越高；随着距离的增加，城市的综合经济竞争力先下降后上升，直至第二波峰后开始下降，这与新经济地理的结论是大致吻合的。而 2012 年 287 个样本城市的可持续竞争力指数却呈现不一样的空间变化规律。即距离海港城市越近，城市的可持续竞争力越高；随着距离的增加，城市的可持续竞争力呈现先下降后上升的态势。这一现象我们可以概括为城市可持续竞争力与距海港距离的正“U”形规律。

结论：第一，中国城市综合经济竞争力的变异系数很高，这种差距不仅体现在区域之间，而且在区域内部的差异也十分显著。以全国 293 个城市的综合经济竞争力为例，在 0.0878 的均值情况下，变异系数竟高达 1.131。第二，中国城市的各分项竞争力与理想城市的状态相距甚远。八大分项指标中均值最高的指数仅为 0.4141，其他指标均值也均在 0.4 以下。也就是说，中国城市的可持续竞争力现状整体上落后于理想城市的标准。

三　问题与挑战

（一）以人为本的宜居城市建设舍本逐末

中国内地多数城市不仅没有达到以人为本，而且距离一般性宜居也有差距。宜居城市的竞争力指数均值为 0.4141，变异系数为 0.3153。在宜居城市的规划、建设、管理和服务上存在以下问题：第一，重建城市建设，轻管理服务。第二，偏向于硬件设施、大型设施建设，忽视软件设施建设、小型配套设施建设。第三，城市建设投资不足，往往偏向于地标性建筑和华丽外表，轻视排水管道等地下设施。第四，重视车的运行和物的方便，轻视人的流动和人的便利；第五，城市建设行政化严重，中小城市投资不足，小城市与小城镇功能不全。第六，大中城市“城市病”开始集中爆发。交通拥堵十分严重：本报告 2010 年问卷调查显示，全国 35 个重点观测城市的交通状况满意率合计仅为 25.3%；住房压力十分巨大：30% 的城市房价收入比超过国际公认的警戒标

准，超过城镇总人口30%上的居民居住在非正规住房里；损害健康的瘟疫疾病和食品安全事件屡屡发生。城市居民对城市卫生环境总体评价偏低，全国35个大中城市居民对本城市卫生环境评价满意率仅为38.9%；自然和人为灾害状况堪忧。城市内涝、火灾事故、交通事故死亡人数在新世纪以来均出现显著上升。空气污染严重，2011年达到优良的城市仅有3个。

（二）创业至上的宜商城市建设亟待转型

虽然发展是第一要务，但多数城市创业至上的条件和氛围还远未形成。2012年宜商城市指数均值为0.3170，变异系数为0.4748，在8个分项竞争力中表现相对较差。第一，对宜商城市的目标定位有偏差，不顾自身资源禀赋，一味采用“全盘推进”的策略，呈现盲目抢占宜商城市高地的状态。第二，中国大多数城市在招商引资或者鼓励本地实业发展的过程中，常采用的办法是给予土地、税收、用水用电等各方面的优惠政策，这种做法确实大大降低了“要素成本”，易于实现各类资本和项目的落户，但是却忽略了更为根本的商务环境的优化建设。第三，“虚而不实”地打造宜商环境，一旦企业入驻，招商引资目标得以实现，却又以各种借口对优惠政策大打折扣，缺乏目标性和长远考虑以及对“利益”的尊重和恰当引导。第四，地方政策法规缺乏稳定性和延续性，企业的初创审批、经营纳税等难以清晰地按规则办事，审批程序较为烦琐，人情世故因素较高。第五，中小微企业“融资难”是中国城市面临的一个普遍问题，而无论是大城市还是中小城市，通常将精力和优惠政策倾向于大企业集团、知名品牌，而对中小微企业的关注不够，社会服务体系不完善。

（三）公平包容的和谐城市建设压力巨大

公平包容的和谐城市建设水平低、差异大。2012年城市和谐指数均值为0.3751，一线城市压力大，东中部二、三线城市的和谐度较高，西部贫困地区和谐度低，东、中、西部存在较大差距。第一，城市的管理理念和模式相对封闭和落后，导致城市政府的行政透明度整体不足，对群众的公共服务需求回应较少，导致广大人民群众对部分地方政府的公信力和公共服务水平评价较低。第二，政府公共服务支出的区域差别较大，东北地区、环渤海地区、东南地区的公共支出水平相对较高，而中部地区、西北地区和西南地区则相对较低；从城市常住人口参加医疗保险、养老保险和失业保险的情况看，与发达国家相比我国三大保险的覆盖面比较低。内地 285 个城市中，常住人口的平均医疗保障覆盖率为 32.02%，养老保障的平均覆盖率为 22.69%，失业保险的覆盖率只有 14.73%。第三，城市每万人口犯罪率与城市规模、经济发展水平呈现正相关。虽然从横向对比上看，中国城市的犯罪率要低于发达国家，但在过去十多年呈现明显的上升趋势。刑事犯罪行为会对城市居民社会安全感产生重大负面影响。调查显示，中国城市居民对社会治安的满意率仅为 47.7%。第四，户籍歧视严重。外地人、农民工与当地居民在公共服务和基础设施均等化方面存在较大差距。而在 287 个城市中，户籍完全放开的仅有 4 个。

（四）环境友好的生态城市建设充满挑战

2012 年中国生态城市竞争力指数均值为 0.3935，离广大人民的期望和理想城市的目标仍有不少差距。目前我国生态城市建设中存在的问题主要集中在以下几个方面。第一，城市环境污染引发的重大事件呈爆发式增长，而且涉及的问题越来越严重，已经严重影响到人民的生命财产安全。2013 年初覆盖面积达 100 多平方公里的雾霾使空气污染从局部问题演变为国家层面的事件。第二，生态城市止于口号。截止到 2011 年，我国 287 个地级以上城市中明确提出建设生态城市目标的有 230 个，达到 80% 以上；提出低碳城市目标的有 133 个，占 46%；提出低碳生态城市建设目标的城市已经达到 259 个，占全部城市的 90% 以上。但是，绝大多数城市与生态城市相关的实际措施很少，很多城市并没有制定生态的城市规划，即使制定了生态规划的城市在城市产业发展、城市建设等方面也未能严格按照生态城市的标准执行。第三，经济发展、城镇化与生态环境保护之间存在两难选择，缺乏国家层面生态建设的制度框架，缺少补偿机制、排污权交易机制等，不能够从制度层面上来实现维护生态保护的格局。第四，生产方式仍旧以高污染、高排放为主，缺乏先进的生产方式；在日常生活中，还存在大量自来水、电、纸张等资源的浪费现象，居民的环保意识相对薄弱；少数地方部门存在利用环保进行寻租的现象，使生态保护的目标脱离实际，生态监管能力薄弱。第五，目前我国很多地区在经济发展

中，普遍存在将高污染、高排放的生产企业和污染源放在本地区的边缘地带或江河、湖泊、海洋中，这种以邻为壑的做法很容易导致“公用地悲剧”的发生。据《2012 年中国海洋环境状况公报》数据显示，我国约 1.9 万平方公里海域呈重度富营养化状态，81% 实时监测的河口、海湾等典型海洋生态系统处于亚健康和不健康状态，72 条主要江河携带入海的污染物总量高达 1705 万余吨。

（五）创新驱动型的知识城市建设任重而道远

中国城市在营造创新环境方面的步伐缓慢，以科技进步为动力、以自主创新为主导、以创新文化为基础的城市形态并未建立。知识城市竞争力指数为 0.3278，变异系数为 0.5834。第一，经济发展的技术创新驱动因素少。286 个城市的全要素生产率（TFP）均值下降了 1.1%，其中技术进步是上升状态，提高了 4.1%，但综合效率确实呈现明显的下降，降幅为 5%，其两个分项纯技术效率和规模效率分别下降了 2.4% 和 2.7%。从 286 个地级及以上城市的样本情况来看，全要素生产率显著提高占比仅为 41.6%，而 58.4% 的城市全要素生产率无任何改善。第二，创新要素投入比例低。过去十多年间，286 个城市 R&D 占 GDP 比重的均值仅提高了 0.6%，而 54 个重点城市的 R&D 占比均值也仅提高了 0.8%，远低于发达国家的平均水平。第三，科技成果转化率低的问题。如 2011 年北京、上海的专利申请、论文发表数虽然高于香港，但是实际的科技成果转化却远低于香港，人均高端服务业增加值香港是 3.7 万元，北京、上海分别是 2.1 万元和 1.3 万元。第四，中小城市创新驱动的知识城市建设比较遥远。通过对各城市科技支出占财政收入比的实证分析发现，由于投入绝对值少、人才匮乏、以前的科技投入欠账较多等原因，中小城市专利申请和论文发表数量极低，严重地影响我国知识城市的全面转型。

（六）城乡一体的全域城市建设严重滞后

中国城市的全域城市竞争力指数离理想城市的差距最远，并且城市之间的相对差距也最大，在可持续竞争力指数的 8 个分项中，城乡一体的全域城市竞争力指数均值最低而变异系数最大。首先，城乡收入差距大，城乡收入比在

2002年为3.11∶1，而在2011年达到3.13∶1。其次，农村公共服务供给包括养老保险、医疗保险、生育保险、失业保险以及社会救助等方面，全面落后于城市。再次，农村基础设施供给无论在数量、质量、品种和属性等方面都落后于城市。最后，从城市化与工业化的适应性来看，城市化发展滞后于工业化的发展，人口城乡结构落后于产业结构和就业结构，人口城市化滞后于非农产业的发展。同时，在中国延续多年的城乡“二元”体制虽然在国家层面上有放松倾向，但在具体城市内部的不同户籍与阶层之间，社会保障和公共服务的享受范围仍存在较大差距。特别是超过1.6亿的农民工群体，他们正处于城市的边缘、产业的边缘和体制的边缘，是当前全域城市建设所必须重点关注的群体。

（七）交流便捷的信息城市发展刚刚起步

中国信息城市处于起步阶段，城市之间的相对差异较大。2012年，中国信息城市竞争力指数均值为0.2898，变异系数高达0.5441。第一，信息城市整体基础设施建设不足。2012年，我国信息城市竞争力指数平均值尚不到0.3，在基本的交通设施建设中，接近54%的城市现在还没有机场，没有国道或国高通过的城市数达51个，在重要的信息基础设施建设互联网覆盖率上只有0.1，远远低于世界先进水平，信息基础设施的建设远远不能满足城市居民的生活需求。第二，发展水平区域内部、区域之间不协调。东部高于西部，沿海高于内地，在交通设施、邮政等行业的投入上，中、西部不发达地区的投入相对偏小。第三，最新信息交流技术运用低。2012年，我国信息城市物联网与云计算覆盖率指数的得分为0.02。根据埃森哲对2012年云计算技术在各个领域的使用情况预测报告，云计算技术应用于我国关键领域的比例还严重偏低，先进信息技术研发并没有充分发挥它的创新驱动作用。第四，信息资源开发利用率偏低。据工信部工业行业“两化融合”评估报告，我国24.5%的评估企业“两化融合”还处于起步阶段，43%处于局部覆盖阶段，不同行业的融合水平差异较大。

（八）开放多元的文化城市建设亟待加强

城市文化的开放性、多元性和包容性与理想城市的目标相距甚远。2012

年中国287个城市的文化城市竞争力指数均值为0.2720。第一，部分城市由于过度追求经济发展而漠视历史文化和自然环境，使城市逐渐失去文化和可持续发展的能力，导致千城一面、钢筋水泥森林充斥其中，城市特色和历史文化底蕴逐步消亡。第二，对外来文化的理解和运用又不得要旨，不加思考地效仿国外使得主导文化出现断裂，甚至不加选择地抹去自身原有文化，这造成部分城市在文化建设方面底气不足，无从下手。第三，东、西部地区文化的开放程度和包容性差异性较大，西部偏远地区城市文化薄弱。排名前50位的城市中，西部地区只占4个，而东部多达32个。第四，城市规划主观性和随意性较强，缺乏对城市建设规律的遵循以及对城市在精神、人文、个性方面的深层思考和理解。许多城市按照功能性分区的规划理念，教条式地将城市分成商业区、居住区、行政区、娱乐区等做法，使本来饱含历史余韵、丰富多彩的城市人为地结构化、简单化，把城市生活变得机械且单调。

四　案例与经验

（一）可持续城市竞争力的国际标杆：新加坡

新加坡是享誉全球的“亚洲四小龙”之一，是亚洲重要的金融、服务和航运中心。根据全球金融中心指数的排名，新加坡是继伦敦、纽约和中国香港之后的第四大国际金融中心。工业是新加坡经济发展的主导力量，快速发展至今，已成为全球第三大炼油国，以及世界电子工业中心之一。在2010年全球综合竞争力排名中，位列70个国家中第一位，政府廉洁程度在180个国家中排名第一，其全球化指数、经济自由度指数、生活质量指数、网络化指数也名列世界前茅，连续多年被列为全球最佳创业和宜居城市。

经验：以共同理想与多元文化相结合，实现了四大族群的和谐共处；在精英团队带领下，以忧患意识为动力，以人民福祉为最高目标，不断创新经济发展模式和政府管理体制；以优良的教育和环境保障作为竞争优势，把政治管理与自由经济相结合，创造了经济腾飞、政治清廉、环境优美、社会安定的大好局面；其“国家资本主义”的经济发展模式被世界很多国家和城市争相学习和效仿。

新加坡政府将精英治国、贤能制度、实用主义和亚洲价值观融为一体，以先进的教育、便利的基础设施和严格的法律来统筹经济社会的全面快速发展，主要体现在：第一，实行政府企业化管理模式，分工明确，同时引入了最先进的“平衡计分卡”管理模式，把每一项任务、每一个细节落实到每个部门，并实行严格的考核管理，定期召开政策战略执行民主检讨会，及时调整和改进政府管理模式；第二，逐步完善法律法规制度，从各方面规范了政府、企业和公民的行为，倡导“法律之上没权威，法律之内最大自由，法律之内没有民主，法律面前人人平等”，建立起一套分工明确、责任到人、相互制约又相互支持的城市建设规划管理体系和制度；第三，建成公路、港口、航空、地铁、公交、停车场等完备的基础设施体系，同时出台一系列限制私人交通、鼓励公交、城市交通管制等以人为本的管理措施，保证了整个城市交通的便捷，树立了现代都市交通发展的典范；第四，国家设立公园局，专门负责城市的绿化与保护，把绿化作为生产性投资，强调人与自然的和谐，提出绿色竞争力的概念，花草树木都进行档案专人管理；第五，实行国家公积金制度为主的社会养老、医疗、住房保障制度和亲民和谐的社区管理制度，使国人老有所养、病有所医、居有其屋。

启示：第一，充分发挥政府在城市规划与管理方面的主观能动性，提高行政效率，逐步完善各项法规制度；第二，着力构建宽严相济、开放包容的社会组织体系；第三，树立资源节约和环境友好发展理念，坚定不移地走可持续发展道路。

（二）可持续城市竞争力的国内标杆：香港

香港素称“东方明珠”，是“亚洲四小龙”之一，也是全球最富裕、经济最发达和生活水平最高的地区之一。香港是亚洲重要的金融、服务和航运中心，并以廉洁的政府、良好的治安、自由的经济体系以及完善的法制而闻名于世。2010 年 3 月发表的全球金融中心指数第七次评分，香港位居第三名，仅次于伦敦与纽约。2011 年世界经济论坛的《金融稳定指数发展报告》中，香港排名亦是首位，并且连续第 18 年获得评级为全球最自由经济体系，经济自

由度指数排名第一。在可持续竞争力的各分项指标中，香港的多项指标位列第一，是目前中国最接近于理想状态的城市。

香港奉行自由市场的资本主义经济体系，其经济的重点在于政府施行的自由放任政策。精简通用的商业规则、廉洁而高效率的政府、简单低税制、健全的法制、牢固的产权观念、稳定的货币等因素，除了烟、烈酒和动力用的燃油（汽油、柴油等）之外，香港不对其他任何进口物品征收关税。优越的地理位置、高效率的配套设施及服务、成熟的社会管理模式等，都对香港的经济社会发展作出了巨大贡献。

经验：第一，提出“社区建设”概念，成立社区建设政策委员会，来制定政策和指导地区协调工作，形成了一套东西方结合较为完善的社区管理模式。第二，培育和自发形成的功能完善的 NGO 基本覆盖了香港公共服务的方方面面和社区的每个角落，有效承担着大量的社会公共服务事务，并及时将公众诉求传达给政府。第三，通过法律及司法程序保障文化艺术的创作及表达自由，并以财政资助的方式和开放公共空间等措施容许多元化发展及自由竞争。第四，强化城市的“顶层设计”和理念超前，逐步建成公共交通便捷、服务设施齐全的优质生活体系。第五，在经济、社会、文化等领域施行自由主义政策，避免政府操控或指导市场发展，甚至连公共物品领域也适当引入市场竞争。

启示：第一，采取公共交通先行的城市规划理念，合理布局城市功能区和配套设施，提高城市空间的利用效率；第二，积极培育并充分发挥社会组织的作用，因地制宜地探索出一条适合本地区的社区管理模式；第三，遵循“小政府、大社会、大市场”的执政理念，引入市场机制，在公共服务提供主体上实行多元竞争，切实为市民提供优质、高效、便捷的公共服务。

（三）可持续城市竞争力的最佳案例：16 座城市

1. 以人为本的宜居城市

温哥华：自然美景与人文底蕴交相辉映的宜居乐园。重视以重大专项规划来保护自然环境不被破坏和持续改善。将社区建设置于宜居城市建设的基础环节，以社区为载体整合各种资源参与到宜居城市建设中。注重人居环境的系统改善，以自然环境宜人、经济环境繁荣、交通网络高效、公共设施网络完善为目标，推进整体提升。将文化多元、开放包容作为宜居人文环境建设的重要内容，吸引世界人才集聚。

中山：住有所适和居有所安的民生幸福样本。以规划全覆盖为引领，科学调控城市人居环境建设；以治污增绿为重点，大力修复城市生态环境；以“住有所居”为标准，鼓励统一规划建设城镇居民住宅小区，切实解决城镇居民住房困难，构建多层次的住房保障体系；以路网系统建设为依托，提高城市基础设施承载力；以产业结构优化为突破，提升城市综合服务功能；完善社会治安防控和公共安全保障体系，构建和谐稳定的家庭和社会环境。

2. 创业至上的宜商城市

丹佛：协助引导周到服务。政府的“服务”角色十分鲜明，千方百计地提供细致周到的政府服务，利用政府的财力资源为企业活动提供更多的支持，利用政府的信息资源为企业提供更多的融资渠道，利用政府所掌控的权力去“协助”而不是“审批”，去“引导许可”而不是“严惩”，因为触犯法律等自有司法来处置，而行政上更多的是监督职能。

广州：目标管理标杆。战略规划上，广州市都设定了较为具体的目标，以2015年为节点，在引进大型企业、审批制度和配套服务建设上，金融服务支持上，还有扩大市场需求方面都有明确的发展目标。在制度与政策建设上，广州市用于向港澳看齐，侧重优化法治和行政制度，提升效率。在管理与服务维度上，广州市也给出了较为清晰的服务和项目供给办法等。

3. 公平包容的和谐城市

日内瓦：多元开放、公平包容的国际性城市。建设高效、公开、透明的网上政府，便于市民了解信息，对政府的行为进行监督，参与城市的管理。城市事务必须征得市民同意。通过高税收的方式，消除不同群体之间的差别，政府通过税收建设全民一致的高“福利型”国家。制定严格、细致的法律制度，以法律保障城市社会的安全、有序。

澳门：中西文化融合共存的和谐之都。建立东方式的“混合型社会福利”，即强调国家的责任，又重视中国传统文化中家庭与亲族关系在保障中的作用。实行以政府行政为主导结合社会组织和公众参与的城市管理模式。把社

会政策、社会福利纳入经济建设之中，实施发展型的社会政策。以政府投资为主，以租赁为主要方式，为低收入群体解决住房问题。

4. 环境友好的生态城市

哥本哈根：制定详细的生态环境保护目标。通过节能房屋建设，建立家庭循环经济。创新环境促进企业环保科研，能源技术成就主导产业转移。加强生态城市的教育宣传工作。

南昌：明确地以生态城市作为南昌城市建设的目标。以产业转型来促进生态建设，以生态建设来推动产业转型。积极加强生态教育宣传。城市建设采用新技术、新能源。

5. 创新驱动的知识城市

波士顿："科技创新之都"。2012 年波士顿入围全球最具有创新力的知识城市。促进形成开放的、自由的知识学习型社会；利用自身优势资源进行战略定位；充分利用知识资本，提高科技成果转化率；建立区域创新园区，形成产学研循环体系；坚持绿色发展，大量吸引外来人才。

北京：传统与现代融会的智慧之都。创建"北京精神"，融会传统与现代；强化学习型城市，满足市民知识需求；改变城市空间结构，建立知识培育信息网络；发挥城市知识优势，建议鼓励创新的制度；打造多功能聚集区，实现文化、知识多元发展。

6. 城乡一体的全域城市

巴伐利亚：等值化的城乡区域。系统规划空间：巴伐利亚正是把城乡等值化发展的城乡统筹发展战略目标融入城乡发展规划，建立科学、权威的规划体系，作为各地区统一的行动准则；加强制度建设：巴伐利亚通过公众广泛参与土地综合整治实施经济社会发展计划，将公众参与过程通过法律或条例的形式予以确定，避免流于形式，保证发展目标的实现；优化资本配置：基于"城乡等值化"目标，通过释放土地资产和资本功能，使得城乡生产要素双向流动优化配置，城市为农村提供技术、资金、人才，农村为城市提供发展空间。

苏州：全域化的人间天堂。发挥政府的主导作用：充分发挥各级政府的主观能动性，全面参与、主导城乡一体的全域城市建设工作；加大城市反哺农村力度：苏州市较强的经济实力为城市反哺农村奠定了基础，通过大量的对农村财政补贴，推动了城乡均衡发展；以城镇化为载体。苏州市积极推动建制镇与各村庄的城镇化进程，将城镇建设作为城乡一体发展的载体。

7. 交流便捷的信息城市

上海：魅力之都、智慧领衔。信息化发展目标清晰、思路清楚；倡导公众参与；智慧基础设施建设；创新技术应用普及；建立智慧产业体系。

纽约：世界之城、信息引领。面向社会、服务公众，信息城市的建设以便利城市居民的生活为目的；重视基础设施建设；注重发展的绿色、可持续；建设智能政府，政府先行。

8. 开放多元的文化城市

芝加哥：多元文化促进城市转型。多元文化和包容性，吸引年轻人才；强大的文化生命力在促进经济发展和就业岗位增多的同时，有利于城市的可持续发展。

南京：现代化国际性的人文绿都。强化城市定位，坚持历史文化名城保护整体观，借力国家级赛事和节庆活动促进历史与现代、本土与国际的融合，重视文化旅游开发，提升南京历史文化名城的知名度和整体形象。

五　路径与对策

（一）具体路径

1. 走“防治结合”的道路，确保人居环境越来越好

借鉴全球城市提高城市配套建设与管理水平解决“城市病”的经验，可考虑从以下方面入手：第一，优先发展公共交通体系，创新完善交通体系，改进通勤效率；第二，提高生态资源利用效率，增进生态资源供给与循环，保护城市生态环境；第三，完善就业和创业服务体系，提高就业吸纳能力，拉动居民收入增长；第四，提高公共住房保障水平；完善和提升城市卫生医疗体系质量，扩大医疗保障覆盖；第五，增进灾害防范意识，提高灾害应急处置能力；完善社会安全网络建设。第六，加大商品住房供给能力，提高公共住房保障水平。

2. 走“质量领先”的道路，创造营商环境的竞争优势

第一，要坚持遵循市场经济规律和加强法制建设相结合，创造适应市场经济要求的稳定公平的制度环境，保障公民和市场主体的合法权益，降低企业营商成本，积极对接国际先进理念和通行规则，使营商环境更规范、更透明、更便利；第二，坚持统筹规划和分步推进相结合，注重整体制度安排和政策设计，加大改革创新力度，侧重解决当前突出问题，在重点领域和关键环节抓紧试点，形成示范效应，带动全局发展；第三，坚持优化营商环境与转变政府职能相结合，发挥政府在经济调节、市场监管、社会管理和公共服务等方面的主导作用，推动审批简化高效、办事方便快捷、资源公平分配、效能监察到位，更加注重激发市场主体活力，引导社会力量积极参与营商环境的构建和改善。

3. 走“绿色发展”的道路，确保生态环境的“自然优美”

充分考虑中国的发展阶段，以发展促环保，以环保促发展，既强调生态环境的重要，追求生态优美，又要追求经济繁荣，实现生态与经济的协调发展、城市人口与城市资源环境相适宜的生态经济城市发展模式。第一，鼓励发展节能性环保产业，降低产业发展对能源、水资源、空气等生态资源的消耗或破坏；第二，支持探索循环经济模式，以更少资源实现更多经济价值的生产；第三，要求工业入区、入园，促进产业集群，既可以集中处理污染，又可以使各产业分享外部经济；第四，加强节能环保宣传，鼓励城市居民开展日常生活节能环保活动；第五，加强城市绿地资源建设，提高生态环境自我净化能力；第六，倡导绿色消费，通过加强消费的环境保护，减少消费污染；第七，重视资源占用与分配、环境污染冲突，促进城镇化与环境保护的良性互动。

4. 走“包容增长”的道路，确保市民社会的“公平正义”

推进新型城镇化，应统筹城镇化与社会发展的关系，在社会和谐中推进城镇化。第一，在政治方面，让更多的人获得参与决策和议事的机会，为不同社会阶层的人提供发展的机会和平台，让所有的人分享城市发展进步的成果。第二，在社会方面，正确处理政府、企业和居民的关系，保护农民和城镇居民的合法权益，尊重居民的自愿和选择；正确处理当地居民和外来居民的关系，切实保护外来居民权益，让外来居民与当地居民和谐相处；正确处理不同收入阶层的关系，既鼓励人们创新、创业和创富，同时关心和保护弱势群体，实行向弱势群体倾斜的全民福利，建立比较完善配套的社会保障政策，缩小贫富差距。

5. 走“创新驱动”的道路，确保城市“引领未来”

第一，实施创新要素驱动，推动经济增长，对先发国家迎头赶上。为此，要将教育置于更加优先发展的位置上，继续加大教育投入，延长义务教育，扩大职业教育和成人教育，建立与未来城市中国经济、发展相适应的多层次的教育体系。加大科技投入，培育创新的主体，构建创新的网络，搭建创新的平台，积极发展和城市体系相适应，与产业体系相匹配的分层次、有分工的科技创新体系。第二，实施制度和管理创新，保障新型城镇化可持续推进；第三，不仅在技术上不断创新而且在管理上，尤其在发展方式上不断创新，力争后发先至，后来居上，进而引领世界潮流。

6. 走“融合均等”的道路，确保城市“反哺农村”

要坚决打破城市与农村的界线，用城乡一体化的新思想来构建城市发展的整体框架和市镇布局。在具体路径上，要根据各地的具体情况，多形态推进全域城市建设，包括通过农村集中供暖和供水等基础设施建设来加速城乡一体；开通城乡公交系统，密切农村和城市的社会经济生活；通过土地集中连片整理、整村推进的方式，提高农业机械化、经营产业化、服务社会化水平等；实施近郊农村城市化，农民就地城市化，实现近郊农村自然对接城市公共服务和基础设施；积极扶持外出务工人员回乡创业，鼓励扶持产业化龙头企业、农村专业合作经济组织发展农村经济，鼓励社会资本和外资参与农村社会事业建设等。

7. 走“迎头追赶”的道路，确保城市“沟通无限”

进一步加快城市有形基础设施和无形服务网络建设，完善高速公路、高速铁路、航道、运输管道、电力输送、网络、排水管网体系和通信干线所构成的区域性基础设施网络，缩短不同城市间的通勤距离，使城市群内部以及各大城市群之间资源和信息流实现共建共享。在机制建设上，政府要注重制度创新和机制创新的结合，做好信息化发展的全面规划、指导、组织和协调，以科学合理的战略引领信息城市在各个领域的建设发展。在组织保障上，要加强各种信息政策法律、法规和标准的建设，尤其是信息安全法规的建设，为信息城市建

设提供全方位的组织保障。

8. 走“一本多样”的道路，确保城市的“世界个性”

坚持当地文化之本与外来文化之流的统一。逐步推进开放的文化政策，将多元文化的包容和全球性共享作为政策的重点内容，鼓励学校、企业和社团举办文化多样性课程、培训、比赛、会展、论坛、节庆等文化创意活动，搭建多元文化相互理解和交流的平台，让各种文化和创意得到充分尊重；鼓励各类非政府文化组织的设立，降低社团准入门槛，培育具有开放性和多元性的文化组织和创意社区，为文化的多样性和创新提供展示的舞台。同时，政府在城市文化的塑造过程中，应当在有利于实现城市现代化建设的同时，积极保护城市原来的文化形象和特征，将商务环境建设和文化建设有机结合起来，从而促进城市商业文化的可持续发展。

（二）基本对策

1. 实施均衡发展的经济社会战略

根据中国所处的发展阶段，推动经济社会发展战略的实质性调整，调整非均衡发展导向，实施更加注重公平的均衡发展战略。具体而言包括以下四个方面：第一，推动城市化与工业化均衡发展。要将城市化作为推进中国经济增长的主要动力，把城市化作为未来发展的战略重点，积极改变城市化滞后于工业化的现状，在不断推进新型工业化进程的同时，注重城市化与工业化均衡发展。第二，推动服务业与制造业的均衡发展。以国际、国内市场需求为引导带动产业选择，加快调整优化三次产业结构，加快发展服务业，发展先进制造业，注重服务业与制造业的均衡发展。第三，推动城乡均衡发展。要处理好城乡一体发展中的聚集与承载、迁移与转换、城市与乡村、产业与城市建设、政府与市场五大关系，推动城乡统筹规划、管理体制一体、公共服务一体、城乡基础设施一体，注重城乡均衡发展，使城乡人民都能享受到城市发展的成果。第四，推动城市经济、社会、生态的均衡发展。要在经济社会发展的同时，强调城市的全面协调可持续发展，更加关注城市质量的提高、城市品质的改善，更加关注、更加重视社会的发展和民生的改善，积极促进城市经济、社会、生态的均衡发展。

2. 建立城乡一体的市政管理体制

第一，适应日益复杂的城乡经济、社会、环境、对外联系等需要，完善城镇的管理职能，建立城乡一体、以城主导的城市管理体制；第二，革新公共管理理念，推进政府管理的人性化、高效化、制度化、奖惩化、竞争化，提高公共服务效率，提升公共服务水平，为城市的发展和城市竞争力的提升提供高效的政府服务。第三，培育非政府组织，将大量的事物交给非营利组织完成；第四，强化城市社区建设，城市应鼓励社区管理组织创新和制度创新，发挥城市社区的政治、自治、学习、服务等功能，提升公众自我教育水平，充分发挥公众参与的作用，使广大居民能够参与城市社会管理，表达自身利益诉求。第五，强化城市危机应急机制，城市应建立健全城市危机应急机制，提升危机应急处理能力，通过制度化的防范和管理，最大限度地消除城市所面临的各种风险及各类突发事件隐患，或者将风险和突发事件所造成危害的降低最低限度。

3. 建立确保城市可持续发展的制度政策

第一，深化财税体制改革。重构纵向政府间事权与财权的对称关系，建立中央和省级财政支持农民工市民化转移支付制度，建立农民工市民化的政府、企业与个人成本分摊制度。第二，深化土地制度改革。建立城乡一体的土地制度，推进土地资产股权化、农民股东化、权益民主化，着重培育公正、公开、公平的农村土地产权流转的有形市场，并建立严格的土地产权保障制度。第三，深化户籍制度改革。根据就业、投资、居住等状况，实行外来人口有选择的市民化制度。对于暂未市民化的居民，实施分享部分权益与义务的居住证制度。第四，深化就业制度改革。进一步开放劳动力市场，用法律保障农村劳动力平等就业的权利，不断消除城市就业市场的形形色色的歧视制度，建立城乡统一的培训就业制度，保证公民平等的就业权利。第五，完善社会保障制度。改变社会保障城乡分割的二元格局，建立覆盖城市所有居民的统一社会保障体系和新型社会救助体系。第六，深化投融资体制改革。加强制度和市场建设，扩大资本市场，健全金融体系。初步形成基础设施证券化、基础设施投资基金、市政债券、民间金融等多元的融资模式。

4. 构建提升城市可持续竞争力的长效机制

第一，价格调节机制。运用先进技术手段，尽可能使基础设施和公共服务

具有可排他性，对使用者付费的服务可以采取梯度式加价的收费方式；充分发挥价格在土地利用中的价格调节作用，从而实现土地收益在农民、城镇居民、政府和企业之间公平合理的分配，促进社会和谐，同时有助于提高土地利用效率。第二，生态补偿机制。充分发挥价格在节约资源保护环境中的杠杆作用，通过明确产权和贯彻实施“使用者付费”、“污染者付费”的原则，将经济生产和生活中的外部成本内部化。第三，土地占用机制。根据现有的人地分布状况，设定不同地区人均可占用非农用地面积指标数，同时将人口和用地指标票据化，各城市根据自己的承受能力，同时决定接受农民工数量和增加指标土地数量。第四，财政补贴机制。中央财政和省级财政建立农民工市民化转移支付制度，根据各城市吸纳农民工定居的规模，每年定向给予财政补助。第五，税收调节机制。加快税收体制改革，尽快开征房地产税、土地税、资源税、环境税，并以此为基础健全城市税体系。一方面，解决城市建设资金过度依赖“土地财政”的问题；另一方面，充分发挥税收在节约资源保护环境中的杠杆作用。

参考文献

倪鹏飞：《新型城镇化的基本模式、具体路径与推进对策》，《江海学刊》2013 年第 1 期。

倪鹏飞：《中国城市竞争力报告》，社会科学文献出版社，2012。

李超、王彬、万海远：《中国城市化十年：经验、问题与对策》，《贵州社会科学》2013 年第 1 期。

理论框架

Theoretical Framework

B.3

城市竞争力:文献回顾

杨晓兰*

一 引言

从20世纪90年代开始，竞争力成为描述地域性竞争关系和发展的一个热门词汇被广泛引用。各国政府和地方政府意识到国家之间、区域之间和城市之间的竞争越来越激烈，提高竞争力成为地方政府的目标和制定政策的重要准则。学术界许多学者从不同角度对竞争力问题进行分析，利用经济、地理、城市规划、政府管理等多学科对城市竞争力的概念内涵、评价标准、政策意义进行阐释（Bontje & Musterd，2009；Budd，1998；Cheshire & Gordon，1995；Chris Jensen-Butler，1997；Duffy，1995；Dziembowska-Kowalska & Funck，1999；Ezeala-Harrison，1999；R. Florida，2003；Gordon，1999；2003；W. Lever & Turok，1999；W. F. Lever，1993；William F. Lever，1999；W. F. Lever，2002；Michael E. Porter，1990；Simmie，Sennett，Wood & Hart，2002）。

* 杨晓兰，中央财经大学，研究领域为城市发展、城市竞争力及世界城市网络。

经济全球化无论是在发达国家还是发展中国家城市带动本地经济发展中都发挥着重要作用，城市在争夺和吸引人力资本和高质量的投资中最活跃。时至今日，竞争力依然是各国家和城市在制定发展道路时的重要目标（OECD，2006）。

面对经济发展动力的变革，各国家和地区城市发展动力的不同，城市所关注的城市竞争的视角发生变化，对影响竞争力的因素的理解更加深入。Camagni 和 Capello（2010）指出城市竞争的模式发生转变，侧重点从发展因素到创新因素、从硬要素到软要素、从功能化到集成化方式转变，政府在制定竞争力战略和规划时要做出与之相对应的调整。

竞争力视角的转换已经被许多地区纳入政策实践中。2010 年欧盟制定了欧盟国家 20 年发展战略，战略中提到欧盟增长的三个重要因素：精明增长（以教育、知识和创新为动力的经济增长），可持续增长（提高资源效率、绿色和环保推动的发展），包容增长（提供高就业、提倡社会和区域的和谐）（EU，2010）。城市的发展所依赖的竞争优势发生变化是全球所面临的新情况，不仅仅在发达国家和地区，其他国家和地区也认识到依靠传统的以能源和低廉劳动力为竞争优势的发展道路不能应对全球化的冲击，不能实现可持续的繁荣和发展，需要寻找新的竞争力动力和来源，探索新的竞争优势成为其他国家和区域发展的重要议题（Ewers & Malecki，2010；Katić，Ćosć，Anđelić，& Raletić，2012；Metaxas，2013）。

全球气候和生态环境恶化受到普遍关注，可持续的竞争力和增长方式的可持续性成为研究竞争力问题时面临的新挑战（Kamal-Chaoui & Roberts，2009）。Huggins 和 Thompson（2012）对英国经验数据的研究发现地方的竞争力与市民福利紧密相关，建议经济竞争力要与市民福利、城市环境问题统一起来，促进城市可持续发展。近几年 Bruneckiene，Guzavicius 和 Cincikaite（2010），Jiang 和 Shen（2010）等学者尝试将可持续性纳入衡量城市竞争力的标准中，建立包括经济竞争力、社会竞争力和环境竞争力的指标体系，然而这没有从根本上解释可持续和竞争力的关系。McCormick、Neij，Anderberg 和 Coenen（2011）在对 30 多个城市的实行可持续增长方面的经验总结后，启发我们探索城市可持续的转型和保持可持续竞争之路。本文接下来的章节将总结和回顾与城市竞争力相关的研究成果，特别是近五年来的最新成果，从经济学的视角解释城市竞争力的内涵，总结影响竞争力的关键要素以及关键要素对竞争力的影响，概括竞争力的政策含义和应用。

二　城市竞争力的概念内涵的再理解

（一）城市竞争力概念

竞争力的概念分别在国家、区域和企业三个尺度上应用，并且这些概念在表达上相互借鉴，如英国劳动与工业部给出的企业和国家竞争力的概念中都提到了“竞争力是企业（国家）提供适应世界市场的产品和服务，并提高顾客（居民）福利水平的能力”（Trade & Industry，1995）。而城市竞争力依托于当地企业的竞争力，并且城市是独立的经济体，既有与国家相似的特征又有区分，对城市竞争力的定义就显得尤为复杂（Begg，1999）。目前，学术界对竞争力概念的界定是综合性的解释。

Kresl（1995）描述了具有经济竞争力的城市所具备的条件，包括“创造高技能、高收入的工作机会；提供环境友好型的商品和服务的生产；提供具有高收入弹性的产品和服务；经济增长带动充分就业而不是消极的市场影响；城市的专业化活动能够有可控的好的未来前景；城市不断提升在城市体系中的等级和地位”。Lever和Turok（1999）考虑到城市竞争力在政府决策中的指导意义，主张城市竞争力应该更加宽泛地定义为“城市能够生产和提供适应区域，国家和世界市场的产品和服务，并且同是提高居民的实际收入，改善市民的生活，具有可持续的发展模式”。全球化的深入发展，城市在全球生产、要素的流动和转移中地位凸显，城市的功能更加多样化。Martin和Simmie（2008）概括城市竞争力是“城市持续提升营商环境，技术基础和基础设施，社会和文化设施的能力，吸引和留住高增长、创新和具有持续赢利能力的企业以及高素质、创新和创业型人才，以此能够获得高劳动生产率、好就业率、高工资、高人均GDP和较低的收入和社会不公平”。

综合以上定义，可以看到城市竞争力即关注短期城市的经济表现，包括收入和就业水平，又注重长期的经济增长的动力和可持续性。因此，城市竞争力

内涵包括两个方面，一是城市竞争力是城市资源利用和争夺中相对优势的形成；二是从生产的角度，城市竞争力表现为城市产出的长期可持续的增长。

（二）城市相对优势：比较优势、绝对优势和竞争优势

城市的竞争是谋求当地发展和社会福利的增长，许多学者从不同角度解释城市和区域竞争力的来源，大体可归结为三个方面：以出口为导向的专业化、规模报酬递增、知识推动的增长（Garden & Martin, 2003；Vuković, Jovanović & Đukić, 2012）。

争夺和吸引具有市场份额（market share）的企业是城市和区域竞争力的集中表现，创造和扩大的市场份额成为竞争力表现被突出强调（Camagni, 2002；Deas & Giordano, 2001；European Commission, 1999；OECD, 1999；Robert Huggins Associates, 2003；Storper, 1997）。在全球化的条件下，以出口贸易为基础的竞争力是城市经济增长的重要因素，而从城市的角度，出口不仅仅指的是向国外的出口，还包括城市意外的市场份额占领。依据贸易理论，以出口专业化为基础的城市比较优势成为城市竞争力的来源。Martin 和 Simmie（2008）解释了以贸易为基础的专业化与城市竞争力的关系，即城市的出口专业化依托于城市要素禀赋和城市比较优势（城市竞争力），而出口需求带来地方产出的增长，产出的增长和规模经济引发城市企业中的技术变革，而技术进步又会带来劳动生产率的进一步增长以及竞争力增长。

基于 Marshall 的规模报酬理论，区域累积增长竞争力模型解释了区域和城市中产业的聚集所产生的知识溢出和生产效率的提高（Garden & Martin, 2003）。Camagni（2002）认为绝对优势（absolute advantage）比相对优势更适合解释区域和城市竞争力。绝对优势是指城市所具有的发达技术资本、社会资本、基础设施和组织机构，这些资产共同作用产生的正外部性和范围经济，这些城市资产的组合给企业带来高收益和高生产效率是任何其他生产要素所不能取代的。而城市的绝对优势已经被许多学者注意到，如 Jacobs（1969）城市多样性是城市保持增长的重要动力，城市内的企业无须彼此间建立联系，就可以享受到城市的多样化所带来的外部性。所以多样化的综合性城市比专业化城市更有利于创造高劳动生产率（Boddy, 1999）。

当今，知识和信息是推动经济增长的关键要素，创新和知识的集聚与吸引成为地方竞争的关键优势。创新和企业家精神环境的培养成为推动城市和区域发展的关键要素。竞争优势由迈克尔·波特（1998）提出，波特认为真正的竞争力来源已经改变，从“廉价劳动力、低劳动成本和低价格”转变为“领先的创新、改善能力和改进的能力”。所以竞争优势可以理解为动态的经济集聚和知识积累。波特用决定竞争优势的四个方面的力量构建了“钻石模型”，并强调这四种力量的相互作用成为当地的竞争优势，以促进当地企业的创新。波特对不同发展阶段的经济体的竞争力来源总结为：要素驱动、投资驱动和创新驱动。综上，竞争优势是基于比较优势和绝对优势的基础上，对当前以知识和创新作为推动地区经济增长能力的概括。一个地区所拥有的高端的科技、社会网络、基础设施和机构资产，并且这些资产的组合能够为地方企业服务，提高生产效率，则认为这个地区或城市具有绝对竞争优势（Storper，1997）。

（三）城市竞争力的可持续性

虽然对竞争力的解释形式不同，多数研究者都意识到城市竞争力的丰富内涵：可持续性和长期增长的动力。首先，城市竞争力不仅仅是实现经济增长而获得的竞争优势，综合地理解城市竞争力才能使得对城市竞争力的来源和过程的探寻更有意义（Budd & Hirmis，2004）。Boddy（1999）认为竞争力不仅仅包括经济收入目标，还有社会目标和环境目标。这一主张被其他一些学者认可，认为城市竞争力对经济绩效、社会发展和环境质量都敏感（Begg，2002；So & Shen，2004；Wang & Shen，2002）。然而这种理解仅仅是将竞争力的概念和可持续发展的概念相并列，将对城市竞争力的理解扩大为对城市综合发展的理解。但是不可否认，人们关注到城市竞争力的可持续性问题。可持续竞争力的意义在于，当期的竞争力的获得不以牺牲未来的竞争力为代价。为了实现可持续竞争力，城市必须关注环境的可持续性、社会公平等问题。

许多学者阐述了诸多长期要素在影响城市竞争力方面的作用，如 Lever（1999）所强调的“分配公平性的影响和经济增长的可持续性”。他认为只注重短期的经济增长会导致“贬损的劳动力成本，牺牲环境标准和税收不能为社会福利提高服务”。城市竞争力受到企业竞争力的影响，而企业竞争力是创

造利润，城市竞争力是为了提高所有人的福利，而这个福利水平受到“一系列物质的和非物质的投入和要素”的影响（Cellini & Soci，2002）。提高所有人长期的生活水平和福利，不仅仅要关注短期的收入水平和劳动生产率，更要关注其他一些方面，如经济结构、经济增长的持续性（B. R. Scott & Lodge，1985）。城市竞争力是一个地方的繁荣，而一个地方的繁荣受到物质的、社会的、经济的和机构的资源与资产的公共影响（Turok，2004）。

综上文献，随着人们对竞争力的多角度阐释，理论界形成一些对竞争力的共同理解。首先，城市竞争力是城市在竞争中形成的动态优势，即包括产业专业化的比较优势，城市聚集形成的绝对优势，又包括在知识经济时代以创新为动力的竞争优势。其次，由于城市竞争力表现在城市的持续繁荣和人民生活的持续改善上，因此城市竞争力的可持续性越来越受到重视。可持续的城市竞争力形成不仅仅指当期的要素吸引和积累，还包括影响城市未来发展的优势的形成，影响城市长期增长的要素的积累。

三　可持续城市竞争力驱动因素

城市发展和政策制定倾向于把竞争力的提升作为城市未来发展的政策导向。而学者从不同的角度论述了影响城市可持续竞争力的驱动因素。概括起来主要集中在以下几个方面：开放多元的文化、生态环境可持续、知识与创新、城乡差距、社会公平、产业吸引和集聚、人才吸引和集聚、城市内外联系（见图3－1）。

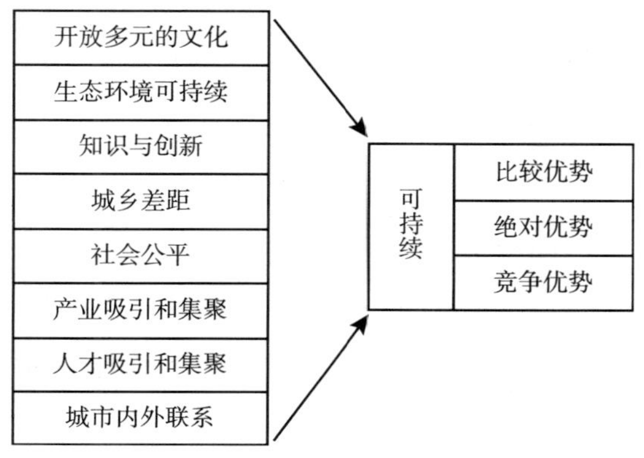

图3－1　竞争力决定机制关系

（一）开放多元的文化

文化在城市竞争中的地位和作用越来越凸显。特别是在全球经济快速发展的条件下，城市的竞争已经突破区域限制，城市全球竞争愈演愈烈。城市整体竞争实力的提升需要城市文化与其自然环境、基础设施的协同与统一（Gibbs，2006）。当地文化资源对提升经济效率，提升当地人文社会环境，作为经济增长的动力都发挥着重要作用。独特的文化资源可以成为城市的竞争优势，因为文化是创新力和创造力的源头。而文化资源的开发利用又会给城市带来直接经济效益，Florida（2004）提出在全球化经济的影响下，城市文化可以通过产业的形式进行生产、传播和消费。其次是文化产业对城市经济其他产业的影响。Scott（2004）强调与文化相关的产业往往提供高附加值的产品和服务，提供高工资的就业岗位，文化产业所带来的正外部性不仅表现在引领城市各部门经济发展，还表现在对城市整体环境的塑造和城市精英的形成上。

文化的开放性和多元性往往是成功城市的共性。文化的开放性能够使地方文化与世界文化相衔接，而文化多样性又能使多种文化相互碰撞，带来外部溢出效应，并吸引更多的人才。欧盟倡导利用当地文化支撑创意和文化产业的发展并鼓励多元文化的融合（EU，2009）。正如 Richard Florida 和 Tinagli（2006）所说的，创意人才往往被吸引聚集到一些城市，这些城市具有多样化的文化和高容忍度，以及对差异性的很好的管理，而世界性的城市文化成为创意人才聚集的城市本土特色。

（二）生态环境可持续

城市经济增长与生态环境之间存在矛盾，城市的生产专业化、产业集聚以及集中消费会加剧对土壤、矿产资源、植被和生态的负面影响（Harris & Udagawa，2004）。环境问题被认为是市场失灵的表现，也是城市聚集的成本（E. L. Glaeser，1998）。Wolff 等（2007）回顾竞争力与环境可持续关系的相关理论时总结，至今还没有实证检验认为环境可持续政策对国家和区域的竞争力有限制作用。

依据传统贸易理论，以限制对自然资源的开采和控制污染排放为主要手段

的环境保护政策很有可能增加具有相对优势产业的成本（如传统的资源型产业和以自然资源为原料的产业）。但是根据新贸易理论，由于规模经济，竞争建立在不完全市场的基础上，所以战略性环境政策促使垄断者先做出反应，从而赢得价格上的优势，或者在先发的产品技术创新中获得竞争优势。在竞争力理论基础上，波特等也突出了环境收紧政策有利于企业和产业的竞争力提升，进而形成一个城市和地区的竞争优势：首先那些与环境相关的产业将获得发展，其次被环境限制的企业能够催生产品改进和创新，以抵消掉因环境改善带来的成本（M. E. Porter & Van der Linde，1995）。

上述理论和研究仅是从生产成本的视角考察生态环境和竞争力的关系。城市良好的生态环境能够成为城市的竞争优势。首先，良好的生态环境成为城市专业化发展的相对优势，如生态旅游业；其次，良好的生态环境也成为吸引创意人才和高附加产业的竞争优势。此外，环境治理有利于长期竞争力提升，如降低城市在治理空气、水和自然环境方面的投资，降低为健康支付的成本等。

（三）知识与创新

创新又被称作“知识学习”，起源于社会和文化的地缘接近和关系接近，是最高级的竞争力（Storper，1997）。微观层面上企业的创新和创造性成为能够使企业创造利润的来源（Richard & Cécile，2002）。企业作为创新和创造的主体又离不开城市的发展整体的创新与创造环境，如丰富的信息资源，以知识为基础的创新群体以及创新网络，这些要素形成的整体环境是不可移动的城市竞争优势（Chris Jensen-Butler，1997）。

知识和创新能力是城市发展的重要竞争优势，根据 Marshall（1920）专业化和规模效益递增理论，知识将会从一个企业溢出到当地的同产业的其他企业中，从而增加整个地区的知识水平。根据 Jacobs（1969）的城市增长理论，城市的多样性是知识溢出的基础，即城市的多样化分工与协作使得城市成为知识和创新的高地。E. Malecki（2009）证实创新，知识创造和经济发展与增长之间存在线性相关关系。

当今城市发展的趋势是以知识和创新为动力的发展，创新能力也是城市在全球化竞争中成功的重要能力（W. F. Lever，2002；William F. Lever，2002）。

首先，以创新和创造为基础的企业是赢得高附加值、高利润的基础，而以知识和技术为特征的专业化产业和部门成为企业全球竞争中的比较优势。其次，创新和知识在城市聚集和扩散的地方形成创新集群和创新环境会吸引更多的企业投资与人才流入，这种创新环境成为城市在竞争中的竞争优势。

（四）城乡差距

城市中心与外围差距的持续和扩大不利于城市竞争力保持和增长，因此促进乡村地区竞争力的提升，提高大城市区域的综合进步成为英国和世界经合组织（OECD）等制定发展政策的重点（Huggins & Clifton，2011；Kamal-Chaoui & Sanchez-Reaza，2012）。波特等总结了乡村发展对城市竞争力的影响表现在以下几个方面：首先，乡村经济的落后影响到整个国家的经济效率；其次，城乡差距扩大影响资源的有效配置；再次，乡村经济的落后影响到消费，进而影响到生产和创新（Michael E. Porter，Ketels，Miller，& Bryden，2004）。

由于我国仍然处在城市化快速发展阶段，城市中心外围结构依然明显。如果依照行政边界定义城市，那么城乡二元结构下表现的城市和乡村（或乡镇）就业、医疗、教育等机会的不均等问题实质就是城市问题。首先，乡村人口大量涌入市区导致城市的过度集聚。过度集聚的负外部性引发一系列经济和社会问题，如交通拥堵、城市贫困区、环境恶化、犯罪率上升、城市生活成本增长、农村留守儿童和老人等。其次，城市产业部门升级特别是服务业的发展并不一定能够产生更多的适合乡村移民的就业机会，城市向乡村的知识溢出有限，可能导致城乡差距的进一步拉大，影响到城市的生产效率。

城市周边乡村地区的发展成为提升城市竞争力的动力。从产业的分工合作上看，农村地区的产业与城市相应产业的衔接，有利于完善城市区域的产业链条，增强都市区的比较优势；城市和城市周边农村地区的产业和生产要素具有互补性。如农村地区具有良好的生态环境，保存良好的物质和文化遗产等是城市稀缺的竞争力资源（Thompson & Ward，2005）。随着乡村地区在教育、医疗、社会保障等方面条件的改善，乡村地区吸引人才和企业特别是高素质和创意类人才的优势将被发挥出来。城市和乡村差距缩小有利于优化城市整体的资源配置，有利于以创新和知识为主的企业和人才为基础的竞争优势的形成。

（五）社会公平

社会公平在不同的国家和地区表现形式不同，包括人们是否拥有获得工作机会，获得同品质生活条件（如医疗、教育和社会保障等）的公平性，也包括对待外来移民、弱势群体的公平。社会公平与竞争力的关系被许多学者关注，特别是在发达国家和地区，社会公平与城市竞争力被认为是20世纪80年代以来全球化城市的主要议题（Ache，Andersen，Maloutas，Raco & Tasan - Kok，2008）。一种观点认为，全球城市崛起、产业分工的扩大与城市贫困相伴生，在全球城市中财富的聚集加剧了城市贫困基层的增加和社会不公平和阶层分化（Castells，2011；Sassen，2007）；而另一种观点认为，与较高全球竞争力相联系的往往是更加公平的社会网络和较高的教育水平。Ranci（2011）根据欧洲的实证研究发现，城市的激烈竞争与社会分化没有显著的正向关系，欧洲的社会不公平指数最高的城市多数分布在经济低迷和欠发达的南欧地区。

另外一些学者注意到了社会公平性对经济发展起到阻碍作用，认为社会公平实质上反映资源的优化配置与利用，因为社会不公意味着收入市场不是完全竞争的市场，市场的寻租行为会阻碍交易的进行（Benjamin，Brandt & Giles，2011）。Poveda（2011）用哥伦比亚的数据验证得到社会不公平、贫困、教育与劳动市场的波动等是导致社会动乱的因素，进而对经济和社会发展造成负面影响。Kitchen 和 Williams（2010）结合犯罪率和生活质量的关系，对加拿大城市的数据进行实证研究得到居民的社会状况影响对犯罪和安全感的预期，进而影响人民的工作效率。Ellen 和 O'Regan（2010）发现犯罪对城市的人口具有影响，而人口又是劳动力的重要方面，进而影响城市的增长。因此，城市安全和公平的环境保证市民安居乐业，有利于劳动力效率的提高，社会和谐和沟通，从而影响城市知识的创新与溢出。

（六）产业吸引和集聚

城市价值的实现来自两方面的力量：一方面是当地企业集聚和增长（Begg，1999；E. J. Malecki，2002）；另一方面，吸引外部企业投资，促进当地产业集聚优势的形成，包括专业化产业的集聚和多样化产业的集聚。特别是研

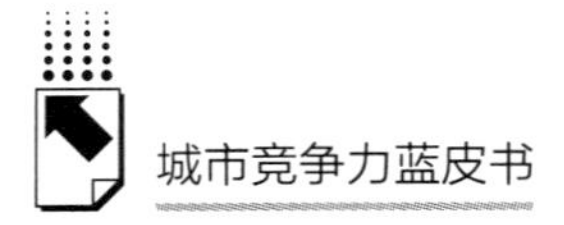

究跨国公司在提升城市全球竞争方面，加速当地的知识溢出效率方面，Lorentzen 等（2011）发现知识溢出效率在不同部门是不相同的，而与相关产业配套的基础设施、政府管理对发挥跨国公司促进当地产业发展和知识溢出起到了重要作用。

波特（2000）强调产业集群对地方竞争力的重要作用，产业集群即包括相互竞争和联系的上下游企业，也包括与专业化企业相联系的贸易、服务、金融等支撑性行业，还包括科研机构、政府服务体系等部门。根据波特的对集群的解释，集群是产业和影响产业发展的要素的协同，城市的竞争力不仅仅是有竞争力的企业和产业的集合，而是能够支持企业集聚的各种环境要素的相互协调和相匹配。改善营商环境和持续的政府支持企业的政策成为促进当地经济发展的重要措施和手段（Huggins & Thompson，2012；Rogerson，2010）。Metaxas（2013）在对四个南欧小企业的调查研究中发现，当地政府制定和执行发展政策对企业和城市竞争力具有一定影响，并且企业非常看重城市的软要素环境。Huggins 和 Johnston（2009）研究发现不同地区的大学知识转化效率不同，竞争力较低地区大学的知识创造能力要明显低于竞争力较高地区的大学产出效率，主要原因是知识成果的转化不仅仅需要大学还需要有相关的服务与政策的配套，而这些是制约竞争力低地区发展的因素。

（七）人才吸引和集聚

人口的集聚本身就是城市持续增长的原因之一，而人口的集聚又有利于创新和知识的传播与扩散。现代城市激烈竞争的重要表现之一就是对高素质人才的争夺和吸引。内生增长理论指出知识和思想的流动是企业进步的核心要素（见 Lucas and Romer 的相关文章）。Glaeser（1999）将城市长期增长的决定要素称为“非市场力量”，他包括企业中思想的交流、人力资本扩散、社会资本和面对面的交流效应。无论是现在还是未来，创新都是推动城市持续增长的动力，创意城市的提出者 Florida 强调，城市需要具有吸引合适的劳动力和实业的能力来提高本地的贸易、服务和工业的竞争力（R. L. Florida，2005）。

城市的便利设施是城市集聚的产物，也是吸引和留住人才的重要因素，即城市所能提供给居民的各种设施和生活环境影响着城市的活力和城市进一步的

聚集（E. Glaeser，Kolko & Saiz，2000）。Florida 也强调高品质的生活设施是高素质人才决定工作和居住地的重要因素，进而决定当地的竞争力。Royuela 等人（2010）通过对巴塞罗那城市数据的实证检验，验证了城市宜居环境也是城市增长的重要因素。

城市的竞争力中，人才特别是高素质人才的吸引和集聚至关重要。专业化人才的集聚和吸引有利于知识的扩散和溢出，形成城市专业化的相对优势；而高层次创新和创业人才的集聚有利于城市不同产业部门的集聚与知识溢出，形成城市的竞争优势。而城市不仅仅是生产和工作的场所，也是消费地和居住地，城市集聚所产生的新的服务和商品创新也促进了城市新的产业的提升（Cappellin，2011）。

（八）城市内外联系

当今城市发展已经进入网络社会（Castells，2005）。城市的内外联系网络既包括城市企业、市民、机构等组成的无形的关系网络，也包括正式内外沟通和交流的基础设施和有形网络（E. J. Malecki，2002）。前一种网络对竞争力的影响已经包括在上面几个小节的论述中，这里指城市内外联系的基础设施，包括有效的交通系统、通信和交流设施。城市的新的联系方式和设施对专业化生产和城市聚集产生了新的影响（Edward L. Glaeser，2011；Edward L. Glaeser & Gottlieb，2009）。

首先，城市的内部先进的交通、通信设施提高了城市的专业化和集聚水平。Viegas（2012）认为现代交通设施和多样化的通信手段提高了城市的移动性。移动性的提高从三个方面提高城市经济效率：一是城市可达性大大提高，劳动者的通勤时间缩短或被固定，有利于专业化分工；二是范围更广的劳动力集中到同一市场，从而更加有利于劳动力与工作的匹配，有利于提高城市集聚和生产效率；三是现代通信交通设施更加便利知识和信息的传播，提供丰富的正式和非正式的交流手段，从而有利于知识积累和创新，促进城市的规模效益递增。

其次，现代信息通信设施可以通过提升城市服务功能、政府服务功能等最优化城市规模效益（Leon，2011；Paskaleva，2009）。Bulu（2012）认为，现代交通通信设施提升了城市基础设施，改善城市的公共安全、城市治理系统，特别是智慧型城市基础设施系统可以提升城市的竞争优势。Carvalho（2012）认为通过利用现代信息和通信技术加强沟通，提高城市服务的效率，整合了城市功能，近而提高城市竞争力。

最后，先进的信息和通信技术在城市的全方位应用有利于城市可持续竞争力的提升。Hall（2009）先进的交通设施（如高速铁路、城市铁路）改变城市的空间结构和布局，城市周边的小城市成为城市的新的产业和商业聚集地。然而大城市空间上的扩散并没有影响到内容的交流，相反，先进的交通通信设施可以缓解城市过度聚集所带来的负外部效应。

四　城市竞争力的对策研究

以竞争力为中心的城市发展政策一直以来受到各国家和城市的广泛重视。许多城市根据自身实际情况和对竞争优势的不同理解，围绕提升竞争力的目标进行了实践探索，积累了丰富经验。具体的政策和措施集中在以下几个方面。

（一）创新和知识驱动的城市战略

创新成为地方政府制定城市区域发展政策的核心，在发达国家和地区培养创新型和高科技企业及企业集群发展成为当今城市与区域发展的主要模式。从1999年开始，美国通过制定《州新经济指数报告》来评价和比较各个州的知识和创新竞争力。该报告通过五个方面来总结一个地区的竞争力水平，包括与知识相关的工作、全球化、经济发展动态、数字经济和创新能力（Atkinson & Andes, 2010）。欧洲国际竞争力中心制定区域竞争力指标体系（World Knowledge Competitiveness Index），衡量欧洲和北美各区域的知识经济的效率。指标中知识能力由人力资本、知识资本、金融资本和知识基础设施四部分构成（Huggins, Izushi & Davies, 2008）。

以知识为基础的城市发展（Knowledge Based Urban Development，KBUD）将城市作为知识和创新的中心，许多学者建立 KBUD 模型以指导城市实现知识增长（F. J. Carrillo & Batra, 2012; Sarimin, Yigitcanlar, & Parker, 2010）。

Carrillo（2012）指出全世界有65个正式启动城市发展项目旨在建立知识城市的国家。为城市规划和管理者提供了宝贵的经验。如Yigitcanlar，O'Connor和Westerman（2008）研究和比较了墨尔本、悉尼、布里斯班和波士顿建立知识社区以促进知识经济发展的经验。欧盟（2010）地方政府制定相关的政策，培养和推动创新和知识竞争力的形成，包括在提升教育水平，提高研究的效率，鼓励创新和知识转换，充分利用信息和通信技术，确保创新思想及时转化成产品和服务以创造地区增长和就业机会。欧洲许多城市成为创新和知识经济增长的典范，创新和知识成为许多城市的竞争优势，如慕尼黑、米兰、阿姆斯特丹、都柏林、图卢兹（Tulouse）、布达佩斯等成为创新知识城市的典型代表（Mugnano，Murphy & Martin-Brelot，2010；Musterd & Murie，2011）。

在具体的实践中，Lember，Kalvet和Kattel（2011）研究北欧波罗的海城市政府的定性采购在引导和支持城市创新产业和竞争力发展中的作用，地方政府所能做的不仅仅是对高科技产品的采购和服务的采购，还有对创新方法和创新方案的采购，在刺激地方创新和创新产业发展中政府的采购起到了积极作用。Yigitcanlar和Sarimin（2011）强调在发展中国家，大学正在促进知识经济基础的形成，并分析了马来西亚如何发挥大学在促进知识竞争力形成、建设知识城市的成功经验。

（二）文化创意驱动城市营销

文化和创意在塑造城市形象、促进城市更新和改造、激发城市产业活力和吸引人才等方面发挥着重要作用，城市营销战略也被各地方政府采用和实践，也积累了丰富的经验。许多城市利用文化促进地方更生和旧城改造，并起到了很好的效果，如Kanai和Ortega-AlcáZar（2009）比较了拉丁美洲不同城市的文化更生政策，得出财政和税收对文化政策实施有重要影响。Costa（2010）比较了里斯本（历史文化名城）和波多黎各（利用文化再生的工业旧区）利用文化促进城市竞争力的案例，分析了创意人才、创意活动和政府管理之间的关系和各自的作用。

政府可以利用城市的文化资源塑造城市形象，建立城市品牌，进行城市营销，以提升本地的吸引力（Ashworth & Kavaratzis，2010）。Garcia（2005）

列举格拉斯哥利用文化促进城市发展的例子，指出文化活动和文化赛事也能够对城市的经济、社会和基础设施等多方面产生影响，提升城市的营商环境和整体形象。

欧洲大都市区竞争力研究中心（European Metropolitan Regions）建立创意知识城市工程，评估创意阶层和创意产业竞争力对欧洲大都市区的影响。通过对13个欧洲创意都市区的创意和文化相关产业的研究，Musterd，Brown，Lutz，Gibney和Murie（2010）指出各地成功的因素各不相同，有丰富文化遗产的城市更加能够吸引游客，并且丰富的文化遗产能成为创意产业发展的基础。Pratt（2009）介绍了伦敦利用文化进行旧区改造的例子，强调文化不仅仅是消费品也是产业，文化产业在促进城市竞争力中发挥了重要作用。文化和创意产业与现代知识和数字经济相融合，产出价值已经成为城市经济的重要组成部分（Evans，2009）。

（三）信息化、智能化推动城市发展

现代城市发展越来越重视城市的信息基础设施，通过城市的智能化、信息化提高城市的服务水平，促进城市内外更加便捷的交流和沟通。许多国家的城市给我们提供了利用信息和现代科技提升城市竞争优势的例子。韩国首尔、松都建立先进的U-city（Bin，2012；Carvalho，2011；Lee，Phaal & Lee，2012）。欧洲、加拿大等地的城市通过利用数字智能技术服务于现实的城市管理、公共服务，促进创意产业、创意阶层的集聚，城市空间布局改善，城市教育、环境的改善，建成智慧城市（smart city）（Caragliu，Del Bo & Nijkamp，2009，2011；Herrschel，2010；Paskaleva，2009）。中国台湾和中国香港等地的城市信息规划建立智能城市（Intelligent City），目的是便利居民生活和提升社区的智能化水平与服务能力（Hsich，Chung-Chih，Chiu-Yao & Yuan-Yu，2011；Huang，2012；Pan，Lin，Chuang & Kao，2011）。

（四）可持续的宜居宜商环境

气候变化和可持续发展成为各国和地区普遍关注的问题，可持续思想正改变着政府城市治理的方式。Balkyte和Tvaronavičiene（2010）总结了最近10年

欧盟提倡的可持续增长（即资源有效利用的竞争力）和可持续发展战略实践，提出“可持续竞争力”的概念，认为经济的动态变化、社会进步、可持续与竞争力是一体的，竞争力要在经济和社会的共同支撑下发展。Mc Cormick, Anderberg, Coenen 和 Neij（2013）在回顾和总结 35 个亚洲、欧洲、南美等地区的城市可持续发展经验案例后，得出城市可持续转型的结构变化和关键方面包括政府管理和规划、创新与竞争力、生活和消费、资源管理与气候、移民和适应性、交通和可达性、建筑、空间环境和公共空间等方面，并认为政府管理和规划对其他方面起到了控制和杠杆作用。Rasoolimanesh, Badarulzaman Jaafar（2012）分析了发展中国家面临的经济增长和城市发展问题，提出“可持续城市化发展战略”，认为政府规划是城市的可持续增长的重要决定因素。

（五）城乡一体化和社会融合

城乡融合和社会融合有利于资源的优化配置和居民福利水平的提升，促进社会融合和空间差距一直是政府所强调的。许多地方和国家政府将促进城乡融合和社会融合作为提升区域竞争力的重要举措。从竞争力的视角出发，是要发挥整个城市和城市内部各部分、各阶层的比较优势的。政府的工作思路发生转变，从主要通过收入再分配平衡落后地区和先进地区的收入差距，平衡不同收入差距阶层之间的收入分配，转变成多样化和以提升本地自主发展潜力的政策。欧盟、英国、美国等地政府更加关注城市区域（city-region），不仅关注城市中心的竞争优势，也培育城市外围的创造性优势资产以及中心和外围的联系（Dabson, Jensen, Okagaki, Blair & Carroll, 2012；Healey, 2009；Mc CANN, 2007）。

五　结论

城市竞争力的概念一直没有统一的认知，理论界试图用不同的理论来解释这一概念，使得城市竞争力的内涵一直处于发展并不断丰富和完善中。基于对最近几年有关城市竞争力问题探讨的相关文献的回顾，作者发现城市竞争力问题的研究具有以下趋势和问题。

一是对城市竞争力的内涵理解不断丰富和深化。首先，现代城市聚集的多样性，决定了城市优势不仅仅是专业化聚集的比较优势，还要发挥城市效应的竞争优势。其次，随着城市规模的增长，城市聚集的负外部效应和成本必须纳入竞争力考察范围，未来城市的竞争力应该是避免和降低聚集成本和负外部性条件下的城市优势的发挥。再次，城市的竞争力不是短期的经济增长，而是能够带动城市长期增长和发展的多种因素的协同，从竞争力到可持续竞争力使得更多的因素被纳入考察，如环境可持续、社会的和谐和可持续。

二是城市竞争力的决定因素发生变化。首先，先进技术推动的生产方式和生活方式成为关键要素，知识和高素质的劳动者成为创造城市增长的根本动力。其次，城市竞争力的决定因素从要素禀赋向综合环境因素转变，未来城市发展是高科技和创新来推动的，城市的竞争力来源变成能够吸引和汇聚创新要素的人力、科研等环境要素。制度、机构、文化等软要素成为竞争力的关键，政府在营造竞争软环境中发挥着关键作用。

三是城市可持续竞争力的相关研究需要完善。虽然国际上存在大量的分别对竞争力、可持续发展相关方面的研究，学术界也不乏对竞争力与可持续发展的探讨，并呼吁竞争力和可持续发展相结合，但是真正将两者结合起来，对长期可持续竞争力的研究仍然很少。可持续竞争力的概念内涵有待解释，如何用可持续竞争力指导城市的发展实践也需要更多、更深入的探讨。

参考文献

Ache, P., Andersen, H. T., Maloutas, T., Raco, M., & Tasan-Kok, T. (2008). *Cities between competitiveness and cohesion: Discourses, realities and implementation* (Vol. 93): Springer.

Ashworth, G., & Kavaratzis, M. (2010). *Towards Effective Place Brand Management: Branding European Cities and Regions*: Edward Elgar Publishing.

Atkinson, R. D., & Andes, S. (2010). The 2010 State New Economy Index: Benchmarking Economic Transformation in the States. *Ewing Marion Kauffman Foundation.*

Balkyte, A., & Tvaronavičiene, M. (2010). Perception of competitiveness in the context of sustainable development: facets of "Sustainable competitiveness". *Journal of Business Economics and Management*, 11 (2), 341–365.

Begg, I. (1999). Cities and competitiveness. *Urban studies*, 36 (5 – 6), 795 – 809.

Begg, I. (2002). *Urban Competitiveness: Policies for dynamic cities*: Bristol : Policy Press.

Benjamin, D., Brandt, L., & Giles, J. (2011). Did Higher Inequality Impede Growth in Rural China?*. *The Economic Journal*, 121 (557), 1281 – 1309. doi: 10.1111/j.1468 – 0297.2011.02452.x

Bin, S. D. (2012). The Development Directions of U-City Competitiveness Index. *한국지형공간정보학회지*, *20* (1), 73 – 81.

Boddy, M. (1999). Geographical economics and urban competitiveness: a critique. *Urban studies*, 36 (5 – 6), 811 – 842.

Bontje, M., & Musterd, S. (2009). Creative industries, creative class and competitiveness: Expert opinions critically appraised. *Geoforum*, 40 (5), 843 – 852. doi: 10.1016/j.geoforum.2009.07.001

Bruneckiene, J., Guzavicius, A., & Cincikaite, R. (2010). Measurement of Urban Competitiveness in Lithuania. *Inzinerine Ekonomika-Engineering Economics*, 21 (5), 493 – 508.

Budd, L. (1998). Territorial competition and globalisation: Scylla and Charybdis of European cities. *Urban studies*, 35 (4), 663 – 685.

Budd, L., & Hirmis, A. (2004). Conceptual framework for regional competitiveness. *Regional Studies*, 38 (9), 1015 – 1028.

Bulu, M. (2012). *City Competitiveness and Improving Urban Subsystems: Technologies and Applications* (Vol. Hershey, PA, USA): IGI Global.

Camagni, R. (2002). On the concept of territorial competitiveness: sound or misleading? *Urban Studies*, 39 (13), 2395 – 2411.

Camagni, R., & Capello, R. (2010). Macroeconomic and territorial policies for regional competitiveness: an EU perspective. *Regional Science Policy & Practice*, 2 (1), 1 – 19.

Cappellin, R. (2011). Growth, Consumption and Knowledge Cities. *Management (www.unimib.it/symphonya)* (2), 6 – 22.

Caragliu, A., Del Bo, C., & Nijkamp, P. (2009). *Smart cities in Europe*: Vrije Universiteit, Faculty of Economics and Business Administration.

Caragliu, A., Del Bo, C., & Nijkamp, P. (2011). Smart cities in Europe. *Journal of Urban Technology*, 18 (2), 65 – 82.

Carrillo, F. (2012). *Knowledge cities*: Routledge.

Carrillo, F. J., & Batra, S. (2012). Understanding and measurement: perspectives on the evolution of knowledge-based development. *International Journal of Knowledge-Based Development*, 3 (1), 1 – 16.

Carvalho, L. (2011). Urban Competitiveness, U-City Strategies and the Development of Technological Niches in Songdo, South Korea. *City Competitiveness and Information Science: Technologies for Synchronizing Urban Subsystems, Pennsylvania: IGI Global.*

Carvalho, L. (2012). Urban Competitiveness, U-City Strategies and the Development of Technological Niches in Songdo, South Korea *Regional Development: Concepts, Methodologies, Tools, and Applications* (pp. 833 – 852): IGI Global.

Castells, M. (2005). The Network Society: From Knowledge to Policy. *The Network Society From Knowledge to Policy*, 1.

Castells, M. (2011). *The rise of the network society: The information age: Economy, society, and culture* (Vol. 1): Wiley-Blackwell.

Cellini, R., & Soci, A. (2002). Pop competitiveness. *Banca Nazionale del Lavoro, Quarterly Review*, 220, 71 – 101.

Cheshire, P. C., & Gordon, I. R. (1995). *Territorial competition in an integrating Europe*: Avebury.

Chris Jensen-Butler, A. S., Jan van Weesep. (1997). *European Cities in Competition*: Aldershot, England: Avebury.

Costa, P. (2010). Cultural activities, innovative milieus and urban policies: a comparison of two districts in the city of Lisbon.

Dabson, B., Jensen, J., Okagaki, A., Blair, A., & Carroll, M. (2012). Case Studies of Wealth Creation and Rural-Urban Linkages.

Deas, I., & Giordano, B. (2001). Conceptualising and measuring urban competitiveness in major English cities: an exploratory approach. *Environment and Planning A*, 33 (8), 1411 – 1430.

Duffy, H. (1995). *Competitive cities: succeeding in the global economy*. London; New York: E&FN Spon.

Dziembowska-Kowalska, J., & Funck, R. (1999). Cultural Activities: Source of Competitiveness and Prosperity in Urban Regions. *Urban studies*, 36 (8), 1381 – 1398. doi: 10.1080/0042098993042

Ellen, I. G., & O'Regan, K. (2010). Crime and urban flight revisited: The effect of the 1990s drop in crime on cities. *Journal of Urban Economics*, 68 (3), 247 – 259.

EU. (2009). Council conclusions on culture as a catalyst for creativity and innovation. In C. o. t. E. Union (Ed.). Brussels: Council of the European Union.

EU. (2010). EUROPE 2020: A Strategy for Smart, Sustainable and Inclusive Growth. Brussels: European Commission.

European Commission. (1999). Regional Policy and Cohesion. Sixth Periodic Report on the Social and Economic Situation and Development of the Regions of the European Union (pp. 229): Commission. SEC.

Evans, G. (2009). Creative cities, creative spaces and urban policy. *Urban Studies*, 46 (5 – 6), 1003 – 1040.

Ewers, M. C., & Malecki, E. J. (2010). Leapfrogging Into The Knowledge Economy:

Assessing the Economic development Strategies of the Arab Gulf States *Tijdschrift voor economische en sociale geografie*, 101 (5), 494 – 508. doi: 10.1111/j.1467 – 9663.2010.00628.x

Ezeala-Harrison, F. (1999). *Theory and policy of international competitiveness*: Praeger Publishers.

Florida, R. (2003). Cities and the creative class. *City & Community*, 2 (1), 3 – 19.

Florida, R. (2004). The rise of the creative class and how it's transforming work, leisure, community and everyday life (Paperback Ed.): New York: Basic Books.

Florida, R., & Tinagli, I. (2006). Technologie, Talente, Toleranz. *Europa im kreativen Zeitalter. Perspektive, Heft.*

Florida, R. L. (2005). *The Flight of the Creative Class: The New Global Competition for Talent*: HarperCollins.

Garcia, B. (2005). Deconstructing the City of Culture: The Long-term Cultural Legacies of Glasgow 1990. *Urban Studies*, 42 (5 – 6), 841 – 868. doi: 10.1080/00420980500107532

Garden, C., & Martin, R. L. (2003). A Study on the Factors of Regional Competitiveness *A draft final report for The European Commission Directorate-General Regional Policy.*

Gibbs, D. (2006). Prospects for an environmental economic geography: linking ecological modernization and regulationist approaches. *Economic geography*, 82 (2), 193 – 215.

Glaeser, E., Kolko, J., & Saiz, A. (2000). Consumer city: National Bureau of Economic Research.

Glaeser, E. L. (1998). Are cities dying? *The Journal of Economic Perspectives*, 12 (2), 139 – 160.

Glaeser, E. L. (1999). The Future of Urban Research: Non-Market Interactions. *Urban Affairs Review*, 101 – 138.

Glaeser, E. L. (2011). Cities, agglomeration, and spatial equilibrium. *OUP Catalogue.*

Glaeser, E. L., & Gottlieb, J. D. (2009). The wealth of cities: Agglomeration economies and spatial equilibrium in the United States: National Bureau of Economic Research.

Gordon, I. (1999). Internationalisation and urban competition. *Urban studies*, 36 (5 – 6), 1001 – 1016.

Hämäläinen, T. J. (2003). *National competitiveness and economic growth: The changing determinants of economic performance in the world economy*: Edward Elgar Publishing.

Hall, P. (2009). Looking backward, looking forward: the city region of the mid-21st century. *Regional Studies*, 43 (6), 803 – 817.

Harris, P., & Udagawa, C. (2004). Defusing the bombshell? Agenda 21 and economic development in China. *Review of International Political Economy*, 11 (3), 618 – 640. doi: 10.1080/0969229042000252927

Healey, P. (2009). City regions and place development. *Regional Studies*, 43 (6), 831 – 843.

Herrschel, T. (2010). Growth and Innovation of Competitive Regions: The Role of Internal and External Connections. *European Planning Studies*, 18 (7), 1169 – 1172. doi: 10.1080/09654311003744217

Hsich, H.-N., Chung-Chih, C., Chiu-Yao, C., & Yuan-Yu, C. (2011). *The evaluating indices and promoting strategies of intelligent city in Taiwan.* Paper presented at the Multimedia Technology (ICMT), 2011 International Conference on.

Huang, W.-J. (2012). ICT-Oriented Urban Planning Strategies: A Case Study of Taipei City, Taiwan. *Journal of Urban Technology*, 19 (3), 41 – 61.

Huggins, R., & Clifton, N. (2011). Competitiveness, creativity, and place-based development. *Environment and Planning-Part A*, 43 (6), 1341.

Huggins, R., Izushi, H., & Davies, W. (2008). World Knowledge Competitiveness Index. *See table of rankings below.*

Huggins, R., & Johnston, A. (2009). The economic and innovation contribution of universities: a regional perspective. *Environment and Planning C: Government and Policy*, 27 (6), 1088 – 1106.

Huggins, R., & Thompson, P. (2012). Well-being and competitiveness: are the two linked at a place-based level? *Cambridge Journal of Regions, Economy and Society*, 5 (1), 45 – 60.

Jacobs, J. (1969). *The economy of cities.* New York: Random House, Inc.

Jiang, Y., & Shen, J. (2010). Measuring the urban competitiveness of Chinese cities in 2000. *Cities*, 27 (5), 307 – 314.

Kamal-Chaoui, L., & Roberts, A. (2009). Competitive cities and climate change.

Kamal-Chaoui, L., & Sanchez-Reaza, J. (2012). Urban Trends and Policies in OECD Countries: OECD Publishing.

Kanai, M., & Ortega-AlcáZar, I. (2009). The Prospects for Progressive Culture-Led Urban Regeneration in Latin America: Cases from Mexico City and Buenos Aires. *International Journal of Urban and Regional Research*, 33 (2), 483 – 501. doi: 10.1111/j.1468 – 2427.2009.00865.x

Katić, A., Ćosić, I., Anđelić, G., & Raletić, S. (2012). Review of Competitiveness Indices that Use Knowledge as a Criterion. *Acta Polytechnica Hungarica*, 9 (5), 25 – 45.

Kitchen, P., & Williams, A. (2010). Quality of life and perceptions of crime in Saskatoon, Canada. *Social indicators research*, 95 (1), 33 – 61.

Kresl, P. K. (1995). The determinants of Urban Competitiveness: A survey. In G. G. Peter Karl Kresl (Ed.), *North American cities and the global economy: challenges and opportunities* (pp. 336). Thousand Oaks, Calif: Sage Publications.

Lee, J. H., Phaal, R., & Lee, S.-H. (2012). An integrated service-device-technology roadmap for smart city development. *Technological Forecasting and Social Change.*

Lember, V., Kalvet, T., & Kattel, R. (2011). Urban Competitiveness and Public Procurement for Innovation. *Urban Studies*, 48 (7), 1373 – 1395. doi: 10.1177/

0042098010374512

Leon, N. (2011). Complex city systems: understanding how large technical systems innovation arises in cities. *IBM Journal of Research and Development*, 55 (1.2), 16: 11 - 16: 13.

Lever, W., & Turok, I. (1999). Competitive Cities: Introduction to the Review. *Urban Stud*, 36 (5 - 6), 791 - 793. doi: citeulike-article-id: 6356258

Lever, W. F. (1993). Competition within the European urban system. *Urban studies*, 30 (6), 935 - 948.

Lever, W. F. (1999). Competitive Cities in Europe. *urban studies*, 36 (5/6), 1029 - 1044.

Lever, W. F. (2002). Correlating the Knowledge-base of Cities with Economic Growth. *Urban studies*, 39 (5 - 6), 859 - 870. doi: 10.1080/00420980220128345

Lever, W. F. (2002). The knowledge base and the competitive city In I. Begg (Ed.), *Urban competitiveness-policies for dynamic cities*. Great Britain: The Policy Press.

Lorentzen, J., Muller, L., Manamela, A., & Gastrow, M. (2011). Smart specialisation and global competitiveness: Multinational enterprises and location-specific assets in Cape Town. *African Journal of Business Management*, 5 (12), 4782 - 4791.

Malecki, E. (2009). Technology and economic development: the dynamics of local, regional, and national change.

Malecki, E. J. (2002). Hard and Soft Networks for Urban Competitiveness. *Urban Studies*, 39 (5 - 6), 929 - 945. doi: 10.1080/00420980220128381

Martin, R., & Simmie, J. (2008). The theoretical bases of urban competitiveness: does proximity matter? *Revue d'économie Régionale & Urbaine* (3), 333 - 351.

McCANN, E. J. (2007). Inequality and Politics in the Creative City-Region: Questions of Livability and State Strategy. *International Journal of Urban and Regional Research*, 31 (1), 188 - 196.

McCormick, K., Neij, L., Anderberg, S., & Coenen, L. (2011). Advancing sustainable urban transformation. *Journal of Cleaner Production*, 19 (13).

Metaxas, T. (2013). Regional investments in Southern European cities. *SPOUDAI-Journal of Economics and Business*, 61 (1 - 2).

Mugnano, S., Murphy, E., & Martin-Brelot, H. (2010). Strategic economic policy: Milan, Dublin and Toulouse. *Making Competitive Cities*, 38, 244.

Musterd, S., Brown, J., Lutz, J., Gibney, J., & Murie, A. (2010). *Making creative-knowledge cities: a guide for policy makers*: Amsterdam Institute for Social Science Resarch (AISSR), University of Amsterdam.

Musterd, S., & Murie, A. (2011). *Making competitive cities*: Wiley-Blackwell.

OECD. (1999). OECD Science, Technology and Industry Scoreboard 1999: Benchmarking Knowledge-based Economies: Organisation for Economic Co-operation and Development.

OECD. (2006). OECD Territorial Reviews: Competitive Cities in the Global Economy. French.

Pan, J.-G., Lin, Y.-F., Chuang, S.-Y., & Kao, Y.-C. (2011). *From governance to service-smart city evaluations in Taiwan.* Paper presented at the Service Sciences (IJCSS), 2011 International Joint Conference on.

Paskaleva, K. A. (2009). Enabling the smart city: The progress of city e-governance in Europe. *International journal of innovation and regional development*, 1 (4), 405 – 422.

Porter, M. E. (1990). The Competitive Advantage of Nations. *Harvard Business Review*, 3/4, 74 – 79.

Porter, M. E. (1998). *Competitive advantage: creating and sustaining superior performance: with a new introduction*: Free Press.

Porter, M. E. (2000). Location, Competition, and Economic Development: Local Clusters in a Global Economy. *Economic Development Quarterly*, 14 (1), 15 – 34. doi: 10.1177/089124240001400105

Porter, M. E., Ketels, C. H., Miller, K., & Bryden, R. (2004). *Competitiveness in rural US regions: learning and research agenda*: Institute for Strategy and Competitiveness, Harvard Business School Cambridge, MA.

Porter, M. E., & Van der Linde, C. (1995). Toward a new conception of the environment-competitiveness relationship. *The Journal of Economic Perspectives*, 9 (4), 97 – 118.

Poveda, A. C. (2011). Economic development, inequality and poverty: An analysis of urban violence in Colombia. *Oxford Development Studies*, 39 (4).

Pratt, A. C. (2009). Urban regeneration: From the artsfeel good'factor to the cultural economy: A case study of Hoxton, London. *Urban Studies*, 46 (5 – 6), 1041 – 1061.

Ranci, C. (2011). Competitiveness and social cohesion in western European cities. *Urban Studies*, 48 (13), 2789 – 2804.

Rasoolimanesh, S. M., Badarulzaman, N., & Jaafar, M. (2012). City Development Strategies (CDS) and Sustainable Urbanization in Developing World. *Procedia-Social and Behavioral Sciences*, 36, 623 – 631.

Robert Huggins Associates. (2003). Global Index of Regional Knowledge economics 2003: Bechmarking south east England. In 2 (Ed.), *Global Index of Regional Knowledge Economies* South East England Development Agency (SEEDA).

Rogerson, C. M. (2010). *Economic governance and the local business environment: Evidence from two economically lagging provinces of South Africa.* Paper presented at the Urban Forum.

Royuela, V., Moreno, R., & Vayá, E. (2010). Influence of Quality of Life on Urban Growth: A Case Study of Barcelona, Spain. *Regional Studies*, 44 (5), 551 – 567.

Sarimin, M., Yigitcanlar, T., & Parker, R. (2010). Towards a unified method for the knowledge based urban development framework. *The 3rd Knowledge Cities World Summit*, 324 – 340.

Sassen, S. (2007). A sociology of globalization. *Análisis Político*, 20 (61), 3 -27.

Scott, A. J. (2004). Cultural-products industries and urban economic development prospects for growth and market contestation in global context. *Urban Affairs Review*, 39 (4), 461 -490.

Scott, B. R., & Lodge, G. C. (1985). US competitiveness in the world economy. *The International Executive*, 27 (1), 26 -26.

Simmie, J., Sennett, J., Wood, P., & Hart, D. (2002). Innovation in Europe: a tale of networks, knowledge and trade in five cities. *Regional Studies*, 36 (1), 47 -64.

So, M.-s., & Shen, J. (2004). Measuring Urban Competitiveness in China *Asian Geographer* 23 (1 -2), 71 -91.

Storper, M. (1997). *The regional world: territorial development in a global economy*: The Guilford Press.

Thompson, N., & Ward, N. (2005). Rural areas and regional competitiveness. *Report to Local Government Rural Network, Centre for Rural Economy, University of Newcastle upon Tyne.*

Trade, G. B. D. o., & Industry. (1995). *Competitiveness: Forging Ahead*: Stationery Office.

Turok, I. (2004). Cities, Regions and Competitiveness. *Regional Studies*, 38 (9), 1069 -1083. doi: 10.1080/0034340042000292647

Viegas, J. M. (2012). The urban mobility system and regional competitiveness. In R. Capello & T. P. Dentinho (Eds.), *Networks, Space and Competitiveness: Evolving Challenges for Sustainable Growth*: Edward Elgar Publishing.

Vuković, D., Jovanović, A., & Ćukić, M. (2012). Defining competitiveness through the theories of new economic geography and regional economy. *Journal of the Geographical Institute Jovan Cvijic, SASA*, 62 (3), 49 -64.

Wang, G., & Shen, J. (2002). Research on comprehensive competitiveness of the perpectual-level Chinese cities. *Fudan Journal (Social Sciences)*, 3 (Research on region and urban area), 69 -78.

Wolff, F., Schmitt, K., & Hochfeld, C. (2007). Competitiveness, innovation and sustainability-clarifying the concepts and their interrelations. *Berlin: Öko-Institut. Retrieved November*, 26, 2008.

Yigitcanlar, T., O'Connor, K., & Westerman, C. (2008). The making of knowledge cities: Melbourne's knowledge-based urban development experience. *Cities*, 25 (2), 63 -72.

Yigitcanlar, T., & Sarimin, M. (2011). *Contributions of knowledge-based foundations of universities in knowledge city formation: a Malaysian case study.* Paper presented at the Proceedings of the 6th International Forum on Knowledge Asset Dynamics-Knowledge-Based Foundations of the Service Economy.

B.4 城市竞争力：理论与模型

倪鹏飞　杨 杰*

一　城市价值即竞争力的决定机制

（一）城市价值的实质和表现

城市是人们追求美好生活的产物，因此从终极的角度来说，城市的价值就在于其能为居民提供实现美好生活所需的条件。美好生活包含很多方面的内容，但从根本上说，是以人们所获得的经济收益为基础的。因此，从城市层面来说，城市获取经济收益的能力也就决定了城市为其居民提供实现美好生活的条件的能力，从而城市获取的经济收益即是城市价值，城市获取的经济收益的数量大小和质量高低反映了城市价值的高低。

由于各种要素与环境在空间上的不均匀分布及城市空间的唯一性，城市间要素与环境禀赋各不相同，城市间的竞争是一种不完全竞争。经济租金是经济主体在不完全竞争过程中获得的经济收益。因此，城市的经济收益（即城市价值），实质上就是城市获得的经济租金。

从微观上看，城市是产业的聚集，特别是进入工业化社会以来，城市的竞争和发展主要是通过城市产业来实现的。城市所有企业（即产业发展和竞争的收益集合）应该构成城市经济收益的主要部分。产业收益是指城市产业在生产和销售有价值的产品和服务时所获得的产业增加值。因此，城市的产业收益是城市经济收益的集中体现，城市价值就表现为城市的产业收益（即城市产业增加值）。

---

* 杨杰，男，中国社会科学院研究生院金融学博士研究生。主要研究领域：城市与房地产金融。

（二）城市价值的分类

城市是聚集的产物，因此城市价值的具体内容也与聚集直接相关。通过聚集，城市获得了两方面的经济性，即外部经济与内部经济。其中城市依靠其拥有的外部经济所获得的价值构成了城市外部经济价值，城市依靠其拥有的内部经济所获得的价值构成了城市内部经济价值。

外部经济价值。从有利于生产的角度来说，外部经济价值可分为三种，一是同行业企业在城市的聚集所产生的规模经济（即地方化经济）通过知识与技术的外溢、中间投入品的共享、劳动力市场的共享及同行业企业间更加激烈的竞争导致对新技术更快地研发和应用，使得单位产品成本下降，为城市所带来的外部规模经济价值；二是城市不同产业的多样化聚集所产生的范围经济（即城市化经济）通过中间投入品的共享、交易成本的降低、对产品和劳动多样化的需求所带来的产品市场和劳动力市场的稳定、产业之间的关联及多样化对创新的促进，使得单位产品成本下降，为城市带来的外部范围经济价值；三是城市制度、文化、政府管理等优势和改进产生的非数量的质量经济。一方面，既定的优质的城市文化、制度和管理状况是一种固定的投入，随着产业规模和种类的扩大，其单位成本将下降，从而形成超额租金，与此同时，人口和产业的聚集也极可能进一步改进城市文化、制度和管理的质量（或者恶化），从而导致外部经济的递增（或减少）。从是否可交易的角度来说，城市外部经济价值可分为两种：一是如中间投入品的共享、劳动力市场的共享等可通过市场交易获得的外部经济所带来的硬外部经济价值；二是如知识与技术的外溢、同行业企业间更加激烈的竞争导致对新技术更快地研发和应用、可以降低交易成本的信任与合作网络、有利于提高生产效率制度安排的产生与扩散等适应和促进城市经济的制度安排和文化因素的产生、扩散和加强等，这些无法通过市场交易获得的外部经济所带来的软外部经济价值。

内部经济价值。内部经济价值可分为以下三种：一是城市企业产量的增加，通过企业内部更细的专业分工带来的效率的提升、知识的积累带来的技术进步、固定成本的分摊等，使得单位产品成本下降，为城市所带来的内部规模经济价值；二是随着城市的企业生产产品种类的增加，通过产品间投入的共享、研究与开发成果在产品间的扩散及企业无形资产的充分利用等，使得单位产品成本下降，为城市所带来的内部范围经济价值；三是城市的企业生产产品的产量和种类的增加，通过组织结构和业务流程的优化、企业文化的提升及人员专业精神的形成等降低了管理和协调成本，提升了效率，使得单位产品成本下降，为城市所带来的内部质量经济价值。

（三）城市价值的来源

城市的要素与环境是城市进行价值创造活动的基础。城市独特的要素与环境决定了城市的产业和企业在生产某种产品时的效率，效率越高，城市在生产这种产品上的优势就越大。这种效率的获取可以通过三种途径：一是由于城市具有某些独特的要素与环境，使得城市的产业和企业在生产某种产品上具有高于任何其他城市的产业和企业的效率，这时城市的产业和企业在生产这种产品上就具有了绝对优势；二是由于城市间具有的要素与环境的差异，往往会出现城市的产业和企业在生产两种可贸易产品上，都具有高于任何其他城市的产业和企业的效率，这时城市的产业和企业会选择与其他城市的产业和企业相比，效率优势更大的那种产品来生产，这样城市的产业和企业在生产这种产品上就具有了比较优势；三是由于城市间某些要素与环境的组合方式不同，比如城市的生产要素、需求因素、相关和支持产业、企业战略与国内竞争状态等所构成的组合不同，使得城市的产业和企业在生产某种产品上相对于其他城市的产业和企业具备了绝对的或相对的效率优势，这时城市的产业和企业在生产这种产品上就具有了波特所说的竞争优势。

因此，城市独特的要素与环境及其组合方式是城市产业和企业的绝对优势、比较优势和竞争优势的来源，城市的产业和企业基于其绝对优势、比较优势和竞争优势，透过城市内部主体之间及内部与外部主体之间的联系，吸引各种要素不断向城市聚集，从而使得城市的产业和企业能不断地拓展生产的规模和范围，获取聚集所带来的内部经济和外部经济，更多、更快、更高效地创造城市价值。所以，城市价值即来源于城市产业和企业在其独特的要素与环境基础上所形成的绝对优势、比较优势和竞争优势。

二　单一城市价值决定机制

城市是一个相对独立的经济社会系统。像国家一样，城市主体也主要由家庭、企业、政府和对外部门这些主体组成。其中，家庭供给资源与生产要素、需求产品和服务；企业购买生产要素、生产私人产品与提供私人服务；政府提供公共产品和服务，同时向家庭和企业收取税收；对外部门通过市场实现城市内外产品与服务的交换。以上所有这些经济活动都包含在以下三个环节中。投入：城市要素与环境；过程：生产与服务活动（所有企业的生产和服务活动集合在一起，构成城市特定的产业体系）；产出：产品与服务的价值创造。这三个环节相互联系、相互作用，构成了完整的城市经济循环发展过程。

（一）城市要素与环境

在这个循环中，企业无疑是价值的创造者，但是企业创造价值的活动（包括生产产品和提供服务的内容、规模、质量和成本）受到城市家庭所拥有的资源、要素和消费状况的影响，受到公共部门所提供的公共产品、公共服务及其税费状况的影响，同时还受到资源、要素、市场的便利程度和成本的影响。一个城市的特定要素与环境表现为城市的主体素质、当地要素、当地需求、主体联系、公共制度与基础设施六个方面的状况。

一般而言，拥有高品质及创新的要素与环境的城市，其创新和高端产业活动有优势，产业体系中的高端服务业、高科技制造业，产业环节中的研发设计和品牌营销环节得以发展。相反，仅拥有低品质的要素与环境的城市，劳动密集型产业具有比较优势，产业体系中的低技术产业，产业环节中的组装加工环节得以发展。在缺乏基本生产要素与环境十分恶劣的城市，最基本的产业也难以发展。

（二）城市产业体系

基于城市的要素与环境，每个城市都形成了自身特定的产业体系。城市的产业体系是由若干产业组成的，这些产业又分为若干个部门和环节，每一部门和环节又包括若干企业。例如，美国洛杉矶聚集了航空航天、汽车、钢铁、家具、水泥、玻璃、石化产品、橡胶制品、石油、金融、外贸旅游、影视等产业，每一个产业内生产活动的一些环节又分工形成一些企业，如航空航天制造业内聚集着航空航天的材料购进，零部件的生产、装配，产品设计研究、销售、售后服务等企业。城市的产业体系不仅反映城市内部的产业种类，还体现着城市内部产业间、内外部产业间或产业不同环节间的联系（见图4-1），即一个区域的内部产业间、内外部产业间存在着上下游的关系，不同产业的不同环节间存在着互相服务的情况。

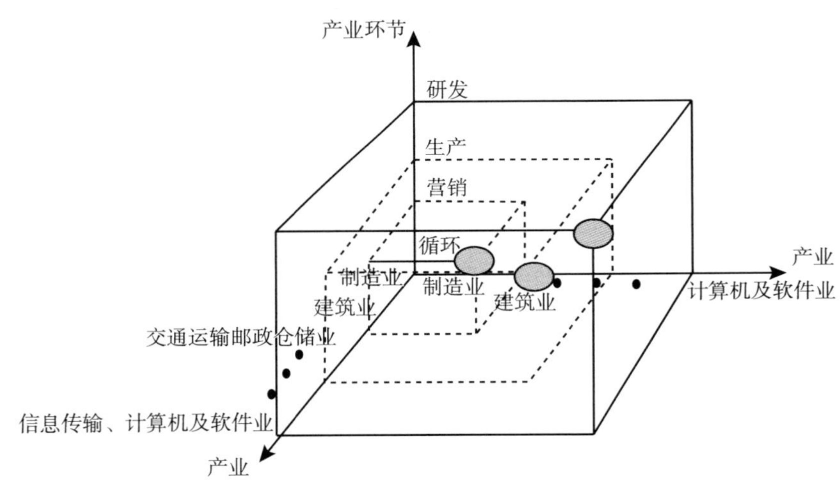

图4-1　城市产业体系

（三）城市价值决定

城市特定的要素与环境决定这个城市从事某些具有绝对优势、比较优势或竞争优势的创造价值活动，从而决定城市特定的产业体系的状况（规模、结构、层次和变化）。由于不同的价值创造活动所创造的价值不同，因而城市特定产业体系既决定城市创造价值的数量和质量（即城市价值），也决定城市创造价值的特定状况（规模、速度、效率）。同时城市价值反过来影响产业体系，进而影响要素与环境。这一循环过程，即城市价值决定机制如图4-2所示。

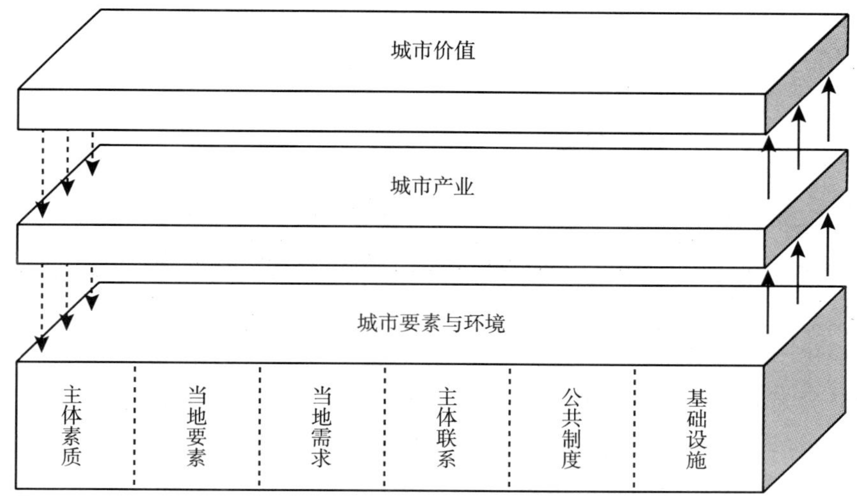

图 4-2　城市价值决定循环机制

三　多城市体系下的城市价值决定机制

（一）城市要素与环境体系

历史上，最初的城市规模很小，周围被农业包围，通过区域内的交换，农村和城市市民实现对农产品和非农产品及服务的消费，区域是一个封闭的体系（Johann Heinrich von Thünen，1928）。随着产业的发展和人口的增加，非农经济活动始终聚集在区域的一个城市里变得不经济。一些家庭和企业，在进行成本和收益的权衡后，开始选择在原城市以外的区位居住和生产，更多的新城市出现了，并形成了城市的体系。伴随着交通和通信技术的发展，产业的发展和人口的增加，不同区域的城市体系连接起来，形成更大的体系。当产品、服务、生产要素的贸易超出国界时，全球城市体系开始形成、扩展和继续演化。

基于自然与历史原因，不同城市在主体素质和资源环境方面禀赋不同、成本有异，接近和利用城市外部的要素与环境距离和成本也是不同的。因此，以城市区域为单元，全球经济活动的主体及要素与环境的类型、数量与质量是呈现差异化与层次性分布的，一些城市仅仅拥有低品质的要素与环境，而另一些城市不仅拥有高品质的要素与环境，也拥有低品质的要素。

（二）城市产业链体系

城市间要素与环境的差异，最终导致城市间各自优势的差异，从而导致产业体系的差异（Eil F. Heckscher，1919；Beltil G. Ohlin，1930）。如果以城市和区域为单元考察全球产业，则每一个城市和区域的产业首先可分为服务当地的当地化产业和服务外地的输出产业。而输出产业又可以按照其输出和贸易的范围分为区域内的产业、国内产业和全球产业，当地化产业在城市和区域内部交换，输出产业在区域内、国家或全球范围内进行交易。一般而言，每个城市都拥有一些基本相同的当地化产业（Local Industries），同时拥有不同的输出产业。更高层级的城市除了拥有服务周边低层级城市的产业外，还拥有与周边相同层级和更高层级贸易的产业，最高层级的城市同时拥有服务当地、周边、国内和全球市场的不同产业（Masahisa Fujita，Paul Krugman，Anthony J. Venables，1999）。但有些城市和区域虽然在总体产业上仅仅服务于当地或较小范围的周边城市，但它可以在某些产业或产业环节上服务于更大的区域甚至全球。

如图 4 – 3 显示，A、B、C、D、E 五个城市构成的城市产业链体系。A 城市聚集最高端的服务业和制造业企业，并且 A 城市区域内产业也有层次分布，A 城市与外部城市产业体系分工相连；B 城市是次高端服务业和制造企业聚集区；C 城市聚集着中端服务业和制造企业；D 城市聚集着中端服务业和制造企业，E 城市主要聚集服务当地的低端制造和服务业，B、C、D、E 和 A 一样，城市区域内产业也有层次分布，城市与城市外部产业体系分工相连。

（三）城市价值链体系

全球以城市和区域为基本单元的层级分明、专业分工、相互交易的全球生产网络，决定着全球城市层级和价值体系。拥有高低端产业的城市，属于高层级城市，只拥有低端产业的城市属于低层级城市，高层级的城市不仅城市规模大，而且辐射范围广，功能级别高。在全球城市层级体系中，不同城市创造的价值收益和提供的福利效用往往不同。如图 4 – 4 所示，不同城市的空间价值

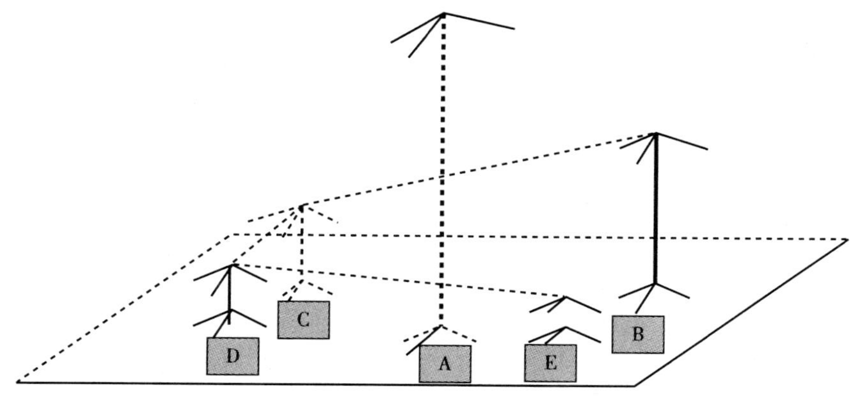

图 4－3 城市产业链体系的空间分布

像高低和大小不同的山峰。即使一个城市内的不同区位空间价值也不相同，山峰反映了城市内部中心区的空间价值的大小，而山脚则反映着城市边缘的空间价值。世界银行基于美国和日本 2005 年各地区国内生产总值的估测值绘制的经济密度地图十分形象地显示了高低和大小不同的山峰特点（World Bank，2009）。

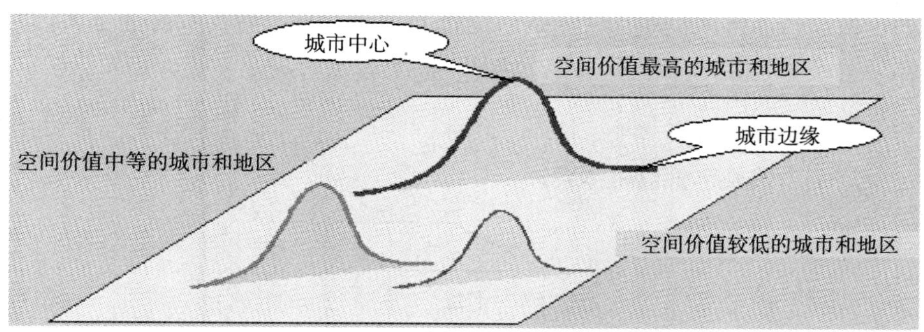

图 4－4 城市价值链体系的空间分布

综上所述，城市体系的要素与环境体系、产业链体系和价值链体系相互作用，形成了城市体系中的城市价值决定循环机制。其中，要素与环境体系表现为要素与环境的空间差异，是整个体系的基础，它决定产业链体系即产业的空间分布差异，进而决定价值链体系的空间分布。而价值链体系又反过来影响产业链体系，进而影响要素与环境体系。

（四）城市价值链体系决定机制

在区域一体化和经济全球化的背景下，相关城市之间不仅进行着分工、合作与贸易，也进行着复杂多样的竞争。因为人口、企业和一些重要的生产要素是流动的，企业追求利润的最大化，人们追求效用的最大化，又由于城市之间在创造价值和获取利润和福利效用方面存在现实的和潜在的差异，所以，城市间不仅在吸引人口、企业与资源要素方面存在激烈竞争，而且在提高自身素质、改善要素与环境、降低生产成本、追求技术革新、提高生产和服务效率方面也存在竞争；同时还在占领与控制商品服务市场、创造城市收益、分配贸易比较利益等环节上存在激烈竞争。

一个城市的要素与环境、产业和城市价值与全球其他相关城市的要素与环境、产业和城市价值既相互竞争又相互合作，每个城市的价值就是在这样的竞争与合作中决定的。图 4－5 简化地显示：A 城市通过吸引 B、C 的要素、产业甚至财富，通过利用 B、C 的要素与环境及其与 B、C 城市的产业合作，形成 A 城开放的要素与环境，培育开放的产业体系，创造 A 城市的价值；A 城市的价值、产业体系也在全球竞争中反过来影响自身的要素与环境。B、C 亦如此。事实上，在全球化背景下，城市之间不断进行要素与环境和产业的竞争与合作，全球城市要素与环境体系、产业链体系、城市价值链体系三者相互作用，决定了全球城市价值链体系。

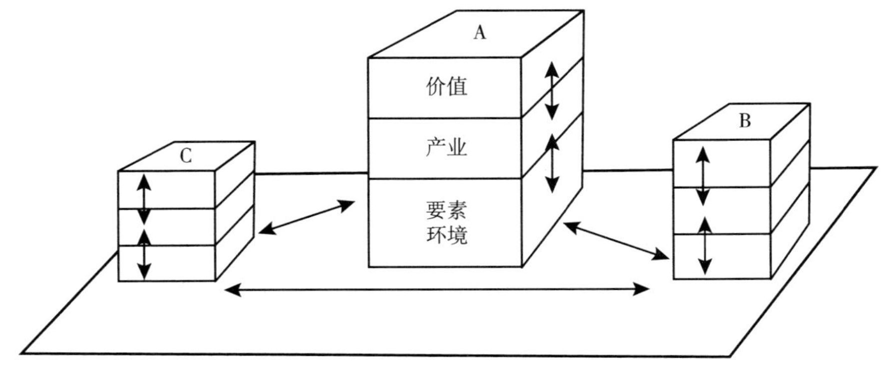

图 4－5　城市价值链体系决定机制

城市竞争导致资源、要素在城市间遵循主体利益最大化的原则而流动和配置，经济体系趋向包括城市空间均衡在内的一般均衡态势。但是，由于城市之间的要素与环境及主体素质的不断变化，导致资源、要素与产业在空间上不断重新配置，原有的趋向一般均衡的进程常常被打断，进而趋向新的均衡。全球的城市价值链体系就在这种此消彼长的变化格局中不断地变化和演化。

四　城市竞争力概念框架

城市竞争力是城市在竞争和发展过程中，凭借以自身要素与环境为基础所形成的外部经济优势与内部组织效率，不断吸引、控制、转化资源及占领、控制市场，更多、更高效、更快地创造价值，获取经济租金，从而不断为其居民提供福利的能力。因此，城市竞争力就是城市当前创造价值并在未来仍能持续创造价值的能力。城市当前创造价值的规模、速度和效率就是城市这一能力的短期表现，也就是城市竞争力的产出，城市的要素与环境状况决定了城市这一能力的可持续性和长期表现，也就是城市竞争力的投入，城市的产业和企业凭借以城市要素与环境为基础形成的绝对优势、比较优势和竞争优势，在获取经济租金上与其他城市的产业和企业竞争的过程，就是城市竞争力的过程。从而可以构建城市竞争力的模型如下：城市竞争力的投入通过城市竞争力的过程决定城市竞争力的产出，城市竞争力的产出又透过城市竞争力的过程反过来影响着城市竞争力的投入。

（一）城市竞争力的产出

城市竞争力的这一方面我们称之为城市综合经济竞争力。城市综合经济竞争力实质上就是城市当前创造价值、获取经济租金的能力。这一能力的强弱就通过城市在当前一段时间内获得的竞争成果体现出来，因此城市综合经济竞争力就表现为城市产出的、当前的和短期的竞争成果，城市综合经济竞争力就是城市竞争力产出的、当前的和短期的方面。以往的研究在这一点上没有太大的争议，大家的争议主要集中在竞争成果也即城市综合经济竞争力的集中表现上，也即城市哪个方面的表现最能集中体现在城市的综合经济竞争力上。对此，以往的观点主要有以下三种。

生产率是城市综合经济竞争力的集中体现。应该承认，综合经济竞争力的主要内涵就是生产率，但不仅仅是生产率。因为城市竞争的最终目的是获得经济租金，而经济租金至少可以通过生产率的提高、要素禀赋数量和异质性垄断等多种途径获得，这使得单纯的生产率绝对水平与城市的财富水平之间的关系变得十分不稳定。另外，不论是劳动生产率还是全要素生产率，由于城市间人口的流动性较大，导致城市的生产率水平本身还存在难于准确测算的问题。

国际市场份额是城市综合经济竞争力的集中体现。有些学者认为，区域竞争力是区域参与国际竞争的能力，其大小最终是由国际市场来检验的，市场占有率是测量区域或城市竞争绩效或国家竞争力的最恰当的唯一指标。但是，国家、区域或城市不同于企业，企业的产品主要供应外部，因此其市场占有率能准确地反映其竞争力，国家、区域和城市范围内的产品既供应外部也供应内部，如果仅将市场占有率作为衡量的标准，必然会大大低估内需较大的国家、区域或城市的竞争绩效。

增长率是城市综合经济竞争力的集中体现。增长率衡量的是主体在某方面相对于其自身的变化速度，将其用于国家或城市的综合经济竞争力衡量和比较时，由于缺乏规模方面的含义，而不能准确地反映国家或城市之间综合经济竞争力的此消彼长。比如，现实中经常出现增长率较高但规模较小的国家或城市，其财富增加的绝对值远小于增长率较低但规模较大的国家或城市的情况。这种情况下，相对于增长率较低的国家或城市，增长率较高的国家或城市的综合经济竞争力反而是下降的。

通过上面的分析，我们可以看出以上的三种单一指标衡量方法都有各自明显的缺陷，这就提示我们应该寻找指标的某种组合，能够涵盖城市创造价值的规模、速度和效率方面的内容，来克服单个指标各自的不足，综合衡量城市综合经济竞争力。据前面对城市价值的研究可知城市价值表现为城市产业收益，因此我们提出城市综合经济竞争力主要表现为城市经济综合增量和综合效率，并分别采用 GDP 连续 5 年平均增量和地均 GDP 来衡量。

城市综合经济竞争力 = F(综合增量,综合效率)

综合增量：城市竞争是贸易竞争，更是综合增量的竞争。城市吸引、占领、争夺、控制资源和市场创造价值的能力、潜力及持续性决定于 GDP 的长期增长。增长是一个动态的概念，城市间增长的比较目的在于比较城市收益在城市间的相对变化，即城市收益占总收益比重的变化，因此增长应包含两方面的内容，一是城市收益规模的变动，二是这种变动的速度。城市 GDP 的增量就综合反映了这两个方面的内容，同时克服了增长率在不同规模城市之间可比性较差的缺陷。因此，GDP 增量就反映了城市收益扩展的速度及规模变动，且可用于城市之间的比较。在此就采用 GDP 连续 5 年的平均增量作为衡量综合增量的指标。

综合效率：城市竞争也是综合效率的竞争。城市总是力图充分利用其资源，最大限度地获得产出。城市竞争是不可移动的地域空间的竞争，不可移动的地点是城市真正的所在，地点上经济收益比较最能反映地点的竞争能力，也是地点（城市、区域）间的空间竞争与企业之间、人之间竞争的差别所在。城市的地均 GDP（严格地讲应该是地均绿色 GDP）就综合反映了城市单位空间上的经济租金和经济收益及对土地这一重要资源的利用效率，也就是反映了城市创造和聚集财富的密集度和效率，因此它综合反映了城市收益的相对规模和效率，同时作为一个单位概念，它可用于城市之间的比较。在此就采用地均 GDP 作为衡量综合效率的指标。

（二）城市竞争力的过程

城市竞争力的这一方面我们称之为城市产业体系竞争力。城市产业体系竞争力实质上就是城市各个产业竞争力的总和，而各产业竞争力又是产业中各企业竞争力的总和。因此，设 N 为城市所拥有的产业数，IC_i 表示第 i 个产业的竞争力，n_i 表示第 i 个产业中的企业数，EC_{ij}表示第 i 个产业中第 j 个企业的竞争力。则城市产业体系竞争力可表示如下：

$$\text{城市产业体系竞争力} = \sum_{i}^{N} IC_i, IC_i = \sum_{j}^{n_i} EC_{ij}$$

因此，城市竞争力的过程就是城市的单个企业在竞争中不断形成自身竞争力，同时同行业的单个企业的竞争力共同构成单个产业的竞争力，各产业的竞争力又构成城市产业体系竞争力的过程。城市竞争力的投入通过城市竞争力的过程，即城市产业体系竞争力转化为城市竞争力的产出，同时，城市竞争力的产出也通过城市竞争力的过程反过来影响城市竞争力的投入。

（三）城市竞争力的投入

城市竞争力的这一方面我们称之为城市可持续竞争力。城市可持续竞争力实质上就是城市的要素与环境的状况。城市的要素与环境作为城市发展过程中的决定性因素，其状况不仅对城市当前的发展，而且对城市未来的发展均有决定性的影响，因此城市可持续竞争力就是城市竞争力投入的、可持续的和长期的方面。

1. 城市可持续竞争力的构成

根据我们多年的研究，城市的要素与环境主要可分为主体素质、当地要素、当地需求、主体联系、公共制度和基础设施六个方面。借鉴国民经济循环理论模型及迈克尔·波特的国家竞争力模型，本报告建立了一个城市可持续竞争力模型。

城市可持续竞争力 = F(主体素质,当地要素,当地需求,主体联系,公共制度,基础设施)

主体素质：企业、政府和家庭是经济活动的三个主要主体。企业是人类追求经济效率所形成的组织体，作为经济与社会的基本组织之一，城市的企业通过总体上的业务表现显示城市的商业环境状况，通过对资源的高效利用减少对环境的损害、节约资源，通过促进知识向实际生产力的转化不断提升城市的产业层次、推动创新，从而为城市的可持续发展提供直接的动力。家庭的素质决定了企业可得劳动要素的素质，政府素质决定了企业所面对的营商环境。

当地要素：要素禀赋是指城市拥有及便利利用的直接生产要素和间接环境要素的总和。当地要素的相对规模和范围决定着城市的竞争优势和比较优势，对城市的可持续发展有重要影响，其中比较重要的因素应至少包括城市的生活条件、气候环境、生态状况、知识投入、社会结构和产业结构及两者相互适应的状况、信息交流和物质交流的条件和状况及当地文化等。

当地需求：需求从其主体上来说主要可以分为家庭、企业和政府，从其目

的上来说可以分为中间需求和最终需求，城市需求的规模影响着城市产业的规模，城市需求的层次影响着城市产业的层次，城市需求的增长潜力影响着城市产业的增长，因此当地需求对城市的贸易和经济的可持续增长都具有关键意义。

主体联系：社会的专业分工要求经济主体之间必须进行联系和交往，家庭、企业和政府是城市内部及城市之间联系与交往的主体，进行着包括政治、经济、社会和文化等各方面的广泛联系。经济上的联系与政治、社会及文化上的联系相互作用，最终表现为产业在城市空间上的集聚及产品市场和要素市场的形成。因此主体联系对城市的产业进而对城市的可持续发展影响重大。

公共制度：公共制度是政府制定的约束经济主体交往、维护社会发展的行为规则，良好的制度可以有效降低交易成本，提高交易效率，可以对经济主体产生有效的激励与约束，可以保证公民获得应得的福祉，减少不平等和歧视，从而为城市的可持续发展提供良好的社会环境。城市的公共制度状况至少反映在政府投入、政府服务、社会服务、社会公平、社会保障、社会安全、环境保护、知识投入、公共服务和城乡收入差距等方面。

基础设施：良好的基础设施是主体之间建立高效联系并使得这种联系能够高效地转化为经济成果的物质基础。城市内部主体间的联系依赖于城市内部的基础设施，城市间主体的联系依赖于城市间的基础设施。因此，城市的基础设施为城市的主体联系提供了手段，为城市的主体之间进行信息和物质的交流提供了必要的条件，基础设施的缺乏将通过阻碍城市主体之间的联系阻碍城市的可持续发展。

2. 城市可持续竞争力的表现

衡量的目的在于认清现实并采取行动。从构建理论的角度出发，将可持续竞争力分解为主体素质、当地要素、当地需求、主体联系、公共制度和基础设施这六个方面，虽然保证了可持续竞争力的构成在理论上的清晰，但由于城市在通向构建理想城市的可持续发展的道路上，所遇到的问题往往交织在一起，且单个问题又往往会同时涉及其中的多个要素，因此这样分要素的衡量就不利于我们认清问题并采取有针对性的行动。为使可持续竞争力理论能够更好地、更直接地被应用于指导实践，我们以城市存在的现实问题为导向，以解决问题、构建理想城市为目标，从上面的六个方面中提取出具体的因素，归结为理想城市八个方面的表现，即八个特征，每个方面代表了城市在通向构建理想城市的可持续发展的道路上所面对的一类问题的解决，体现了理想城市在这一方面的状态（见表4－1）。

表4－1　可持续竞争力构成与表现转换

表现＼构成	主体素质	当地要素	当地需求	主体联系	公共制度	基础设施
以人为本的宜居城市	人口素质	生活条件、气候环境	—	—	—	生活条件
创业至上的宜商城市	企业表现	—	市场需求、政府投入	—	政府投入、政府服务、社会服务	—
公平包容的和谐城市	政府善治	—	—	—	社会公平、社会保障、社会安全	—
环境友好的生态城市	资源节约	生态状况	—	—	环境保护	—
创新驱动的知识城市	知识产出	知识投入	知识需求	—	知识投入	—
城乡一体的全域城市	—	结构转换	—	—	公共服务、城乡收入差距	公共设施
交流便捷的信息城市	—	信息交流、物质交流	—	信息交流、物质交流	—	信息交流、物质交流
开放多元的文化城市	—	当地文化	—	客体开放、主体开放、非物质文化开放	—	—

通过以上转换，我们可将城市可持续竞争力模型重新表述如下：

城市可持续竞争力＝F(以人为本的宜居城市,创业至上的宜商城市,公平包容的和谐城市,环境友好的生态城市,创新驱动的知识城市,城乡一体的全域城市,交流便捷的信息城市,开放多元的文化城市)

参考文献

Johann Heinrich von Thünen：《孤立国同农业和国民经济的关系》，吴衡康译，商务印书

馆，1986。

Beltil G Ohlin：《地区间贸易和国际贸易》，王继祖等译，首都经济贸易大学出版社，2001。

Masahisa Fujita，Paul Krugman，Anthony J Venables：《空间经济学：城市、区域与国际贸易》，梁琦译，中国人民大学出版社，2011。

Cathy Lips：《世界银行 2009 年度报告》，经济科学出版社，2009。

B.5 城市竞争力:指标体系

倪鹏飞　杨 杰*

一　理想城市与城市可持续竞争力

人们为了更好地生活而聚集在一起才形成了城市，因此理想城市就是能够为人们提供实现更好生活所需各种条件的城市，同时这样的城市也就是可持续发展的城市。中国城市要克服各种“城市病”，不断向理想城市迈进，就必须走新型城市化、可持续发展的道路，构建自身的可持续竞争力。城市可持续竞争力就是城市在充分利用现有要素获取当前发展优势和增长的同时，吸引和积累形成城市未来发展优势和影响城市长期增长要素的能力。城市当前的可持续竞争力就反映了城市和理想城市的差距与城市不断迈向理想城市的能力。具有完全的可持续竞争力的城市应是富有效率、兼有公平、低碳环保、开放多元的，经济、社会、环境、文化全面可持续发展的，不仅当前富于竞争力，而且在未来还能保持和不断提升竞争力的理想城市。具体地说，理想城市具有以下特征：它是将人们的幸福生活作为城市发展的最终目的的适宜生活的城市；它是经济充满活力的适宜创业和营商的城市；它是社会制度公平合理、充满包容精神的人与人之间和睦相处的城市；它是人与自然和谐相处的具有高度生态文明的城市；它是将创新作为城市发展的根本动力的热爱知识的城市；它是兼具城乡优点的一体化的城市；它是不断进行着高效的物质和信息交流的城市；它是融各种文化之所长于一炉、个性鲜明的充满魅力的城市。依照理想城市的这些方面，通过把握世界发展趋势，瞄准世界标准，借鉴国际经验，并基于长期的研究，我们将可持续竞争力分解为8个方面，对各个方面，在指标的城市级

---

* 杨杰，男，中国社会科学院研究生院金融学博士研究生。主要研究领域：城市与房地产金融。

数据可得的前提下，分别提炼出了 6～10 个核心指标，建立了可持续竞争力指标体系，使得我们能够分别从总的可持续竞争力及其 8 个分项，对中国城市目前的发展状况进行定量的分析和比较，为各城市规划自身发展蓝图、确定自身发展方向提供重要参考。

（一）以人为本的宜居城市

人们聚集到城市是为了更好地生活，因此无法使人们安居的城市，其发展必将是不可持续的。理想的城市应该是能使人们享受高品质生活的地方，在这里，鸟儿在湛蓝的天空、洁白的云朵间飞翔，鱼儿在清澈的河流和湖泊中游动，老人在宜人的气候、清新的空气中散步，儿童在干净整洁、绿树成荫的社区中嬉戏，便捷高效的公共交通系统联通城市的每一个角落，求职者能找到自己满意的工作，人们普遍受到良好教育，享用着安全、营养、美味的食物，拥有健康的体魄，偶有病痛也能及时得到良好的医治，城市政府努力用心经营着城市，以人们的幸福生活为城市发展的最终目的，使得人们学有所教、劳有所得、病有所医、老有所养、住有所居。

（二）创业至上的宜商城市

城市的活力依托于城市产业和企业的发展，城市产业和企业的可持续发展和繁荣是城市可持续发展的主要支撑。理想的城市应该是能为人们提供良好的创业和营商环境的地方，在这里，成熟的商业文化已经形成，勇于进取的企业家精神备受推崇，市场机制完善而灵活，政府对企业的服务细致而周到，在这样的环境下，人们发扬企业家精神，依托政府服务，利用市场机制大胆创业，充足的要素供给、高效的政府及旺盛的需求极大地提高了创业的成功率，使得新的产业和企业及产业和企业的新业务层出不穷，大中小企业共同发展，城市的商业活力无限。

（三）公平包容的和谐城市

以公平的社会制度和包容的社会精神为保障的，顺畅有序地运转的城市，才能实现可持续的发展。理想的城市应该是人与人平等和睦相处的地方，在这

里，个人的安全得到充分保障，政府时刻处于公众的有效监督之下，时刻关注着民众的诉求并充分、迅速地做出反应，是真正的服务型政府，社会保障均等地覆盖全体居民，来自不同文化、不同民族、不同地域、不同政治派别和不同社会阶层的人们能够在一起公平地竞争，各种社会矛盾冲突都能通过合理的机制疏导加以解决，使得矛盾冲突各方的利益平衡，所有人的利益都得到了尊重和体现。

（四）环境友好的生态城市

自然环境是人们生产、生活过程的重要组成部分，不断恶化的自然环境终将危及人们的生产和生活，阻碍城市的可持续发展。理想的城市应该是人和自然和谐相处的地方，在这里，人不是自然的征服者或改造者，而是自然的有机构成之一，人们的生产和生活过程被作为自然循环过程之一，与其他自然循环过程相协调，低碳经济发展模式形成，水及动植物资源丰富，土地、矿产、能源等自然资源被最大限度地集约利用，生态环境建设成为城市建设的有机组成部分，人工环境与自然环境有机地融为一体，绿色建筑产业发达，生产和生活过程中的废物被最大限度地循环再利用，少量不可再利用的部分被排放到环境中，最终被城市生态系统自身完全净化。

（五）创新驱动的知识城市

只有创新才是城市经济社会可持续发展的不竭的、最终的动力。理想的城市应该是不断以新知识驱动经济社会发展的地方，在这里，全面完善的教育体系能满足各种对知识的渴求，众多专业人员致力于对各种新知识的探索，市民们基于各种新知识不断创新，创意阶层形成，知识经济发达，知识产业成为城市的主导产业，知识既是经济中最主要的投入要素，也是最主要的产出，同时各种创新成果能够迅速地被转化为新产品，从而充分满足人们对新的知识和产品的旺盛需求，政府致力于为知识的传承、传播及各种创新活动创造条件、提供保障，在全社会中营造出鼓励创新、宽容失败的氛围。

（六）城乡一体的全域城市

城乡分割的、不协调的城市发展必然是不可持续的。理想的城市应该是以

城市为本底的城乡全面一体化的地方，在这里，社会结构与产业结构协调发展，中心城区与小城镇、乡村作为一个有机整体，在各方面都共同发展，城乡居民在田园般优美的环境中享受着现代城市所提供的优质的教育、良好的医疗等良好的公共服务和便利的交通、高效的信息网络等完善的基础设施，现代城市带给人们的便捷生活和乡村给予人们的惬意和宁静完美的融合，使人们得以从容享受高品质的生活。

（七）交流便捷的信息城市

信息是社会主体行动的必备条件，城市中的各个主体要采取正确的行动、实现自身的可持续发展就必须不断地获取新的信息，从而信息也是城市可持续发展的必备条件。理想的城市应该是不断高效地进行着信息和物质交流的地方，在这里，最新的信息技术渗透到家庭、企业和政府活动的一切领域，通过高效的信息传输与感应网络，城市的管理和服务系统与城市的交通系统、电力系统、给排水系统、生态系统及人们的生产生活过程全面地互联互通，从而使得信息资源得到最大限度的整合与共享，一方面为城市生产和生活过程管理的精细化和动态化提供支持，让城市的各个系统能对各种变化做出“智能”的反应，另一方面为城市管理和服务的广泛社会参与创造条件，汇集公众智慧，推动城市管理和服务的不断创新。

（八）开放多元的文化城市

文化是城市魅力的最终来源，充满魅力的城市才能不断吸引各类人才，实现可持续发展。理想的城市应该是各种文化碰撞、交融、交相辉映的地方，在这里，在自由开放的社会文化吸引下，世界各地的人们来此工作、生活，随之而来的各种文化不断为城市文化注入新的元素，各具特色的建筑和种类繁多的文化艺术场所成为展示这些元素的舞台，众多保存完好的物质和非物质历史文化遗产展示了城市厚重的历史，构成了城市独特的记忆，多样的文化为创意产业的蓬勃发展提供了强劲的动力，完善的公共文化设施与服务为人们的文化活动提供了良好的条件，文化事业繁荣发达。古今中外各种文化融会于此，共同绘出一幅独一无二的、绚烂多彩的城市文化画卷。

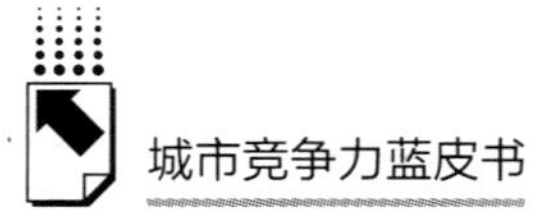

二　城市可持续竞争力指标体系

构建指标体系的目的在于衡量，然而受相关数据的可得性所限，为所要衡量的对象的每一个构成因素都设定一个指标来加以衡量往往无法实现。针对这一问题，我们在构建可持续竞争力指标体系时，采取了将各因素归类的办法，在数据可得的前提下，按照指标数量最小化的原则，选取一个类别中最核心和最关键的数据指标，使得指标体系的衡量结果能够最大限度地反映可持续竞争力的实际状况（见表5－1）。可持续竞争力指标体系具体构成如下。

表5－1　可持续竞争力指标体系

一级指标	二级指标含义	二级指标	指标衡量方法	数据来源
Z1 以人为本的宜居城市	人口素质	Z1.1　大专以上人口比例	—	各城市六普公报
		Z1.2　人均预期寿命	—	国家统计局
	生活条件	Z1.3　人均道路面积	—	国家统计局
		Z1.4　用水普及率	—	国家统计局
		Z1.5　排水管道密度	—	国家统计局
		Z1.6　房价收入比	（住宅平均售价×90）/（城镇居民人均可支配收入×3）	国家统计局
		Z1.7　每万人商业连锁店数	—	国家统计局
	政府投入	Z1.8　人均城市维护建设资金支出	—	国家统计局
	气候环境	Z1.9　气温舒适度	年平均温度	中国天气网
		Z1.10　空气质量	—	环保部及各省环保厅环境公报
Z2 创业至上的宜商城市	企业表现	Z2.1　大企业指数	世界500强及上市公司数	财富世界500强名单、上海证券交易所网站、深圳证券交易所网站、香港交易及结算所有限公司网站
		Z2.2　企业增长指数	企业数量增长率＋企业规模增长率	国家统计局
		Z2.3　企业经营指数	销售额资产比、产值资产比和利税资产比方差加权	国家统计局
	政府服务	Z2.4　开办企业便利度	企业开办指数＋经营纳税指数＋资质认定指数	中国软件测评中心政府网站绩效测评
		Z2.5　企业税负	地方财政一般预算内收入占GDP比重	国家统计局

续表

一级指标	二级指标含义	二级指标	指标衡量方法	数据来源
Z2 创业至上的宜商城市	社会服务	Z2.6 信贷不良率	—	《中国地区金融生态环境评价(2009～2010)》
		Z2.7 人均存款余额	—	国家统计局
		Z2.8 金融、租赁和商业服务从业人员数	—	国家统计局
	市场需求	Z2.9 社会消费品零售总额	—	国家统计局
		Z2.10 限额以上批发零售贸易业商品销售总额	—	国家统计局
Z3 公平包容的和谐城市	政府善治	Z3.1 行政透明度	信息公开指数	中国软件测评中心政府网站绩效测评
		Z3.2 群众需求关注度	互动交流指数+日常监测与调查指数	中国软件测评中心政府网站绩效测评
		Z3.3 人均社会保障、就业和医疗卫生财政支出	—	国家统计局
	社会公平	Z3.4 户籍与非户籍人口之间的公平性	根据各城市落户政策打分	各城市政府网站
		Z3.5 各阶层之间的公平性	教育服务指数+社保服务指数+就业服务指数+医疗服务指数+住房服务指数+交通服务指数	中国软件测评中心政府网站绩效测评
	社会保障	Z3.6 社会保障程度	参加医疗、失业、养老保险人数占常住人口比重	国家统计局
	社会安全	Z3.7 每万人刑事案件数	—	国家统计局
Z4 环境友好的生态城市	资源节约	Z4.1 单位 GDP 耗电	—	国家统计局
		Z4.2 单位 GDP 耗水	—	国家统计局
		Z4.3 单位 GDP 二氧化硫排放量	—	国家统计局
	环境保护	Z4.4 生活污水处理率	—	国家统计局
		Z4.5 生活垃圾无害化处理率	—	国家统计局
	生态状况	Z4.6 人均绿地面积	—	国家统计局
		Z4.7 降水丰沛度	年平均降水量	中国天气网
		Z4.8 地表水水质	河流、湖泊水质状况，涉及沿海城市时，还包括其近海海水水质状况	中国环境监测总站及下属各省市监测站、水文信息网、中国环境保护部及下属各省市环保厅、环保局，全国、各省市环境公报以及各省市水资源公报

续表

一级指标	二级指标含义	二级指标	指标衡量方法	数据来源
Z5 创新驱动的知识城市	知识需求	Z5.1　每百人公共图书馆藏书量	—	国家统计局
		Z5.2　科技经费支出额占财政收入比重	—	国家统计局
		Z5.3　人均教育支出	—	国家统计局
		Z5.4　高科技产品进出口总额	—	科技部
	知识投入	Z5.5　中等以上学生占全部学生比重	—	国家统计局
		Z5.6　大学指数	各城市大学排名	世界大学排名(Webometrics Ranking)
		Z5.7　每百万人科学研究、技术服务和地质勘查业从业人数	—	国家统计局
	知识产出	Z5.8　人均高端服务业增加值	高端服务业包括信息传输、计算机服务和软件业、金融业和科学研究、综合技术服务和地质勘查业	国家统计局
		Z5.9　专利指数	专利申请授权量	国家统计局
		Z5.10 论文发表数	—	Web of Science 三大引文库(SCI/SSCI/A&HCI)
Z6 城乡一体的全域城市	居民收入	Z6.1　城乡人均收入比	城镇居民人均可支配收入/农村居民人均纯收入	国家统计局
	公共服务	Z6.2　人均教育支出比(全市/市辖区)	全市人均教育支出/市辖区人均教育支出	国家统计局
		Z6.3　每百人公共图书馆藏书量比(全市/市辖区)	全市每百人公共图书馆藏书量/市辖区每百人公共图书馆藏书量	国家统计局
		Z6.4　每万人拥有医生数比(全市/市辖区)	全市每万人拥有医生数/市辖区每万人拥有医生数	国家统计局
	公共设施	Z6.5　每千人国际互联网用户数比(全市/市辖区)	全市每千人国际互联网用户数/市辖区每千人国际互联网用户数	国家统计局
	结构转换	Z6.6　城市化与工业化适应性	非农业人口比重与非农产业产值占 GDP 比重的差别	国家统计局

续表

一级指标	二级指标含义	二级指标	指标衡量方法	数据来源
Z7 交流便捷的信息城市	信息交流	Z7.1　千人国际互联网用户数	—	国家统计局
		Z7.2　千人移动电话年末用户数	—	国家统计局
		Z7.3　移动互联网覆盖程度	移动和电信热点数	中国移动、中国电信网站及服务电话查询
		Z7.4　物联网和云计算综合指数	物联网和云计算相关新闻条数	百度搜索
	物质交流	Z7.5　公路交通便利程度	连接城市的国高、国道和省道数	交通部中国公路信息网
		Z7.6　航空交通便利程度	机场飞行区等级和起降架次	全国运输机场生产统计公报及各机场网站
		Z7.7　铁路交通便利程度	连接城市的高铁、双线电气化铁路、单线电气化铁路、双线铁路、单线铁路数及是否有主要车站	铁道部铁路运营图及高铁线路图
		Z7.8　利用海运便利程度	城市距最近海港距离和距天津、上海及香港距离	根据 GOOGLE 地图城市经纬度数据计算
Z8 开放多元的文化城市	客体的贸易	Z8.1　外贸依存度	(进口总额 + 出口总额)/(2 × GDP)	国家统计局
		Z8.2　当年实际使用外资额占固定资产投资比例	—	国家统计局
	主体的交流	Z8.3　外资工业企业比重	外资工业企业数/工业企业数	国家统计局
		Z8.4　国际商旅人员数	入境旅游人数	各城市统计公报
	多元性与影响力	Z8.5　城市国际知名度	城市拼音名 GOOGLE 英文搜索结果条数	GOOGLE 搜索
		Z8.6　语言多国性指数	城市星级酒店提供语言服务种类数	假日酒店网站
	历史与现代的个性	Z8.7　历史文化指数	历史文化名城批次	国家历史文化名城名单
		Z8.8　非物质文化指数	非物质文化遗产数量	中国非物质文化遗产名录数据库系统
		Z8.9　现代文化艺术指数	文化艺术场所数	GOOGLE 地图搜索

（一）以人为本的宜居城市指标构成

本报告分别从人口素质、生活条件、政府投入和气候环境这四个方面来选取以人为本的宜居城市的衡量指标。

1. 人口素质

城市的人口素质可分为精神和物质两个层面。

- 大专以上人口比例。人口素质的精神层面至少应包括人的道德水平、文化程度、思想观念等几个方面，这些方面的形成主要是教育的结果，因此这一层面在此通过人口受教育程度来衡量，由于城市级人口平均受教育年限数据的不可得，在此采用大专以上人口比例来衡量人口受教育程度。

- 人均预期寿命。人口素质的物质层面主要指的是人的健康状况，由于直接的人口健康状况数据的不可得，在此采用人均预期寿命来衡量人口的健康状况，虽然可能存在寿命长而不健康的状况，但总体上人口的健康状况与人均预期寿命还应是正相关的。另外，由于人均预期寿命与医疗卫生条件也有较强的正相关关系，城市生活条件中的医疗卫生条件也在此得以体现。

2. 生活条件

城市的生活条件主要体现为城市为人们提供衣、食、住、行等条件，对抗“城市病”的能力。

- 人均道路面积。城市交通状况取决于城市相对于城市人口数量的道路状况、车辆数量、公共交通系统的完善程度等一系列因素，由于其他因素客观数据的不可得，在此采用人均道路面积来衡量城市交通状况。

- 用水普及率。清洁的水、安全的食物是人们生活的基本条件，由于食品安全客观数据的不可得，在此采用用水普及率来衡量这些基本条件的状况。

- 排水管道密度。城市的环境卫生包括垃圾清扫、污水和雨水排放等很多方面，其中排水是中国城市在这方面普遍存在的一个短板，在此采用排水管道密度来衡量城市的环境卫生状况。

- 房价收入比。住房是人们生活的必备条件之一，房价收入比很好地反映了人们获取住房这一基本居住条件的难易程度，在此用于比较城市间在为人们提供基本居住条件方面的差别。

• 每万人商业连锁店数。城市中，人们日常生活中所需的各种物品基本都要通过购买来获得，在此采用每万人商业连锁店数来衡量人们获得这些物品的便利性。

3. 政府投入

政府在建设和维护城市及保持城市正常运转上负有最终责任，因此政府投入对城市具有重大影响。

• 人均城市维护建设资金支出。政府对城市的投入是多方面的，在此采用人均城市维护建设资金支出来衡量政府在城市硬件环境方面的投入水平。

4. 气候环境

气候是城市居住环境的重要方面。

• 气温舒适度。温度、湿度、光照等气候条件直接影响人们的居住感受，限于湿度、光照等数据的不可得，在此采用气温舒适度来衡量城市气候条件的宜居程度。

• 空气质量。城市的各种环境污染会损害人们的健康，雾霾、沙尘等空气污染就是最直接的表现，在此采用空气质量来衡量城市环境污染对人们健康的损害程度。

（二）创业至上的宜商城市指标构成

本报告分别从企业表现、政府服务、社会服务和市场需求这四个方面来选取创业至上的宜商城市的衡量指标。

1. 企业表现

企业的业务表现是城市产业、商业状况的最直接反映。

• 大企业指数。总的来说城市所拥有的大企业的数量与城市产业发达程度正相关，在此采用大企业指数来衡量城市产业的发达程度。

• 企业增长指数。城市企业规模的扩张程度反映了城市企业在整个产业链中相对实力的变化，在此采用企业增长指数来衡量城市企业的平均实力。

• 企业经营指数。企业的绩效由企业的管理、人才、市场环境等多方面因素决定，在此采用企业经营指数来衡量这些企业经营中所面对的内外因素的状况。

2. 政府服务

政府向企业提供的服务是企业发展所需的产业、商业环境的重要组成部分。

• 开办企业便利度。开办企业是企业家的创业计划变成现实的第一步，在此采用开办企业便利度来衡量城市政府鼓励创业的程度。

• 企业税负。税收是政府提供服务的基础，过低的税收无法支持有效的政府服务，而过高的税收又使得政府提供的服务，不足以弥补企业因多缴税而增加的成本，因此过低或过高的税收都会导致政府服务的不足，在此采用企业税负来衡量政府提供服务的恰当程度。

3. 社会服务

金融等商业服务业为企业的发展提供重要支撑，从政府之外的社会角度为企业运营提供各种服务。

• 信贷不良率。商业服务业的服务水平不易定量衡量，信贷不良率在一定程度上反映了银行的经营水平，而经营水平又直接决定服务水平，在此采用信贷不良率来衡量城市商业服务业的总体服务水平。

• 人均存款余额。资金需求是企业经营过程中最重要的需求之一，较充裕的资金供给使得企业能够更容易地获得发展所需的资金，在此采用人均存款余额来衡量企业获得要素投入的难易程度。

• 金融、租赁和商业服务业从业人员数。商业服务业的规模越大，所能提供的多样化服务种类就越多，在此采用此项指标来衡量城市商业服务业满足多样化需求的能力。

4. 市场需求

企业的生存与发展最终要靠有效地满足市场需求来实现，市场需求的规模越大、种类越多，就能给企业提供越多的生存和发展机会和空间。

• 社会消费品零售总额。在此采用社会消费品零售总额来衡量本地需求的规模。

• 限额以上批发贸易业商品销售总额。城市的批发贸易业务所涉及的区域是城市的经济腹地，经济腹地的需求也是城市企业所面对的市场需求的一部分，在此采用限额以上批发贸易业商品销售总额来衡量城市经济腹地需求的规模。

（三）公平包容的和谐城市指标构成

本报告分别从政府善治、社会公平、社会保障和社会安全这四个方面来选取公平包容的和谐城市的衡量指标。

1. 政府善治

善治是政府对自身的重新定位，是政府对自身基本职能的回归，透明的在社会监督之下有效运行的政府和时刻关注人民群众需求、关注保障民生的政府就是善治的政府。

- 行政透明度。时刻处在社会有效监督之下的政府才会是规范、廉洁、高效的，为便于社会监督，政府必须不断提高自身的透明度，在此采用行政透明度来衡量政府行政的规范、廉洁、高效程度。

- 群众需求关注度。服务群众是政府的主要社会功能之一，在此采用群众需求关注度来衡量政府在建设服务型政府及服务群众的程度。

- 人均社会保障、就业和医疗卫生财政支出。政府在社会保障、就业和医疗卫生等民生问题解决和改善方面负有主要责任，在此采用此项指标来衡量政府保障民生的水平和程度。

2. 社会公平

公平是基本的社会价值，公平的社会才会是和谐的社会。社会公平的衡量本身是一个非常复杂的问题，限于直接指标和数据的不可得，在此我们只能采用以下两个间接的指标来尽量将对社会公平的衡量引入指标体系中。

- 户籍与非户籍人口之间的公平性。户籍制度是当前阻碍人们自由迁徙的主要制度因素，户籍的区分，使得外来人口被排除在城市的许多公共资源之外，同时也是就业歧视的来源之一，在此采用户籍与非户籍人口之间的公平性来衡量城市中本地人与外地人之间的公平程度。

- 各阶层之间的公平性。政府提供的服务越完善、便捷，人们在获取服务时所需付出的成本就越低，在此采用各阶层之间的公平性来衡量城市中各阶层之间的公平程度。

3. 社会保障

社会保障是对人们基本生存权利的保证。

• 社会保障程度。社会保障包括社会保险、社会救济、社会福利等多个方面，由于数据的不可得，在此处社会保障程度是用社会保险覆盖程度来衡量的。

4. 社会安全

安全是人们生存和发展的基本要求。

• 每万人刑事案件数。社会安全是一个综合的概念，自然灾害、生产安全事故、食品安全事件、交通事故、火灾、传染性疾病等也都是危害社会安全的因素，其中交通事故、火灾很大程度上具有偶发性，因此不能稳定地反映社会安全的总体状况，而自然灾害等因素的城市级数据又不可得，所以在此采用每万人刑事案件数来衡量社会安全程度。

（四）环境友好的生态城市指标构成

本报告分别从资源节约、环境保护和生态状况这三个方面来选取环境友好的生态城市的衡量指标。

1. 资源节约

资源总是稀缺的，对资源的更高效利用能够使人们从有限的资源上获得更多的效用，或者说人们获得同样的效用只需耗费更少的资源，从而能在不降低人们福利的基础上减少对环境的损害，即节约资源。限于数据的可得性，综合能耗、矿物质、动植物、土地等资源的消耗方面无法找到直接的指标来衡量。下面的三个指标也都是资源消耗方面的关键指标，具有代表性。

• 单位 GDP 耗电。此项指标反映了生产单位价值产品所消耗的电力，在此作为衡量节能的指标之一。

• 单位 GDP 耗水。水是最重要的自然资源之一，其稀缺性正日益凸显，在此采用此项指标作为衡量节水的指标。

• 单位 GDP 二氧化硫排放量。二氧化硫的排放主要是由煤、石油等化石燃料燃烧所产生的，同时二氧化硫对水体会产生直接的污染，造成水资源的浪费，在此采用此项指标同时作为节能和节水的指标之一。

2. 环境保护

对生产、生活中产生的废物进行处理再排放到环境中，从而尽量减少其对

环境的损害是保护环境最主要、最直接的方式。以下两个指标就是废物处理的直接指标。

- 生活污水处理率。生活污水已成为城市水污染的主要来源之一，在此采用生活污水处理率来衡量城市对水环境的保护程度。

- 生活垃圾无害化处理率。生活垃圾是城市土壤及地下水污染的主要原因之一，在此采用生活垃圾无害化处理率来衡量城市对土壤及地下水的保护程度。

3. 生态状况

城市的水、土地、生物和气候的状况是城市生态的存量的方面。

- 人均绿地面积。在此采用此项指标来衡量城区植被覆盖情况。

- 降水丰沛度。降水的多少往往与生物多样性正相关，由于生物多样性数据的不可得，在此采用降水丰沛度来衡量生物多样性。

- 地表水水质。水是生态系统中最重要的因素之一，在此采用地表水水质来衡量生态系统的健康程度，其中在衡量沿海城市水质时，其近海海域的水质也纳入了考察范围。

（五）创新驱动的知识城市指标构成

本报告分别从知识需求、知识投入和知识产出这三个方面来选取创新驱动的知识城市的衡量指标。

1. 知识需求

对知识产品的消费和政府在生产知识产品方面的投资共同构成了对知识产品的需求。

- 每百人公共图书馆藏书量。图书是知识产品最直接的表现形式之一，在此采用此项指标作为知识需求的衡量指标之一。

- 科技经费支出额占财政收入比重。政府在科技方面的投入一方面会促进知识产品的产出，另一方面也会构成对知识产品的需求，在此采用此项指标作为知识需求的衡量指标之一。

- 人均教育支出。教育过程就是一个对各种知识产品消费的过程，因此人均教育支出可以用来衡量知识需求。

• 高科技产品进出口总额。高科技产品是知识产品的集中表现，通过城市进口及出口高科技产品的总额，能够很好地反映城市对知识产品需求的层次。

2. 知识投入

城市为知识生产而投入的各种资源最终都集中体现到城市中的组织和人上。

• 中等以上学生占全部学生比重。知识的生产必须要由受到良好教育的人来进行，因此教育投入是知识生产投入的第一步，教育资源投入的规模要与所需受教育的人口规模相适应，在此采用此项指标从人的方面来间接衡量知识生产方面资源投入的相对规模。

• 大学指数。大学是最主要的教育组织机构之一，在此采用此项指标从组织机构的方面来间接衡量城市在知识生产方面资源投入的规模和效率。

• 每百万人科学研究、技术服务和地质勘查业从业人员数。科技人员是知识生产过程中最主要的投入要素之一，在此采用此项指标来直接衡量城市在知识生产方面的投入规模。

3. 知识产出

城市的创新最终体现在知识产品的产出上。

• 人均高端服务业增加值。高端服务业都是知识密集型的产业，其提供的服务就是知识产品，在此采用此项指标来衡量城市提供知识产品的规模和层次。

• 专利指数。专利是技术创新的集中体现，在此采用专利指数来衡量城市技术创新的规模及活跃程度。

• 论文发表数。论文是新的科学知识的直接表现形式，是社会在探索新知识方面所付出的努力产出的集中体现，因此在此采用论文发表数来衡量知识创新方面的状况。

（六）城乡一体的全域城市指标构成

本报告分别从居民收入、公共服务、公共设施和结构转换这四个方面来选取城乡一体的全域城市的衡量指标。

1. 居民收入

居民的生活品质包含许多方面，但总体上与收入水平正相关。

- 城乡人均收入比。在此采用此项指标来衡量城乡居民生活品质的差别程度。

2. 公共服务

公共服务涉及人们生活的方方面面，限于数据的可得性，在此采用以下三项指标作为这些方面的代表。

- 人均教育支出比（全市/市辖区）。在此采用此项指标来衡量城乡间政府服务的差别。
- 每百人公共图书馆藏书量比（全市/市辖区）。在此采用此项指标来衡量城乡间社会服务的差别。
- 每万人拥有医生数比（全市/市辖区）。在此采用此项指标来衡量城乡间医疗卫生服务的差别。

3. 公共设施

公共设施包括交通、通信、水、电等很多方面，限于数据的可得性，在此采用以下一项指标作为这些方面的代表。

- 每千人国际互联网用户数比（全市/市辖区）。在此采用此项指标来衡量城乡间公共设施水平的差别。

4. 结构转换

城乡这一城市的社会结构与非农产业和农业这一城市的产业结构相对应，城市的可持续发展必然要求城市的社会结构与产业结构相互适应。

- 城市化与工业化适应性。在此采用此项指标来衡量城乡发展的协调性。

（七）交流便捷的信息城市指标构成

本报告分别从信息交流和物质交流这两个方面来选取交流便捷的信息城市的衡量指标。

1. 信息交流

新的信息不断改变着人们对世界的认识，促进新的思想和技术的诞生，进而引起城市社会结构、产业结构的不断发展和变化，因此信息交流是促进城市可持续发展的必要条件。

• 千人国际互联网用户数。互联网使得个人能够方便地、有目的地搜寻或发布信息，它已经成了现代社会信息交流的主要工具，在此采用此项指标来衡量人们获取信息的便捷程度。

• 千人移动电话年末用户数。移动电话是人们进行即时的、直接交流的主要工具，在此采用此项指标来衡量人们之间直接交流的便捷程度。

• 移动互联网覆盖程度。移动互联网将互联网与移动电话融为一体，代表着信息交流手段发展的新方向，在此采用此项指标也作为人们获取信息和直接交流的便捷程度的衡量。

• 物联网和云计算综合指数。借助于物联网和云计算，城市运行过程中的各种信息将得到最大限度的集中和共享，城市在信息化的基础上将进一步实现智能化，在此采用此项指标来衡量城市在迈向智能化方面所做出的努力。

2. 物质交流

信息交流的成果必须要体现为物质的成果才有意义，城市之间人员和物资的交流就是城市间信息交流成果的重要体现之一，同时城市间的物质交流也带着信息交流的成分。城市间的物质交流主要通过公路、航空、铁路和海运四种方式进行，在此采用公路交通便利程度、航空交通便利程度、铁路交通便利程度及利用海运便利程度来衡量城市物质交流的便捷程度。

（八）开放多元的文化城市指标构成

本报告分别从客体的贸易、主体的交流、多元性与影响力和历史与现代的个性这四个方面来选取开放多元的文化城市的衡量指标。

1. 客体的贸易

通过产品贸易与投资，城市实现了与外部的经济交流，同时外部的技术、偏好和生活方式等文化信息也附着在产品与资金上，进入城市，不断影响着城市中人们的技术、偏好和生活方式。

• 外贸依存度。此项指标反映了城市与外部产品贸易的程度，由于产品贸易的开放程度一般与文化上的开放程度正相关，在此采用此项指标来衡量附着在产品贸易上的文化交流的开放程度。

- 当年实际使用外资额占固定资产投资比重。此项指标反映了城市与外部的资金交流程度，由于资金交流的开放程度一般与文化上的开放程度正相关，在此采用此项指标来衡量附着在资金交流上的文化交流的开放程度。

2. 主体的交流

外资企业和国际商旅人员的到来，为城市带来了新的人才、新的管理方法及新的思想观念，也会对城市的文化产生一系列的影响。

- 外资工业企业比重。在此采用此项指标从组织机构的方面来衡量城市与外部文化交流的开放程度。

- 国际商旅人员数。在此采用此项指标从人员的方面来衡量城市与外部文化交流的开放程度。

3. 多元性与影响力

伴随着经济交流的文化交流并不能完全替代直接的文化交流，直接的文化交流既包括文化的对外传播也包括文化的对内引进。

- 城市国际知名度和语言多国性指数。

4. 历史与现代的个性

城市的个性集中体现在城市所特有的文化上，这既包括城市的历史文化，也包括城市的现代文化，还应包括城市的文化创意产业。限于城市数据的可得性，文化创意产业暂无法纳入衡量的范围。

- 历史文化指数。城市的历史是城市的独特记忆，构成城市最鲜明的个性，在此采用历史文化指数来衡量城市文化的个性程度。

- 非物质文化指数。非物质文化的传承集中体现了城市对自身传统的珍惜，在此采用非物质文化指数来衡量城市对传统文化的保护程度。

- 现代文化艺术指数。现代文化是现代生活的产物，是城市自身的历史文化与各种外来文化相互碰撞、交融的集中体现，在此采用现代文化艺术指数来衡量城市现代文化的繁荣程度。

可持续竞争力分项报告

Topical Reports

B.6
中国宜居城市竞争力报告

——迈向以人为本的宜居城市

李光全*

一 引言：宜居城市是科学发展以人为本的重要体现

走可持续城镇化之路、建设可持续竞争力的理想城市已经成为中国城市发展的科学之路和必然选择。更加强调未来，强调持续，它的落脚点特别强调提高居民的福利，最终目标是为城市的居民提供福利。这是我们对理想城市概念的最新进展。换言之，城市竞争力的最终目标是为市民谋福利，而以人为本的宜居城市建设应该是也必须是理想城市的重要内容和为市民谋福利的具体体现。因为随着市场经济的发展，城镇化和工业化进入快速发展阶段，由此而来的“城市病”、社会不稳定因素日渐增多，居民对高质量城市居住环境的需求更加强烈。从国内城市的发展实际看，遵从以人为本的理念，从可持续发展角

* 李光全，经济学博士，首届孙冶方经济科学基金会青年精英奖获得者，青岛市委党校管理学教研部讲师，中国第三产业研究中心特约研究员。

度探讨宜居城市的建设越来越受到各界的关注，“宜居城市”近年来已经被很多城市树为品牌。

但同时相关研究也发现，人居环境改善对城市竞争力增长的贡献，从2002年的第9位下降到2011年的第11位，由街区清洁度、山水环境、建筑布局和谐度、建筑和景观优美度等组成的人居环境，2007年比2003年提升超过30%，此后持续下滑，到2010年下降了大约20个百分点，在2007年达到高点，2009年后出现了较大回落；2009年城市街区清洁度数字比2002年还要低一些。只有按照以人为本的理念，把宜居作为城市的基本和首要功能，才能顺应人民群众对提升城市品质和自身生活质量的新期待，推动城市协调、和谐、可持续发展，也才能真正提升城市竞争力，树立起城市的良好形象。为此，我们要对以人为本的宜居城市方面研究城市可持续竞争力和理想城市的实现，从这个方面制定标准、把握趋势、分析问题、总结经验、引领城市的发展。

二　理论分析：宜居城市建设的理论框架

（一）文献回顾

什么是宜居城市？概念的首次提出是1996年联合国召开的第二次人居大会，但宜居城市的思想却源远流长，最早可以追溯到柏拉图在《理想国》中的不少表述，但最早准确表达出其内涵并被奉为经典的是亚里士多德关于“建设城市的最终目的在于使居民们在其中幸福地生活”的思想。世界卫生组织认为，具备安全性、健康性、便利性和舒适性的城市人居环境才是宜居城市；D. Hahlweg认为，宜居城市是一种让人享受健康生活、对外交通联系便捷通畅、具有通达便捷开敞绿地的全民共享城市；联合国人居署认为宜居城市就是和谐、希望、尊严、健康和幸福的家园；英国经济学家智囊团，认为健康与安全、文化与环境、基础设施是宜居的主要内容。从总体看，宜居城市的内涵主要包括以下几种视角：一是健康城市；二是能够满足居民需要的城市；三是使命共享的城市；四是可持续发展的城市；五是充满活力的城市；六是由环境

福祉、个人福祉和生活世界三个层次构成的城市。

什么样的城市才算是宜居城市？Lennard H. 认为宜居城市应该涵盖以下原则：一是居住主体彼此间交流的自由顺畅；二是公共活动权益的空间保障；三是日常生活工作的安全保障；四是与居民多元需求相对应的功能综合性；五是居民之间对于生活习惯、个人权益的彼此尊重与包容；六是生态环境优美舒适、整洁有序；七是居民自身的才干和能力有自由发挥的可能。Casellati A. 从宜居的本质出发，认为宜居城市应该涵盖以下几个方面：一是有特色性和吸引力的城市区域；二是低密度、低容量和快速性的交通体系；三是居民有能力购买面向自身改善性需求的高品质住房；四是便捷可用的学校、商店等相关基本公共服务；五是开放的大面积公共活动空间；六是城市环境的干净舒适；七是居住安全且城市对外包容性较强；八是文化底蕴和历史积淀在城市生活中能够感受到或体现出；九是城市社会环境整体友好和谐。国内有关这方面的代表性观点包括：追求生态化、宜人性和开放性（方可，1999），经济结构健康、空间模式合理、生活环境宜人的舒适城市[①]（舒从全，2000），人居系统涵盖居住、社会、人类、自然和支撑四大系统（吴良镛，2001），安全、天人合一、宜人性、平等和文化性是理想人居的核心（邓清华，2002），宜居城市涵盖“方便、安逸、健康、安全”四大方面（任致远，2005），自然宜居和人文宜居缺一不可（俞孔坚，2005），宜居城市是一个动态和层次性的概念（张文忠，2006）等。总体看来，国外对宜居城市标准的认识侧重点有所不同。

（二）本研究的理论框架

1. 宜居城市的内涵

“居”是人类在城市所有行为和自身发展的基础。人口的迁移与定向集聚是人类为改善自身生活品质而不断变迁自身居住地的一个过程。从边远分散区域的荒凉到城市中心的繁荣，从乡村生活的相对单一走向城市生活的丰富多元，从不宜居的城市走向宜居的城市，从宜居的城市走向更加宜居的城市，这

① 舒适城市的内涵和现在宜居城市的内涵已经非常接近。

成为人类为生存环境改善与生活品质提高的持续追求。从国内外的研究回顾看，宜居城市的提出和重视是由人口膨胀、交通堵塞、环境污染、生态恶化、资源短缺等“城市病”对人居环境居住适宜性的挑战而引发的。在此背景下探索宜居城市的建设问题自然还应该从人居住环境的改善这一核心要素出发来进行思考。从这一认识出发，宜居城市建设必须以人为本。所谓以人为本，就是要将居民栖息之地的城市打造成为最大化确保全体市民个体创造、分享幸福和发展成果的出发地和落脚地。在理想的宜居城市中，市民身体康健、精神愉悦、生活幸福和素质文明；城市具有舒适宜人的自然环境、方便可用的基础设施、高效主动的政府服务、包容和谐的社会环境以及深厚多元的人文感受；居民需求的基本公共服务和非基本公共服务的规划、建设、提供和管理科学有序；居民因便捷、舒适地享用城市发展的成果而深感自身城市生活的健康、快乐和幸福。

本文认为，宜居城市是包括人居和制度双重环境的高水平建设的城市；所有环境要素的改善都围绕人的核心要素来展开，创新、创业环境得以改善，人才由流失变向流入；交通的便利、居住微环境的舒适、政府服务的改善以及外来高端人才群体的高居留倾向成为重要的外在表现；各种主体以一种共建共享的态度和行为参与到城市的发展中去。

2. 宜居城市建设的主要内容

宜居城市是根据城市人居环境的决定机制，从现实产出表现和当期投入对未来宜居状况的改善潜力的影响双重角度，审视城市发展以人为本以及为城市居民提供福利的重要判断因素，是理想城市的一种重要表现。从具体建设内容看：第一，城市的自然生态环境是宜居城市的第一要素，人居自然环境的优美舒适是吸引和留住人类的第一印象和首要判断依据；第二，便利快捷的基础设施是舒适居住出行基础上与外界发生联系的载体，购物、出行、工作便捷不便捷，能不能四通八达，能不能智能化、能不能无限化，是宜居城市的主要内容；第三，文化环境的开放包容和社会环境的安定祥和是城市可居的重要前提；第四，政府的宜居建设投入和人口素质的提升是城市宜居竞争力可持续的重要保障。

从上述理论框架出发，我们认为城市宜居城市建设包含生活条件、气候环境、人口素质和政府投入等五个方面（见表6-1）。在有效认识和分解宜居城

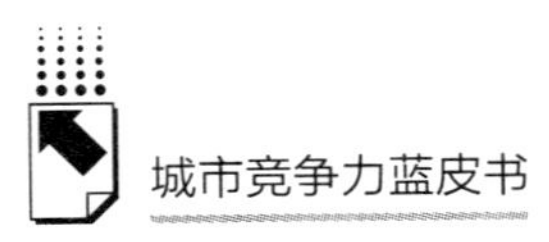

市竞争力影响分项的基础上，进一步构建出宜居城市的竞争指数。其构建方法是先采用标准化再用等权相加的方法获得城市宜居城市竞争力指数。

表 6－1　宜居城市竞争力评价指标体系

人口素质	大专以上人口比例	大专以上人口数/常住人口
	人均预期寿命	—
生活条件	人均道路面积	道路面积/常住人口
	用水普及率	—
	排水管道密度	排水管道长度/市辖区面积
	房价收入比	(住宅平均售价 ×90)/(城镇居民人均可支配收入 ×3)
	每万人商业连锁店数	限额以上批发零售贸易企业数/常住人口
政府投入	人均城市维护建设资金支出	城市维护建设资金支出/常住人口
气候环境	气温舒适度	—
	空气质量	—

三　实证评估：中国宜居城市建设的现状

（一）现状与格局：港澳东南占据宜居 10 强多数，最好、最弱组内城市差距较大

根据上面建立的宜居城市评价的指标体系，对全国 287 个城市宜居竞争力进行评价。并按照五个级别（前 50 名最好，51 ~ 100 名较好，101 ~ 200 名一般，201 ~ 250 名较差，250 名以后差），对全国 287 个城市进行分层定级（见表6－2）。香港、澳门、无锡、常州、珠海、苏州、威海、海口、镇江和中山等 10 个城市的宜居竞争力水平最高，成为本年度全国宜居城市 10 强；黑河、佳木斯、商丘、庆阳、天水、伊春、绥化、昭通、定西、陇南等 10 个城市的宜居竞争力水平最弱，成为年度全国宜居城市的末位 10 强。同时，从 5 个级别内部城市宜居指数的统计比较看（见表 6－3），宜居城市竞争力最好和宜居城市竞争力差这两个级别的城市宜居平均水平与相邻级别的平均水平相比差距较大，宜居城市竞争力好、一般和较差三个级别之间平均宜居水平的相邻比较则差距相对较小。此外，从表 6－3中各个级别内宜居水平的标准差可以看出，在宜居城市竞争力最好和宜居城市竞争力差

这两个级别内，城市之间宜居水平差距较大；在宜居城市竞争力一般、好和较差三个级别中，内部城市之间宜居竞争力水平的差距依次缩小（见图6－1）。

表6－2　287个城市的宜居城市竞争力分类

城市分类	划分依据	主要城市
宜居竞争力最好	1～50名	香港、澳门、无锡、常州、珠海、苏州、威海、海口、镇江、中山、青岛、泰安、鄂尔多斯、烟台、扬州、杭州、天津、广州、衢州、南通、芜湖、东营、上海、淄博、武汉、嘉兴、厦门、长沙、新余、佛山、克拉玛依、舟山、东莞、湖州、南京、深圳、台州、金华、盘锦、三亚、福州、济宁、连云港、济南、防城港、宜昌、潍坊、泰州、宁波、株洲
宜居竞争力较好	51～100名	日照、丽水、龙岩、沈阳、温州、莱芜、大连、三明、湘潭、秦皇岛、南昌、合肥、成都、南宁、黄山、重庆、铜陵、漳州、绍兴、聊城、池州、莆田、攀枝花、北京、德州、银川、金昌、襄阳、景德镇、荆门、丹东、江门、枣庄、焦作、柳州、马鞍山、滨州、泉州、濮阳、西安、晋中、临沂、抚顺、鄂州、新乡、黄石、洛阳、郑州、淮安、呼和浩特
宜居竞争力一般	101～200名	阳泉、无害、岳阳、黄冈、石嘴山、抚顺、盐城、徐州、惠州、十堰、贵阳、榆林、晋城、宣城、朔州、孝感、包头、玉溪、亳州、辽阳、永州、滁州、昆明、九江、漯河、嘉峪关、锦州、娄底、鹤壁、宿迁、鞍山、衡阳、钦州、长春、萍乡、南平、宝鸡、长治、廊坊、邯郸、揭阳、郴州、肇庆、酒泉、淮南、石家庄、绵阳、北海、蚌埠、大同、许昌、铁岭、大庆、唐山、湛江、宁德、常德、咸宁、茂名、贺州、德阳、河池、潮州、韶关、张家界、汕头、安庆、牡丹江、安阳、本溪、吉林、邢台、乐山、信阳、玉林、张家口、太原、营口、保定、白色、运城、梅州、临汾、上饶、崇左、鹰潭、菏泽、吉安、阜新、怀化、巴彦淖尔、承德、三门峡、丽江、沧州、桂林、开封、眉山、通化
宜居竞争力较差	201～250名	银川、咸阳、兰州、衡水、驻马店、宜宾、清远、淮北、商洛、宿州、葫芦岛、乌兰察布、泸州、来宾、益阳、邵阳、通辽、哈尔滨、安康、河源、汕尾、渭南、朝阳、呼伦贝尔、梧州、吕梁、张掖、雅安、辽源、忻州、平顶山、荆州、双鸭山、广安、云浮、贵港、宜春、南阳、鹤岗、自贡、阳江、南充、周口、白山、广元、资阳、赣州、随州、六安、白城
宜居竞争力差	250名后	西宁、中卫、松原、平凉、遂宁、汉中、吴忠、延安、阜阳、鸡西、临沧、内江、武威、巴中、固原、达州、遵义、白银、齐齐哈尔、普洱、六盘水、七台河、保山、四平、安顺、赤峰、黑河、佳木斯、商丘、庆阳、天水、伊春、绥化、昭通、定西、陇南

资料来源：中国社会科学院城市与竞争力指数数据库。

表6－3　5个级别内城市宜居指数的统计比较

城市分类	均值	标准差	最大值	最小值	总值
宜居竞争力最好	0. 605891	0. 092292	1	0. 533989	30. 2943
宜居竞争力较好	0. 492524	0. 021316	0. 533514	0. 460419	24. 62622
宜居竞争力一般	0. 403279	0. 032141	0. 458635	0. 345003	40. 32787
宜居竞争力较差	0. 31622	0. 017627	0. 344892	0. 284118	15. 81098
宜居竞争力差	0. 210131	0. 062444	0. 283876	0	7. 774837

资料来源：中国社会科学院城市与竞争力指数数据库。

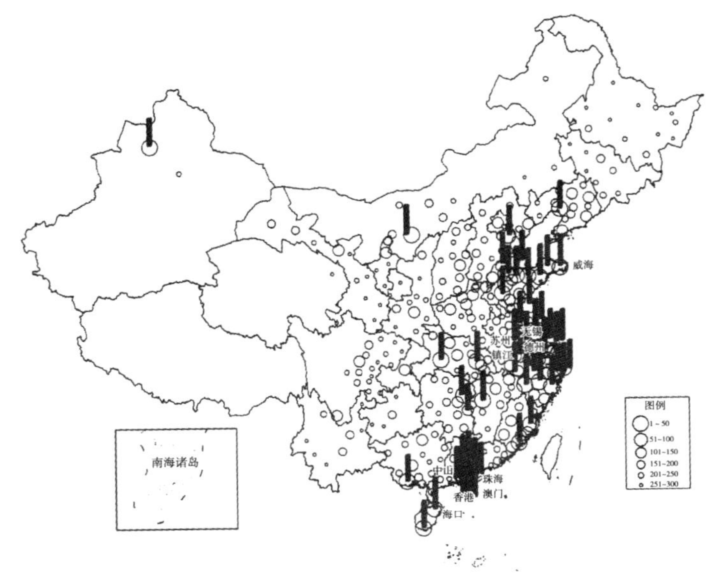

图6－1　2012年287个城市宜居城市竞争力排名

注：2012年宜居城市竞争力排前50名为柱状所示，其他为“○”所示。柱状越高代表宜居城市竞争力排名越高，“○”越大代表宜居城市排名越高，图例中的单位为“位次”。

（二）区域比较：东南宜居优势突出，西部水平整体较低

为了更好地观察城市宜居竞争力水平的区域差异，将五大宜居竞争力级别的城市按照区域进行再次分类（见表6－4）。从城市区域分布上来看，除香港、澳门外，前48位城市中，东南地区城市占据了28个席位，环渤海和中部地区分别有10个和6个城市，东北、西北、西南三个地区的城市数量均在3个以下，宜居竞争力最好的城市在东南地区呈绝对集中的分布态势。在排名250名以后的宜居竞争力差城市的区域分布，几乎完全集中在东北、西北和西南三个地区。在宜居城市竞争力好、一般和较差三个级别上，中部地区都具有分布集中的相对优势。此外，如果从六大区域的视角来审视宜居城市的级别分布，东南地区和环渤海地区城市宜居水平的数量分布呈“好多差少”的倒三角形分布，西北地区城市宜居水平的数量呈“好少差多”的正三角形分布，东北、西北和西南三个地区则呈一般水平多两端少的纺锤体形分布。

表 6-4　我国城市宜居水平分布的区域比较（除港澳台）

单位：个

地区	1～50 名	51～100 名	101～200 名	201～250 名	250 名以后	城市总数
东北	1	5	12	8	11	37
环渤海	10	9	9	1	—	29
西北	2	3	9	10	15	39
中部	6	18	39	15	1	79
西南	1	5	16	11	10	43
东南	28	10	15	5	—	58
全国	48	50	100	50	37	285

资料来源：中国社会科学院城市与竞争力指数数据库。

（三）优势与不足：先天环境和后天努力为优势，投入不足和住房难成不足

从现有情况来看，我国城市间的宜居水平呈明显的区域集中性和极大的“非均衡”性，气温适宜度和空气质量等先天生态环境优势则意外成为宜居城市竞争力的最大优势，这说明宜居城市建设的自然环境优势是高水平宜居城市建设的重要前提。当然，这一结论对于在近几年灰霾和空气质量问题凸显的背景下宜居城市的建设具有很大的反向思考意义。同时，收入房价比以及后天宜居城市建设的相对投入则成为宜居城市建设的重要制约因素。城市宜居竞争力在各个大区域内呈现与区域发展水平高低的相似性，区域发展高水平地区所具备的后天投入能力对宜居竞争力的改善也至关重要。但整体上并非所有的经济强市都表现为较强宜居竞争力的特征，这在一定程度上也说明了以人为本的城市发展和关注民生的财政投入并非只能在经济发达的城市才可以做到。

四　主要问题及其原因分析

（一）普遍问题

1. 雾霾等环境污染问题突出

环境污染主要体现为城市水资源等自然资源的过度消耗，绿地资源等优质

环境资源供给不足，更表现为城市居民对城市卫生环境总体评价偏低。具体而言：第一，空气污染严重，2011 年达到优良的城市仅有 3 个；第二，中心城市、特大城市已对水资源自然循环带来极大压力，中心城市、特大城市 2009 年每平方公里供水量分别达到 16 万吨、8.8 万吨，对水资源的自然循环带来极大压力；第三，人均绿地资源不足，人均绿地面积在 20 平方米以下的城市达 86 个，占全本 287 个样本城市的近 1/3；第四，城市居民对环境卫生满意度评价低，本报告 2010 年问卷调查显示，全国 35 个重点观测城市的卫生环境评价满意率仅为 38.9%。

2. 人均地均交通公共服务投入不足

城市建设投资不足，往往偏向于地标性建筑和华丽外表，对排水管道、人均地均交通公共服务仍重视不够，使得城市交通等难以满足市民日常生活需要。主要表现在：城市交通设施缺乏，交通拥堵严重，城市居民日常交通耗时过大，城市居民对交通状况评价较低。总体而言，城市规模越大，人均道路面积越小，公共汽车拥有量相对较高。交通拥堵十分严重。本报告 2010 年问卷调查显示，全国 35 个重点观测城市的交通状况满意率合计仅为 25.3%。

3. 城市房产过度投资化带来的房价高企成为城市宜居问题的首要制约

住房问题是当前中国城市最受关注的议题，是中国城市病的主要构成之一。住房紧张总体表现为两个方面：一是人均住房面积不足。总体而言，人均住房面积随着中国住房供应量的上升，呈现平稳上升趋势，但离满足居民住房需求还有较大距离，特别是中心城市表现严峻，超过城镇总人口 30% 上的居民居住在非正规住房里。二是住房可支付能力偏弱。张清勇（2010）测算了 1999 ~ 2010 年上半年中国 35 个大中城市住房支付能力指数，发现：2010 年上半年中国支付能力很弱的城市数达到 13 个①。而且，需要指出的是，30% 的城市房价收入比超过国际公认的警戒标准。

（二）致因分析

1. 规划缺乏以人为本的理念

影响城市宜居的上述问题，首要的就是相关规划的先天不足。规划设计的

① 倪鹏飞：《中国住房发展报告》，社会科学文献出版社，2011，第 147 ~ 148 页。

科学性、准确性和动态优化性是达到规划预期的重要因素。但现实中，城市道路流量设计的前瞻性、高楼大厦在特定区域的密集性、职住区域的过分分离等问题，在规划阶段都没有很好地加以科学的预见和准确的测算。再加上投资时重视硬件设施和大型设施建设而忽视软件设施和小型配套设施建设，使得交通拥堵、环境污染、城市灾害频发。

2. 政府社会公共服务投资总量不足

城市先天自然宜居条件的保持和提升以及后天问题的解决都有赖于政府的民生投资。但从当前城市发展的实际看，城市建设投资不足，且往往偏向于地标性建筑和华丽外表，使得在城市内部交通疏导、人均绿地增加、大气环境质量和保障性住房的投资仍然偏少。尤其是在众多城市开发新区的背景下，基础设施适度超前投资的思路，使得更多的投资涌向新区的基础设施和绿化等方面，更加剧了城市市区投资需求与供给的偏差。需要强调的是，政府对城市建设重视而对管理服务的轻视，使得现有社会公共服务投资所引致产生的公共服务供给能力可持续性较差。

3. 区域非均衡性过度集中

推进要素集聚以提高效率的观念对推动城市起到了节约土地、功能布局的很好作用。但部分条件适宜的优势地区，在突破了合理集聚的范畴后，过度集中成为城市不宜居的重要致因。在特定区域的大规模集中居住区和产业园区建设中，重视物的运行和车的方便，轻视人的流动和人的便利，使得产城分离，每天大规模流动的人流和车流加剧了城市的交通拥堵、环境污染。同时，传统优势区域教育、医疗卫生等公共服务的优良品质，在公共服务不均衡的背景下加剧人口在老城区的集中，进一步降低了市区的宜居品质。此外，城市建设行政化严重，中小城市投资不足，小城市与小城镇功能不全，加大了人口向大城市的流动规模，进而加剧了区域人口向中心城市的非均衡性过度集中。

五　宜居城市建设的基本经验

（一）宜居城市应该是以人为本、关注人发展需要的城市

关注“人的需要”是宜居城市能否真正宜居的关键环节。北京市在其推

进宜居城市的建设中，就是从所在城市居民对住房、生活物质空间、生活品质这些关注的重点出发，将住房建设作为北京宜居城市建设的关键，租房的储备不断增加，中低收入家庭住房难问题得到缓解。香港则是基于社区是人居住活动和个人发展基本载体的认识，重点围绕社区建设来推进宜居城市建设的落地，具体做法包括：成立社区建设政策委员会，来制定政策和指导地区协调工作，并形成一套东西方结合的社区管理模式来加强各个社区的建设管理；将 NGO 组织的培育和发展作为推进香港公共服务面向社区全覆盖的重要推动者，既有效承担社会公共服务事务，又及时向政府传递公众诉求；充分考虑到高品位居住和优质生活体系是全港居民普遍关注的焦点问题，香港政府在制定规划和具体建设中，就将公共交通便捷和服务设施齐全强化作为重要内容融入城市发展的“顶层设计”，以理念的远见卓识和“基层设计”的主动探索来加以实现。

（二）制度建设与严格管理是宜居城市的重要保障

将严格立法并且严格执法和科学规划贯穿于城市管理是宜居城市问题解决和成就取得的重要经验。伦敦政府为解决交通拥堵问题，通过对市中心私车收取“堵塞费”（Congestion Charge）来增加城市公交系统资金投入以及制定用以限制私车进入伦敦的《交通 2025 方案》等手段，缓解城市交通堵塞难题。新加坡城市管理是世界各个国家城市学习的典范。在管理制度建设上，形成了基本涵盖社会生活的各领域、各方面的 400 多种法律、法规，从各方面规范了政府、企业和公民的行为，倡导“法律之上没权威，法律之内最大自由，法律之内没有民主，法律面前人人平等”，建立起一套分工明确、责任到人、相互制约又相互支持的城市建设规划管理体系和制度；在管理手段上，实行企业化政府管理模式，分工明确，同时引入了最先进的“平衡计分卡”管理模式，把每一项任务、每一个细节落实到每个部门，并实行严格的考核管理，定期召开政策战略执行民主检讨会，及时调整和改进政府管理模式。需要指出的是，新加坡法律法规在是与非、罪与非罪问题上的清晰界限和细致明确的处罚规定，给上述管理手段的具体运用奠定了很好的基础。

（三）尊重、保护并延续城市文化是宜居城市可持续性发展的重要内容

文化宜居是城市宜居吸引力中最为持久的动力。国内宜居名城杭州，在国内外高度的知名度和号召力，更大程度上来自其独特的休闲氛围、文化内涵。杭州以“品质生活之城”为生活和城市特色文化诉求，注重传统市井街巷历史文化的挖掘与适应性改造，将其融入杭州街道及路旁附属物的规划建设之中，使得历史积淀和文化意蕴在大区域和小区域两个层面都显得融合巧妙和相得益彰。此外，杭州在城市定位中，充分立足自身所处区域的“钱塘繁华”和“休闲雅致”外部文化认识，将历史形成的重商观念与消费品位改造成现代契约精神的商业文化和商品鉴别力，培沃浙商兴起的优质市场土壤；同时把原有的享乐观与消闲观重塑为重品质的高尚休闲文化，打造出了“东方休闲之都”的特色城市品牌和世界休闲博览会永久落地举办的难得机遇，以此带动了城市宜居竞争力和休闲经济的崛起。

（四）宜居城市建设的典型案例

案例1：温哥华——自然美景与人文底蕴交相辉映的宜居乐园

主要业绩表现及原因：温哥华是一个传统文化与现代文明和谐统一、自然美景与人文底蕴交相辉映的城市乐园。在多家国际知名机构的多次评价中，温哥华都位列世界宜居城市前列。近几年，荣获的大洲及全球级别荣誉包括：2003年、2004年美洲旅行社协会“美洲最好的城市”，2004年国际城区协会“城区建设奖”，2008年和2011年英国经济学家智囊团（EUI）“世界最适宜居住的城市”、2010年、2011年连续两年美世人力资源咨询公司（Mercer Human Resource Consulting）生活质量“美洲最佳城市”，2011年《康德纳斯特旅游者》（Condé Nast Traveler）“美洲最佳城市”，2012年世界城市和地方政府组织、世界大都市协会（Metropolis）的“国际城市创新奖”，《户外》杂志（Outside）2012年“最佳周末度假目的地”等多项荣誉。

主要做法：第一，严格实施绿色地带保护专项计划。保护绿色地带等宜居城市的天然基础是温哥华令人印象深刻的经验之一。为了推进这一目标的实现，温哥华专门制订了“宜居区域战略计划（LRSP）”。在这一规划中，特别设立了绿色地带保护专项计划，用以保护大温哥华地区原有城市公园、天然公园、水源地、自然保护区、农业特色景观风貌区的生态特色，绿色地带主要包括公园、供水区、自然保护区和农业地区等。绿色地带保护专项计划对绿色地带所处位置、空间范围的明确，实际上也就等同于划定了大都市区现在和未来发展的边界，为城市扩张范围和人口增长速度的管理提供了一定参照性依据。需要指出的是，绿色地带保护计划的严格实施也给温哥华市留下了不少原生态的东西，坐落于温哥华市大大小小的很多原生态公园就是很好的例证。第二，推进城市紧凑型发展。紧凑型城市是城市集约发展的重要体现。温哥华市认为只有城市通过紧凑型布局实现了人口、产业的集聚发展，传统“摊大饼”式的城市发展问题才不会出现。从这一认识出发，温哥华明确提出要支持社区容纳中高密度居住区，形成中高密度的城市居住单元，以降低居民就业和居住的通勤长度和通勤时间，使得既有公交系统和商业、学校、医院等社区服务设施可以高效利用，既降低了成本，又实现了城市的低碳发展和组团发展。同时，在紧凑型城市内部，鼓励步行、自行车、公交系统，而限制私人汽车的发展，进一步缩短城市可拓展的空间半径，形成更为紧凑的城市格局。第三，将社区发展置于宜居城市建设的基础环节。温哥华认为社区是城市建设与发展的基本单元，真正的宜居城市应该是在社区层面上实现宜居的全覆盖。因此，温哥华将社区设施的不断完善与“精明增长”作为重塑城市宜居竞争力的基础环节，并以社区为载体整合各种资源参与到宜居城市建设中。注重人居环境的系统改善，以自然环境宜人、经济环境繁荣、交通网络高效、公共设施网络完善为目标，为居民提供多样性的生活选择、尽可能多的机会以及最大的方便，使居民可以就近工作并享受高品质的生活与娱乐。此外，在社区的基础上，再按照都市区、区域、自治市三个层级形成基于社区的多中心网络系统，促进经济与社区平衡发展。

主要启示：第一，重视以重大专项规划来保护自然环境不被破坏和持续改善。第二，将社区建设置于宜居城市建设的基础环节，以社区为载体整合各种资源参与到宜居城市建设中。第三，注重人居环境的系统改善，以自然环境宜

人、经济环境繁荣、交通网络高效、公共设施网络完善为目标，推进整体提升。第四，将文化多元、开放包容作为宜居人文环境建设的重要内容，吸引世界人才集聚。此外，需要指出的是温哥华的房屋价格位居加拿大之最和2013年全球排名第2位，房价的高企未来将成为制约温哥华宜居和人才宜居以及居民幸福感提升的重要致因，这一点也成为宜居城市建设中值得关注的一个方面。

案例2：中山——住有所适和居有所安的民生幸福样本

主要业绩表现及原因：中山是一座社会和谐、经济兴旺、环境优美、民生幸福的现代化城市。中山市拥有“联合国人居奖”、“全国文明城市”、“中国最具幸福感城市”、“国家园林城市”、“国家环保模范城市”称号、“全国畅通工程模范城市”等一批城市殊荣。在本报告中，中山市城市宜居竞争力指数达到0.6242，居全国第10位，属于宜居竞争力最好的城市。

主要做法：第一，以百姓需要作为城市建设的出发点和归宿。实施的“四个中山”建设均围绕百姓的发展需求展开。将百姓的住有所适和行有所畅，作为“宜居中山”的核心内容，将民众幸福感的提升作为城乡建设的目标和出发点，将百姓生活的和谐安康和居有所安作为城市社会建设的重要组成，将控制环境污染和生态破坏作为民众居住自然环境舒适怡人的重要内容。第二，将人文关注和精神关爱作为市民宜居幸福的强大软动力。通过连续举办“慈善万人行”，将社会关爱心和责任感的提升作为塑造城市文明的坚实基础。提升居民在物质富裕基础上的精神品位，让居民在帮助别人中得到快乐，得到满足，形成一种社会各界互帮互助、发展共建共享的良好局面。“全国精神文明建设创新奖”、“全国慈善事业发展成功范例”和中国公益慈善领域最高的“中华慈善奖”等荣誉，给城市的发展注入历久弥新的人文情怀，也使得城市居民因此倍感住在中山是一种幸福和荣耀。此外，政府积极推进文体设施全覆盖和全面健身设施全免费，将图书馆和健身广场布局到全部镇，将农家书屋和健身园遍布中山所有村庄，城乡文化公共服务差距得到极大缩小。2011年3月，中山获国务院批准成为国家历史文化名城。第三，重点推进环境优质生态健康，将绿色发展低碳增长作为城市宜居品牌建设的主要手段。坚持“既要金山银山，也要绿水青山”的城市发展理念，建设“碧水蓝天绿地花鸟城”，成为国家级生态示范区和全国第一个国家地级生态市。实施“四大建设”，一是推进河流综合整治、打造河流生态惊呆的“碧水建设”，总投资达 11.8 亿元；二是加强污染监控以及污水、垃圾处理的治污建设，实现重点污染源实时在线监控和垃圾的高水平资源化、无害化处理，并成为全国和全省相关方面的典型；三是以全市绿化月为载体，以生态保护区建设为重点推进城市绿化建设，并将全市 1/9 的面积建成生态保护区；四是以环保项目、科技项目建设为抓手，推进城市清洁建设和节能减排。

主要启示：第一，全域统筹规划，通盘调控发展；第二，加大治污增绿，修复人居环境；第三，多元构建住房保障，实现住有所居；第四，完善路网设施，提高城市通达能力；第五，发展高端产业，提升城市服务能级；第六，完善社会治安防控和公共安全保障体系，构建和谐稳定的家庭和社会环境。总而言之，城市发展具有较强可持续性，在实现经济高速发展的同时，仍然能很好地稳控房价，很有借鉴意义。

六　对策建议

（一）宜居城市建设的目标与路径

1. 目标

科学理解宜居城市的内涵，充分把握宜居城市的核心在于人居环境的改善。宜居城市的建设目标要体现以人民群众的利益为根本出发点。“城市让生活更美好”的原因是聚集到城市期望可以获得更好的生活，因此无法使人们安居于此的城市，其发展必将是不可持续的。理想的宜居城市应该是以人为本的，在这样的城市人们能享受高品质的健康生活，学有优教、劳有所得、病有良医、老有颐养、业有所爱、住有所适、食有所安、行有其畅不再是虚幻的梦想，而是实实在在的城市生活。居民将所生活的城市作为可以最大化确保自身个体创造和分享幸福和发展成果的出发地和落脚地，整体生活幸福、生态良好、生产有序，多数人在物质文明、精神文明、政治文明和生

态文明的共建共享上都可以感受到发自内心的幸福和为所居城市的由衷自豪。总而言之，理想的宜居城市，应该具有舒适宜人的自然环境、方便可用的基础设施、高效主动的政府服务、包容和谐的社会环境以及深厚多元的人文感受；居民需求的基本公共服务和非基本公共服务的规划、建设、提供和管理科学有序；居民因便捷、舒适的享用城市发展的成果而深感自身城市生活的健康、快乐和幸福。

2. 路径

建设宜居城市的基本路径是转变政府发展理念与服务理念，以人为本推进城市建设与城市管理，实现城市居民住有其屋、行畅其便、居食有安的高品质生活、生产和生态环境。具体路径包括：通过科学合理的前瞻规划，实现产城分级融合；加强和创新城市运营管理水平，提升城市灾害应急管理水平，切实提高城市灾害常态处理和风险防范的能力；提高政府城市管理的科学化水平；提高政府基本公共服务供给的质量和水平，建立城市基本公共服务网络化的相对均衡格局；科学推进城市生态修复与环境质量，建立气候宜人、环境舒适的人居自然环境。

（二）建设宜居城市的主要措施

1. 人口和产业空间均衡化调整，建构一个适度倾斜而平坦的城市布局

一是创新规划理念，优化城市内部功能布局。在城市内部考虑以多中心布局代替单中心布局；在城市边缘扩张中，通过建设快速交通系统促进城市人口向郊区迁移，实施“逆城市化”过程；在城市空间规划中，降低产业区与生活区的空间距离，降低城市人口日常交通通行频率和距离。

二是坚持重点区域推进产城一体。所谓“产城一体”，就是解决过去规划中将人口居住的“城”与企业密集的“产”二者之间分离考虑和分开布局的问题，将产业发展与城市发展协同考虑、一体发展，提升城市化质量，减少城市化发展过程中的综合成本，以现代的城市形态成就城市的“宜业宜居”。在具体推进中，推行产业功能多元、组团规模适当、职住分布平衡、服务就近配套的空间组织方式；按照“布局融合、功能复合、职住平衡、强化配套、慢行交通”的理念，改变过去生产、居住、交通、休憩等功能封闭分区带来的城市功能与产业布局隔离的固有模式，在就近就业、居住、休闲和购物中，实现市民、市容、市区的和谐共容，生产、生活、生态协调共进以及物质、精神、政治、生态文明共享。

2. 提高城市配套建设与管理服务水平

一是实施公共设施层级配备，推进全域居住就业大协调格局形成。公共服务设施按照自身能级和辐射范围，配置形成三个层级[①]：最高的中心级配置标准要参照特大城市中心级来配置，高端商务、大型商业综合体、集中办公的行政 CBD、区域性医疗卫生体育中心等公共设施要一应俱全，成为一个高品质、强辐射和大范围的极核类中心；产城一体单元的层级则要按照中等城市中心级的标准配备生产性功能区域和生活性功能区域，商务、商业文化、教育、社会福利、体育等公共设施建设的规模和等级主要控制在一般性标准，仅含有少量的高标准配置；社区层级则要结合社区人群的数量和生活消费能力的高低，公共服务设施主要是考虑建立青少年活动中心、老年活动中心、休闲公共绿地以及街道卫生所的千人床位数等生活服务性设施。

二是提高政府公共服务供给的水平和质量。首先，创新交通体系，改进通勤效率。合理调整城市功能空间规划，减少市民工作与生活空间的过度隔离，在严重拥堵的特大型城市及中心城市规划建设若干副中心，缓解城市交通压力。大力发展公共交通，一方面要增大公共交通运输能力；另一方面要适度降低市民的公共交通出行成本；适度限制私家汽车使用频率和范围，降低交通总流量。其次，提高医疗卫生体系质量，扩大医疗保障覆盖。建设高质量专业医院，扩大社区医院覆盖面与医疗服务能力，为城市居民提供更加专业、更加便捷的医疗服务；完善城市居民医疗保障覆盖面，逐步提高医疗保障水平，降低居民个人医疗费用，解除城市居民的后顾之忧；探索流动人口医疗保障与医疗服务新模式，为流动人口提供更加人性化的医疗服务；鼓励民众积极开展体育、文娱活动，强健体魄、愉悦身心。

三是加大商品房供给能力，提高公共住房保障水平。鼓励住房问题相对严重的城市增加土地供应总量，鼓励住房开发企业加大住房开发力度，打击住房

① 李光全：《科技引领创新驱动，推进红岛经济区依湾崛起》，《青岛日报》2013 年 2 月 9 日。

市场投机行为，深入推进房地产“去投资化”进程，还原房产住房保障的核心功能；通过国家宏观调控、政策引导等形式，通过财政转移支付提高公共住房保障专项资金，吸引转移住房开发企业进入公共住房开发领域，提高公共住房保障水平和保障质量。

四是提高灾害应急处理能力，增强居民社会安全感。加大城市灾害宣传力度，增进居民灾害防范意识，降低城市灾害发生概率，在灾害易发生区域建设完善的监控体系，及时防范或发现灾害的产生；建立城市灾害处置预案，完善应急机制，提高灾害处置队伍职业素质，提高灾害应急处理能力。此外，还要增强居民的公民意识，实施预防犯罪教育；建设城市安全监控体系，为侦破犯罪案件提供软硬件支持；加强公检法队伍建设，提高从业人员职业素质与道德水平；及时侦破重大案件并保持信息透明，增强城市居民安全感。

3. 营造高品质文化氛围和生活环境，营造创新创业的人才生态

一是加快建立适宜创新创业的人才环境建设。一方面加大人才税收优惠力度。如对科研人员从事研究开发取得特殊成绩获得的各类奖励津贴，免征个人所得税；对从事科研开发人员以技术入股而获得的股权收益，免征个人所得税等。另一方面简化人才引进程序。对符合城市需求的人才引进，要简化人才引进程序、创新人才管理体制，整理、废除不利于人才引进的相关规章制度，对引进人才的相关工资待遇、职称晋升等方面，在组织部门建立个人发展档案，纳入城市“党管人才”的框架和相关政策范围内。

二是营造高品质文化氛围和生活环境，为国际化人才提供一个良好的人居环境。发展形成一些国际化的社区，齐全的教育、体育、娱乐设施可以为企业总部的高级员工提供高品质的生活服务，国际化特色和文化的包容性可以营造一种开放融合的氛围。提供一批别墅和整幢高级公寓，只租不卖，既方便提供统一水准的酒店式管理，又能让租客很容易形成一个国际化的社区，在社区里一年四季不间断电影节、艺术节、体育赛事、巡回演出等，让人们能过上无国界的文化生活。

三是打造机制灵活、公平开放的用人环境。鼓励人才体制机制创新，将激发人才活力作为提升城市人才竞争力和城市发展潜力的重要手段，允许科技人才兼职兼业和相对自由灵活的移动；加强人才的“引育结合”，在对海外人才重点扶持的领域，为国内外人才作用的合理发挥搭建一个公平非歧视性的竞争平台①，人才计划的设立重点要转向明确申报资助标准、允许国内外人才公平竞争和设置精准详细的标准来管理和评价，改变当前人才重申报轻管理、重国外轻国内的现状，切实扭转人才资助“唯学历论”、“唯海归论”和“唯资历论”的不合理人才优惠政策和激励机制设置初衷，最大限度减少“不断用新的扭曲替代旧的扭曲”的不正常现象。此外，从人才流动与聚集的规律看，城市能不能留住人才、能吸引什么样的人才进来，人才主体的购房、小孩入托入学等相关配套政策的影响作用最大。要把对人才的待遇仅仅注重引进货币待遇转向引进待遇与后续配套待遇并重，更大程度地消除人才作用发挥的后顾之忧。

参考文献

Eliel Saarinen. The City：*Its Growth Its Decay Its Future*，Reinhold Publishing Corporation，1943.

Hancock J，Duhl L. Healthy cities：*Promoting healthy in the urban content*，Copenhagen，1986 .

World Economic Forum . *Well-Being and Global Success.* ，2012.

UN-HABITAT. *State of world cities 2012/2013*，2012.

聂华林、李光全：《区域规划导论》，中国社会科学出版社，2010。

倪鹏飞：《中国城市竞争力报告 No. 10》，社会科学文献出版社，2012。

牛文元：《2012 中国新型城市化报告》，科学出版社，2012。

屠启宇：《国际城市发展报告（2013）》，社会科学文献出版社，2013。

倪鹏飞、李光全：《中国人才国际竞争力提升的战略目标与对策建议——基于1999～2006 年时间区间的动态分析》，《经济社会体制比较》2010 年第 8 期。

简新华：《积极稳妥推进健康城镇化》，《中国社会科学报》2011 年 2 月 22 日 。

① 李小彤：《人才竞争力：城市竞争力的重要支撑——访中共青岛市委党校李光全博士》，《中国劳动保障报》2012 年 7 月 7 日。

B.7
中国宜商城市竞争力报告

——迈向创业至上的宜商城市

李清彬*

一 问题的提出

十八大以来，城镇化在概念上和行动上都被推到了一个新的高潮阶段，称为新型城镇化。未来十年、二十年，要走好新型城镇化的道路需要做的工作还很多，人口、土地、户籍政策等都亟待进一步变革。城市竞争力在这样一个新阶段也有了新的内涵，我们称为可持续竞争力。可持续综合竞争力包含多个方面，宜商城市竞争力是其中的重要一环。我们认为，具有可持续竞争力的理想城市应该是一个创业至上的宜商城市。

所谓“宜商”，通俗地讲，就是适宜各种经济商业活动的发展。实际上，各个国家，尤其是新兴经济体都正在大力推进自身宜商环境的建设，以吸引投资、鼓励创业等等，从而实现经济可持续增长的目标。目前我国多数城市仍是以追求 GDP 增长为政绩目标，招商引资和发展城市产业是城市政府的重点任务。一个城市在多大程度上是适宜经济和商业发展的？这是经商投资者在进行城市区位选择时十分关心的问题，但也是不容易给出清晰界定、让投资者颇为困惑的一个问题。不同行业、不同规模、不同性质的企业所关注的“宜商”方面是有差异的，较难给出统一的适宜程度；

* 李清彬，南开大学经济学博士，国家发展和改革委员会经济研究所助理研究员，主要研究方向为财政体制和政策、收入分配、发展经济学，2009 年起连续参与《中国城市竞争力报告》的撰稿。

城市之间差异较大，各有优势、劣势，给出一个综合评估也是较难的。那么，我们可否找到一个既简便又具有相对通用性质的指标体系来对城市的宜商状况进行评估？通过这一评估，我们可以看清楚一个城市在为经济和商业活动方面的基本准备情况，可以弄清楚哪些城市是更适宜的，哪些是有待进一步努力的，以及该从哪些方向努力。为此，非常有必要研究宜商城市的目标模式、基本特征、存在问题、基本经验以及相应的对策，这对我们更进一步推动宜商城市的建设发展，逐步增强城市的可持续竞争力有重要意义。

二 宜商城市的文献基础、理论框架与指标体系

（一）相关文献基础

有关宜商形象的定位和相关特征的描述有不少。庄德林、陈信康（2009）认为宜商形象主要是为了满足投资者的需求，不仅要为城市的招商引资服务，同时还必须为提供创业、维持和扩展现有的当地企业而服务。他们认为宜商形象主要应由市场状况、经济发展水平与潜力、基础设施、人力资源、商业环境、教育与科技、金融服务、税收与法规、政府施政等构成。设立于香港的中国城市竞争力研究会创立的《GN 中国宜商城市评价指标体系》，认为宜商城市的主要特征是商业环境好、政策法规完善、社会安全稳定、商业机会多、金融支援力度大、商业结算便利。世行连续多年发布《全球营商环境报告》，他们认为对于创业、硬件建设、信贷环境、对投资者权益的保护、税负、跨境贸易、合同强制执行与破产制度等方面的规制，是能够反映营商环境的重要方面。其中，2008 年与中国社会科学院财经战略研究院共同发布了《2008 中国营商环境报告》，集中研究了激励或阻碍商业活动的政府规制的范畴以及形式，主要衡量了四个关键指标：开办企业、登记物权、获取信贷（设立和登记抵押物）和强制执行合同。中国发展研究基金会与普华永道于 2013 年 3 月联合发布了《选择中国：跨国企业对改善中国投资环境的新见解》，认为中国仍旧是全球最具吸引力的投资地，因为有着较好的国内市场及

需求、公平的竞争环境、高水平技术人才、政府的激励措施、廉价的劳动力和税收优惠政策等。

在宜商城市的这些特征与企业发展及经济活动的关系上，一些研究关注了其中的某些关键性指标。Djankov 等（2002）对 85 个国家初创企业的市场准入管制进行了研究，发现在大多数国家和地区，企业进入市场的行政成本相当高，这对构筑宜商环境是很不利的。Djankov 等（2010）发现，高企业税率对于一个国家或地区的总体投资、FDI，以及企业家创业活动有较大的负面影响。总体来讲，税负高的地方是不宜商的。董志强等（2012）使用世行提供的我国 30 个大城市的营商环境数据，发现良好的城市营商软环境对城市经济发展有显著的促进作用。

（二）理论框架和指标设计

基于既有的文献和相关研究，我们认为一个理想的宜商城市，其目标是要形成“创业至上”的营商环境，即一方面对外来资本和各类项目有很大吸引力和市场潜力，另一方面对本地企业的发展有完善的扶持激励体系，利于新企业创立、各产业健康持续发展。具体来讲，一个宜商城市一要有良好的企业表现，即现实的发展状况不错；二要具有广阔的市场需求，可不断挖掘发展的潜力；三要为城市产业、企业的发展创造良好的环境，并提供最具活力的政府服务和社会服务，从而培育发展战略性新兴产业，打造国家甚至是世界品牌企业，使城市经济发展充满活力。这样的城市才可称为是理想的“宜商城市”。

我们以一个金字塔模型来描述宜商城市（见图 7－1）。这一框架是建立在行为主体的基础上，包括企业、政府、社会和市场本身。市场需求是基础，是一个城市的市场容量，这一容量为“宜商”提供了发展的空间，用社会消费品零售总额和限额以上批发零售贸易业商品销售总额之类的指标来表示。政府服务和社会服务是支撑，为市场容量的有效发挥打造条件，使用开办企业便利度、企业的税负以及金融服务类指标来表示。企业表现既是现在发展程度的描述，也是进一步产生市场需求的动力，可用大企业的数量、增长和经营状况的指标来表示。

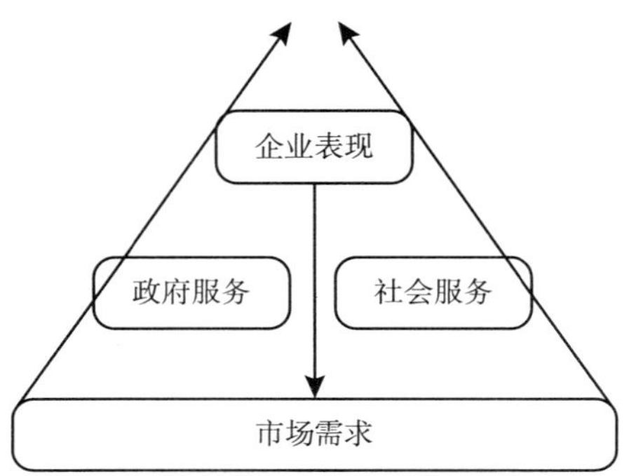

图 7-1 宜商城市金字塔框架

依据这样一个具备“循环”功能的类似金字塔形状的分析框架，我们设计了宜商城市竞争力的评价指标体系。从四个维度十个指标来评估一个城市的宜商城市竞争力（见表 7-1）。

表 7-1 宜商城市竞争力评价指标体系

一级指标	指标类别	二级指标
创业至上的宜商城市	企业表现	大企业指数 企业增长指数 企业经营指数
	政府服务	开办企业便利度 企业税负
	社会服务	信贷不良率 人均存款余额 金融、租赁和商业服务从业人员数
	市场需求	社会消费品零售总额 限额以上批发零售贸易业商品销售总额

三 对我国城市宜商现状的评估分析

在上述框架和指标体系的基础上，我们以 287 个城市的宜商城市竞争力的得分排名情况为支撑，对我国的城市宜商城市竞争力进行评估判断。

（一）现状与格局：整体表现一般，不少城市的潜力仍大

我国城市宜商城市竞争力整体得分不高，287 个宜商城市竞争力得分均值为 0.317，高于中位数，这说明宜商得分整体分布偏左。差距较大，标准差为 0.151（见表 7－2）。从图 7－2 的上图中可以看出，由于前几名的优异表现，拉高了整体均值，高出了中位数得分；下图对宜商城市竞争力得分做了核密度分布，与正态分布相比，宜商得分分布偏左，且波峰更高。经过指标计算，我们判断：我国城市宜商城市竞争力表现一般，潜力有待挖掘。

表 7－2　287 个城市宜商城市竞争力得分基本描述

样本数	均值	中位数	标准差	最小值	最大值
287	0.317	0.295	0.151	0	1

资料来源：中国社会科学院城市与竞争力指数数据库。

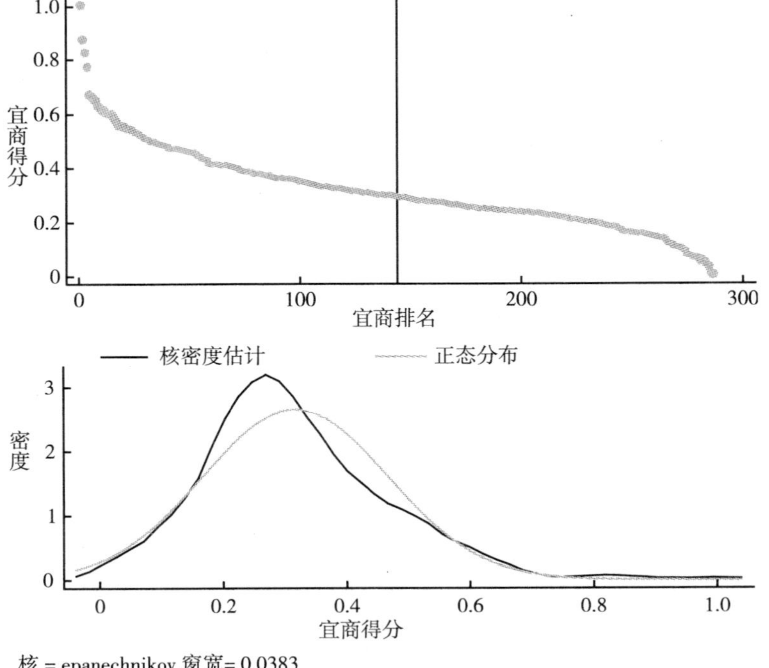

图 7－2　宜商城市竞争力指数分布

香港是最佳的标杆城市，内地城市的标杆为北京。宜商城市竞争力得分的前十名分别是香港、北京、上海、广州、佛山、苏州、深圳、武汉、青岛和杭州。从具体得分上看，香港明显领先于内地城市，北京、上海得分在0.8以上，广州紧随其后，而后面几个城市相差不大，在0.6~0.7之间，属于前十名中的第三梯队。从与可持续竞争力排名的对比来看，香港均为第一，上海在可持续竞争力排名中超过了北京，说明北京的宜商环境比之上海是相对提分项目。对于广州、佛山、苏州、武汉四个城市，宜商排名都要比可持续竞争力排名高些，显然是拉高竞争力的项目，尤其是佛山，可持续竞争力排名仅为22名，宜商城市竞争力却排在第5名，这是对其较好营商环境的肯定；而深圳、青岛和杭州的宜商城市竞争力则是拉低可持续竞争力排名的项目，但力度不大（见表7-3）。

表7-3　宜商城市竞争力前十名及其综合排名情况

城市	香港	北京	上海	广州	佛山	苏州	深圳	武汉	青岛	杭州
宜商城市竞争力排名	1	2	3	4	5	6	7	8	9	10
宜商城市竞争力指数	1	0.870	0.821	0.767	0.667	0.661	0.651	0.647	0.625	0.619
可持续竞争力排名	1	4	2	5	22	11	3	13	8	7

资料来源：中国社会科学院城市与竞争力指数数据库。

宜商城市竞争力后十名依次是松原、白城、庆阳、昭通、保山、陇南、定西、临沧、普洱、绥化，他们正是图7-2中右端拖尾的部分。从得分上，这些城市都在0.07以下，宜商城市竞争力表现很差。与综合排名相比较，松原、白城的宜商城市竞争力对可持续竞争力排名的拖后作用明显，其他几个城市两个排名大致匹配（见表7-4）。

表7-4　宜商城市竞争力后十名及其综合排名情况

城市	松原	白城	庆阳	昭通	保山	陇南	定西	临沧	普洱	绥化
宜商城市竞争力排名	278	279	280	281	282	283	284	285	286	287
宜商城市竞争力指数	0.069	0.069	0.068	0.051	0.051	0.044	0.040	0.028	0.002	0
可持续竞争力排名	227	235	273	286	281	287	283	284	282	285

资料来源：中国社会科学院城市与竞争力指数数据库。

（二）区域比较：三大阶梯明显，与经济发展程度较为匹配

7 个区域中，中部区域占据了最多的城市数量（80 个），港澳台最少。几个区域的排序依次是：港澳台、东南、环渤海、中部、东北、西南和西北，这与城市发达程度大致是匹配的。具体来看，港澳台得分均值为 0.804，遥遥领先。东南和环渤海得分较为接近，分别是 0.437 和 0.421，是第二阶梯。剩下的四个区域得分均值相差不大，但明显较低，都在 0.2~0.3之间，是第三阶梯。从离散程度看，中部区域相对匀质，宜商得分标准差最小，除港澳台特殊区域外，其余几个区域的离散程度相当（见表 7-5）。

表 7-5　分区域宜商城市竞争力指数描述

区域	样本数	均值	标准差	最小值	最大值
港澳台	2	0.804	0.277	0.608	1.000
东南	55	0.437	0.137	0.165	0.821
环渤海	30	0.421	0.136	0.239	0.870
中部	80	0.288	0.092	0.140	0.647
东北	34	0.260	0.128	0.000	0.555
西南	47	0.247	0.133	0.002	0.584
西北	39	0.236	0.124	0.040	0.531

资料来源：中国社会科学院城市与竞争力指数数据库。

从各区域的排名情况看，宜商城市竞争力排序前50 名中，各区域分布不均。港澳台全部在列，东南区域和环渤海区域分别有超过了45%和30%的城市排在前 50 名，西北最少，仅有一个城市进入，占了西北全部城市的 2.5%。后 50 名中多是西北、西南和东北区域的城市，他们分别有 41%、38%和29%的城市排在后50 名。中部区域和东南区域分别有 5 个和 1 个落在后 50 名，港澳台和东南均无城市落入。前、后 50 名的席位分布实际上也印证了整体得分均值的结论，宜商城市竞争力得分大抵与经济发展程度保持一致（见表 7-6）。

表 7 - 6　分区域前、后 50 名宜商城市分布状况

单位：个，%

区域	样本数	前 50 名		后 50 名	
		个数	占样本比重	个数	占样本比重
港澳台	2	2	100	0	0
东南	55	25	45.45	1	1.82
环渤海	30	9	30	0	0
中部	80	5	6.25	5	6.25
东北	34	3	8.82	10	29.41
西南	47	5	10.64	18	38.30
西北	39	1	2.56	16	41.03

资料来源：中国社会科学院城市与竞争力指数数据库。

从省份来看，发达省份如广东、江苏、浙江、山东等地的城市排在前列，宜商城市竞争力较强，而云南、甘肃、四川、宁夏等地城市排在后列，竞争力较差。值得注意的是，黑龙江和吉林的几个城市宜商城市竞争力表现不佳，最后一名是黑龙江省的绥化市，吉林的松原和白城也列后 10 名。

图 7 - 3 在地图上展示了宜商城市竞争力的各城市排名的表现，可以直观

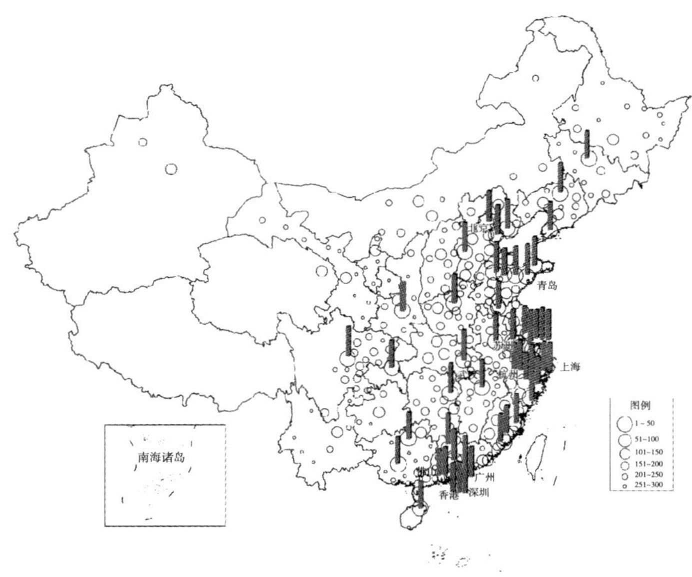

图 7 - 3　2012 年 287 个城市宜商城市竞争力排名

注：2012 年宜商城市竞争力排名前 50 名为柱状所示，其他为“○”所示。柱状越高代表宜商城市竞争力排名越高，“○”越大代表宜商城市竞争力排名越高，图例中的单位为“位次”。

反映上述基本特征，三大梯度明显，宜商城市的空间布局与经济发展程度匹配程度是较高的。

（三）细分指标：政府服务和社会服务两方面表现不佳，且差异较大

企业表现整体不错，不少城市的大企业数量虽有待提升，但也限于各自禀赋空间发展不大。大企业指数是企业数量，平均为15家，各地相差较大，香港遥遥领先，有1519家，之后的北京、上海、深圳仅为200～300家的水平，这一指标的各城市均值仅占到了香港的不到1%，表现较差。企业增长指数均值为2.1，离散程度不大，均值超过了香港，说明了我国城市活力不错。企业经营指数均值达到了香港的43.5%，是个不错的成绩，但离散程度相对大些，说明各城市企业的利税情况差异较大。

政府服务类指标表现一般，开办企业不够便利、税负重、信贷不良率高。开办企业便利度得分仅为香港的20%左右，离散程度较大，最大值和最小值相差了100倍以上。企业税负相对较重，企业税负的最大值达到了31.2%（澳门），而北京、上海等地税负也是较重的，大概在16%的水平上，各城市税负均值为香港的52.5%，最大值和最小值也相差了10倍以上。信贷不良率均值很高，平均在7.5%，是香港的8.7倍。第一名为黑龙江省的绥化，接近54%，其后为松原的49%。这些不良贷款给这些地区的宜商城市竞争力带来了极大的负面影响。

社会服务方面，尤其是金融支持服务上规模仍小。与香港相比，人均存款余额和金融服务业从业人员数两个指标仅占到了6%左右，且存在着离散度较大的问题。市场需求的两个指标总体表现不错，分别占到了香港的约20%和58%，这已是不错的表现了。当然各个城市因为规模和发展程度存在差异，市场容量自然也有差异，这一点不足为奇。

总体上，从细分指标的表现来看，各城市间呈现“空间不平衡”状态，政府服务中的企业税负和社会服务中的信贷不良率两个指标值得认真关注（见表7－7）。

表 7-7　分项指标得分情况描述

单位：%

分项指标	样本数	均值	标准差	最小值	最大值	香港得分	占比(均值/香港得分)
大企业指数	287	14.927	93.598	0.000	1519	1519	0.9827
企业增长指数	287	2.115	0.283	1.529	4.948	1.9653	107.6172
企业经营指数	287	0.812	0.326	0.137	1.868	1.865	43.5389
开办企业便利度	287	0.704	0.505	0.030	3.405	3.405	20.6755
企业税负	287	0.067	0.029	0.024	0.312	0.1275	52.5490
信贷不良率	287	7.498	7.159	0.400	53.850	0.86	871.8605
人均存款余额	287	46551.76	62801.77	8416.957	785562.4	785562.4	5.9259
金融、租赁和商业服务从业人员数	287	2.801	7.629	0.17	105.05	52.57	5.3281
社会消费品零售总额	287	5383203	7624411	190149	6.23E+07	26130516	20.6012
限额以上批发零售贸易业商品销售总额	287	9821037	3.25E+07	120234	3.72E+08	17001574	57.7655

注：分项指标为标准化处理之前的值。

（四）对城市宜商城市竞争力的总体判断分析

基于指标体系给出的分析，我们对我国城市宜商城市竞争力做出如下判断。

第一，整体宜商城市竞争力表现一般，有较大潜力可挖，主要努力方向在政府服务和社会服务上。分析认为，我国城市政府服务的目标尚不明确，对市场干预较多，而规范和引导工作却较弱。不少政府仍旧停留在大包大揽、增加自身财政收入集中力量做“大事”的阶段，企业难以轻装上阵以最有效率的方式运营起来。这些对宜商城市竞争力的培育有着很大的负面作用。进一步提升宜商城市竞争力的努力方向是应减少行政干预，做好政府服务与社会服务。

第二，宜商城市竞争力与经济发达程度、高度一致，且宜商城市竞争力总得分及各分项得分普遍呈现空间不平衡状态，这不利于落后地区的追赶，并可能会进一步加剧区域差距问题，有待确定更适宜的定位和发展战略。这不利于逐步实现缩小我国区域差距的战略目标，尤其令人担忧的是这一状况的动态持续性，一旦陷入一种“赢者通吃”的状态，则落后城市的进一步发展就会受到很大限制，落后状态不断固化，发展的流动性降低，难以实现赶超。各区域和城市原有的发展基础一旦形成常常能带来“固化”，加上“累积因果效应”不断加剧而非缩小。宜商城市竞争力离散程度大在很大程度上是源于这一点。除了历史固化因素外，一个城市的宜商城市竞争力大小与其发展战略也是有关联的，如果发展战略得当，仍是有可能实现赶超收敛的，发展战略对于长远发展至关重要。

四　我国城市宜商状况存在的问题与分析

根据我们的判断，城市的宜商城市竞争力尚处于一般的水平，与理想状态还相差较远，我国城市的宜商方面存在着目标定位偏差、发展战略有偏差、引资工作虚而不实、政府服务和社会服务支撑不到位等诸多问题，我们认为较为突出的问题有以下几个。

（一）对宜商城市的目标定位有偏差，呈现盲目抢占宜商城市高地的状态

观察各个城市的发展战略定位可知，每个城市都很容易地把自己当做一个独立王国，即使与外部合作也是为了实现自身的“全面”发展：经济要繁荣有活力、环境要好、旅游资源要开发、高新科技要搞。不顾自身的资源禀赋，一味采用全盘推进的策略，实际中却难以将资源集中在自身优势上。这一点在宜商城市的发展上表现也是突出的，不论大小城市都在争创所谓的“十佳宜商城市”，正如一些机构所给出的排名那样，一些各方面条件平平的小城市也常常榜上有名。本质上，宜商城市的发展一要立足于自身综合实力进行合理定位，二要基于自身优势有所侧重和突出，去实现自身的宜商城市竞争力最优化，而不必盲目去抢占宜商城市高地。

（二）各城市均将降低要素成本作为提升宜商城市竞争力的重要手段，忽略了更为根本上的商务环境的优化

很多城市在招商引资或者鼓励本地实业发展的过程中，常采用的办法是给予土地、税收、用水用电等各方面的优惠政策，这种做法确实大大降低了“要素成本”，易于实现各类资本和项目的落户。然而，侧重此类表面功夫，却忽略了更为根本上的商务环境的优化，忽略了发展创业至上的环境氛围，这也是各城市发展战略的一大通病。吸引企业过来容易，要长久地留住企业，还是要做好内功，优化自身的商务环境，打造有利于企业长久发展的全方位条件。我们在设计指标体系时将有关要素成本的指标排除在外，正是基于此项考虑。宜商城市的建设应转变思路，注重内功修炼，优化城市商务环境。

（三）“虚而不实”地打造宜商环境，缺乏对“利益”的尊重和恰当引导，是宜商城市竞争力提升的瓶颈所在

在宜商城市环境打造过程中，招商引资往往成为整个城市运作的核心工作。为了实现招商引资的目标，各地常推出不少诱人的优惠政策，包括审批、土地、税收、用水用电、财政补贴支持等各方面。一旦企业入驻，招商引资目标得以实现，却又以各种借口，迟迟不落实，或大打折扣，或以各种名目给企业增加负担。这是地方政府的一种引资策略，因为企业一旦入驻就不易再迁。但这样虚而不实地打造宜商环境，是对企业利益的不尊重。同时不少城市在引资时仍缺乏目标性和长远考虑，缺乏对企业发展的恰当引导。这样的做法对城市的宜商城市竞争力是不利的，是进一步提升城市宜商城市竞争力的瓶颈。

（四）宜商环境的打造受到制度政策不稳定、关系成本较高等的制约

各地企业叫苦不迭的第一件事是地方政策法规的不稳定性，上届政府的许诺，换了新的班子就容易换思路，之前的许诺很可能不被遵守。甚至对于同一个领导班子，也有可能朝令夕改，不少宜商政策的制定执行常缺乏认真调研分析，真正执行时常“走调”并不断调整。同时，各个企业和政府在初创审批、经营运营等各方面都要和政府打交道，这涉及疏通关系、打造政治联系网络等

事务，难以清晰地按规则办事，关系成本较高。这些问题的存在和不断延续与提升城市宜商城市竞争力是背道而驰的。应明确政令法规，保持稳定接续，逐步减少审批手续，给企业打造轻松自由的营商环境。

（五）对中小微企业的关注不够，社会服务体系不完善

中小微企业融资难是一个普遍问题，而在宜商环境打造上，各个城市，尤其是中小城市，通常将精力和优惠政策放在“引凤”上，专注于寻求大的项目、知名品牌等的落户，鼓励支持规模较大、知名度较高的企业发展，而对于中小微企业则关心不够。不仅是吸引力度不够，在本地的社会服务上也大大缺乏，社会服务体系不完善，金融支持力度不够。一个城市的宜商环境的发展依赖的不仅是几个大的企业和品牌，更重要的是整体创业氛围，包括制度文化、创新创业等各个因素的综合。中小微企业对于这种氛围的打造是不可或缺，甚至是更为重要的。鼓励支持中小微企业发展，完善相关的社会服务体系是城市提升宜商城市竞争力的有效途径。

五　宜商城市案例分析和基本经验提炼

（一）典型案例城市

我们选取了丹佛和广州两个城市做案例分析，从中提取建设发展宜商城市的基本经验。

1. 丹佛：周到细致的政府服务

丹佛是美国科罗拉多州的最大城市和首府，也是丹佛—奥罗拉大都会区的核心，平均海拔 1610 米（约一英里），被称为“一英里城市”。2011 年丹佛人口约为 62 万，整个大都市区 2010 年的 GDP 为 1576 亿美元，在全美排名第 18。丹佛的经济发展很大程度上归因于其所处的地理位置以及与主要交通系统的连接上，因丹佛是方圆 800 公里内最大的城市，这就使其成了商品存储和商品服务配送的绝佳位置。第二，丹佛还靠近落基山脉的富矿区，这吸引了不少开矿和能源企业的进驻。第三，丹佛的时区也使得该地可以和北美海岸、南

美、欧洲以及亚洲处于同一商业活动日。第四，丹佛还受益于快餐行业在此地的先行崛起，不少连锁的快餐店是在这里成立的或以此为基地。

整体上，丹佛在位置上的相对优势是一种资源禀赋，多年发展经济社会基础良好，在企业表现和市场需求上表现较佳。更为关键是，政府采取了一系列手段来打造我们所称的“宜商城市”，集中在政府和社会服务上。主要做法：第一，政府中设立专门的经济发展部门，其政府网站中有专为商业活动服务的页面，细致周到地列出了开办企业等活动的资格和申请流程等诸多事宜，并对特殊行业予以支持，提供了极大便利。第二，金融服务支持是明确而充分的。有两个大的支持项目支持企业开办和进一步的扩张，分别为丹佛轮转货款基金项目（Denver's Revolving Loan Fund（RLF）program）和周边商业复兴贷款项目（Neighborhood Business Revitalization（NBR）loan program），二者提供企业难以在正规金融机构融得足够资金支持的部分。当然，还有一些其他的政府扶持项目。想求得这些项目的支持，当然需要满足一定的条件，这在政府网站上都一一列出。第三，吸引和留住企业的激励措施到位。这包括税收优惠政策、融资服务体系、就业创造和资本投资的相关激励。

总结丹佛在宜商城市的努力，政府的“服务”角色十分鲜明，千方百计地提供细致周到的政府服务，利用政府的财力资源为企业活动提供更多的支持，利用政府的信息资源为企业提供更多的融资渠道，利用政府所掌控的权力去“协助”而不是“审批”，去“引导许可”而不是“严惩”，因为触犯法律等自有司法来处置，而行政上更多的是监督职能。丹佛的这些做法，尤其是在政府职能角色的定位上，为国内城市提升宜商城市竞争力提供了很好的借鉴。

2. 广州：全面打造宜商土壤，内外功并行

广州市的可持续城市竞争力排在全国第5名，宜商城市竞争力更是排在全国第4名，仅次于香港、北京和上海。分项指标中，广州的市场需求是很大的，社会消费品零售总额和限额以上批发零售贸易业商品销售总额都排在第3名。大企业指数、人均存款余额、金融服务从业人员数等分别排在6、8和5位。企业税负在8.1%，信贷不良率为1.54，二者分别排在第73位和第240位，这说明广州这两个指标表现还是不错的。在企业增长和经营指数上，广州和其他大城市一样表现一般，排在后位（见表7-8）。

表 7－8 广州宜商城市竞争力及分项得分和排名情况

单位：位，分

分项指标	得分	排名
可持续竞争力	0.76	5
宜商城市竞争力	0.77	4
大企业指数	75	6
企业增长指数	1.96	222
企业经营指数	0.82	130
开办企业便利度	1.87	10
企业税负	0.081	73
信贷不良率	1.54	240
人均存款余额	188465.46	8
金融、租赁和商业服务从业人员数	17.89	5
社会消费品零售总额	44763780	3
限额以上批发零售贸易业商品销售总额	153655256	3

注：分项指标为标准化处理之前的值。

整体而言，广州的宜商城市竞争力较强，在各方面指标上表现不错，这与广州市各方面的发展基础是分不开的。首先是经济基础。广州工商业发达，是全国重要的工业基地、华南地区的综合性工业制造中心。2012 年广州市实现地区生产总值（GDP）13551.21 亿元，同比增长 10.5%，已经达到了中等发达国家和地区的水平。其次，广州金融市场活跃，定位为华南金融中心，是华南地区融资能力最强的中心城市，也是全国外资银行第二批放开准入的城市。再次，广州号称“千年商埠”，历史上一直是中国最重要的商业中心之一，文化上具有很强的市场经济和商业氛围，同时始终走在改革开放的最前沿，政府管理上更具人性化，这对于建设发展宜商城市是大有裨益的。

除了良好的发展基础，广州在有关建设宜商城市方面，在企业表现、政府服务、社会服务和市场需求等方面也做了不少努力，战略规划上，广州市都设定了较为具体的目标，以 2015 年为节点，在引进大型企业、审批制度和配套服务建设上、金融服务支持上，还有扩大市场需求方面都有明确的发展目标。

在制度与政策建设上，广州市向港澳看齐，侧重优化法治和行政制度，提升效率。在管理与服务维度上，广州市也给出了较为清晰的服务和项目供给办法等。表7－9展示了广州市近年来有关建设宜商城市的相关社会经济政策。

表7－9　广州市近年来社会经济政策一览

	企业表现	政府服务	社会服务	市场需求
战略与规划	到2015年,在引进世界500强企业、中央企业、中国500强企业和高端项目、高端技术、高端人才方面有较大突破,实现招商引资总量大幅增长,引资结构优化提升,贡献比例显著提高,有力推动产业转型升级	在成立企业、取得许可证、人才引进、征用土地、融资、跨境交易、保护投资者、履约、结算等方面与港澳的做法紧密对接,达到或接近香港的便利程度	2015年,金融业增加值占地区生产总值比重达到9%左右	2015年,社会消费品零售总额超过8000亿元,全市商品进出口总值达到1400亿美元,白云机场旅客吞吐量超过6000万人次,港口货物吞吐量和集装箱吞吐量分别达到5亿吨和1800万标箱
制度与政策	优化行政服务、法治环境、贸易通关环境、出入境便利服务、知识产权保护服务、产业配套能力	借鉴港澳做事规则,加快推进营商环境与做事规则国际化	鼓励金融机构充分利用贷款转让、银团贷款、联合贷款、票据融资等方式,拓宽贷款规模和空间。支持银行机构加强与融资性担保机构、股权投资机构、小额贷款公司等合作,共同为企业提供融资服务	加强规划引导和载体建设,优化商贸流通业布局;大力发展现代零售业、产业物流,加快建设专业化、国际化商品采购中心;大力发展会展业、餐饮业、现代分销批发业、社区居民服务业;大力推广现代流通方式和行业标准,提高自主创新能力;深化商贸流通业改革,做大做强商贸龙头企业
管理与服务	加大重点企业激励、重点项目激励、产业创新激励;金融扶持、用地支持、放宽市场主体准入条件、鼓励人才引进	大力推进电子政府建设,严格首问首办责任制、限时办结制、政务咨询制和服务承诺制,完善"一站式"服务、"窗口式"服务和网上服务	结合市本级财政安排的各类贷款担保专项资金,进一步做好政策性担保业务	加大对商贸企业的财政资金扶持力度,落实税收优惠政策和优化纳税服务。 积极研究、制定和落实有利于扩大新型消费模式的政策措施。 加强配套设施建设,提供配套服务。 加快人才开发,提高商贸物流队伍素质

资料来源：依据相关资料整理。

对于广州这样一个宜商城市竞争力方面的“优等生”，前面所提出的问题是较少存在的。广州这个案例给我们的一个突出启示是：建设宜商城市非常需要“功夫在诗外”的，即除了直接努力改善宜商城市评价体系的各指标表现外，更要在相关方面下功夫，进而自然地达到宜商城市竞争力的提升。广州的做法基本是沿着建设发展宜商城市的“正”方向在努力，在诸多“配套”方面的做法对于提升这些指标的表现有很大益处。政府在减少行政干预、提供公共服务、起到规范引导产业发展等方面做出了很大努力，对于一个强势政府来讲，这就是打造宜商城市的一个标牌，可以“近悦远来”，保持经济活力，实现创业至上的宜商城市目标。

（二）发展宜商城市的基本经验

根据我们对城市竞争力的多年跟踪研究和上述评估分析与案例分析，我们认为，宜商城市发展的基本经验可以总结为如下几个方面。

1. 明确宜商城市目标，做好“战略”

不同城市的资源优势不同，应该在明确宜商城市竞争力内涵的基础上，制定好自身的宜商建设目标，并沿着几个方面设计好发展战略，一个科学合理、可执行的规划总是摆在第一位的。

2. 坚持以市场为主导，尊重“利益”

应时刻以市场理念为核心，围绕“利益”二字做文章，始终做到尊重各个市场主体的利益，这是要创造出一种“市场”式信誉。广州市就实现了一种品牌效应：以港澳为标杆，努力实践市场规范，尊重引导企业利益。对于一个城市发展自身产业和招商引资来讲，这种尊重利益的原则是一条重要经验。

3. 转变政府职能目标，切实“服务”

应明确政府并非市场活动的积极参与者，也不应追求自身实力的壮大从而达到一切都随心所欲的可控状态。可借鉴案例中具有鲜明特色的丹佛（实际上很多发达国家的政府在这一点上都较为相似），建设宜商城市，政府的角色应放在“服务”上，在规则制定、奖惩设计、市场环境、生态环境的营造上做好服务，为企业的生存、发展和壮大提供最大的空间。

4. 完善社会服务体系，大力“支撑”

社会服务体系是在政府服务基础上的进一步拓展，在政府制定的规则范围内，在尊重市场规律的前提下，企业的发展还迫切需要社会服务体系的支撑，离不开金融服务体系、离不开创新创业的氛围、离不开行业协会等各类组织的大力协助。社会服务体系的不断完善，有利于支持创业，提升经济活力，走上宜商城市的良性循环。

六　对策建议

瞄准可持续城市综合竞争力的理想目标，针对我国城市宜商状况存在的问题，并借鉴国际和国内经验，我们对建设发展宜商城市提出如下对策建议。

1. 科学合理地确定宜商城市的建设目标和战略

如理论框架所显示的那样，一个城市应从企业表现、政府服务、社会服务和市场需求上确定切实可行的目标，从而提升宜商城市竞争力水平。在明确目标的基础上，规划先行。但应注意目标确定的科学合理性，不必盲目抢占宜商高地，而应根据自身实力和优势做好恰当定位，并在此基础上做好战略规划。

2. 转变思路，注重修炼内功，优化商务环境

在招商引资和促进本地实业发展的政策努力中，不仅要注重各类优惠来降低企业的要素成本，吸引其落户，支持其发展，更为重要的是要切实打造出利于企业发展的健康商务环境，为企业的长久发展提供良性轨道。

3. 夯实宜商城市的基础，尤其是在政府可作为的领域

在政府服务和社会服务两个层面应该夯实打牢。对于政府可以作为的领域，如增强企业开办便利度、适当减轻企业税负、控制不良贷款率等，应加快速度进行变革更新。同时，要保障各类政策的落地实施，不搞“虚而不实”的优惠政策，保持政策规定的稳定性和接续性，以规则而非关系来管理企业运营。

4. 基于自身优势，瞄准重点领域突破

以点带面地推进宜商城市建设和发展，是一种有效的方式，注意和城市自身优势结合，发展和吸引相匹配的产业，而不必强求全面，要在自身定位的基

础上瞄准重点进行突破。建议集中力量挖掘城市的优势资源，针对一项或几项进行重点打造，宜商城市竞争力自然会得到提升，城市实业也会有相应匹配度的发展。

5. 统筹做好配套工作

并非只集中于理论框架的四个方面就万事大吉了，还需要统筹规划，做好配套工作，这包括基础设施的建设、基础服务的有效供给，对相关工作的财政税收金融方面的支持，在生态环境、教育、医疗、居住服务等各个领域的配套建设。

参考文献

倪鹏飞：《中国城市竞争力报告 No. 10》，社会科学文献出版社，2012。

中国城市竞争力研究会：《GN 中国宜商城市评价指标体系》，http：//www. china - citynet. com/yjh/。

世界银行：《2013 年全球营商环境报告——对中小企业实行更为明智的管制》，http：//chinese. doingbusiness. org/，2012。

世界银行、中国社会科学院财政贸易与经济所：《中国营商环境报告》，社会科学文献出版社，2008。

丹佛市政府网站：http：//www. denvergov. org/。

庄德林、陈信康：《基于顾客视角的城市形象细分》，《城市问题》2009 年第 10 期。

张卫国、何伟：《中国地级城市投资环境评价研究》，《管理学报》2006 年第 3 期。

Djankov, et. al. The Effect of Corporate Taxes on Investment and Entrepreneurship, American Economic Journal: Macroeconomics, July 2010.

董志强、魏下海、汤灿晴：《制度软环境与经济发展——基于 30 个大城市营商环境的经验研究》，《管理世界》2012 年第 4 期。

B.8

中国和谐城市竞争力报告

——迈向公平包容的和谐城市

刘金伟*

一 引言：和谐城市是建设和谐社会的主要载体

2006年10月，党的十六届六中全会通过了《关于构建社会主义和谐社会若干重大问题的决定》，明确把构建社会主义和谐社会作为国家未来发展的战略目标，并对构建社会主义和谐社会提出了六点“总要求”：“民主法制、公平正义、诚信友爱、充满活力、安定有序、人与自然和谐相处”。[①] “和谐城市”是“和谐社会”的重要组成部分，也是具体承载“和谐社会”的空间地域。按照目前中国城市化发展的速度，未来十几年内建设和谐社会的主要任务归于城市。因此，建设和谐城市不仅是城市发展的必由之路，也是中国和谐社会建设的重中之重。

在社会转型期，我国城市建设与发展中还存在大量不和谐的因素，主要表现在：导致城乡分割的“二元”结构没有弱化，并进一步演变为城市内部的“二元”结构，从体制上把城市居民分为两大不同等级的社会群体；很多地方把城市建设作为推动经济发展、创造财政收入的手段，以“经营城市”的理念来对待城市建设，征地拆迁、大拆大建造成大量社会矛盾，成为社会不稳定的根源；在城市管理模式上，依然延续了计划经济时期的管理体制，以政府为主导，以行政控制为主要管理手段，居民作为城市生活的主要群体，对城市建

* 刘金伟，管理学博士，现任北京工业大学人文社会科学学院副教授、社会调查研究中心副主任、社会学硕士研究生导师。研究方向：社会发展与社会管理、城市社会学等。

① 《关于构建社会主义和谐社会若干重大问题的决定》，党的十六届六中全会文件，2006年10月11日。

设和管理的参与性不足；城市内部不同阶层之间的社会差别不断拉大，形成了界限分明的城市精英群体和城市弱势边缘群体，等等。这些问题对和谐城市建设带来巨大挑战。

党的十八大以来，我国提出走新型城镇化道路，把城镇化作为未来推动中国经济发展的主要动力。新型城市化是以人为本的城市化，而不是以物为主的城市发展规划。按照分类学规则，城市应该属于社会领域，城市化则属于社会建设的范畴，城市化的最终目标是实现社会的现代化。因此，在未来城市化的进程中，应该按照社会建设的要求，坚持以人为本、公平正义、和谐包容的原则，正确处理好城市发展中的各种关系，保障人的基本权利，促进人的全面发展。让城市成为一个不同社会群体和谐共处的美好家园。

二　理论分析：和谐城市建设的理论框架

（一）和谐城市研究的相关理论综述

什么是“和谐城市”？中外学界至今没有一个完整的界定，但“和谐城市”是城市发展追求的终极目标已经形成共识。在 2010 年发布的以城市化宏观战略取向为主旨的联合国《人居宣言》中，强调了城市和谐发展的必要性，“可持续人类住区建设把经济发展、社会发展和环境保护结合在一起。充分尊重包括发展权在内的各项人权和基本自由，并且提供一种达成以道德与精神的远见建立起来的更加稳定与和平的世界的手段”①。

城市建设的系统论认为，“城市是以人为中心、以自然环境和公共设施为依托、以经济活动为基础的、复杂的社会系统。整个城市包括经济、自然环境、公共设施、社会四个大的子系统，只有这四个子系统互相配合、协调发展，城市才能达到和谐”。② 新城市主义认为，“和谐城市的核心思想在于：重视区域规划，强调从区域整体的高度来看待和解决问题；倡导回归‘以人为本’的设计思想，重塑多样性、人性化、社区感的城镇生活氛围；尊重历史

① 秦光荣：《和谐城市十讲》，云南人民出版社，2012，第 4 页。

② 赵景华、李代民：《和谐城市评估指标体系构建》，《中国行政管理》2007 年第 12 期。

与自然，强调规划设计与自然、人文、历史环境的和谐性”。[①]

什么样的城市才算是和谐？秦光荣认为，“和谐城市至少应该包括以下几项内容：第一，是经济繁荣的城市；第二，是文化繁荣的城市；第三，是天人合一、环境宜人的城市；第四，是管理完善的城市；第五，是高度重视社会发展的城市；第六，是积极向上的城市”。[②] 夏丽萍认为，“和谐城市的内涵包括四点：可持续发展、协同性、舒适性和高成长性”。[③] 朱道才、姚丽敏认为，“和谐城市的内涵应包括：经济繁荣、具备先进的文化、有完善的管理与服务相配套、人与自然的和谐、人与人的和谐、人与社会的和谐，其中人与社会的和谐是和谐城市的核心”。[④] 综合来看，和谐城市的内容从不同角度看侧重点也有所不同。

（二）本研究的理论框架

1. 和谐城市的内涵

从内涵上来看，和谐城市与中国提出的构建“社会主义和谐社会”的内涵有着内在的一致性。从字面的意思来看，和谐社会中的和谐是指不同事物、事物的不同部分、多种成分和平、协调地共生在一起，即多元化、多样性的有机统一。这个概念延伸到和谐城市，就是指城市系统中的各个组成部分、各种要素处于相互协调的状态，整个城市处在良性运行与协调发展中。本研究所指的和谐城市并不是无所不包的城市系统，在城市建设的自然系统、经济系统、政治系统、社会系统和文化系统中，和谐城市主要侧重从社会系统的角度来界定和谐城市建设，主要指社会系统内部不同要素之间的良性运行和协调发展。

2. 和谐城市建设的主要原则

（1）公平正义原则。和谐城市建设的第一原则应该是公平正义，能够为不同社会阶层的人提供公平的发展机会，尤其是受教育和就业、创业的机会。

---

① 钟海燕：《论新城市主义与城市的和谐发展》，《经济纵横》2006 年第 5 期。

② 秦光荣：《和谐城市十讲》，云南人民出版社，2012，第 4 页。

③ 夏丽萍：《城市发展中的和谐理念与和谐城市建设》，《发展月刊》2008 第 1 期。

④ 朱道才、姚丽敏：《安徽和谐城市竞争力实证研究》，《华东经济管理》2009 第 2 期。

能够公平地享受城市发展所带来的成果，城市政府为所有群体提供均等化的公共服务和社会福利。按照罗尔斯差异公平的原则，重点关注弱势群体的发展问题，在城市社会政策制定中，优先向城市弱势群体倾斜。正确处理好社会各方面的利益关系，一些群体的利益增进不能以损伤其他群体的利益为必要的前提条件。各个社会群体应当得到有所差别但恰如其分的回报，社会阶层之间应当呈现一种相互开放和平等进入的状态。

（2）包容性原则。和谐城市应该是一个多元文化共存、竞争发展的城市，传统与现代、东方与西方、不同民族、不同地域、不同派别的文化，都能在城市中和睦共处。和谐城市是开放流动的城市，能够为城乡、区域、国内外的人员、物资和信息交流提供公平的机会和优质服务。和谐城市的政府管理应更加公开透明，主要职能是为市民提供公共服务，为市民参与城市建设与管理提供机会与渠道，城市重要事项的决定要体现公众的意向。和谐城市并不是没有利益差异和冲突的社会，而是能够用有序化的方式控制利益差异和冲突，建立一种有效地容纳冲突的制度，通过利益表达规范化、制度化的途径动态地实现利益均衡。

3. 和谐城市建设的主要内容

（1）政府治理：决策的透明性、公共服务的回应性与可及性。透明性是使公民对政府政策信息和政治信息，包括政府的立法活动、政策制定、政府预算、财政开支、公共危机以及一定程度上对国防外交信息有一定的了解，使其对政府工作过程及结果进行有效监督。回应性主要指政府对公民诉求回馈和反应的迅捷与充分程度。对民意采取积极的态度，认真听取民意代表和普通民众的呼声。服务的可及性，包括两方面的内容，即获得服务的容易程度和可承担能力。

（2）社会公平：非歧视性、非垄断性。和谐城市应该保障其居民的基本权利，生存权、就业权、受教育权、社会保障权等不应该因社会地位、居住区域、户籍制度等不同而采取差别化的措施。社会公平还包括非垄断性，所有的资源和机会均平等地向一切社会群体开放，不同社会阶层的群体通过自己的努力，都有获得利益和向上流动的可能，整个社会结构公平开放。

（3）社会保障：政府公共投入较高、社会保障体系健全。现代社会是高风险社会，西方国家应对现代风险的主要做法是建立全民覆盖的现代社会保障制度和福利制度。政府要把职能从竞争性的经济领域转到公益性的社会领域，加强社会建设，创新社会管理，增加对民生、社会保障、社会福利事业的财政支出比例，为城市居民建立比较健全的社会安全网。

（4）社会安全：社会运行秩序良好、犯罪率比较低。和谐城市应该是居民安全感比较高的城市，城市法制化程度比较高，公民财产和人身等权利得到比较高的保障，公民的权利不受第三人和国家权力的非法侵犯。城市整体运行秩序良好，社会应急体系比较齐全，生产安全得到保障，基层社会治安体系完善，各种社会犯罪问题得到有效的遏制。

三　实证评估：中国和谐城市建设的现状

（一）现状与格局：二、三线城市和中小城市和谐度较高

根据测算，我国287个城市和谐城市竞争力指数的均值为0.3751，和谐度整体比较低，处于中等偏下的水平。① 在和谐城市竞争力排名中，除了香港与澳门以外，内地排在前10位的分别是济南市、西安市、深圳市、青岛市、威海市、大连市、厦门市和宁波市。“北上广”均没有进入前10位。特别是济南市和西安市作为内陆两个传统的省会城市，在排名中分居大陆城市的前2位。而其他6个城市都是环境优美、经济发展极具活力的沿海开放城市（见表8－1）。在排前50名的城市中，非省会城市、非直辖市城市有35个，占73%（香港和澳门除外），这些城市中市区所辖人口低于100万的中小城市有19个，占38%。

排在后10位的城市，主要是西部偏远、经济欠发达地区的城市，值得注意的是处于经济发展前沿的台州市，在和谐城市中排在倒数第10位（见表8－2）。而近几年经济增长较快的直辖市天津排在第133位，重庆排在第210位。这说明经济的发展并不会必然带来社会的和谐。排在250位以外的37个城市中，中部的山西省有6个、湖南省有2个，东北地区的黑龙江省有2个、

① 和谐城市竞争力指数以1为最和谐，以0为最不和谐作为判断标准。

表 8－1　和谐城市竞争力排名前 10 名的城市

单位：位，分

城市	和谐度得分	排名	城市	和谐度得分	排名
香港	5.6846	1	青岛	4.0873	6
澳门	5.0284	2	威海	4.0464	7
济南	4.1363	3	大连	4.0283	8
西安	4.1161	4	厦门	4.0044	9
深圳	4.1110	5	宁波	3.9738	10

资料来源：中国社会科学院城市与竞争力指数数据库。

吉林省有 2 个，西北地区的甘肃省有 7 个、陕西省有 2 个、宁夏有 2 个，西南地区的广西壮族自治区有 6 个、云南省有 5 个、贵州省有 2 个、四川有 2 个，东南沿海的浙江有 1 个。值得注意的是中部能源大省山西有 6 个排名靠后，其城市发展模式应该引起深思。

表 8－2　和谐城市竞争力排名后 10 名的城市

单位：位，分

城市	和谐度分值	排名	城市	和谐度分值	排名
台　州	1.1160	278	武威	0.9193	283
昭　通	1.0686	279	保山	0.8981	284
石嘴山	1.0252	280	贺州	0.7487	285
普　洱	0.9841	281	曲靖	0.6440	286
安　顺	0.9375	282	吴忠	0.6231	287

资料来源：中国社会科学院城市与竞争力指数数据库。

（二）区域比较：和谐城市分布与经济发展水平相关度高，东中西部地区差距明显

从我国和谐城市分布的区域比较来看，港澳台是和谐度最好的，样本中的香港和澳门分别排在和谐城市前 2 名。从中国大陆 285 个城市的排名看，环渤海地区是最好的，在 30 个城市中有 8 个排在前 50 名，占 26.7%。其次是东南

沿海地区，在55个城市中，排在前50名的有13个，占23.6%。接着是东北地区，在34个城市中，排前50名的有7个，占20.6%。然后是中部地区，在80个城市中，有14个排前50名，占17.5%。西南和西北地区比较差，西南47个城市中，5个排在前50位，占10.6%。西北39个城市中，只有1个排前50名，只占总数的2.6%。而和谐度最差城市排名中，西南地区有15个，占31.9%，西北地区有11个，占28.2%（见表8－3、图8－1）。

表8－3　和谐城市竞争力区域分布

单位：个，%

		名次类别					合计
		最好	较好	一般	较差	最差	
区域	港澳台	2 100.0	0 0	0 0	0 0	0 0	2 100.0
	东南	13 23.6	14 25.5	19 34.5	8 14.5	1 1.8	55 100.0
	环渤海	8 26.7	7 23.3	14 46.7	1 3.3	0 0	30 100.0
	东北	7 20.6	7 20.6	16 47.1	2 5.9	2 5.9	34 100.0
	中部	14 17.5	16 20.0	27 33.8	15 18.8	8 10.0	80 100.0
	西北	1 2.6	5 12.8	10 25.6	12 30.8	11 28.2	39 100.0
	西南	5 10.6	1 2.1	14 29.8	12 25.5	15 31.9	47 100.0
总　计		50 17.4	50 17.4	100 34.8	50 17.4	37 12.9	287 100.0

注：在所有287个样本城市中，共分5个级别，前50名最好，51～100名较好，101～200名一般，201～250名较差，250名以后最差。

（三）优势与劣势：东部和中部二线城市迅速崛起，一线城市压力大，西部偏远地区基础薄弱

近年来，随着我国建设社会主义和谐社会目标的提出，全国很多城市都把

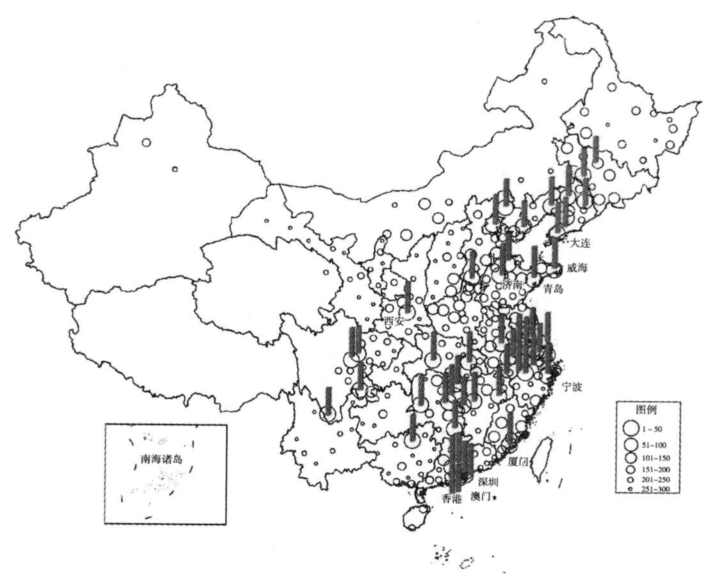

图 8－1　2012 年 287 个城市和谐城市竞争力排名

注：2012 年和谐城市竞争力排名前 50 名为柱状所示，其他为“○”所示。柱状越高代表和谐城市竞争力排名越高，“○”越大代表和谐城市竞争力排名越高，图例中的单位为“位次”。

建设和谐城市作为未来城市规划与建设的目标。一些城市已经制定了详细的评价指标体系。再加上党的十六届四中全会以来，国家加强以民生为重点的社会建设，增加社会领域的投入，建立健全各种社会保障制度，这与建设和谐城市的目标是一致的。最近几年，中东部地区的一些二线城市和中小城市，在经济取得较快发展的基础上，当地政府开始把重点转向社会建设，目前这种势头开始由东部沿海地区向中部内陆地区蔓延。例如，在和谐城市排前 50 名的城市中，中部地区的湖南省有 5 个、安徽省有 4 个、江西省有 3 个，东北地区的辽宁省有 5 个，西部地区的四川省有 4 个。中部地区和东北地区共 21 个，与东南地区和环渤海地区数量持平。

但是对于“北上广”等一线城市而言，由于人口压力比较大，城市发展面临环境、交通、教育、医疗等一系列问题。最近几年由于住房价格高涨，对中产阶层的压力比较大。这些一线大城市也是中国财富最集中的地区，不同社会群体之间贫富差距比较大。再加上外来人口数量大，管理方式落后，给社会稳定也带来很大压力。一些城市过度追求经济的发展速度，造成整个社会建设的滞后，对整个社会和谐带来负面影响。例如，五大直辖市中的天津和重庆在和谐城市排名中位置比较落后。西部偏远地区，由于经济发展水平较低，一些基本的生活问题还没有得到解决，离和谐城市建设还有一段距离，在和谐城市排名最差的37个城市中，西北和西南地区就占了26个。因此，如何解决好一线大城市和西部偏远地区的和谐城市建设问题，中国仍然面临着比较大的挑战。

四　主要问题及其原因分析

（一）和谐城市建设中存在的主要问题

1. 城市政府行政透明度整体不足

随着我国市场经济体制的建立，政府信息公开、行政透明成为现代政治治理的一个重要内容。政府行政的透明化有利于规范政府的行为，限制公共权力，提升政府公信力，维护公民的公共权益。自2007年《政府信息公开条例》贯彻实施以来，虽然不少政府在信息公开化上做出了不少努力，但整体效果不佳，特别是一些敏感性的数据，公开程度不够。2012年6月12日清华大学《中国市级政府财政透明度研究报告》发布。《报告》称，国内81个市级政府，达到财政透明平均水平的仅43%。如果按照“60分及格”的标准，81个城市财政透明度及格的仅7个，及格率为8.6%。在财政公开信息中，政府更愿公开预算而非决算，对预算外的花销，81个市政府无一公开。[①]

从我们的研究来看，根据工信部提供的政府网站信息公开程度测评数据，行政透明度最好的是香港与澳门，均获得1.38的最高分。内地城市中，排名前10位的城市分别是深圳、无锡、青岛、上海、大连、厦门、武汉、宜昌和沈阳和扬州，排名最好的深圳与无锡才0.92分，与香港和澳门差距较大。内地285个城市中行政透明度的平均值为0.5293（见表8－4）。如果以香港和澳

① 《中国市级政府财政透明度研究》,《中国经济周刊》2012年6月12日。

门为100分，达到及格线需要0.828分。在中国285个大陆城市中，达到及格线的只有11个城市，占3.86%。

表8-4　内地城市行政透明度测评值

数量（有效值）	极差	最小值	最大值	平均值	标准差	方差
285（285）	0.86	0.06	0.92	0.5293	0.17442	0.030

资料来源：中国社会科学院城市与竞争力指数数据库。

2. 政府对群众公共服务需求回应性低

改革开放初期，在物资极度匮乏的状况下，老百姓的需求十分有限。经过30多年经济的快速发展，我国的主要矛盾已经由需求不足转变为生产过剩。老百姓的需求由原来的温饱问题转变为更加多元化的追求。政府作为公共服务的主要提供者，应该积极回应老百姓的多元化需求，为他们提供差异性服务。但我国政府还没有完成从管理者到服务者职能的转变，对老百姓的需求回应性比较差。

根据2011年工信部政府网站绩效测评互动交流指数和政府网站绩效测评日常监测与调查指数，我们计算出政府对群众公共服务需求关注度的数值。政府对群众公共服务需求关注度最好的是香港和澳门，测评值是2.68。大陆城市排名最好的是青岛市，测评值是1.79，排前10名的城市分别为青岛、成都、长沙、武汉、广州、深圳、沈阳、北京、哈尔滨和衡阳。285个城市的平均得分是1.0634，方差为0.096（见表8-5）。如果以香港和澳门为100分，达到及格线的分值为1.608，大陆285个城市中只有13个达到及格线，占4.56%。

表8-5　内地城市政府对群众公共服务需求关注度测评值

数量（有效值）	极差	最小值	最大值	平均值	标准差	方差
285（285）	1.43	0.36	1.79	1.0634	0.31055	0.096

资料来源：中国社会科学院城市与竞争力指数数据库。

3. 城市内部不同户籍与阶层之间的公平性差

在中国延续多年的城乡“二元”体制，随着农民工的进城并没有削弱，而是进一步演变成城市内部的“二元”结构。国家虽然从大的方向上倾向于放松对城市户籍的管制，特别是对一些中小城市只要有稳定的职业、住所等条件就可以落户。但从全国各地落实的情况看，全国各地对城市户籍准入的限制仍然偏严。根据全国287个城市对外来人口户籍限制的具体政策，我们对全国户籍制度的开放性进行了排名。由于香港和澳门没有城乡户籍的概念，在排名中分居前两位。大陆285个城市中，排前10名的城市中除了沈阳、西安外，均为中小城市。特大城市中，北京排在167位、上海排在169位、天津排在178位、广州排在180位、深圳排在179位、重庆排在85位。户籍与非户籍人口之间公平性测量得分最高的大陆城市是四平市、宿迁市、湖州市和松原市，分值为0.66（香港和澳门为1.0），285个城市平均得分0.2748（见表8－6）。达到及格线的只有9个城市。这说明我国的城乡“二元“体制，虽然有了一定的松动，但城市对户籍的管理仍然比较严格。

表8－6　内地城市户籍与非户籍人口之间公平性测量

数量(有效值)	极差	最小值	最大值	平均值	标准差	方差
285(285)	0.66	0.00	0.66	0.2748	0.22378	0.050

资料来源：中国社会科学院城市与竞争力指数数据库。

从城市内部不同阶层的人群获得的教育、社会保障、就业、医疗、住房、交通等资源和机会的情况来看。我国城市内部不同阶层之间的社会差别也非常大。公平性较好的香港和澳门测量分值为6.2分，内地城市公平性最好的城市是深圳，得到4.13分，排前10名的城市是深圳、济南、厦门、北京、长沙、青岛、上海、武汉、广州和潍坊。公平性最差的是云南的保山市，分值只有0.11。排名后10位的城市是保山、百色、吴忠、陇南、武威、定西、中卫、石嘴山、临汾和兰州，基本上是西北和西南边远地区的城市（见表8－7）。内地285个城市，平均分值是1.364，方差为0.686，说明城市之间差别比较大，达到3.72平均线的大陆城市只有5个。

表 8－7　内地城市不同阶层之间公平性测量

数量（有效值）	极差	最小值	最大值	平均值	标准差	方差
285（285）	4.02	0.11	4.13	1.3644	0.82842	0.686

资料来源：中国社会科学院城市与竞争力指数数据库。

4. 政府公共服务支出区域差别大，社会保障覆盖面偏低

本研究以政府在就业、社会保障和医疗卫生领域的年度人均财政支出来比较不同区域城市提供公共服务的差别。数据分析表明，我国区域之间政府公共服务的投入存在很大差异，并不完全与经济发展水平相吻合。包括香港和澳门在内的287个城市，政府在就业、社会保障、医疗卫生的人均公共财政支出平均为1183.21元，方差为531100元，标准差为728.765元，这说明不同城市之间差别比较大。从不同区域来看，平均数最高的是东北地区，平均为1968.14元；其次是港澳台地区，平均为1556.37元；环渤海地区为1165.46元，排在第3位；东南地区为1160.72元，排在第4位；西北紧随其后为1145.63元，排在第5位；中部地区为1071.40，排在第6位；西南地区最低，人均只有858.64元。从方差与标准差来看，不同区域的城市内部差别也比较大（见表8－8）。

表 8－8　不同区域城市人均公共财政支出比较

单位：元，个

区　域	平均数	城市数	标准差	极差	方差
港澳台	1556.37	2	175.386	248	30760
东　南	1160.72	55	666.980	3374	444900
环渤海	1165.46	30	655.657	3338	429900
东　北	1968.14	34	855.143	3558	731300
中　部	1071.40	80	477.342	2075	227900
西　北	1145.63	39	926.432	5434	858300
西　南	858.64	47	538.866	3275	290400
总　计	1183.21	287	728.765	5697	531100

资料来源：中国社会科学院城市与竞争力指数数据库。

从不同区域的城市常住人口参加医疗保险、养老保险和失业保险的情况看，与发达国家相比，我国三大保险的覆盖面比较低。内地285个城市中，常住人口的平均医疗保障覆盖率为32.02%，养老保障的平均覆盖率为22.69%，失业保险的覆盖率只有14.73%。社会保障覆盖程度最好的是东北地区、环渤海地区和东南地区，比较差的是西北和西南地区（见表8－9）。

表8－9　不同区域城市常住人口社会保障覆盖率

单位：%

区域	医疗保险参与率	养老保险参与率	失业保险参与率	社会保障率总和
东　南	33.61	29.15	18.49	81.25
环渤海	41.95	28.66	17.83	88.44
东　北	49.15	30.19	17.41	96.76
中　部	30.53	21.26	14.84	66.63
西　北	24.91	15.45	12.71	53.07
西　南	19.87	14.31	7.88	42.06
全国平均	32.02	22.69	14.73	69.43

资料来源：中国社会科学院城市与竞争力指数数据库。

5. 城市万人口犯罪率与经济发展水平呈正比

从万人口刑事案件的数量来看，我国287个城市的平均数是28.94起，从数据上看，远远低于一些发达国家的犯罪水平。从中国自身的情况看，中国犯罪率最高的城市是柳州，排在前10名的分别是柳州、澳门、南宁、银川、南昌、六盘水、台州、石嘴山、曲靖和珠海。从影响中国城市犯罪的因素来看，人均GDP与犯罪率呈明显的正相关关系，相关系数为0.262，行政透明度、阶层之间的公平性、政府对群众需求的关注度和常住人口的数量与犯罪率有比较弱的相关关系。其他如社会保障程度、户籍、政府公共财政支出等因素与万人口刑事犯罪数的相关关系不明显（见表8－10）。

表 8－10　中国城市万人口犯罪率的相关因素分析

		万人口刑事犯罪数	人均GDP	社会保障率	常住人口	阶层之间公平性	户籍公平性	人均公共财政支出	需求关注度	行政透明度
万人口刑事犯罪数	皮尔逊相关系数	1	0.262**	0.083	0.118*	0.151*	0.041	0.007	0.148*	0.159**
	显著性检验(双尾)		0.000	0.162	0.046	0.011	0.490	0.900	0.012	0.007
人均GDP	皮尔逊相关系数	0.262**	1	0.451**	0.222**	0.519**	0.308**	0.349**	0.446**	0.428**
	显著性检验(双尾)	0.000		0.000	0.000	0.000	0.000	0.000	0.000	0.000
社会保障率	皮尔逊相关系数	0.083	0.451**	1	0.264**	0.335**	0.142*	0.553**	0.266**	0.216**
	显著性检验(双尾)	0.162	0.000		0.000	0.000	0.016	0.000	0.000	0.000
常住人口	皮尔逊相关系数	0.118*	0.222**	0.264**	1	0.458**	0.147*	0.320**	0.397**	0.370**
	显著性检验(双尾)	0.046	0.000	0.000		0.000	0.013	0.000	0.000	0.000
阶层之间公平性	皮尔逊相关系数	0.151*	0.519**	0.335**	0.458**	1	0.273**	0.228**	0.769**	0.701**
	显著性检验(双尾)	0.011	0.000	0.000	0.000		0.000	0.000	0.000	0.000
户籍公平性	皮尔逊相关系数	0.041	0.308**	0.142*	0.147*	0.273**	1	0.025	0.296**	0.290**
	显著性检验(双尾)	0.490	0.000	0.016	0.013	0.000		0.677	0.000	0.000
人均公共财政支出	皮尔逊相关系数	0.007	0.349**	0.553**	0.320**	0.228**	0.025	1	0.122*	0.075
	显著性检验(双尾)	0.900	0.000	0.000	0.000	0.000	0.677		0.039	0.204
需求关注度	皮尔逊相关系数	0.148	0.446**	0.266**	0.397**	0.769**	0.296**	0.122*	1	0.705**
	显著性检验(双尾)	0.012	0.000	0.000	0.000	0.000	0.000	0.039		0.000
行政透明度	皮尔逊相关系数	0.159**	0.428**	0.216**	0.370**	0.701**	0.290**	0.075	0.705**	1
	显著性检验(双尾)	0.007	0.000	0.000	0.000	0.000	0.000	0.204	0.000	

** 相关分析的显著性检验值为0.01（双尾） * 在0.05的范围要求内通过检验。

（二）导致问题产生的原因分析

1. 城市管理理念和模式的相对封闭和落后

城市的和谐发展系于管理，我国城市政府在很大程度上沿袭了计划经济体制下的城市管理模式，政府是城市的管理者和规划者，主要以从上至下的行政管理模式来推动城市的发展。[①] 在这种管理模式下，政府是城市管理的唯一主体。在管理手段和方法上，表现为权力控制、行政命令、制度制约，非人性化的管理特征突出。由于传统的城市管理模式过度单纯地依赖政府，忽视人的需求与和谐城市之间的关系，导致行政过程不透明、信息不公开，公众参与城市规划与管理的渠道非常有限。政府提供的公共产品和公共服务数量不足、质量差、公共管理成本过高、管理效率低下、不能对外界的变化和市民的需求作出灵敏反应等弊端。

2. 城乡“二元”体制成为城市内部不公平的根源

城乡“二元”体制是改革开放前计划经济的产物，它以户籍制度为核心，包括就业、教育、医疗、社会保障、资源配置等一系列制度组合。城乡“二元”体制人为地把城乡两部分居民分为两种不同的社会身份，享受不同的待遇。国家在城市和农村实行不同的资源配置制度。20 世纪 80 年代后，随着我国大量农民进城打工，我国迎来了世界上规模最大的城市化浪潮。但由于城乡“二元”体制的制约，大量进城务工人员并没有融入城市，他们虽然工作、生活在城市但没有享受到城市居民的待遇，城市社会对农民工进行经济性接纳和社会性排斥。外来务工人员在劳动就业、社会保障、社会福利、子女入学、保障性住房、社会管理等领域受到歧视性对待。目前我国进城务工人员在总量上已经达到了 1.5 亿人，他们大多数已经沦为城市的边缘群体。在我国延续了几十年的城乡“二元”体制不但没有削弱，实际上更进一步演变为城市内部的“二元”体制，成为城市社会不公平的主要根源。

3. 城市发展重经济建设、轻社会建设的局面没得到根本扭转，造成公共服务和社会保障水平偏低

从功能分类来看，城市的功能主要是为居民生活提供良好的公共服务和社

① 张鸿雁：《一个全新的时代——中国城市社会的来临》，《中国名城》2008 第 1 期。

会环境。城市政府的主要职责也是提供公共产品和公共服务。但改革开放以后，随着我国以经济建设为中心的发展模式的确立，经济发展指标成为城市发展成效的主要评价标准。通过城市建设获取较高的 GDP 增长也成为政府部门的主要任务，导致经济建设投入的资源较多、社会领域投入的资源较少，经济建设与社会建设不平衡、不协调的矛盾突出。这是造成城市大量社会问题出现的根源，例如“看病贵、看病难”，“上学难”，“养老难”，“住房难”等问题。党的十六大以后，党和政府提出加强社会建设、创新社会管理的战略决策，并且把社会建设作为国家五大建设之一写进党纲。但从实际情况来看，全国各地重经济建设、轻社会建设的局面并没有得到根本扭转。

4. 政府主导的城市化模式加剧了社会不公平，造成大量社会矛盾，成为社会不稳定的主要原因

中国在城市化的过程中，政府发挥了主导作用，这有利于解决我国城市建设中的资金难题。但在城市化的模式上，很多城市的地方政府以“经营城市”的理念来推进城市建设，政府利用自己手中掌握的资源和权力，通过大规模的土地征用，然后挂牌拍卖的方式，从中获得了大量的资金收益。一方面导致城市房地产价格飞速上涨，大部分城市居民包括中产阶层面临巨大的住房压力，社会财富迅速向房地产商等利益群体聚集，加剧了社会不公平。另一方面造成大量城市近郊的农民失去土地，成为社会的边缘群体。更为严重的是城市政府主导的拆迁与圈地，造成大量社会矛盾，成为当前社会不稳定的重要原因。

五　基本经验：国际经验与国内经验

（一）和谐城市建设的国内外经验

1. 和谐城市必须让城乡居民共享发展成果，体现公平正义

中国的厦门市被媒体称为“最温馨的城市”，其根源在于社会公平、公正。厦门市重视民生领域的投入，全市财政预算的 60% 以上用于重点民生领域的建设。厦门市在建设中还非常注重城乡统筹，在基本医疗、基本养老保险等方面实行城乡一体化，让农村居民和城市居民享受同等待遇。为解决城乡教育资源不均衡的问题，厦门市对所有教师实行统一的工资标准和统一编制标准，不论是在城市还是在农村都享受同等的待遇，所有教师在全市统一调配和交流，解决了农村教师资源薄弱的问题，从而达到了城乡义务教育的均等化。

2. 和谐城市必须管理科学，强调公众参与、社会合作，弱化政府集权管理的重要性

巴黎作为国际化大城市，在城市的管理上，非常重视居民的参与性，在城市的规划上，从整体到细节都体现了对居民生活的关注，把提高城市居民的生活质量放在首位。同时，市政府在制定城市战略规划时注重城市居住者的全面参与度，与巴黎市民保持亲密关系团结一致，提升安全、环境和生活质量。巴黎的市政规划把城市居民作为城市建设与管理的主人，任何与居民生活相关的城市建设项目，都必须有居民参与规划，征得大多数居民的同意，项目的实施也都必须在居民的监督之下进行，并且这一政策也涉及居住在巴黎的有着不同生活传统的所有欧盟居民。

3. 和谐城市是一个开放、宽容的城市，能够为不同社会群体提供机会

深圳市一个以外来移民为主体的城市，具有城市户籍的人口只有200多万，而外来人口有1000多万。在深圳工作、生活、学习的外籍人士和港澳台居民也有近10万人。农民工是深圳外来人口的主体，从2008年开始，深圳市开始实施居住证制度，凡是持有深圳“居住证”的居民子女，不受户籍限制可以在深圳接受义务教育；对持有10年长期“居住证”的居民被纳入社会保障体系。在《深圳市城市总体规划（2007～2020）》中，首次提出“城市管理服务人口规模”的概念，将居住半年以上的暂住人员也纳入服务范围内，在未来与户籍人口一样享受市民待遇，在职业培训、子女教育、医疗养老等方面得到服务。

4. 和谐城市是社会治安与社会秩序良好，让居民具有高度“安全感”的城市

亚洲的新加坡社会治安情况良好，是世界上犯罪率最低的城市之一。这除了新加坡市民整体素质较高以外，也与新加坡严厉的法律制度有关。新加坡在英联邦法律制度的基础上，结合传统的儒家精神，为城市管理制定了详细、严厉的法律。如随地吐痰，初犯者判罚款1000新元，而重犯者罚款2000新元；对乱扔垃圾的重犯者，除罚款2000新元外，还必须穿上写着“垃圾虫”字样

的衣服清扫公共场所。新加坡是当今世界上仍然保留鞭刑的少数国家之一，对犯罪分子起到了震慑作用。新加坡的领导人认为，虽然严厉的法律会让老百姓失去部分的自由，但国家却可以因此得大利。在严厉法律的约束下，国家发展，社会和谐，每个老百姓都从中受益。

（二）和谐城市建设的典型案例

案例 1：澳门——中西文化融合共存的和谐之都

主要业绩表现及原因：澳门在中国和谐城市排名中处于第 1 位。原因是政府透明度较高，在以民为本的前提下，着力打造公共服务型政府。2011 年澳门清廉指数排在世界第 46 位、亚洲前列；社会福利和社会保障比较齐全，人类发展指数高，在中国省级行政区中排在第 4 位，仅次于香港、台湾、上海，在世界国家和地区中排第 25 位。1999 年回归祖国后，澳门社会治安明显好转，被联合国评为世界治安最好的十大城市之一。

主要做法：第一，推进“服务型政府”、“学习型政府”和“有限政府”建设。2002 年澳门政府设立“民政总署”，提高社区民政服务管理效率；设立优质服务监察委员会；推行服务承诺计划，制作《“服务承诺”——基本要求》及《行动指南》；设立分区市民服务中心和综合服务中心。在信息公开方面，特区政府成立“政府资讯中心”，引入私人企业管理模式，尝试采用品质管理认证方法（ISO9000），为居民提供“一站式”服务；加强与民间团体的合作，建立跨部门的联合小组，解决群众的诉求；推行电子政府计划，改善政府与民众的沟通；加强对公共行政部门与公职人员的监督等。第二，注重社会公平、共建共享、藏富于民。澳门政府每年根据财政状况对本地居民实行现金分享制度。为解决低收入群体的住房问题，实施政府“公屋”制度，并不断扩大政府“公屋”建设的规模。政府对低收入群体和社会弱势群体从不同层面上进行救助，不断提高养老金额度和最低维生指数，制定外来劳工最低工资制度。近年来，对本地居民实施 15 年免费义务教育等。第三，发挥政府、社会的双重作用，建设“混合型社会福利”模式。澳门的社会保障体系由三部分组成：一是非供款式社会保障，资金来自政府，援助那些因种种原因而失去正常收入的居民；二是供款式社会保障，资金来自政府、雇员及雇主的供款；

三是民办的社会保险制度，通过立法的形式，促使雇主必须为其雇员投保有关保险。2011 年澳门开始实施“新社保制度”，将所有的澳门居民纳入社保制度内，澳门开始进入“全民社保”时代。第四，严厉打击黑社会，建设一个安全有序的社会，提升居民的安全感。澳门回归以前黑社会猖獗，犯罪率居高不下，居民生活缺乏安全感。1999 年澳门回归后，新的澳门政府制定了“稳定压倒一切”的方针，严厉打击黑社会和各种犯罪活动。与大陆合作制定了粤澳警方联手打击跨境犯罪的机制。目前，澳门的社会治安已经得到明显改善，国际社会对澳门治安状况重新恢复了信心。

主要启示：第一，东方式的“混合型社会福利”，即强调国家的责任，又重视中国传统文化中家庭与亲族关系在保障中的作用。第二，实行以政府行政为主导结合社会组织和公众参与的城市管理模式。第三，把社会政策、社会福利纳入经济建设之中，实施发展型的社会政策。第四，以政府投资为主，以租赁为主要方式，为低收入群体解决住房问题。

案例 2：日内瓦——多元开放、公平包容的国际性城市

主要业绩表现及原因：日内瓦是国际之都、世界和平之都，是世界上生活质量最高和最安全的城市之一。主要原因是日内瓦政府实施科学、规范、人性化的管理，保障了社会的稳定与和谐；各种城市规章制度及城市管理措施，既规范精密又讲究经济，既考虑安全又人性化，贴近生活。在社会福利和社会保障方面，日内瓦实施高水平的社会福利制度，养老、教育、医疗、住房等社会福利事业，主要由政府投入。日内瓦是众多国际组织的所在地，居住人口中有 25% 来自世界各地，是全世界国际化程度最高的城市之一。

主要做法：第一，政府管理高效、公开、透明，实施直接民主。日内瓦政府建设了高效的“网上政府”，为市民了解政府信息、参与政府决策提供了有力的手段。政府在网站上及时公布最新官方消息。网站正中最显著的位置设有主题链接，把人们关心的主题分门别类，比如消费、税收、政府采购、工程招标等等，让访客自己对号入座。开设了“为您服务的网上政府”的窗口，附设论坛，请大家为政府出谋划策，对网上政府的运行发表意见。实施决策的民主化，规定只要征集 1 万个签名就可以发起一项提案，10 万人签名就可以全

民公决。第二，消除城乡差别、工农差别、脑力和体力的差别。日内瓦把不同社会阶层的收入差别控制在一定范围内。为了使居民的贫富差距不至于过大，瑞士通过法律来调节收入分配，其中有一项规定，如果个人年收入超过了6万瑞士法郎或者夫妻二人总收入达到8万瑞士法郎，当亲属生活困难时有义务对其提供帮助。第三，建设最现代的社会保障制度，成为世界上生活质量最高的城市之一。日内瓦的养老保险制度有“黄金三支柱”。社会保险和伤残孤寡保险是第一支柱，资金由联邦政府管理，属于国家统一的保险类型，为全体居民及其家人提供基本的保障。第二支柱是职业养老保险。对象是各种在职人员，由单位和个人按照比例缴费，由基金统一管理。第三支柱是私人养老保险。由个人志愿缴纳费用，采取商业模式运作，对于缴纳私人保险费的个人或家庭，国家给予一定的税收减免。通过这三种保险制度，在日内瓦生活的人，无论其国籍和区域都被覆盖在不同类型的保险体系之中。第四，实施永久中立制度，制定严厉、精细化的法律法规，使日内瓦成为世界和平之都。

主要启示：第一，建设高效、公开、透明的网上政府，便于市民了解信息，对政府的行为进行监督，参与城市的管理。城市事务必须征得市民同意。第二，通过高税收的方式，消除不同群体之间的差别，政府通过税收建设全民一致的高“福利型”社会。第三，制定严格、细致的法律制度，以法律保障城市社会的安全、有序。

六　对策建议

（一）和谐城市建设的目标与路径

1. 目标

社会主义和谐社会建设总目标可以概括为：民主法制、公平正义、诚信友爱、充满活力、安定有序、人与自然和谐相处。城市是和谐社会建设的载体，比照和谐社会建设的目标，未来和谐城市建设的总目标为：消除城乡之间以及城市内部不同社会群体之间的体制性差别，实现城乡人口、资源的自由流动，在更高的层次上实现城乡之间以及不同社会群体之间的融合。建立科学、民主、有效的城市治理模式，促进政府决策的透明化，为城市居民和社会组织参与城市建设与管理提供有效的渠道。转变政府职能，建设服务型服务，提高政府提供公共服务的可及性与回应性。增加政府对民生、社会事业的投入力度，建设普惠型的社会保障与社会福利制度，增加居民的幸福感。转变城市发展模式，化解城市矛盾与问题，建立高效、精细的城市管理制度，减少城市犯罪，增强居民的安全感。

2. 路径

建设和谐城市的基本路径是在经济建设的基础上，转变城市发展与管理模式，通过社会建设为城市居民生活提供高质量的公共服务和良好的社会环境。具体路径包括：通过户籍制度改革，废除城乡“二元”体制，促使农民工市民化；提高政府城市管理的科学化和精细化水平；调整资源的配置机制，为城市居民提供均等化的公共服务；构建全面、统一的社会保障和社会福利制度；制定高效、完备的法律体系，结合中国的文化传统，对城市人口进行管理。

（二）建设和谐城市的主要措施

1. 提高政府的管理水平和群众的自治能力

法国社会学家孟德拉斯曾在其《农民的终结》中描绘理想的未来城市，应该是以拥有自我管理能力、独立精神和优秀品德的以市民为主体的社会。[①]从城市管理的主体来看，应该由过去以政府为主的单一管理模式，向政府组织、社会组织、企事业组织、居民自治组织等共同管理的模式转变，逐步形成政府与社会相互支持、相互制约又相互依存的管理体制。要创新市民参与城市决策的机制，城市政府要创造条件，为居民参与城市管理提供多种机会与渠道，政府要通过网站、报纸等媒体对信息进行公开，使涉及城市发展和居民利益的事务能够让居民了解；政府的决策要采取从下到上的方式充分征求居民的建议，体现居民的意愿；社会政策或政府项目的实施，要通过不同方式接受居民和社会的监督。要加强城市社区建设和各类社会组织建设，为居民自治和参与城市管理创造良好的环境与条件。

① 张鸿雁：《市民社会与城市社会结构变迁论》，《上海社会科学院学术季刊》2002 年第 3 期。

2. 破除城乡二元结构，为农民工融入城市创造条件

在城市化快速发展的过程中，国家要加快城镇户口管理制度的改革，取消对农民进城的限制，建立新型的户口登记制度，只要具有稳定的职业、长期的住所或经济生活来源，即可申请城市户口，使农民工从身份上由农民转变成城市居民。加快劳动就业制度改革，破除体制内外的界限，建立统一的劳动力市场，对农民工和城市职工平等对待，实现真正同工同酬。要加快社会保障制度改革，建立以职业为主要依据的社会保障制度，逐步实施养老保险金的全国统筹和全国流转。要健全农民工的政治参与机制，提高农民工的政治地位，在各种政治选举和政治活动中农民工都要占到一定比例。要增强农民工对城市的认同感和归属感，通过宣传引导农民工爱社区、爱社会、爱城市，把城市真正作为自己未来生活的家园，使其成为城市社区和社会和谐的稳定力量。

3. 以社会体制改革为突破口，促进公共服务和社会保障事业的发展

制约我国和谐城市建设的主要矛盾是经济建设与社会建设不平衡、不协调，未来我国城市建设的重点在社会领域。通过社会建设，增加政府财政投入，为城市居民提供更多的公共产品与公共服务，实现公共服务的均等化。通过社会保障与社会福利体系建设，使城市居民共享发展成果，增强居民生活的幸福感。目前，我国的社会建设面临着一些障碍，特别是体制性的障碍。中国经济建设取得成功的一条基本经验，是从改革高度集中的计划经济体制入手，为经济建设提供制度支持。未来我国社会建设也要从社会体制的改革入手，通过城乡体制、区域体制、劳动就业体制、社会分配体制、社会事业体制、社会保障体制、社会组织体制、社会管理体制等进行系统改革，激发社会活力和创造性，把我们的城市社会建设得更加安定和谐。

4. 转变城市发展模式，坚持共建共享，减少社会矛盾，维护社会稳定

未来我国将进入以城市型社会为主体的时代，政府要全面转变以经营城市为主要方式的发展模式，退出竞争性的领域，不与民争利，把职能转到提供公共服务和科学管理上来，使群众能够共享城市发展的成果。改变过去以增加GDP为目标的“大拆大建”的粗放型发展方式，通过社区建设、公共活动领域的建设，提高城市居民的生活质量和水平。从以前“重物轻人”，到以人为本的建设理念转变，城市的设计、规划、建设、管理要体现居民的需求，方便居民的生活。在城市发展中政府还要协调好不同社会群体之间的关系，特别是利益关系，化解社会矛盾和冲突，为不同阶层社会群体的和谐共处创造良好的社会环境。

参考文献

刘雪梅：《权利与义务：和谐城市法律关系辨析》，中国方正出版社，2010。

秦光荣：《和谐城市十讲》，云南人民出版社，2012。

王京生：《和谐城市论》，海天出版社，2008。

鲍宗豪等：《走向社会和谐——中国城市和谐发展指数研究报告》，上海社会科学院出版社，2007。

B.9

中国生态城市竞争力报告

——迈向环境友好的生态城市

魏劭琨*

一 问题的提出

近年来，我国城镇化进程明显加快，城镇化率正以每年约1个百分点的速度上升。但是，很多城市在城镇化的过程中片面追求外在的经济效益，而忽视了社会效益和环境效益，从而导致城市人口膨胀、交通拥堵、空气污染等各种环境问题日益突出。2013年伊始，一场弥漫在中国北方100多平方公里的雾霾再次给我国敲响了生态环境的警钟。到今天，生态城市建设已经成为全世界城市发展的趋势。我国“十二五”规划中也提出，要坚持把建设资源节约型、环境友好型社会作为加快转变经济发展方式的重要着力点。在新型城镇化已经成为发展重要任务的同时，生态环境建设已经成为其重要内容，城市的发展必然要紧密围绕生态建设来开展。一个具有可持续竞争力的城市，生态是其可持续性的一个重要组成部分，是其竞争力的重要表现。因此，建设生态城市是未来我国城市发展的重要目标之一。为此，我们必须要从生态城市的角度进行研究，制定生态城市的标准，把握生态城市发展的趋势，以此来引领我国生态城市的发展。

* 魏劭琨，2012年毕业于中国社会科学院财政与贸易经济系，金融学博士，现工作于国家发展和改革委员会城市和小城镇改革发展中心，主要研究领域：城市竞争力、城镇化、房地产宏观调控等。

二　环境友好的生态城市的定义及特征

（一）文献回顾

生态城市，古已有之，中国古代城市、希腊城邦、美国印第安人的村落等都是生态城市的雏形。现代生态城市最早起源于19世纪末英国社会活动家Edward Howard的田园城市。20世纪80年代末，罗马俱乐部在《增长的极限》这本书中明确提出从生态的角度研究城市问题。1971年，在联合国教科文组织发起的“人与生物圈”（MAB）计划中第一次明确提出“生态城市”。这一概念一经提出，就受到各界的广泛关注，很快成为全世界的一种城市发展新模式。之后，随着城市化的不断发展，生态城市也得到进一步的发展（见表9－1）。

表9－1　生态城市的发展历程

<table>
<tr><th>时期</th><th colspan="4">发展历程</th></tr>
<tr><td>20世纪50～60年代</td><td colspan="4">人类对现代科技普遍盲目乐观，认为科技可以解决一切问题，自然只是用来满足人类发展需要，生态城市的思想停滞。</td></tr>
<tr><td>20世纪60年代至70年代初</td><td colspan="4">1962年卡森的《寂静的春天》、1972年罗马俱乐部的《增长的极限》唤起了人类的生态意识</td></tr>
<tr><td>1971年</td><td>联合国教科文组织</td><td>人与生物圈计划</td><td>开展城市生态系统各方面的研究</td><td>生态意识的觉醒</td></tr>
<tr><td>20世纪70年代</td><td>保罗·索勒瑞</td><td>沙漠乌托邦城——阿科桑地</td><td>摆脱城市对自然能源与资源的过度依赖</td><td>能源危机</td></tr>
<tr><td>1984年</td><td>联合国教科文组织</td><td>人与生物圈计划报告书</td><td>提出生态城市规划的五原则：生态保护、生态基础设施、居民生活标准、历史文化保护、自然融入城市</td><td>生态意识觉醒</td></tr>
<tr><td>1990年</td><td>伯克利</td><td>第一届生态城市国际会议</td><td>伯克利生态城市计划，提出基于生态原则重构城市的目标</td><td rowspan="7">推动生态城市理念的推广和建设</td></tr>
<tr><td>1992年</td><td>里约热内卢</td><td>世界环境与发展大会</td><td>正式提出可持续发展的概念</td></tr>
<tr><td>1992年</td><td>阿德雷</td><td>第二届生态城市国际会议</td><td>生态城市设计原理、方法、技术与政策</td></tr>
<tr><td>1996年</td><td>约夫</td><td>第三届生态城市国际会议</td><td>国际生态重建计划</td></tr>
<tr><td>2000年</td><td>库里蒂巴</td><td>第四届生态城市国际会议</td><td>—</td></tr>
<tr><td>2002年</td><td>深圳</td><td>第五届生态城市国际会议</td><td>通过《深圳宣言》</td></tr>
<tr><td>2006年</td><td>班加罗尔</td><td>第六届生态城市国际会议</td><td>—</td></tr>
</table>

自从生态城市理念产生以来，很快就成为城市发展的一种新思路和新模式。因此，众多学者纷纷展开对生态城市的研究。其中，包括前苏联城市生态学家亚尼茨基（1987），美国生态学家 Richard Register（1987）、Roseland（1997），澳大利亚的 Towndon 等等。尽管对生态城市的研究很多，但目前还没有对生态城市统一的概念。综合诸多学者的观点，生态城市的思想大致可以分为环境说、理想说和系统说三类（见表9－2）。其中，理想说认为生态城市应该实现技术与自然的充分融合，最大限度地释放人的创造力和生产力，最大限度地保护居民健康；这是一种生态城市的完美模式和理想模式，但是具有不可操作性。环境说认为生态城市应该重点强调可操作性的方面，如生态保护、交通、居民生活等；这种观点在生态城市产生初期占据主要地位，具有很强的可操作性。系统说是在将生态学引入城市学之后产生的，是现代生态城市的主要理论依据，该观点认为城市是一个复杂的生态系统，应该实现多方面的协调发展。实际上系统说是理想说和环境说的集合体，既立足于现实，又很好地兼顾了城市各种生态要素之间的关系。

表9－2　生态城市各种思想观点

学说	主要观点	评价	代表人物
环境说	是对生态城市的简单理解，强调城市生态保护与居民生活、历史文化、交通、物种多样性等要素的协调发展	这种观点主要是在生态城市概念出现之前。现在，很多实际工作部门仍然在使用这一观点，具有很强的可操作性，但是这种观点不能体现人与人、人与自然之间的协调关系，具有局限性	1984年，“人与生物圈”计划组织（MAB） 1984年，Register
理想说	这种观点是生态城市的理想化，认为生态城市是技术与自然充分融合、人的创造力和生产力得到最大限度发挥，居民的身心健康和环境质量得到最大限度保护的一种人类理想境界	这是生态城市的最终形式。目前仅仅停留在观点上，不具有操作性	1987年，前苏联生态学家亚尼茨基 我国学者丁健
系统说	这种观点认为生态城市是自然和谐、社会公平和经济高效的统一，更加强调自然、社会和城市的相互协调	这种观点既立足于现实，又兼顾了城市的各种生态要素及其相互关系，因此被大多数人接受。这种观点实际上是以上两种观点的结合，是目前生态城市研究的主要依据和立足点	Register在后期提出的生态城市建设原则和定义 我国学者马世骏（1984）、王如松等（1994）、宋永昌等（1999）、黄光宇（1999）、黄肇义和杨东援（2001）等

总体而言，人类的生态城市理念经历了“生态自发—生态失落—生态觉醒—生态自觉”四个阶段，这反映了人类对自然的态度从崇拜到征服再到保护利用最后到和谐相处的演进过程，是人类谋求人与人、人与自然和谐共存的可持续发展理念的体现。但是，随着经济不断发展和城市化水平的不断提高，不同时期生态城市的理解并不相同（见表9－3）。19世纪的生态城市主要侧重于在城市的建设中要尽量减少对自然的破坏，城市的建设要与自然融为一体；20世纪以后，生态城市重点强调在城市的规划和建设中引入自然因素，通过合理布局城市规划，减少城市蔓延带来的生态恶化；“二战”以后，城市开始了对乡村的向往，更多的城市开始倾向回归自然；之后，随着生态学的发展，城市规划和建设中越来越多地采用生态学的研究方法和体系来关注城市系统的生态平衡。

表9－3　近代生态城市理念发展

时间	人物	名称	特征	背景	
19世纪	霍华德	田园城市	着重于城市与自然的平衡，建设有城乡优点的为健康、生活和产业而设计的城市	工业革命引起城市环境极度恶化	生态城市思想的起源
19世纪	希尔达	巴塞罗那城市扩建计划	将自然引入城市	—	—
19世纪	—	城市美化运动	城市与自然的融合，强调自然对人的身心健康的积极作用	—	—
19世纪	斯坦因	美国新城镇	城市与自然的融合，强调自然对人的身心健康的积极作用	—	—
1922年	恩维	卧城	通过建设卧城，减少中心城区的环境压力	由于城市规模扩张引起的环境问题	—
1930年	柯布西耶	光辉城市	把自然环境作为城市的背景，作为建筑和规划的一项重要功能	对工业发展及人类现代文明的歌颂	现代主义运动的发起
1945年	赖特	广亩城市	城市与乡村的融合，回归自然，城市与乡村功能的有机结合	对乡村自然的向往	—
20世纪中叶	沙里宁	有机城市—大莫斯科规划	以邮寄疏散思想为指导，关注城市系统的动态平衡和自组织性	生态学的发展	有机更新理论

总之，生态城市不仅反映的是人类对于社会发展的思路，也反映了人类对人与自然关系的认识达到了更高的境界。生态城市作为当代人与自然和谐相处、社会和谐进步、经济持续发展的伟大探索，是人类实现可持续发展的唯一选择。虽然目前还没有对于生态城市统一的定义，但是综合众多学者的意见，可以发现，生态城市最重要的是城市发展与自然的和谐统一，是人与自然的和谐统一。生态城市不仅要有良好的自然环境，更要有创造和谐的人文环境。

（二）生态城市类型

目前，全世界对于生态城市的实践活动已经非常普遍，越来越多的城市参与到生态城市的建设中，而且大部分城市的生态建设都是根据自身的特点来进行的。尽管生态城市发展的模式不尽相同，但是在很多方面都或多或少体现了生态和可持续发展的理念。根据这些项目各自的特点，生态城市大致可分为以下几种类型（见图9－1）。

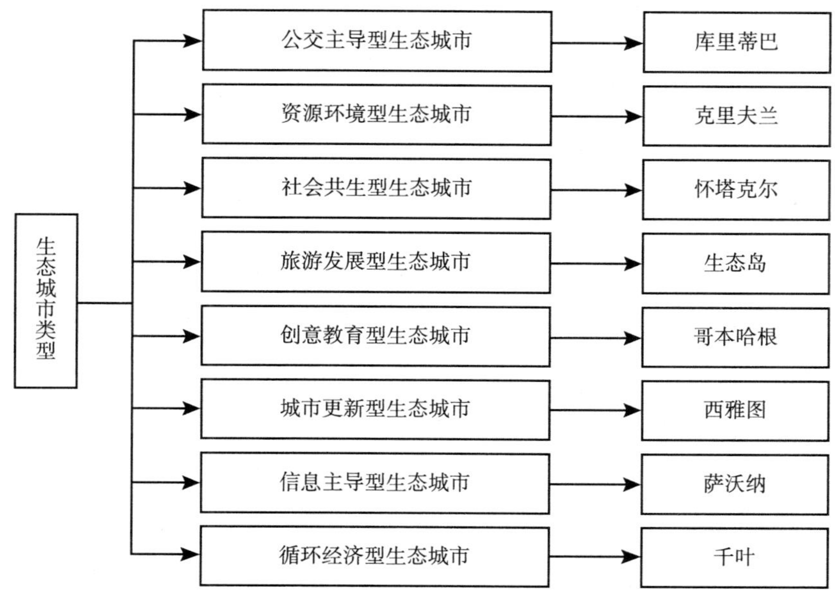

图9－1　生态城市类型

其中，库里蒂巴在城市规划中建立了经济型的综合公交系统，通过城市快速公交换乘线的建设使公交乘坐率达到45%以上，大大减少了城市的交通拥堵。克利夫兰将空气质量、气候变化、能源、绿色建筑、绿色空间等资源环境作为生态城市建设的重要内容，通过提高城市建设的使用效率，降低对资源环境的破坏来建设生态城市。怀塔克尔的生态城市建设主要通过社区授权、都市凝聚、融入环境、健康和安全、减少通勤与增加社区机动性、以生命周期的方法对待能源资源、经济自主性等方面来强化城市发展中人与城市的和谐共生。怀特岛是目前最大的生态岛，在城市建设中，政府通过各种政策鼓励和支持新型能源的开发和引用，岛上家庭都安装了太阳能板和微型风力发电机，并共同提高淡水的利用率及雨水的收集率，已经初步实现了能源自给。哥本哈根在生态城市建设中非常重视教育对生态宣传和建设的重要性，尤其是在生态建设中非常注重让学生参与，围绕生态城市来设计课程，通过让学生参与，加强下一代对生态建设的关注。西雅图通过城市空间的混合利用和工业废弃地的景观改造，成功实现了城市更新。千叶在产业发展中，突出对循环经济的重视和投入。按照生态原则对重工业等高污染行业等进行改造，并通过政策引导和资金支持，加大对再生资源开发企业的扶持力度，提高循环经济在产业结构中的比重。

从上述世界各国生态城市建设的类型来看，生态城市主要应该包括以下内容：首先，生态城市应该注重生态本源的保护，即保持城市干净的土壤、纯净的水资源、较高的植被覆盖和保持生物多样性；其次，生态城市应该建立“零碳”的城市发展系统上，即通过循环经济、能源可持续开发、绿色交通、土地集约利用等实现城市的“零碳”排放；最后，生态城市应该建立公众积极参与的，政府、企业、社区、居民共建的生态建设机制。

（三）指标体系

根据生态城市的内容，并结合世界各国关于生态城市的指标，我们认为，生态城市竞争力指标体系应该涵盖生态城市的全部内涵。因此，我们将生态城市竞争力指标体系分为资源节约、环境保护和生态状况三个方面（见表9－4）。其中，生态状况主要是从城市生态本源的角度来对城市进行衡量，主要包括植被覆盖、生物

多样性、土壤、水等，基于现有数据我们选择人均绿地、降水丰沛度和地表水水质来代表；资源节约是从城市发展系统的角度来描述，我们选择单位 GDP 耗电、单位 GDP 耗水和单位 GDP 二氧化硫排放量来表示；环境保护是从生态的社会发展机制角度来描述，我们选择生活污水处理率和生活垃圾无害化处理率来代表。

表 9－4　生态城市竞争力指标体系

环境友好的生态城市	资源节约	单位 GDP 耗电
		单位 GDP 耗水
		单位 GDP 二氧化硫排放量
	环境保护	生活污水处理率
		生活垃圾无害化处理率
	生态状况	人均绿地面积
		降水丰沛度
		地表水水质

三　现状分析

根据中国城市竞争力 2012 年度数据，我们对中国 287 个城市的生态城市竞争力进行实证分析，重点研究我国总体、区域、重点城市等不同层面城市生态城市竞争力的建设现状及所反映的问题。

（一）现状与格局：中国整体水平较低，江西和山东表现出色

从整体水平来看，我国生态城市竞争力的整体水平还相对较低。图 9－2 根据生态城市竞争力指标对全国 287 个城市进行了描述。从数据结果来看，287 个城市的生态城市竞争力指数均值为 0.365，标准差为 0.161，说明中国城市还处在生态城市建设的初期阶段（见表 9－5）。同时，从中国城市可持续竞争力与生态城市竞争力的对比来看，2012 年中国城市生态城市竞争力均值（0.365）要略高于可持续竞争力的均值（0.393），这意味着尽管中国城市生态城市竞争力很低，但依然是推动中国城市可持续发展的重要推动力。

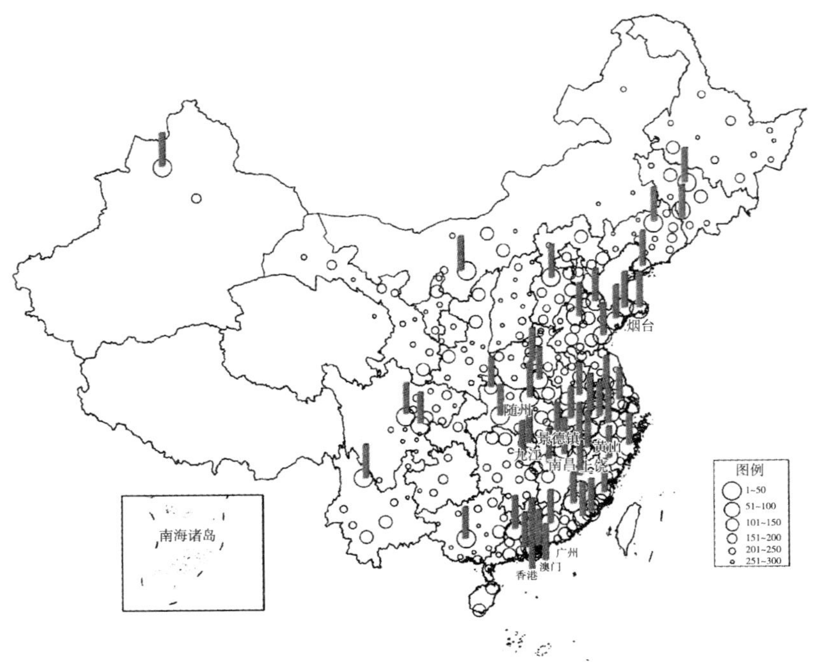

图 9-2　2012 年 287 个城市生态城市竞争力排名

注：2012 年生态城市竞争力排名前 50 名为柱状所示，其他为“○”所示。柱状越高代表生态城市竞争力排名越高，“○”越大代表生态城市竞争力排名越高，图例中的单位为“位次”。

表 9-5　287 个城市生态城市竞争力指数描述

样本数	均值	中位数	标准差	最小值	最大值
287	0. 365	0. 366	0. 161	0	1

资料来源：中国社会科学院城市与竞争力指数数据库。

2012 年中国生态城市竞争力前 10 名的城市分别是：澳门、香港、南昌、随州、上饶、黄山、景德镇、烟台、九江和广州（见表 9-6）。其中，江西省就占有 4 席，珠三角地区有 3 个城市，其余城市分别位于湖北、安徽和山东。从这 10 个城市的地理区位来看，4 个城市集中在东部沿海地区，有 5 个城市集中在中部地区鄱阳湖附近，充分说明自然区位对于生态城市

建设的重要性。从生态城市竞争力指数来看，澳门和香港的生态城市方面遥遥领先于内地城市，生态城市竞争力指数要超过内地最高的南昌 0.296 和 0.289，说明澳门和香港的生态城市竞争力相对较高，而内地城市在生态建设方面还有很长的路要走。同时，从生态城市竞争力与可持续竞争力的对比来看，香港、澳门、南昌、广州和烟台的可持续竞争力也相对靠前，说明，生态环境是城市可持续发展的重要环节，具有良好的生态环境的城市基本上都具有较强的可持续性；而其他 5 个城市都处于中部地区，属于经济较不发达地区，这几个城市在综合竞争力方面相对落后，但是在生态建设方面有独到之处。

表 9 －6　2012 年中国生态城市竞争力前 10 名及其可持续竞争力排名

单位：位

生态城市	生态得分	生态排名	可持续得分	可持续排名
澳　门	1.000	1	0.752	6
香　港	0.993	2	0.980	1
南　昌	0.704	3	0.579	27
随　州	0.670	4	0.363	161
上　饶	0.667	5	0.361	166
黄　山	0.662	6	0.426	99
景德镇	0.655	7	0.411	119
烟　台	0.655	8	0.591	26
九　江	0.639	9	0.453	81
广　州	0.638	10	0.758	5

资料来源：中国社会科学院城市与竞争力指数数据库。

从前 50 名的城市来看（见图 9－3），江西和山东各有 6 个，安徽和广东各有 5 个，福建 4 个，湖北和浙江各有 3 个，辽宁、四川、吉林、湖南、河南有 2 个，内蒙古、河北、江苏、云南、新疆、广西各有 1 个（其余两个是澳门和香港）。其中，山东和江西表现非常抢眼，各有 6 个城市进入前 50 名，说明在山东沿海地区和江西鄱阳湖地区，城市的生态环境建设和生态环境保持相对较好。

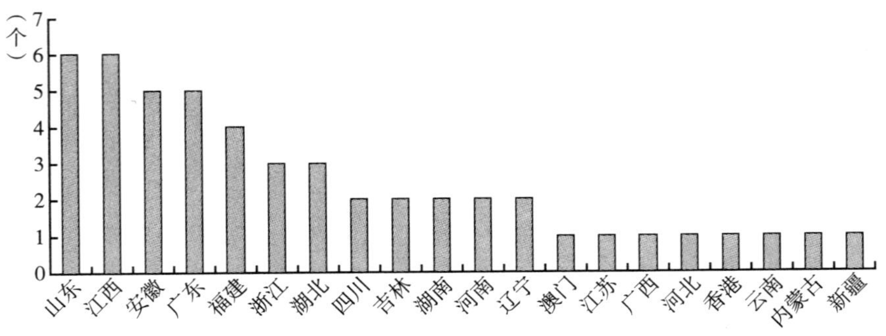

图 9－3　生态城市竞争力前 50 名省份分布

（二）区域比较：中部地区数量最多，东南地区质量最强

一般而言，生态城市的发展水平与经济发展程度有直接的关系，这样来讲，我国生态城市的分布应该按照经济发展水平从东向西逐步递减。但是，从我国生态城市竞争力的地区分布来看（见图 9－4），并不尽然。在生态城市前 10 名的城市中，中部地区占据了 6 个，东南和环渤海分别各有 1 个，还有香港和澳门。从前 50 名生态城市的区域分布来看，中部地区城市最多，有 18 个，东南地区有 13 个，环渤海地区有 9 个，而西南地区、东北地区和西北地区分别只有 4 个、4 个和 2 个城市。总体来看，生态城市竞争力前 50 名中城市最多的地区是中部地区，其中重点是江西和安徽，其次是沿海地区，重点在珠三角和山东沿海地区。

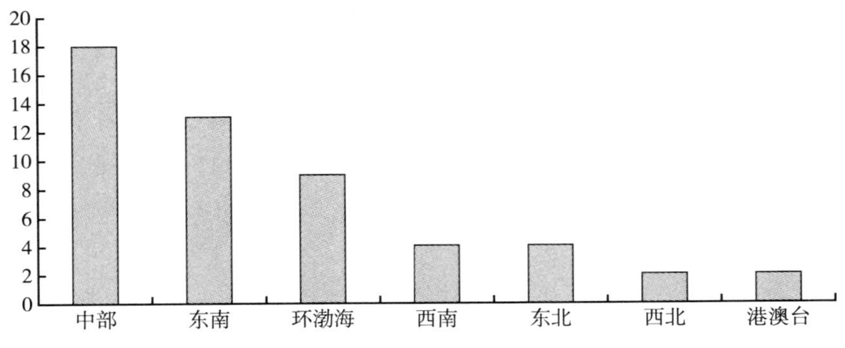

图 9－4　生态城市竞争力前 50 名区域分布

从各区域的生态城市竞争力平均水平来看（见图 9 －5），东南地区城市平均生态城市竞争力得分最高，达到 0. 446，其次是环渤海地区，为 0. 428，接下来依次是中部和东北地区，分别为 0. 371 和 0. 313，西南地区和西北地区生态城市竞争力水平最低，都在 0. 3 以下。其中，东北地区、西南地区和西北地区生态城市竞争力均值都在全国平均水平以下，而且，在后 50 名中有 40 个城市处于这三个地区，另有 10 个城市处于中部地区，东南沿海和环渤海地区没有。我国城市生态城市竞争力的区域性差距，严重影响了我国城市的整体生态城市竞争力。

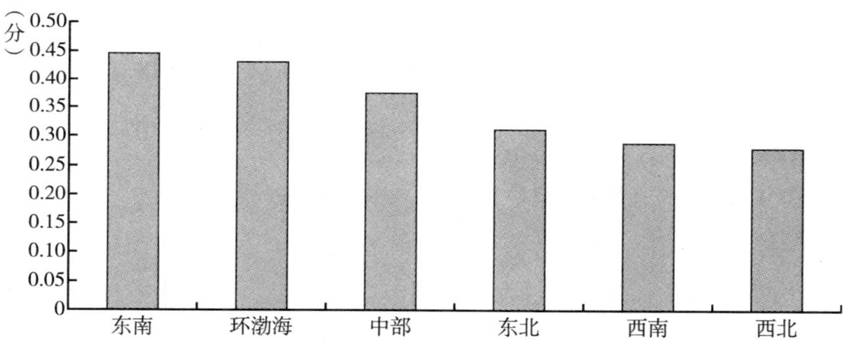

图 9 －5　各地区生态城市竞争力平均水平

四　存在问题

目前我国生态城市建设中存在的问题主要集中在以下一些方面：城市的生态水平较低；很多城市的生态建设还停留在口号上；生态环境保护的法律制度尚未健全；生态保护能力建设滞后，生态保护投入严重不足；缺乏国家层面生态建设的制度框架，缺少补偿机制、排污权交易机制等；经济发展、城镇化与生态环境保护之间缺少协调机制，存在两难选择；生产方式仍旧以高污染、高排放为主，缺乏先进的生产方式；居民消费也存在污染性方式；部分地方部门利用环保进行寻租，使生态保护的目标脱离实际；地方保护主义，使污染排向其他地区；生态监管能力薄弱；等等。我们认为，我国当下生态环境方面的问题在以下几个方面需要再次强调。

1. 目前我国生态环境已经极度恶化，极有可能出现重大生态事件或灾难

我国经济的快速增长，对生态环境的破坏也已经达到前所未有的恶劣程度。而且，由生态环境破坏引发的事件已经越来越多。沙尘暴、酸雨、雾霾天气越来越常见，2013 年初覆盖面积达 100 多平方公里的雾霾使空气污染从局部问题变为国家层面的事件；水污染事件频发，松花江水、滇池、巢湖、太湖等各大流域水污染事件越来越多，山东潍坊地下水污染更是耸人听闻。进入 21 世纪以来，我国环境污染引发的事件呈爆发式增长，而且涉及的问题越来越严重，已经严重影响到人民的生命财产安全。我们认为，我国生态环境还会进一步恶化，极有可能在未来出现更加重大的生态事件或灾难。对此，我们应该有清醒的认识。

2. 众多城市生态保护停留在口号上，缺乏实质内容

自从生态城市引入我国以来，我国很多城市纷纷提出建设生态城市的目标。到 2011 年，我国 287 个地级以上城市中明确提出建设生态城市目标的有 230 个，达到 80% 以上，提出低碳城市目标的有 133 个，占 46%，提出低碳生态城市建设目标的城市已经达到 259 个，占全部城市的 90% 以上。但是，绝大多数城市还停留在口号上，与生态城市相关的实际措施很少，很多城市并没有制定生态城市的规划，即使制定了生态规划的城市在城市产业发展、城市建设等方面也并没有严格按照生态城市的标准来进行。到目前为止，国际上生态城市的典范层出不穷，很多国际城市都走出了适合自己的生态之路，但是我国还没有一个城市成为完全意义上的生态城市。

3. 目前我国缺乏生态保护相应的制度建设，导致生态保护与经济发展存在矛盾

在当前的政绩考核机制下，“唯 GDP”论让地方政府以经济发展作为唯一的发展目标，这就导致地方盲目发展经济，而忽视了环境保护；国家还缺少对生态环境保护相关法律的建设，很多生态破坏、污染的事件得不到有效遏制，污染事件频发；生态保护的相关补偿机制缺失，导致一些地区为了保护生态环境而失去了发展经济的机会，存在生态保护与经济发展之间的不公平。总之，

目前我国还缺少生态保护的相关制度建设，不能够从制度层面上实现维护生态保护的格局，没有发展、建设和维护生态环境的固定机制。

4. 以邻为壑的理念，偏离了生态保护的本质

目前我国很多地区在经济发展中，都将高污染、高排放的生产企业和污染源放在本地区的边缘地带，这样便于将污染物排放到周边地区。以山东省日照市为例，日照市极力反对青岛市在靠近自己的一侧建设化工厂、钢铁厂，同时，日照市也将重点污染企业建设在本市的周边地区，试图将污染排放到临近地区。此外，我国很多沿海城市在治理污染时，也纷纷将污染源建在沿海地区，将污染物排放到大海中。目前我国沿海地区海洋水质持续恶化。据《2012 年中国海洋环境状况公报》数据显示，我国约 1.9 万平方公里海域呈重度富营养化状态，81% 实时监测的河口、海湾等典型海洋生态系统处于亚健康和不健康状态，72 条主要江河携带入海的污染物总量约 1705 万吨。目前我国各地在经济发展中，都存在以邻为壑的现象，这种通过将污染排放到周边地区或海域的做法，完全扭曲了生态的本质，害人害己。

5. 我国居民生态保护的观念还较差，消费方式仍以粗放型为主

目前，我国还没有建成全国参与的生态环保环境，公民对生态保护的理解还较弱。在日常生活中，还存在大量水、电、纸张等资源的浪费现象。我国居民生活中节能、循环型家用设施还相对较少，大量高耗电、高耗水的家用电器仍然是主要的；现代电子产品如手机、电池等的浪费对环境的污染加剧。整体看来，我国居民对生态的意识还较为薄弱，生态理念较为落后，亟待加强。同时，在政府的生态建设项目中，还没有把对居民生态宣传和引导作为重要内容来抓，相关的投入机制也没有建立起来。

五　总结经验

（一）典型案例城市

1. 哥本哈根

哥本哈根是丹麦首都，也是北欧最大的城市，经济发达，交通便利，商业繁荣，具有浓厚的文化气息。2008 年，英国生活杂志 Monocle 评选的世界 20 个最佳城市中，哥本哈根凭借其在生态城市等方面的领先而位列榜首。通过生态城市建设，哥本哈根大大减少了城市的各种排放，提高了城市整体环境以及居民的生活质量。1990～2007 年，丹麦的国内生产总值增长了 45%，而能源消耗仅增长 7%，同时二氧化碳排放削减了 13%。同时，温室气体排放也减少了 21%。哥本哈根在生态城市建设方面的做法主要有以下几种。

第一，制定详细的生态环境保护目标。哥本哈根在建设生态城市初期，通过制定环境保护的目标以及一系列具体的实施办法来推动生态城市项目的建设。这些目标主要包括：水资源消耗量降低 10%，耗电量降低 10%，减少城市垃圾生产，回收家庭垃圾，回收 10% 的有机垃圾制作肥料，回收 40% 的建筑材料，到 2025 年实现二氧化碳的零排放等。这些目标都具体、详细，具有很强的可操作性。

第二，通过节能房屋建设，建立家庭循环经济。哥本哈根通过节能房屋联合垃圾回收建设，培育循环氛围。政府对建筑节能采取严格标准，从而节约供暖费用。2001 年较 1975 年在供暖上所花费的费用减少了 20%，一年可节省 50% 的能源。建筑力争使用周边可以获取的天然材料和可以达到低耗能的建筑形式，同时，注重垃圾处理和回收，67% 的垃圾都被回收再利用，20% 被焚烧，提供地区供热，而只有 7% 被填埋。政府用税收作为激励措施，并辅助强大的宣传攻势，使得节能环保深入居民生活。

第三，创新环境促进企业环保科研，能源技术成就主导产业转移。哥本哈根积极调整产业结构，重点转向发展清洁能源风能和生物质。因此，哥本哈根加大新能源的研发力度。一方面，哥本哈根积极提高居民教育水平，2010 年哥本哈根学生占总人口比例高达 11.6%，将近 62.5% 的居民工作在知识密集型领域，同时哥本哈根在环保科技方面的专利在全欧洲领先，生物科技类更是名列第一。公益方面，政府通过各项财政政策来支持企业创新，如投资数百万欧元建设顶级研究基地，通过商业种子基金、股权保障计划以及公司发展计划对企业进行财政支持；对企业研究投入实施税收优惠，最高达 150% 的税收减免；用孵化器支持创新创业等。

第四，加强生态城市的教育宣传工作。哥本哈根非常重视对城市居民的生态宣传教育。在每个星期六设立生态市场交易日，通过在城市中心广场举办各种生态产品的交易会，对生态商品、生态食品进行宣传，让更多的居民了解了生态城市的内容。同时，哥本哈根还非常重视对学生的生态教育，积极吸引学生参与到生态项目中来。如将很多生态项目试验都选择在学校，在教学课程中增加生态方面的课程，通过让学生的参与，加强下一代对生态建设的关注。

2. 南昌

南昌是江西省的省会，位于我国中部地区。著名的《滕王阁序》用“物华天宝，人杰地灵”来描述这座城市，而“落霞与孤鹜齐飞，秋水共长天一色”也正是描写历史上的这个城市。在改革开放30年来的城市发展过程中，南昌城的环境受到工业发展的破坏，造成城市湖泊的污染、酸雨等问题。后来，南昌市以牺牲GDP来发展城市生态，以生态来促进产业结构转型，以生态来提高城市竞争力，取得了较好的成绩。2012年南昌成为内地生态城市竞争力最高的城市。南昌市在生态城市建设方面的做法主要有以下几种。

第一，明确以生态城市作为南昌城市建设的目标。2003年，南昌市规划委员会出台了南昌城市建设的六大规划方案，提出要做好“山水文章”，即实现以人为本，将“人脉、文脉、山脉、水脉”合为一体。而且，南昌市很早就制定出生态建设的时间表，要在2015年前建成生态城市。在这样的建设目标指导下，南昌在城市规划和建设中都紧紧围绕生态城市而展开。仅2004年，南昌市就增加了绿化面积284公顷，人均绿地面积超过7平方米。多年来，南昌围绕生态建设，放弃了很多能够带来大量经济效益但是污染环境的大项目。可以说，南昌为了生态牺牲了GDP。

第二，以产业转型来促进生态建设，以生态建设来推动产业转型。在我国产业转型升级的这个阶段，南昌充分发挥其“承东启西”的作用，借此机遇对本地传统产业进行升级。南昌确定了优先发展太阳能光伏、绿色照明、服务外包、文化旅游四大产业，并将重点发展以新能源汽车、现代物流业、航空制造、新能源设备、生物与新医药、新材料等六大产业为主体的产业体系。此外，市政府还建立关于生态科技、人才等的财税政策，积极利用工业投资、技术改造项目专项资金、工业债权基金、创业投资引导基金以及各类专项资助奖励等资金，扶持低碳项目的发展。市财政每年安排 8000 万元专项资金，用于支持低碳工程建设和技术研究工作，并对符合相关政策的企业实行减税。

第三，积极加强生态教育宣传。南昌市全面开展生态文化宣传教育以及绿色学校、绿色社区、绿色交通、环境优美乡镇、环境教育基地、绿色宾馆、绿色商场、绿色医院等单位的构建和培育工程，通过完善“生态南昌”网站建设以及其他信息传播体系，提高全民的生态伦理和公众参与意识；积极制定有关生态教育、绿色消费、政府绿色采购等法规或办法，落实绿色税收优惠政策，初步建立起生态城市建设的法规与管理体系框架。

第四，城市建设采用新技术、新能源。南昌市的城市建设采用多项低碳环保技术，如建筑采用太阳能光伏光热技术，建筑墙体采用新型材料用于室内保暖，这样就可以减少供暖、制冷所耗费的能源；部分地区如公园等采用高科技电瓶车作为交通工具；通过智能水循环系统将雨水净化实施再利用等。另外，南昌市还计划在 3 年的时间内在全市主要道路、隧道、车站、体育场馆及广场等公共场所推广应用 LED 节能路灯，计划达到 1 万盏以上。

（二）基本经验

哥本哈根和南昌在生态方面的做法和经验，有很多值得我们借鉴的地方，而且最重要的是，这两个城市的经验与世界其他生态城市都有着相似之处，这也就意味着生态城市的建设，虽然可以在具体的方法、路径和技术上有所不同，但是建设的理念和思路都是相通的。

1. 制定具体可行的生态城市建设的发展规划

哥本哈根和南昌都在城市的发展规划中明确强调了生态城市的主导性，并围绕生态城市开展了详细的规划。此外，美国的克利夫兰、澳大利亚的怀阿拉市、巴西的库里蒂巴、德国的埃尔兰根、新加坡等很多城市都围绕生态城市制定了相关的发展规划。比如，新加坡制定了“绿色和蓝色规划”，通过加强城市绿色植被建设，保证了新加坡随着城市的快速发展仍然能够拥有良好的绿色环境。可见，生态城市的建设，通过制定详细的、切实可行的生态发展规划，

将可持续发展和生态的思想具体到城市建设的每一个细节，会变得更加容易和实际。

2. 生态城市建设要以科技发展作为支撑

从哥本哈根和南昌的实践来看，生态城市的建设必须要以科技作为支撑。此外，世界上其他国家的生态城市也都非常重视生态技术、低碳技术的研制与推广。其中，很多国家通过专业人才的培养来提高生态技术，如美国、德国、加拿大等。很多城市还建立了专门的生态技术研究中心，如澳大利亚的怀阿拉建立了能源替代研究中心，美国的克利夫兰建立了专门的生态可持续研究机构。

3. 对生态城市的宣传和公民的参与是生态城市建设的关键之一

哥本哈根通过各项生态的宣传政策来鼓励和推广生态技术在城市的应用，并且非常注重培育学生的环保意识，这也是哥本哈根的独到之处。南昌市也非常重视生态城市的宣传，引导城市居民全面参与到生态城市的建设中。生态城市的建设不仅仅是政府的事情，只有从根本上建设一个广大城市居民都认可的环保氛围和环境，生态城市的建设才能够顺利开展。

4. 政府导向与政策措施是生态城市建设的关键之一

从案例中可以看出，哥本哈根和南昌在城市生态建设中，政府都发挥了主导性的作用。而纵观世界生态城市的发展历程，政府都在其中发挥着重要的作用，通过政府的规划、政府对于生态技术的推广、生态人才的培养，以及相关的财政税收政策，能够确保生态建设的顺利进行和不断推进。

六　对策建议

“十二五”规划中明确提出要建设资源节约型、环境友好型的社会，这就给我国新型城镇化指明了方向，一定要切实围绕生态城市建设来展开；而且目前我国的经济结构正处于转型时期，生态城市的建设不仅关系到我国未来城镇化发展的质量，也关系到我国产业结构顺利转型的关键。因此，通过研究和分析国内外生态城市的经验，我国推进新型城镇化下的生态城市应该从以下几个方面进行。

1. 制定生态环境切实可行的生态城市目标，并且要认真执行

生态城市的建设，一定要有切实可行的目标，并且要认真执行。虽然很多城市都提出生态城市的目标，但是众多的城市还仅仅停留在口号上，还没有能够落实到城市的规划和具体的建设程序中。因此，未来我国生态城市的建设，一定要加强对生态城市规划的制定，通过科学、合理地制定符合城市本身的生态规划，将生态城市的建设任务分解到具体的目标上，扎扎实实地推进适合本地的、以人为本的生态城市建设，将生态城市由目标、口号变为实实在在的城市变化。

2. 努力推广“零碳”的城市发展模式

生态城市的发展，需要大力推广新型资源开发技术，提高资源使用效率。推广新技术、新能源的使用，减少资源消耗；推广绿色公交系统建设，提高公交利用效率；集约高效利用土地，减少土地浪费。总之，要推广“零碳”的城市发展模式，努力降低城市建设和发展中的资源消耗，尽力实现城市资源供给和消耗的“零碳”，减少城市对外部的污染和排放。

3. 积极调整产业结构，努力发展循环经济

要加快推进产业结构的转型升级，减少高能耗、高排放的传统产业，加快服务业的发展，努力提高第三产业的比重；要积极支持和引导高技术产业的发展，并在城市建设、企业生产和居民生活中积极鼓励和推广各种循环设施的应用，努力推动全社会循环型经济的发展。从减少资源消耗、减少排放的角度来推进生态城市建设。

4. 建立生态技术的研发和推广机制

城市政府要完善生态城市应用研究的政策、技术、资金保障体系，设立相关资金来鼓励和支持生态技术的研发和推广。要进一步加强与国外生态城市的交流，通过对外交流及时了解国外生态城市发展的前沿以及最新科技发展成果，并积极向国外的先进技术学习。要加大生态技术人才的培养力度，提高教育、科研等机构中生态的研究力度，积极吸引国外先进生态人才，通过培养、引进等多种方式健全生态科技人才队伍。

5. 建立生态城市发展的政策、机制

各级地方政府要积极制定各种政策措施，扶持和引导生态城市的建设。在

产业政策上，要优先发展和支持循环经济，生态经济以及新能源、新技术的发展与应用；在公共政策上，要通过产权交易、税收优惠、财政补贴等手段鼓励和支持环保技术和设施的推广，要通过开征环境税、提高资源税以及政府管制等手段限制对环境破坏较大的产业、设施的发展。政府要运用多种手段积极引导生态城市要素的自由流动。此外，在国家层面上，要加快制定和完善生态建设的相关法律制度、生态保护补偿机制，以及排污权交易制度，通过法律和市场机制来完善生态保护。

6. 构建全民生态保护的环境

生态城市的建设尤其要重视全民参与的重要性。因此，一定要加强生态城市的宣传和教育，普及生态知识，提高城市居民的环保素质，使越来越多的公民自觉自愿地加入到生态城市运动中来，并努力宣传和推广各种节能家电，改变居民高耗型的消费习惯。同时，也要加大对生态环保人力资源的培育投入，提高生态环保低碳高技术人才的比例。

7. 强加非营利组织对生态保护的宣传

在生态保护宣传中，要重视第三方机构对生态保护的宣传作用。努力构建在生态保护方面有利于非营利组织发展的制度环境，在城市生态建设机制中要把非营利组织作为宣传的重要内容，政府要通过财税等优惠政策鼓励和支持非营利性组织在生态保护方面的宣传。

参考文献

David Beach, Eco-city Cleveland, Double Issue Volume, Numbers8/9, Sept/Oct, 2001.

Kirk Hamilton, Genuine saving as a sustainability indicators, The Word Bank Environment Department, 2000.

Roseland M. , Dimension of the future: an eco-city overview, Gabriola: New Society Publishers, 1997.

Register R. , Eco-city Berkeley: Building Cities for A Healthy Future, CA: North Atlantic Books, 1987.

Sebastian Moffat, Creating an Eco-city: Methods and Principles, The Sheltair Group lnc, Vancouver, Canada, 1999.

Stan Rowe, The Ecology of Cities, The Structurist, No. 39/40.
Eco2 城市：《生态经济城市》，世界银行，2009。
《中新天津生态城：中国新兴生态城市案例研究》，世界银行，2009。
王祥荣：《中外城市生态建设比较分析》，东南大学出版社，2004。
黄肇义、杨东援：《国外生态城市建设实例》，《国外城市规划》2001 年第 3 期。
董宪军：《生态城市论》，中国社会科学出版社，2002。

B.10
中国知识城市竞争力报告
——迈向创新驱动的知识城市

赵英伟*

一 知识引领新型城市化发展

在过去的30年中，我国城市在以GDP增长为主要经济发展目标的带动下，在城市经济总量、城市规模、居民收入上取得了很大进步，实现了中国城市竞争力在全球的稳步提高。但是城市规模的过度扩张和第二产业的聚集也使城市积累了很多严重的问题，从总体来看我们城市的问题是城市自身缺少良性“循环累积”的发展系统，也就是经常被提到的缺少可持续发展性问题，无法做到良性“循环累积”内生发展的城市只能单纯依靠增加投资、过度开发资源、放松对环境的保护、限制外来人口的社会福利等手段推动城市经济的发展。这些手段都不具有长期的可持续性，如延续这样的发展模式必然出现要素边际收益递减，从而使城市的发展陷入更大的困境。2011年我国的城市化率已经超过了50%，依据中央政府的发展规划，今后的十年也是城市化的十年，如果不提出一个可持续发展的新型城市化模式，随着城市化率的不断提高，现在城市所面临的种种问题在将来的发展中必然会越来越严峻，“知识城市”这一城市发展理论的提出，给出了中国新型城市化的发展模式。Yigitcanlar（2009）提出基于城市的知识管理理论，认为城市不再是单一的经济城市，而是建立在知识基础上的包括经济、社会、环境三方面相互作用的知识城市①。也就是说，知识城市是

* 赵英伟：中国社会科学院研究生院博士研究生，青岛科技大学讲师，研究方向：城市与房地产金融。

① Yigitcanlar，T. Planning for Know ledge-Based Urban Development：Global Perspectives［J］. Journal of knowledge Management，2009（5）：228－242

我国新型城市化发展过程中的必然选择，是对经济的增长质量、居民的生活、环境的保护程度提出的更高层次的要求，通过知识的外溢、形成规模经济来重新构建城市空间结构和形成新的城市圈，为城市竞争力的提高提供内生发展的动力。知识城市竞争力的高低对城市竞争的提高起着十分重要的作用，也是城市的发展模式是否具有可持续性的一个重要标准。本文将对知识城市的定义、评价体系、架构、问题进行系统的研究和探讨，提出了“知识城市”的定义、理论框架、知识城市竞争力的评价体系，并且利用现有的城市数据对全国城市的知识城市竞争力做出实证分析，从中找出我国在知识城市建设中所面临的问题，最后总结国内外成功的案例城市的经验，并提出了建设性的建议。

二　知识城市的文献综述

20 世纪 90 年代开始的基于知识的信息技术革命，迅猛地将人类由工业化社会推入了信息化社会，人与人之间信息的交流更加便捷，对知识外溢的促进也更彻底，2008 年 IBM 智慧城市的提出更是将人与人、人与物的信息交流推向更高的层次①，为知识城市的发展提供了有利的新技术保障，为更好地解决城市问题提出新型的城市发展模式。

（一）知识城市的定义

随着人类进入知识经济社会，作为经济的核心载体城市的竞争力越来越被人关注，经济、社会、环境这三方面的矛盾也愈加突出，人们对城市发展战略的可持续性研究在欧、美快速地兴起，以知识创新为基础的经济发展，促使城市的竞争力不断提高，赢得了城市的“可持续发展”内生动力。知识城市的概念是以 1996 年经济合作与发展组织（OECD）发表了题为《以知识为基础的经济》为最早开端的②。王志章在我国最先对知识城

① IBM 商业价值研究院：《智慧的城市在中国》，2009，http：//www－900. ibm. Com/ innovation/ cn/think/ downloads/smart_ China. pdf。

② European Commission. Agenda 2000：*for a stronger and wider union COM 1997*. European Commission，1997.

市进行开创性的研究，梳理知识城市的定义，研究和讨论其基础理论。对于知识城市的定义中外学者的意见并不统一。最权威的是知识管理运动之父，瑞典的雷夫（Leif Edvinsson）教授认为知识城市是培育学习氛围的城市①；2004 年 Kostas Ergazakis 将“知识城市”定义为：“知识城市是基于知识为目的发展的城市，鼓励创新、共享、评价、更新、升级知识。加强市民之间的相互合作。有效地结合实际，来设计城市的信息网络和基础设施②”；王志章（2007）认为知识城市是西方后城市化时代对城市空间结构的一种新认识，其出发点是对现在的原型城市通过创新和空间再造，促使其转型到以知识为基础的发展上来，这种过程其实就是一种城市创新活动③。Yigitcanlar（2009）提出基于城市的知识管理理论，认为城市不再是单一的经济城市，而是建立在知识基础上的包括经济、社会、环境三方面的知识城市。

（二）知识城市的理论

20 世纪 90 年代形成的“新经济学”（内生增长理论）认为在劳动投入过程中包含着因正规教育、培训、在职学习等而形成的人力资本，在物质资本积累过程中包含着因研究与开发、发明、创新等活动而形成的技术进步，从而把技术进步等要素内生化，得到因技术进步的存在使要素收益递增，从而实现长期增长的结论，Romer（1986、1990）认为城市技术和知识外溢是提高生产效率的关键因素，人力资本是 GDP 增长的核心驱动力”④。Lucas（1988）引入了人力资本概念⑤，在引进技术创新、专业化分工和人力资本之后，内生增长

---

① Edvinsson, L. *Introduction to Issues in Knowledge Management.* Oxford shire, Henley Knowledge Management Forum., 2003.

② Francisco Javier Carrillo. Knowledge Cities Approach Experiences and Perspectives. Elsvier, 2006 (4): pp. 55 – 57.

③ 王志章：《全球知识城市与中国城市化进程中的新路径》，《城市发展研究》2007 年第 3 期。

④ Romer, Paul M., Growth Based on Increasing Returns to Specialization, American Economic Review Papers and Proceedings, 1987, 77 (2): pp. 56 – 62. & Endogenous Technological Change, Journal of Political Economy, 1990, 98 (5): pp. 71 – 102.

⑤ Lucas, On The Mechanics of Economic Development, Journal of Monetary Economics 22 (1988) pp. 3 – 42. North – Holland.

理论得出技术创新是经济增长的源泉的结论。在技术进步与人力资本积累相互作用的方向上，Huw Lloyd-Ellis 和 Joanne Roberts（2002）建立了一个人力资本积累和技术进步相互作用的双引擎增长模型，把知识分为三种不同的形式：技术部门的前沿知识、通过教育和经验获取的内化于个人的知识，以及教育系统中的公共知识[①]。

关于知识城市的理论框架，Carrillo（2004）认为城市发展的空间远远超越了提供好的交通和住房以及维护城市运转的范畴。并将其定义为人类更高层次的永久居住地在城市中；居民以和谐、可持续的方式，系统地进行城市化系统的识别和开发[②]。Yigitcanlar（2009）进一步明确地将制度与知识管理相结合应用于城市的管理，提出了基于知识的城市发展理论，认为：经济、社会和环境是构成知识城市的三个支柱，摒弃了单一的经济发展模式，在经济发展的同时关注城市环境，并且将整个社会的发展建立在经济和环境共同发展的前提之上[③]。

这些理论都是以知识为基础的城市发展理念，追求知识的溢出和知识分享，让城市获得创新的增长，通过经济、社会、环境三方面的相互影响、相互促进、相互融合，改变旧的城市空间结构，建立知识文化多样性为本底、以培育知识人才及产业为过程、以知识生产活动为架构的动态、可持续性城市。

（三）知识城市的评价标准

关于知识城市的评价，早在 2007 年就开始了“最受尊重知识城市”（Most Admired Knowledge City）的评价活动，两年评选一次，采用卡利诺教授（F. J. Carrillo）的通用资本系统框架作为知识城市的评价框架[④]，其中采

① Huw Lloyd-Ellis and Joanne Roberts Journal of Economic Growth June 2002, Volume 7, Issue 2, pp. 87 - 115.

② Carrillo, F. J. Capital Cities: a Taxonomy of Ca ital Accounts for Know ledge Cities. Journal of Know ledge Management, 2004 (5): pp. 28 - 46.

③ Tan Yigitcanlar, “Planning for knowledge-based urban development: global perspectives”, Journal of Knowledge Management, Vol. 13 2009 (5): pp. 228 - 242.

④ 2008 MAKC Report. http://www. worldcapitalinstitute. org/makci. html.

用8类资本作为知识城市的指示剂。2007年评选出新加坡、波士顿和巴塞罗那三个最受尊敬的知识城市。2009年西班牙的瓦伦西亚、巴塞罗那、美国波士顿、英国曼彻斯特获得“最受尊敬的知识城市”称号①。由于采用的评选方式受主观影响比较大，因此采用客观数据来进行公正的评选显得更为重要。中国学者刘洁（2009）结合上述的通用资本体系提出中国的知识城市指标体系，由知识传播、知识培育、知识应用、城市环境四个方面共29个评价指标②组成，但没有进行实证分析研究。邵大伟（2010）利用技术创新能力，人力资源潜力，技术从业人数，文化、交流和地缘区位构建了知识城市评价体系，对我国知识城市的省域差异给予了实证分析，得出31个省（自治区、直辖市）的知识城市发展水平差异的大小程度共分为6类。其中北京排第一，属于知识溢出型；上海、天津市排在第二、第三，属于知识密集型。但没有通过客观数据对我们现有的城市进行全面的、系统的实证研究。

综上所述，国内外的学者虽然对知识城市的评价标准做出了很多探索和研究，但更多是对存量知识的管理，产学研之间联系，市民的知识学习、培养、投入、外溢进行的研究，没有将知识创造的主要方面，如企业主体、当地要素、当地需求、主体联系、公共制度以及基础设施全面系统地嵌入知识城市的理论框架里，知识的创造更多的是由企业产生，忽略了企业集聚、跨国投资的内外联系来研究知识城市本身是不完整的。

三　知识城市的理论建立

近些年来，关于未来城市的新类型，有过很多争论，如智慧城市、生态城市、创造城市、创新城市等，从根本上说，这些城市都试图通过以知识为基础的科技创新来提升城市的经济、政治和文化的综合竞争力③，这些概念之间的界限模糊、功能重叠，对知识城市的定义不明确。本文综合了国内外学者的主

---

① 《城市文化》，中国城市发展网，http：//www. chinacity. org. cn/csfz/cswh/51641. html。

② 刘洁：《“知识城市”评价标准分析和指标体系构建》，《中华建筑》2009年第12期。

③ Hollands R G. Will the real smart city please stand up? City. 2008，12（3）：pp. 303 ~ 320.

要观点，提出知识城市是人类进入知识经济社会后，由原型城市向新型城市转变的必然选择，也是今天中国城市化发展的目标。知识城市是以城市的经济、社会、环境三方面的可持续发展为目标，基于知识的学习、信息外溢、科技创新、环境保护、城市空间的再造来实现的。

（一）知识城市的概念

知识城市（Knowledge City）狭义的定义为：在城市社会的各个领域，都实施优先发展知识培育、知识创新的战略，以知识为基础，最大限度地促进知识传播和创新，使城市的经济、社会、环境实现和谐共荣的进步，从而为城市竞争力的提高提供可持续的驱动力。广义的定义为：一切基于知识的以可持续发展为目标实现城市在空间、设施、制度、生态、文化、科学等各方面的联系、融合、分享、创新、发展的美丽城市。知识城市之所以有别于原型城市，其核心是通过创新实现城市知识的开发、整合与进步。创新城市、智慧城市、数字城市、田园城市、生态城市、创意城市、时尚城市都属于知识城市。

（二）知识城市的特点

知识城市一般具有几个显著的特点：第一，知识城市的产业高附加值、知识密集型企业聚集，技术外溢、规模经济明显，企业自身创新力强、科研投入大。第二，所在城市知识人口密集、完善知识教育体系，注重文化的多样性和包容性，同时资本市场发达、科技成果的转化率高。第三，城市对外联系密切，国际化程度高、跨国公司总部聚集。充分挖掘城市自身的特质，增强城市的吸引力和承载力，以构建区域性和国际性的资本市场和运营中心。第四，对知识型的人力资源的需求量大，科技投入高，城市有良好的学习、把吸引人才放在突出位置。第五，制度上鼓励创新，政府主导建立科技孵化园区，建立包括住房、福利、薪金等在内的优惠政策，对知识创新给予制度上的帮助和引导。第六，城市各方面基础设施健全，知识城市必须是有利于学习的城市，通过全球互联网、物联网实现知识资源共享，改变城市的空间结构，缩短学习距离，为新的知识创新提供必要的基础设施。

（三）知识城市的理论框架

知识城市理论是以原型城市为基点发展新型的城市理论，目标是让城市的发展具有可持续性，所谓可持续发展性就是良性的“循环累积”，对经济、社会、环境实现相容激励的发展。本文在 Carrillo 和 Yigitcanlar 的理论基础上导入了以基于知识为出发点的企业本体（知识的创新）、当地要素（知识的存量）、当地需求（对知识投入和吸引）、主体联系（全球化知识网络）、公共制度（鼓励知识创新）、基础设施（良好的知识学习环境）共六要素为我国新型城市化发展提供理论依据。将知识城市的目标定义为：可持续发展的、基于知识创新的、经济和环境相容发展之上的城市社会。经济的可持续发展指的是资源得到优化配置、实现内生性的循环累计经济效应；社会的可持续发展指的是社会的精神文明与物质文明有效的相互结合，相互促进实现社会文明和谐；环境的可持续发展指的是在经济和社会的发展过程中充分地保护环境、节约能源，低碳发展。基于知识创新的发展理论是将原型城市所具有的文化、产业特点，以知识创新为基础战略，让传统的产业升级或转型为新经济，把知识创新作为催化剂；让竞争力不断衰退的城市重新焕发新的驱动力。

（四）知识城市竞争力的指标体系

本文在对以前文献研究和分析的基础上，将对城市基于知识的竞争力指标体系进行设计。虽然知识城市的指标本身包涵城市基于知识的经济、社会、环境三个方面的众多指标，但是本文是中国城市竞争力的八项解释性竞争力的一项，在八项中已经有了生态、和谐、信息三个方面竞争力的单独表述，在此本报告围绕创新驱动这个主题，着重点在于考察城市的知识创新力，延续中国城市竞争力的设计机构，将指标体系分为三个部分：需求、投入、产出，分别由表 10 - 1 的 10 项客观数据指标组成。通过对这些客观数据的分析和总结，能发现城市在知识创新力上存在的问题，并为政策建议提供有利的数据支持。

表 10－1　知识城市竞争力指标

创新驱动的知识城市	需求	每百人公共图书馆藏书量 科技经费支出额占财政收入比重 人均教育支出 高科技产品进出口总额
	投入	中等以上学生占全部学生比重 大学指数 每百万人科学研究、技术服务和地质勘查业从业人数
	产出	人均高端服务业增加值 专利指数 论文发表数

四　现状分析：中国城市知识城市竞争力报告

中国有一半以上的人口居住在城市，城市在知识科技上的进步也十分明显，2012 年 12 月，联合国世界知识产权组织（WIPO）在日内瓦发布的年度报告显示，在 2011 年，中国已经超过美国，成为申请专利最多的国家①。“知识可以改变命运”、“科学技术是第一生产力”已深入人心，本报告将对包括中国香港、中国澳门在内的，中国 287 个城市的知识创新竞争力现状给予客观分析。

（一）现状：多数城市处于原型城市状态，知识城市引领可持续竞争

我国的诸多城市还处于原型城市状态，没有向知识城市转型，或者有转型的意愿但是在战略上并没有实施适合当地要素的基于知识创新的发展战略，2012 ~ 2013 年度知识城市竞争力指数平均值为 0.328、方差为 0.037。说明整体处于很低的发展水平，同时水平相近的城市较多。依据知

① 世界知识产权组织：《全世界知识产权申请继续攀升：中国专利申请全球第一》，http://www.wipo.int/pressroom/zh/articles/2013/article_0025.html。

识城市发展理论，只有基于知识创新的发展才具有可持续性，知识城市竞争力排在前10名的分别是北京、上海、深圳、香港、南京、杭州、广州、天津、武汉、大连（见图10－1），惊喜地发现，知识城市竞争力的前4位也是最具有可持续竞争力的前4位，这很好地佐证了基于知识创新发展的城市是最具有可持续竞争力的。北京的国际化程度高、知识存量密集，文化产业、高科技产业聚集，基础设施好，市民学习氛围浓厚，在知识城市竞争力排名中居第1位。

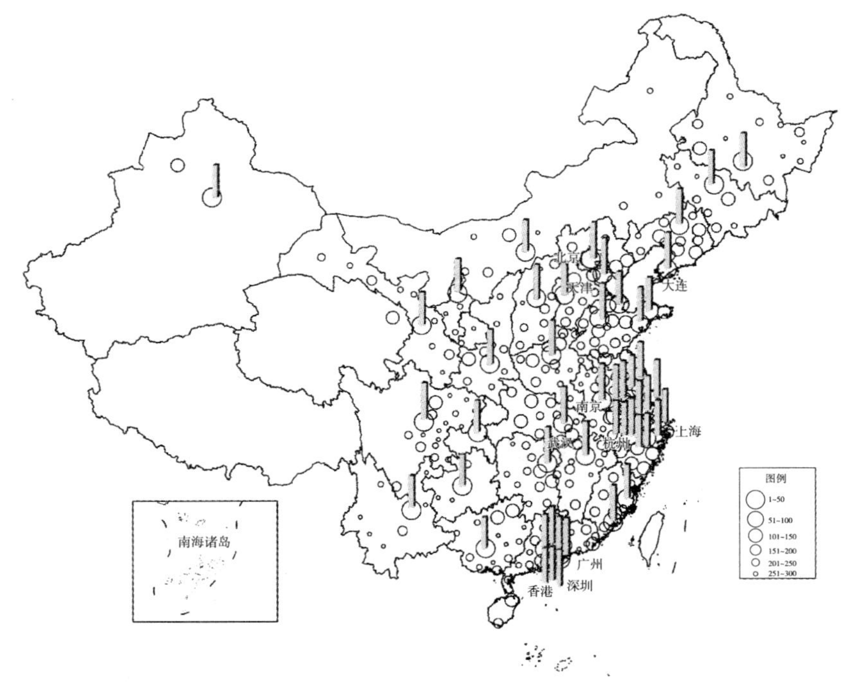

图10－1　2012年287个城市知识城市竞争力排名

注：2012年知识城市竞争力排名前50名为柱状所示，其他为“○”所示。柱状越高代表知识城市竞争力排名越高，“○”越大代表知识城市竞争力排名越高，图例中的单位为“位次”。

（二）区域：区域发展极不均衡，发达地区知识创新力强

为了更好地考量各区域知识城市的竞争力现状，分别从省域、区域两个方

面来说明我国的知识城市竞争力现状。东南三省实力超群，环渤海地区整体领先，中部、西南地区增加值低。

从省域来看（见图10-2），最具有知识城市竞争力的前50个城市中，广东、江苏、浙江三省，都有6个城市进入了50强，三强鼎立的格局没有改变，仅三省就占据了50强的36%。紧随其后的是经济大省山东，也有4个城市入围，另外安徽、福建、辽宁各有2个城市进入，其余省份都只有1个城市进入50强，可见我国的知识城市竞争力分布极不均衡，发达省份的知识城市竞争力也强大，科学技术是第一生产力的理论在此得到了极好的证明。

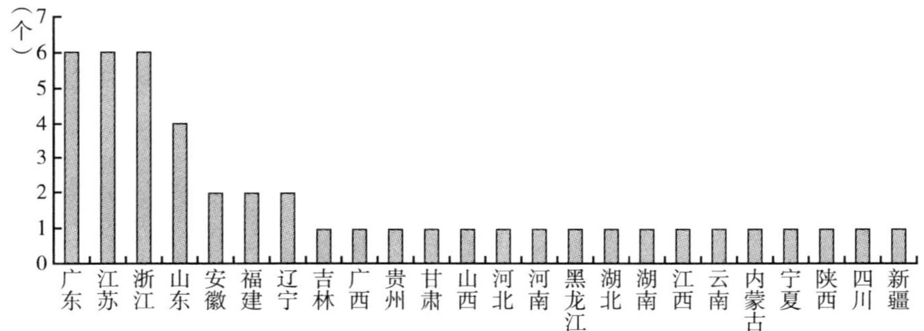

图10-2 知识城市竞争力前50名省域分布

资料来源：中国社会科学院城市与竞争力指数数据库。

从区域看（见表10-2），东南地区实力最强，有5个城市进入具有知识城市竞争力的前10名，占了的半壁江山，前50强中占了21个，占比42%，可见我国的东南地区经济发达、文化底蕴深厚、科技创新力在区域中独树一帜。环渤海地区虽然没有东南地区那么出色，但是整体实力强大，所有城市都进入了前200名，没有明显知识城市竞争力较差和差的城市。环渤海地区以北京、天津为核心，沿渤海湾两翼齐飞，形成了知识城市竞争力很强的城市带，是我国知识城市竞争力发展最均衡的区域。中部、西南地区很多城市属于知识城市竞争力差或较差的，在区域位置上，两地区位于内地，是我国劳动力主要的提供区域，每年有大量的人力资本由两地流向沿海地区，使该地区人力资本匮乏，无法形成人力资本的循环累积效

应，在知识城市竞争力的产出项中的人均高端服务业增加值上明显低于其他区域。

表 10－2　知识城市竞争力区域分布

单位：个，位

排名	东南	环渤海	东北	中部	西南	西北
1～10	5	2	1	1	0	0
11～50	16	5	3	6	5	5
51～100	15	9	7	10	4	4
101～200	13	14	13	40	11	9
200～250	5	0	6	14	8	17
251～287	1	0	4	9	19	4

资料来源：中国社会科学院城市与竞争力指数数据库。

（三）指标：科研人员中心城市聚集，知识产出的分化严重，知识需求的满足度差①

知识城市的基础理论就是在基于知识的前提下，实现全民的知识教育、知识共享、知识创新，这种高度集中形成的知识外溢对人力资本极具向心力，吸引了大量的优秀科研人员流动到中心城市，在科技人员数量上，62%的科技人员集中于前 30 名的中心城市，这样便使其他城市科技人员匮乏，在知识创新上很难得到良性的发展，这是影响我国城市整体知识竞争力的重要原因。

最能代表知识创新成果的人均高端服务业增加值前 10 名城市都在 1 万元以上，其中最高的香港、北京分别是 37418 元、21207 元，而排在 59 名以后的 228 个城市的人均高端服务业增加值在 5000 元以下，排在 250 位以后的城市甚至低于 1000 元，和最高的香港、北京差 36 倍、20 倍，可见我国城市的知识创新的产出两极分化严重。

基于学习知识需求的各城市的满足度差是我国中小城市面临的主要问题，阅读已经不仅仅关乎个人的修身养性，也真真切切地关系到一座城市的市民素质

① 文中引用的所有城市的知识竞争力数据来自中国社会科学院城市与竞争力中心数据库。

和竞争力，是提升城市文化软实力的重要组成部分。例如，每百人公共图书馆藏书量最高的深圳、上海分别是每百人 883 本、482 本，然而排在 28 名以后的城市基本藏书就不足 100 本了，书是人类进步的阶梯，增加城市知识公共品的获取将是多数中国城市面临的大问题，它与市民的文化、科技素质密切相关。

综上所述，中国随着城市化进程的不断加快，知识城市竞争力形成了以北京为先导的知识发展雏形，经济发达地区已有建设“知识城市”的实力和基础条件，从知识城市竞争力的排名表现为区域分布差距加大，东南、沿海城市竞争力优势明显，对中、西部的优秀人力资本的吸纳力强。

五　存在的问题

我国的多数城市还处于原型城市状态或者虽然有向知识城市转化的想法，但没有密切结合原型城市的社会、文化传统和人力资本、区位的特点来发展符合本地区的基于知识创新的城市发展战略，主要问题表现为：战略定位模糊、知识需求的满足度低、知识的外溢不足、知识企业的聚集缓慢、科技成果转化效率有待进一步的提高。

（一）城市转型缺乏战略视野，没有将本地要素嵌入知识创新中

在知识城市的发展中，很多原型城市的发展战略严重脱离实际，没有根据本地区的具体情况来制定知识城市的发展路径，盲目地炒作国际上的时髦概念，缺少政策的连贯性，通常不同领导所提出的发展目标也不一致，造成政府战略的短期行为、重复建设，浪费了大量的社会资源，形成很多“面子工程”、“概念场馆”，并没有为本地区的知识培育、知识创新提供长期的、有效的发展战略。

（二）知识的需求满足度低，学习的基础设施有待提高

我国的高校、研究机构、政府的知识资源对社会的开放度低，例如：书籍、科研设备、科研数据都在一个相对独立、封闭的体系中没有对社会开放，一方面无法满足企业科研、市民学习的需求，另一方面造成很多知识资源的闲

置和浪费。没有全民共享的公共学习平台，如耶鲁大学的网络公开课，当市民有了知识需求的时候，不知道去哪里获得知识，或者无法享受到社会的公共知识资源。

（三）知识对内、对外联系度低，人力资本的管理制度僵化

依据新经济增长理论，只有知识出现外溢时才能获得规模经济，我国的多数城市有知识的对内、对外联系度低的问题，与外界的联系度低使知识外溢不足，缺少原创的、深层次的知识创新交流，流于形式的评比、评奖、达标多，无法实现有深度、高水平的知识交流氛围。知识人力的管理体制僵化，碍于体制，无法做到灵活、自由的人才交流，使高水平的科技人员大量聚集于大城市、中心城市，无法实现对边缘城市、中小城市的知识外溢。

（四）知识产业的集约化低，知识产权保护执行力差

企业在生产过程中的知识创新和研发是提高城市知识创新力的另一个途径。而我国城市的第二产业聚集度高，产品的同质化严重，知识外溢也很难实现原创性创新，即使 2011 年我国成为专利申请最多的国家也面临发明专利少的问题。山寨、盗版的大量存在，严重影响了企业的创新积极性，对知识产权的保护不力和地方“山头主义”严重，严重妨碍了我国知识产权保护的执行。

（五）科技成果转化效率低，区域间科技产出差距大

我国城市的科技转化率低，2011 年北京、上海在专利申请、论文发表数上虽然高于香港，但是实际的科技成果转化却远低于香港，人均高端服务业增加值香港是 3.7 万元，北京、上海分别是 2.1 万元和 1.3 万元，可见如何提高科技成果的转化效率是摆在我国城市面前的一个大问题。通过对各城市科技支出占财政收入比的实证分析发现，投入绝对值少、人才匮乏、以前的科技投入欠账较多等，使中小城市专利申请和论文发表数量极低，严重地影响我国知识城市的全面转型。

如何解决“知识城市”面临的诸多问题是对我们提出的新的理论要求。下面将对知识城市发展的国内外成功经验进行归纳和分析，为我国知识城市的发展提供有意义的借鉴。

六　国内外的知识城市成功经验

城市种类很多，不同的城市有着不一样的问题，如特大城市的拥堵和环境的污染、工业资源型城市的资源枯竭、生产消费型城市面临的产业结构升级等。这些都是知识城市的原型城市，世界知识城市的成功经验证明，并非所有的原型城市都可以转化为知识城市，下面将对将国内外成功的案例城市（北京、波士顿）的知识城市发展经验进行归纳和梳理。

（一）北京：传统与现代融会的智慧之都

北京在2012～2013年度知识城市竞争力中排第1名，所考量的10个分项指标中，无一例外地都进了前10名，展现强大的知识城市竞争力，其中大学指数、科研人数、论文发表数三项独占鳌头。

1. 创建“北京精神”，融会传统与现代

北京在知识城市的建设中，没有追赶时髦的概念而是首先创建了“北京精神”，创新是“北京精神”的精髓，包容是北京精神的特征，北京是世界著名古都和历史文化名城，充分认识到传统文化是北京的根基，在这个基础上提出了“北京精神”。“北京精神”是“人文北京”最重要的内容，弘扬了传统的文化，以海纳百川的精神吸收了来自全国、乃至全球的先进文化、科技、和人才，传统与现代、东方与西方思想的交融，创新出具有北京特色的现代科技文明。“北京精神”是北京建设知识城市的灵魂。

2. 强化学习型城市，满足市民知识需求

知识城市是善于学习的城市，北京早在2001年便开始启动建设学习型城市工作，2007在总结几年来实践经验和成果的基础上，提出了建设学习型城市的总体目标：北京建成学习之都，使其成为以现代终身教育体系和学习型组织为基础，以广大市民的良好素质为支撑的现代知识城市。2012～2013年知

识城市竞争力分项的人均教育支出排在全国的第五，每百人公共图书馆藏书量全国第四，让市民能够通过学习带动各项工作创造一流业绩、充满创新精神和发展活力的知识化、国际化大都市。

3. 改变城市空间结构，建立知识培育信息网络

知识城市的核心就是市民知识的培育和创新，为市民提供良好的思想学习条件，北京基于知识的发展战略，提出了改变城市内部空间结构，消除空间距离，利用互联网、物联网、云计算技术建立“智慧城市”，实现网络化的学习、工作、生活体系，减少出行、城市内部的移动，从而减轻城市交通压力，使知识和信息在市民间快速传播和分享，提高了城市的管理效率。

4. 发挥城市知识优势，建议鼓励创新的制度

北京利用顶级高等院校、科研机构多的优势，不断优化科技创新环境，使其自主创新能力大幅提高。北京的科技经费支出额占财政收入比重排名全国第五，达到了7%。中关村国家自主创新示范区带动作用显著增强，正在加快成为具有全球影响力的科技创新中心和高新技术产业基地，北京的知识产出实现了论文发表数排第一、专利申请数排第4位、人均高端服务业增加值第2位的优异成绩。实施科技创新、文化创新“双轮驱动”战略；实现创建科技文化创新之城的目标。

5. 打造多功能聚集区，实现文化、知识多元发展

知识城市是充分尊重知识的多元化社会，为知识的创新提供多功能的发展区域，北京创建了中关村、亦庄、CBD、金融街、奥林匹克中心区、临空经济区等6大高端产业功能区，成为全市高端产业发展的重要载体。北京市围绕建设中国特色世界城市目标，加快推进经济发展方式转变，推进首都文艺演出聚集区、画家村、传统文化茶叶街等不同特色的文化功能区的形成，为北京吸引各方面的知识资本提供了外部环境。

6. 北京的启示

北京是国内大学、文化传媒、科研机构最集中的地方，每天有各种各样的学术讨论、文化交流、科研研讨会在这里举行，知识的大量聚集是市民能够及时学习知识的最大保证，知识共享、思想的交流所带来的知识外溢的影响力是巨大的，北京又是我国的政治、经济之都，也是对外交流最活跃的地区之一，在全球化的背景下，来自世界各国的文化知识层人士的往来和交往，为北京的知识外溢加入了更先进、更具活力的冲击，这样国际化知识联系孕育出了强大的、可持续的科技知识创新力，可见知识的外溢是知识城市竞争力强大的最重要的必要条件。

（二）波士顿："科技创新之都"

波士顿被誉为"美国最古老的城市"，其文化氛围悠久而厚重。随着环波士顿科技产业区的兴起，给城市转型带来了机遇，波士顿的经济再次繁荣，尤其是以知识为基础的部门发挥了重要作用，2012 年波士顿入围全球最具有创新力的知识城市。

1. 形成了开放的、自由的知识学习型社会

波士顿给人印象最深刻的是集聚全球最顶尖的大学群，无论是哈佛大学还是麻省理工学院，都没有围墙、没有保安，在宁静追求知识的氛围里，市民可以任意地进入校园，去申请倾听学校的讲座、专业课程，有机会和世界顶尖的学者讨论知识，这是波士顿的知识人文精神。正是这种开放的、自由的知识学习型社会体系奠定了波士顿成为世界知名创新城市的基础。

2. 利用自身优势资源加强对内对外联系战略定位

波士顿政府城市发展战略充分地利用当地世界顶级知识资源密集的有利条件，建立了政府、企业、机构、个人之间紧密的知识联系网络，制定了城市未来发展的两大策略：一是实现知识创新的相互促进和交流，有效地提高知识的利用效率，以知识创新来变革城市；二是结合当地的人口素质和经济条件、社会环境等要素，加强波士顿对内、对外的联系网络，使其成为北美领先的数字城市。

3. 充分利用知识资本，提高科技成果转化率

波士顿最大的优势在于知识资本密集，波士顿认识到它的未来不在于创出多少科技成果，而是将现有的科技成果转化成社会成果和商业利益。发挥政府、企业和科研机构的多方力量，建立良好的科研成果转换机制，实现科研成果的有效利用；利用与纽约的地缘优势，与华尔街紧密联系，加强国际交往，促进资本与信息流动；通过政府设立代理机构和计划项目来提供产业发展空间

和为企业提供金融资源，帮助企业发展。

4. 建立区域创新园区，形成产学研循环体系

波士顿典型的是区域创新区，以市区的大学校园区为中心形成128公路环的研究机构区和495公路环的企业创新区，充分实现了学、研、产三者的密切结合，知识的产学研循环体系构成了波士顿区创新区的基石。从地理上促进了学校与企业的经济科研联系，使科研、生产、理论教学都围绕着学以致用的目标展开。

5. 坚持绿色发展，大量吸引外来人才

波士顿虽然受自然环境局限，没有更多用于开发的城市用地，但是它没有选择功利地去破坏自然，而选择了拓展地下空间的发展策略，建立科学且便捷的地下交通网，并以此为契机改善城市环境。利用大学、研究机构密集的有利条件，向全世界优秀人才伸出橄榄枝，通过交流、访学、留学等方式吸引了大量来自海外的优秀人才，极大地丰富了波士顿的人力资源库，为城市科技创新今后的发展提供了可持续的人才储备。

6. 波士顿的启示

波士顿知识城市竞争力的核心是波士顿的全民学习型社会的形成，当知识的学习成为这个城市的标志与精神的时候，这个城市基于知识而勃发出的创新力是可持续的，也是知识学习型社会的必然产物。

七　政策建议

知识城市强调基于知识的培养、共享与创新的经济、社会、环境三方面和谐发展的城市战略，以实现在城市的内生性可持续发展。本节通过对我国287个城市的知识城市竞争力的实证分析，结合国内外知识城市发展的理论和成功案例经验对我国的知识城市竞争力今后的发展归纳了以下建议。

（一）在明确知识引领的基础上，结合自身的条件制定科学的发展战略

一个善于学习的社会，才是一个充满活力的社会；一个尊重知识的民族，

才能成为拥有巨大创新能力和发展潜力的民族。只有把明确的知识在城市发展中定位，才能形成科学的城市发展战略规划，并能有效实施各项战略举措。知识是引领城市发展的基础，城市必须结合本地区的实际情况、文化传统、资源优势、区位优势、人才状况。只有这样，才能制定出符合知识城市发展的战略，并且要长期坚持，不能走过场、玩文字游戏。

（二）加强城市基础设施投入，形成良好的城市学习观

城市应该加大对公共教育资源、市民图书馆的投入，培养市民学习知识的良好习惯。完善城市物联网、互联网的建设，加快知识和信息的传播速度，让市民能够便捷地获得学习资源。开放大学教育资源，实现市民的终身教育，让市民能够更自由的获取知识。建立全民的知识学习观，形成城市尊重知识、重视教育的良好风气。城市学习的观点至少包含以下两个层次：第一，在宏观层面上以创新为目标，通过对样板城市的学习、消化、掌握来提升原型城市的知识发展水平。第二，在微观层面上，城市是市民、企业和研究机构掌握知识的帮助者，让城市的知识资源得到合理分配，知识的管理与知识获得同等重要。

（三）实现知识内外联系，创建知识创新区

进一步拓展城市的对外交流空间，通过城市与外部的知识交流发现不足、找到差距，尽快改善自身的不足，不同的城市有着不同的知识资源、文化资源和自然条件，要因地制宜地发展知识创新区，充分利用本地区的优势资源，外引内联建立开放的、持续的知识创新区，创新区在创造就业、突出城市历史和传统价值、带动城市旅游业及文化产业的发展。

（四）建立灵活的知识交流制度，为城市发展提供人力资源

尊重知识、尊重人才、尊重创新，解放和发展社会生产力，推动科学发展，是城市知识创新的根本，对知识的热爱和对于知识渴求的满足程度决定了知识城市竞争力的高低。

我国的科研人员相对集中于大城市，中小城市人力资本匮乏的问题是困扰我国中小城市知识竞争力提高的主要原因，现阶段所面临的灵活的城市智力引

进机制的构建是实现中小城市知识竞争力提高的重要途径，可以通过各种灵活多变的用人方式来解决这一问题，实现大城市与小城市的人才共享机制，实现中小城市知识创新的发展。

（五）激励企业创新保护知识产权，密切产、学、研，提高知识转化效率

激励企业的科技创新，严厉打击盗版、假冒等侵犯知识产权的行为，只有建立一个保护创新的法制社会，才能保障知识城市的最终实现。加大对企业科技投入的财税支持，政府牵头密切产、学、研三者的关系，让知识创新可以快速地转化成社会效益和商业效益，放松制度的过度管制，建立自由、民主的科研氛围，为科技创新提供制度上的激励。

“知识城市”是知识驱动的创新城市，是现阶段我国城市化发展的必然选择，也是我国城市进入知识化社会后的理想模式，知识的学习、共享、创新不是一蹴而就的，需要建设一个长期的知识学习和管理环境，以北京为代表的发达城市虽然出现了知识城市的雏形，但是和国外的知识城市相比还有提升的空间，另外，我国很多欠发达地区的城市还处于原型城市阶段，迫切需要调整观念、积极赶上，由此可见，我国的知识城市竞争力的发展潜力巨大，但任重道远。

B.11

中国全域城市竞争力报告

——迈向城乡一体的全域城市

蔡书凯*

一 引言

发展城乡一体的全域城市是可持续理想城市题中的应有之义。从某种意义上说，可持续理想城市蕴藏着要用城乡一体的新社会结构形态来取代城乡分离的旧社会结构形态，未来的理想城市应该是以城市为蓝底的城乡一体的全域城市，是城市和农村主体发展一致、相互联系、相互衔接的城乡一体城市，是由城乡隔离的二元城市发展为城乡一体的一元城市。近年来，中国城市化进程不断推进，中国城市城区的规模不断扩大，且逐渐向周围农村蔓延。但在长期“城乡分治”制度的作用下，中国的城市化呈现城市孤立发展的态势，城市与农村、点与面之间相互隔离，城市经济、社会发展的扩散效应难以发挥，经济增长的收益不能及时为城市区域所有主体所共享。

2013年的中央一号文件提出要“按照提高水平、完善机制、逐步并轨的要求，大力推动社会事业发展和基础设施建设向农村倾斜，努力缩小城乡差距，加快实现城乡基本公共服务均等化”。为发展城乡一体的全域城市、为“农业、农村、农民”问题的解决提供了新的途径与契机。区域整体协调发展与城乡一体化发展必然成为未来可持续城市发展的一个必然趋势和基本战略，也是深入贯彻落实“科学发展观”的重大举措和必然选择。但从现实来看，城乡一体的全域城市仍然面临众多挑战，实现可持续的理想城市仍然任重而道

* 蔡书凯，浙江大学管理学博士，中国社会科学院财经战略研究院应用经济学博士后。

远，这也是本文所要研究的主题。本文将在前文研究的基础上，研究城乡一体的全域城市发展现状、基本特征、存在的问题和取得的经验，并在此基础上总结其实现路径。

二 理论分析

（一）文献回顾

刘易斯1954年在其《劳动无限供给条件下的经济发展》一文中，首先阐述了“两个部门结构发展模型”的概念，认为发展中国家存在两种不同的生产部门：以传统生产方法生产、劳动生产率极低的自给自足的农业经济部门，以现代生产方法生产、劳动生产率极高的城市现代工业部门。

缪尔达尔提出了著名的地理二元结构理论，认为有必要化解城乡差距增大过程中出现的“马太效应”，发展中国家必须进行制度创新，消除腐败，注重城乡收入的均等化，从而缩小收入差距。他指出政府应该采取不平衡发展战略，通过刺激和帮扶，加快落后地区的发展，同时发挥城市的扩散效应，促进城乡公平。

英国社会改革家埃比尼泽·霍华德（1898）在《明日的田园城市》一书中提出了非常著名的“田园城市”理论，提倡建设一个兼有城市和乡村优点的理想城市，从而使城市和乡村作为一个整体运行，现实各要素自由流动。他认为城乡都有其优点和缺点，而“城市—乡村”的融合则可以去掉各自的缺点，发扬优点。他提倡建立中小城市来代替大都市，形成一个高效的城市网络，实现城市和乡村平衡、和谐发展。

芒福德的城乡发展观认为城与乡是不可分的，城市和乡村同等重要，是需要紧密结合的有机体，社会城市应该是一个具有开放性的多孔可渗透的区域综合体。在城市发展的区域形态上，芒福德推崇发展清晰整体的区域交通网络。

毕雪纳·南达·巴拉查亚提出建设小城镇的主张，认为应该在小城镇和乡村紧密联系的基础上，实现城乡一体化发展。

此后，发达工业国家逐渐完成了城市化，乡村问题不再和城市问题并列作为一个研究问题。

中国学术界对城乡关系的普遍共识为：城乡一体协调发展是实现社会公平正义、社会和谐稳定和国家长治久安的重要基础，认为城乡分离的发展不仅会造成一个城乡分裂的社会，而且连城市自身的发展也将失去来自农村的支撑和依托。要实现城乡融合，城乡之间需要资源和生产要素的自由流动和合理配置，从而实现城乡生态环境、经济、文化、政治的高度融合和配合。曲亮和郝云宏（2004）的研究在引入种群生态学中的共生理论的基础上，认为城乡共生界面的介质主要包括市场、政策以及民间组织；市场对要素的传递、价格信号的传递处于主要地位，政府是信息披露和制度保障的载体，行业内部、区域之间的协调则由民间组织完成。于洪平（2011）的研究认为要推进全域城市化，首先是要制定发展战略规划，要制定各级城市和城区的发展规划，从而实现发展战略和城市发展规划的统一和协调。廖宇翃（2013）的研究认为解决知识和信息的不均衡传播是城乡统筹的新途径。

（二）理论框架

全域城市化、城乡一体化、城乡统筹发展是目前我国城乡发展战略研究中经常使用的几个概念。它们之间既有联系又有区别，它们之间的关系可以简单表述为：全域城市化、城乡一体化是城乡统筹的目标，城乡统筹是实现全域城市化、城乡一体化的方法和手段，全域城市化是城乡一体化的最终表现。城乡统筹的全域一体化意味着从城乡二元结构转向城乡一元结构的现代化结构，通过统筹城乡发展打破城乡分割二元经济、社会结构，逐步缩小城乡差距，实现各种生产要素在城乡之间的自由流动、城乡生活方式的趋同、城乡公共服务和治理体系一体化，从而建立城乡全面融合、协调发展、共同繁荣的新型城乡关系。根据这一内涵，结合中国全域城市化的实际特征，城乡一体的全域城市包括四个基本特征。

1. 城乡收入差距合理化

理想的城乡一体的全域城市应该是城乡收入差距合理的全域城市。因此，构建城乡一体的全域城市要求统筹各方面的利益关系和利益要求，缩小城乡收

入差距。这是构建城乡一体的全域城市的内在要求，是全面建设小康社会的内在需要，是实现城乡经济良性循环的必然要求，是建设和谐社会进程中的关键环节。经济发展过程中存在一定的城乡收入差距是不可避免的，城乡收入差距合理并不是完全消除城乡差距，而是城乡收入差距应该接近于自然的差距程度。合理的城乡收入差距应该是反映了社会分工和生产力发展客观规律的收入差距，是体现了城乡生产要素生产率差异的收入差距。过大的城乡收入差距可能会影响中国经济发展和社会稳定。从整体上看，中国的城乡收入差距过高是一个不争的事实，这既是城乡隔离的结果也通过对居民消费能力的影响进一步加深了城乡的分离，是一系列不利于农业、农村和农民的城市偏向制度的具体表现。

2. 城乡公共服务均等化

理想的城乡一体的全域城市应该是城乡公共服务均等、农村公共服务向城区看齐的城市，人人都能均等地享受基本公共服务是每一个公民的基本权利，我们不能说一个城乡公共服务严重失衡的城市是一个城乡一体的全域城市。鉴于市场在提高公共服务方面的市场失灵，政府应该承担起公共服务均等化的重任。近年来，随着农业劳动力的自由流动，城市和农村居民享受到的公共服务数量、质量均呈现“剪刀差”的状态，其差距甚至超过纯收入的差距。一方面，随着农村经济社会的发展，农村居民对公共产品需求的全面快速增长与公共服务不到位、基本公共服务短缺的突出矛盾日益凸显；另一方面，越来越多的研究表明，尽管城乡主要收入差距仍是构成城乡收入差距的主要部分，但是近年来城乡非主要收入差距对于城乡收入差距扩大的影响更为明显。而城乡非主要收入差距大部分来自城乡居民转移性收入的差距，其涉及户籍制度、教育制度、医疗制度、社会保障制度等公共服务众多方面。

3. 城乡基础设施一体化

城乡基础设施一体化是城乡一体的全域城市应有的题中之义，城乡基础设施一体化是引导城市资源要素向农村流动最终实现城乡一体全域城市的基础。改革开放以来，我国的城市基础设施的建设日趋完善，但在广大农村地区的基础设施全面落后于城市，导致城市和农村的隔离，城市发展难以得到农村的有力支撑，农村难以得到城市的辐射，从而限制了城乡发展的空间和

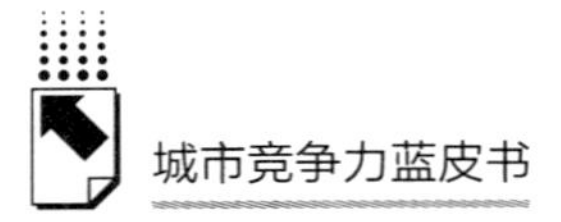

速度。城乡基础设施的差异对农村经济社会的影响尤为突出，严重制约了农村经济社会的发展。

4. 城乡结构转化合理化

结构转化合理是城乡一体的全域城市的内在要求。城乡一体的全域城市是城市化与工业化适应性的城市，是人口的城镇化和空间城镇化相匹配的城市。由于户籍制度、土地制度等的限制，我国的人口城镇化远远落后于第二产业和第三产业的发展，落后于土地的城镇化，导致人口的城镇化远远落后于空间的城镇化。

因此，理想状态的城乡一体的全域城市，应该是城乡居民收入差距合理、城乡公共服务均等、城乡基础设施一体、城市化与工业化适应性的城市。

基于指标体系的导向性、可获性及可比性等基本原则，中国城市全域竞争力评价指标体系包括：人均教育支出比（全市/市辖区）、城乡人均收入比、每百人公共图书馆藏书量比、每万人拥有医生数比、每千人国际互联网用户数比、城市化与工业化适应性，对中国城乡一体的全域城市发展情况作一个整体判断（见表 11 -1）。

表 11 -1　指标体系

城乡一体的全域城市	居民收入	城乡人均收入比
	公共服务	人均教育支出比(全市/市辖区)
		每百人公共图书馆藏书量比(全市/市辖区)
		每万人拥有医生数比(全市/市辖区)
	公共设施	每千人国际互联网用户数比(全市/市辖区)
	结构转换	城市化与工业化适应性

三　现状分析

全域城市化有着深刻内涵，既不是指将一个地区全部都发展成城市，也不是简单地将农村人口城市化，孤立地发展城市。而是经过科学合理地规划，在全区域形成科学合理的城乡网络体系，逐步缩小城乡差别，实现城乡融合，改

变城乡隔离的经济和社会结构，实现农村社会向现代城市社会的转变。全域城市化竞争力的高低，直接反映了城乡在收入水平、公共服务、基础设施、结构转换等方面的相对状况，反映了各个城市在城乡统筹发展方面的差别。

（一）现状与格局：城乡分离严重且城市间不平衡

中国城市在发展的过程中大多忽视农村，孤立发展城市，缺乏科学合理的规划，没有形成科学合理的城乡网络体系，城乡隔离现象严重，城乡公共服务、基础设施等方面的差距明显，城乡差距较大，城市化进程远远落后于工业化进程。

城市间的城乡一体全域城市竞争力极度不平衡。2012 年全域城市化竞争力综合排名前 10 位的城市为：香港、澳门、深圳、上海、东莞、北京、广州、苏州、珠海、无锡。排名前 10 位的城市全域城市化指数均值为 3. 23，排名后 10 位的城市全域城市化指数均值为 0. 20，前者为后者的 16 倍多。全域城市化竞争力最好（排名前 50 位的城市）的城市得分均值为 2. 08，全域城市化竞争力差（排名 250 位以后的城市）的城市得分均值为 0. 32（见表 11 －2）。可以发现，城市之间在全域城市竞争力方面存在很大差异，城市之间极度不平衡。

表 11 －2　全域城市化指数整体情况

类别	样本数	平均值	标准差	最小值	最大值
最好	50	2. 08	0. 71	1. 51	4. 25
较好	50	1. 34	0. 10	1. 20	1. 51
一般	100	0. 96	0. 14	0. 73	1. 20
较差	50	0. 60	0. 08	0. 47	0. 73
差	37	0. 32	0. 10	0. 06	0. 46
总体	287	1. 08	0. 64	0. 06	4. 25

资料来源：中国社会科学院城市与竞争力指数数据库。

重点城市显著强于非重点城市。表 11 －3 所示为不同类型城市全域城市指数平均得分及其比较。可以发现，在大陆城市中，35 个大中城市均值要好于全国和大陆均值，副省级城市要好于 35 个大中城市，行政级别最高的 4 个直辖市最高，均值为 2. 46。

表 11－3　全域城市竞争力重点城市比较

城市或区域	全国城市	大陆城市	35 个大中城市	副省级城市	4 个直辖市
全域城市竞争力均值	1.08	1.05	1.79	1.99	2.46

资料来源：中国社会科学院城市与竞争力指数数据库。

城乡收入差距较大且城市间差距悬殊。城乡人均收入比得分最高的大陆城市分别为东莞、深圳、苏州、宁波、嘉兴、无锡、舟山、绍兴、湖州、上海，排名前 10 位的城市 2012 年城市人均年收入为 33567 元，2012 年农村人均年收入为 18771 元；排名后 10 位的城市 2012 年城市人均年收入为 15351 元，2012 年农村人均年收入为 4878 元。从城乡人均收入比的得分来看（见表 11－4），排名最好的城市的得分均值为 0.44，而排名差的城市的得分均值为 0.01，城市之间得分差异悬殊。

表 11－4　全域城市竞争力指数分项指数均值（不含港澳）

分项	最好	较好	一般	较差	差
人均教育支出比	0.27	0.12	0.07	0.04	0.02
城乡人均收入比	0.44	0.20	0.12	0.05	0.01
每百人公共图书馆藏书量比	0.16	0.05	0.02	0.01	0.00
每万人拥有医生数比	0.33	0.20	0.12	0.06	0.03
每千人国际互联网用户数比	0.10	0.05	0.03	0.02	0.01
城市化与工业化适应性	0.91	0.78	0.55	0.27	0.12

资料来源：中国社会科学院城市与竞争力指数数据库。

城乡公共服务严重失衡且城市间差异较大。第一，从人均教育支出方面来看，285 个城市的人均教育支出为 770.80 元，而市辖区的人均教育支出为 1195.88 元，市辖区的人均教育支出远高于全市的人均教育支出，说明城乡在教育支出方面存在显著差异。从各个城市来看，人均教育支出比得分最高的大陆城市分别为深圳、东莞、北京、克拉玛依、上海、鄂尔多斯、中山、珠海、厦门和天津，显然，人均教育支出比得分和城市之间的经济发展水平密切相关，得分较高的均为大城市或者财政宽裕的资源型城市。分组来看（见表 11－4），人均教育支出得分在不同的城市组之间存在较大差异，得分最好的城市均值为 0. 27，得分最差的城市均值为 0. 02，最好城市的得分为差城市得分的 13 倍多，说明城市之间在人均教育支出方面差异较大。第二，从每百人公共图书馆藏书量来看，全市平均每百人公共图书馆藏书量为 95. 04 册，而市辖区每百人公共图书馆藏书量为 156. 39 册，城乡间存在显著差异。从各个城市来看，得分最高的大陆城市分别为深圳、上海、东莞、北京、晋中、广州、南京、厦门、杭州、大连。分组来看（见表 11 –4），排名最好的城市的得分均值为 0. 16，而排名差的城市的得分均值为 0. 00，城市之间得分差异很大。第三，从每万人拥有医生数比来看，全市平均每万人拥有医生数为 18. 36 名，市辖区为 27. 97。分城市来看，得分最高的大陆城市分别为大庆、昆明、黑河、太原、乌鲁木齐、运城、北京、白山、嘉峪关、吕梁。分组来看（见表 11 –4），排前 50 名的城市平均得分为 0. 33，而排 250 名后的城市平均得分为 0. 03。

城乡基础设施分配不均。城市每千人国际互联网用户数为 106. 39 人，而市辖区为 176. 42 人。分城市来看，每千人国际互联网用户数比得分最高的大陆城市分别为上海、广州、乌鲁木齐、重庆、伊春、厦门、北京、深圳、宁德、杭州。从分组情况看（见表 11 –4），排前 50 名的城市平均得分为 0. 10，而排 250 名后的城市平均得分为 0. 01，说明城乡基础设施存在显著差异。

城市化与工业化不适应。从产业结构来看，二、三产业的比重为 93. 22%，而非农业人口占总人口的比重为 57. 40%，人口结构和产业结构脱节，说明中国城市的城市化与工业化发展不相适应。城市化与工业化适应性得分最高的大陆城市分别为深圳、石家庄、青岛、苏州、保定、许昌、潮州、扬州、广州、揭阳。分组来看（见表 11 –4），排前 50 名的城市平均得分为 0. 91，而排 250 名后的城市平均得分为 0. 12。

（二）区域比较：东西部差距明显

从城市区域分布上来看，2012 年全域城市化竞争力排前 15 名的城市，除北京外全部来自东南地区；排前 50 名的城市中，东南地区也占了 23 席。在 287 个城市中，排 200 名以后的城市东南只有 2 个城市，东南地方排名最差的城市莆田也占据第 225 位。排后 10 名的城市西部地区占了 7 席（见图 11 –1）。从全域城市竞争力指数的均值来看（见表 11 –5），东南地区城市的全域城市竞争力指数均值最高，为1.61，西南地区最低，均值为0.63。东西部城市在全域城市竞争力方面差距明显。

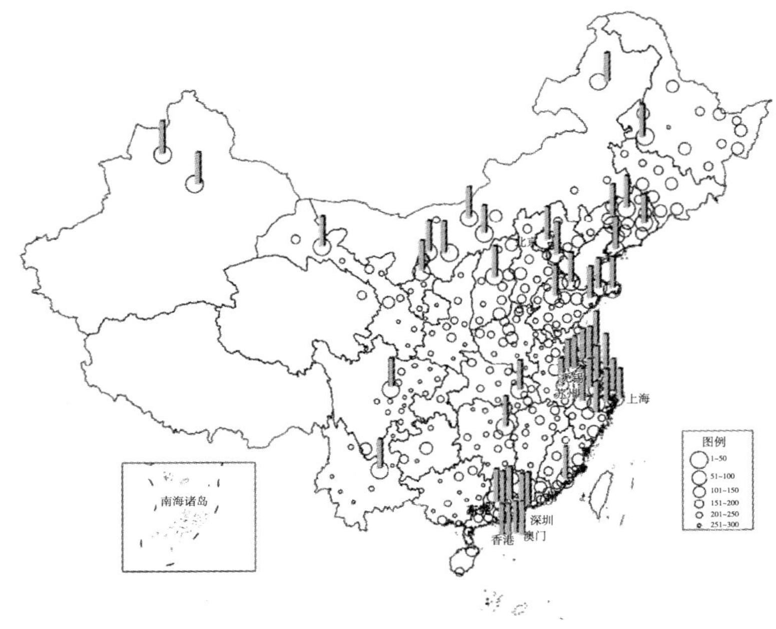

图11-1 2012年287个城市全域城市竞争力排名

注：2012年全域城市竞争力排前50名为柱状所示，其他为“○”所示。柱状越高代表全域城市竞争力排名越高，“○”越大代表全域城市竞争力排名越高，图例中的单位为“位次”。

表11-5 2012年我国城市全域城市竞争力区域比较

单位：个

区域	1~50名	51~100名	101~150名	151~200名	201~287名	城市总数	全域城市竞争力指数均值
东　北	5	18	6	4	1	34	1.28
环渤海	7	6	10	5	2	30	1.27
西　北	9	3	4	8	15	39	0.98
中　部	4	8	14	22	32	80	0.84
西　南	2	3	5	4	33	47	0.63
东　南	23	12	11	7	4	57	1.61
全　国	50	50	50	50	87	287	1.08

资料来源：中国社会科学院城市与竞争力指数数据库。

分指标来看（见表 11－6），东南地区城市除每万人拥有医生数比这一项指标和全部平均水平持平外，在其他各项指标上均高于全国平均水平；西南地区城市在各项指标上均低于全国平均水平；西北地区城市除每万人拥有医生数比这一项指标外均低于全国平均水平；城乡人均收入比指标得分最低的是中部地区城市；人均教育支出比指标得分最低的城市是西南地区城市；每百人公共图书馆藏书量比指标得分最低的是中部地区城市和西南地区城市；每万人拥有医生数比指标得分最低的为西南地区城市；每千人国际互联网用户数比指标得分在各个地区城市之间的差异不大；城市化与工业化适应性指标得分环渤海地区城市最低。

表 11－6　2012 年我国城市全域城市竞争力分项区域比较（不含港澳）

区域	城乡人均收入比	人均教育支出比	每百人公共图书馆藏书量比	每万人拥有医生数比	每千人国际互联网用户数比	城市化与工业化适应性	全域城市竞争力指数均值
东　北	0.09	0.18	0.05	0.22	0.04	0.71	1.28
环渤海	0.12	0.21	0.05	0.15	0.04	0.23	1.27
西　北	0.15	0.08	0.05	0.18	0.03	0.49	0.98
中　部	0.06	0.11	0.03	0.13	0.03	0.49	0.84
西　南	0.07	0.06	0.03	0.11	0.03	0.34	0.63
东　南	0.17	0.34	0.09	0.15	0.07	0.68	1.51
全　国	0.10	0.16	0.05	0.15	0.04	0.55	1.08

资料来源：中国社会科学院城市与竞争力指数数据库。

（三）反映的优势和存在的不足

东南沿海城市、主要大中城市在全域城市化方面显示较强的竞争力，率先突破城乡二元结构瓶颈，在全域城市化方面走在前列；如果以港澳作为标杆，中国部分东南沿海城市、主要大中城市与港澳的差距已经比较接近。但大陆城市的城乡一体全域城市存在很多问题，城乡分离严重，特别是西部地区城市。

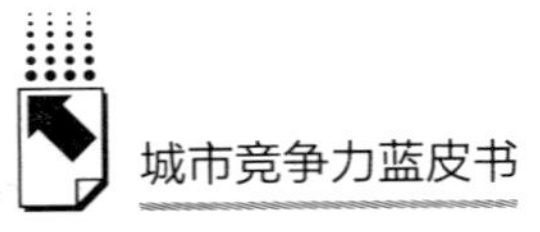

四　主要问题

中国城市的发展超出了正常的城镇化发展轨道，亟须转向城乡一体的全域一元城市。存在的主要问题包括：城乡收入差距较大、公共服务供给城乡失衡、城乡基础设施差异较大、城市化落后于工业化的发展、空间布局无序。从城乡收入差距来看，城乡收入比在2002年达到3.11∶1，2007年和2009年达最大值3.33∶1，2010年之后农民收入快速增长速度超过城镇居民，2010年城乡收入比为3.23∶1，2011年为3.13∶1。从公共服务供给来看，农村在养老保险、医疗保险、生育保险、失业保险以及社会救助等方面，全面落后于城市。从城乡基础设施来看，农村基础设施供给无论在数量、质量、品种和属性等方面都落后于城市。从城市化与工业化的适应性来看，城市化发展滞后于工业化的发展，人口城乡结构落后于产业结构和就业结构，人口城市化滞后于非农产业的发展。

导致中国城市全域城市发展不足的原因是多方面的，总体上说包括：

第一，发展城乡统一的资金约束。“分税制”导致中央和地方的事权和财权的不对称，地方政府投入出现了向省级政府集中的趋势，市一级财政受财力的影响，加之中国农村社会基础薄弱，部分城市对城乡一体的城市化所需要的资金投入有心无力。

第二，缺乏城乡一体的合理规划。中国的城市规划主要集中在城区，而对城市所管辖的农村则少有涉及。对城乡一体发展的理念、指导方针等问题缺乏深刻认知，对所辖城市和城镇发展定位、产业发展定位、发展模式缺乏系统规划。

第三，以城市为本体的城乡关系。由于历史原因，为了在人口多而资本少的条件下追求快速的工业化，城市单方面地制定政策并形成了利益集团，而农村居民则缺乏发言权。这些历史遗留的制度障碍与利益集团压力互为因果、彼此强化，导致了城乡分割。

第四，城市倾向的经济政策。中国式的财政分权体制和地方政府间的竞争，激励了地方政府实施城市倾向漠视农村的经济政策。中国城市倾向的经济政策衍生出一系列不利于城乡统筹发展的政策，如非对称性财政结构、城乡分

割的户籍制度以及隐藏在户籍制度背后的权利差异等，都固化了城乡分割的城乡关系，阻隔了全域城市化的发展。

第五，资源的社会等级分配。中国的社会资源和经济资源是按照等级序列高低的顺序进行分配的，资源分配严重依赖于政治和社会安排（林光彬，2004），农村社会处于这个等级序列的最末端。

城市案例一：苏州

表现

苏州在2012年的城乡一体的全域排名中名列第八。在城乡居民收入方面，2011年城镇人均可支配收入达33070元，农村人口收入达17040元，城乡收入比为1.94∶1，远低于全国平均水平的3.13∶1；在公共服务方面，到2011年底，有43%的农户实现了集中居住，城乡低保实现全面并轨，全市农保逐步转向城保；农村居民的各项保险基本实现全覆盖率；基础设施方面，城乡统一供水率为95%，农村自来水普及率达99%，农村生活污水处理率达53.5%，农村与城乡的差异基本消除。

原因

苏州位于江苏省南部，总面积8488平方公里，2010年户籍总人口637.66万人，市区户籍人口242.48万人。苏州根植于苏南模式，近年来工业化和城市化快速推进，第三产业蓬勃发展，城乡居民收入均显著高于全国平均水平。为工业反哺农业、城市带动农村提供了坚实的基础，为实现城乡一体的全域城市化提供了现实可能性。

第一，工业化快速推进。苏州经济整体上实现了以农业为主向以工业为主的转变。形成以二、三产业为主导的产业结构，三次产业之比2010年为2∶57∶41。农村人口占总人口的比重也下降到30%。

第二，财政实力雄厚。经济的迅速发展带来财政实力的不断增强，为构建城乡一体的全域城市提供了资金基础。苏州2011年地区GDP达到10500亿元，地方一般预算收入达1100亿元。

第三，乡村集体经济实力不断壮大。在苏州农村地区，工业成为乡镇经济主导产业，平均约占乡镇经济总量的60%以上；村集体经济实力强大，2011

年村集体总收入超过60亿。乡村集体经济的发展为农村的基础设施和公共服务产品的提供奠定了物质基础。

做法

第一，战略与规划。苏州将城乡规划一体化放在首要地位，将全市规划成一个中心城市、五个副中心城市、若干个中心城镇，对接城乡工业、农业、居住、基础设施等方面规划，全面完成镇村布局规划和土地利用总体规划的修编，形成“四规融合”的规划体系。

第二，制度与政策。推进户籍制度改革，鼓励农民进城、进镇落户；创新农村土地使用制度，实现农地向规模经营集中，建立土地股份合作社，打破土地管理制度对城乡一体化的制约；积极探索农村股份合作改革，提高农民收入；建立城乡一体的社会保障制度和农业支持保护制度。

第三，管理与服务。实施“撤村建居”工作，将被征地农民纳入城市社会管理体系。积极探索“区镇合一”的行政管理体制，加大农村社会治安综合管理、信访维稳、消防等方面工作力度。

启示

第一，发挥政府的主导作用。充分发挥各级政府的主观能动性，全面参与、主导城乡一体的全域城市建设工作。

第二，加大城市反哺农村力度。苏州市较强的经济实力为城市反哺农村奠定了基础，通过大量对农村财政的补贴，推动了城乡均衡发展。

第三，以城镇化为载体。苏州市积极推动建制镇与各村庄的城镇化进程，将城镇建设作为城乡一体发展的载体。

城市案例二：巴伐利亚

表现

巴伐利亚面积70554平方公里，占德国国土面积的1/5，人口1180万。历史上曾是德国落后的农业地区，现已成为经济强大、生态环境适宜的城市，成为“欧洲高新技术”和欧洲“新经济”中心。80%的乡村土地面积居住了近60%的人口，创造了近50%的国内生产总值，2010年统计数据显示，城乡GDP仅差0.1个百分点，走出了一条城乡协调发展之路。

原因

巴伐利亚政府提出了“城乡等值化”的战略目标，通过城乡空间规划体系设计、基础设施建设、财政转移支付、土地综合整治，促进乡村地区社会经济发展。

第一，系统规划城乡空间体系。1965 年，巴伐利亚制定了《城乡空间发展规划》，从法律上明确将“城乡等值化”确定为区域空间发展和国土规划的战略目标。强调区域整体发展，重建城乡之间的均衡发展。

第二，强化基础设施建设。巴伐利亚政府制定了《交通整体规划》，统筹规划城乡交通设施建设，加强了城镇间、城市间的联系。并加大了村庄更新建设，所需费用国家财政承担 50% 左右、地方财政承担 30%、项目受益人承担 20%，拉动了乡村投资和消费，促进经济平稳较快的增长。

第三，积极的财政转移支付政策。针对各地区发展水平差异大、乡村地区经济基础薄弱等问题，巴伐利亚直接用财政转移支付提高落后地区的财政能力，弥补地方自主财源的不足部分，缩小地区间人均财政支出或人均公共支付的差距。

做法

第一，战略与规划。基于“城乡等值化”的战略目标，巴伐利亚制定了《城乡空间发展规划》、《交通整体规划》，目的是使城乡居民具有相同的生活条件、工作条件和交通条件，逐渐缩小城乡社会经济发展程度和生态基础设施享用水平，使城乡关系更加协调。

第二，制度与政策。为了顺利实现以上战略和规划，巴伐利亚政府专门制定了相应的实施条例，包括《农业结构调整方案》、《土地整理法实施办法》、《土地产权调整条例》等。加强农村土地整理，统一城乡劳动力就业机制和失业保障机制。

第三，管理与服务。通过制定促进社会公平、发展城乡经济、保护自然资源三大工作目标，加大管理和服务力度。保障乡村居民和城市居民享用同样的公共设施，建立健全制度与政策，建立协调的城乡经济、技术、生态和社会关系。

启示

第一，系统规划空间。巴伐利亚正是把城乡等值化发展的城乡统筹发展战略目标融入城乡发展规划，建立科学、权威的规划体系，作为各地区统一的行动准则。

第二，加强制度建设。巴伐利亚通过公众广泛参与土地综合整治实施经济社会发展计划，将公众参与过程通过法律或条例的形式予以确定，避免流于形式，保证发展目标的实现。

第三，优化资本配置。基于“城乡等值化”目标，通过释放土地资产和资本功能，使得城乡生产要素双向流动优化配置，城市为农村提供技术、资金、人才，农村为城市提供发展空间。

五　基本经验

（一）城镇化是实现城乡一体全域城市的有效载体

城镇化是统筹城乡一体发展的有效载体，是实现“以城带乡”战略的落脚点和着力点。城镇化通过聚集扩散机制、市场互动机制和统筹协调机制，能够发挥城镇对农村的集聚、扩散、辐射和带动作用，实现城市与农村的良性互动，从而实现城乡一体化。

（二）经济发展是实现城乡一体全域城市的前提

城乡一体的全域城市化是建立在城乡经济充分发展的基础上，经济发展是实现城乡一体全域城市的第一要务。全域城市化要求兼顾城市和乡村两个方面，没有经济的充分发展所提供的经济基础，城乡融合只能是无源之水。前面的分析也证明，凡是全域城市竞争力高的城市，都是经济发达、村强民富的地区。

（三）破除城乡二元结构是实现城乡一体全域城市的关键

实现城乡统筹的全域城市实施起来之所以难，关键是因为长期以来形成的根深蒂固的城乡二元经济、社会结构。最近，一些地方围绕推进城乡一体化发

展、构建城乡统筹的全域城市，通过着力破除城乡二元经济、社会结构，在实践中取得了显著成效，也说明了破解城乡二元结构是实现城乡一体全域城市的关键。

（四）城乡统筹是实现城乡一体全域城市的基本方法

党的十六大提出了要统筹城乡经济的社会发展，城乡统筹就是要兼顾城市和乡村两个主体，统一筹划，处理好两者的关系。改变过去重城市轻农村，甚至牺牲农村利益的做法，达到城乡全方位的融合。如苏州市委市政府提出要统筹城乡发展规划、资源配置、产业布局、公共服务和社会管理等，实现了城乡之间均衡配置公共资源，促进生产要素的自由流动，融合城乡社会经济，取得了良好效果。

（五）制度创新是实现城乡一体全域城市的重要保障

实现城乡一体全域城市通过制度创新实现城乡发展的体制机制变革，制度因素是城乡一体发展不可替代的内生变量和必备资源。凡是全域城市竞争力高的城市，无不通过制度创新，从而整合资源，实现城乡一体的全域城市。

六　对策建议

构建城乡一体的全域城市要统筹城乡协调发展，实现城乡融合，由城乡二元结构向城乡一体化转变，把城市与乡村建设成一个相互依存、相互促进的统一体，缩小城乡差距，以城带乡、以乡促城，形成城乡融合、协调的社会结构，从而建设以城市为蓝底的城乡一体的全域城市。

（一）路径选择

由于我国各个城市的经济社会发展水平有较大差别，各城市在建设城乡统筹的全域城市时的路径选择必然有所差异。各城市应该根据本身的资源禀赋、产业基础、经济实力等选择最适合的一体化路径。

1. 城镇化路径

城镇化为农业人口的转移、农业的集聚发展、规模化发展提供了可能。通过城镇化可以连接城乡，为农民提供和城市相同的公共物品；通过城镇化，可以让城镇的生活方式、生活环境、生活质量逐渐接近城市，从而促进全域城市化。如苏州就提出要“工业向园区集中，人口向城镇集中，住宅向社区集中”，一大批小城镇脱颖而出，加快了城乡一体化进程。

2. 制度创新路径

制度是影响城乡统筹、城乡融合的全域城市最重要的内生变量和必备资源，中国还存在一系列阻碍城乡交流、分割城乡联系的制度，这些制度阻碍了生产要素在城乡的有序流动和城乡公共物品的公平供给，造成了不断扩大的城乡差距。因此，构建城乡融合的全域城市，继续进行制度创新是重要路径。

3. 产业化路径

传统农业仅符合小农经济的要求，大力发展农业产业化，可以促进工农对接、互动发展，促进社会分工，也有助于发展农村经济，促进农民就地、就近就业，增加农民收入。同时，也有助于加强农村基础设施建设，促进农村人、财、物、信息等的流动；为土地流转实现土地集约、节约利用提供环境。

（二）具体措施

为了构建全域城市化的城市，为城乡一体发展重塑动力结构，可以采取以下措施。

1. 系统规划城乡全域

要依据各城市的实际状况和经济社会发展的目标，在功能延伸与新城的开发建设、城乡产业空间布局、城乡基础设施、城乡公共服务、城乡人口与资源环境、城乡土地利用等方面实现规划一体化。打破城市与农村的界线，用城乡一体化的新思想来构建城市发展的整体框架和市镇布局，用城市规划的方式来规划乡村和小城镇。

2. 分梯度建设全域城市

全域城市化既要积极推进，又不能操之过急，要分梯度建设。梯度建设全域城市就是要走先城乡发展再逐步走向城乡一体，逐步实现城乡之间从垂直差距向梯度差距再到水平无差距的渐进性转变。城乡一体的全域城市建设要根据各个城市的经济、社会发展水平梯度建设，首先夯实城乡一体的经济基础，在

城市发展到一定水平之后，再发挥城市对农村的带动、辐射作用，促使农村社会向城市靠近，然后再逐渐向更深层次的一体化迈进。

3. 多形态推进全域城市

要根据各地的具体情况，多形态推进全域城市建设。比如通过农村集中供暖和供水的建设加速城乡一体；开通城乡公交系统，密切农村和城市的社会经济生活；通过土地集中连片整理、整村推进的方式，提高农业机械化、经营产业化、服务社会化水平等；实施近郊农村城市化，农民就地城市化，实现近郊农村自然对接城市公共服务和基础设施。

4. 多手段建设全域城市

行政手段和市场手段相结合，充分发挥政府、市场、社会组织等不同主体的积极性和能动性。政府在做好顶层制度安排、统筹城乡规划的同时，应积极扶持外出务工人员回乡创业，鼓励扶持产业化龙头企业、农村专业合作经济组织发展农村经济，鼓励社会资本和外资参与农村社会事业建设。

参考文献

林光彬：《等级制度、市场经济与城乡收入差距扩大》，《管理世界》2004 年第 4 期。

于洪平：《对全域城市化战略的思考》，《财经问题研究》2011 年第 11 期。

赵伟：《中国的城乡差距：原因反思与政策调整》，《武汉大学学报》（哲学社会科学版）2004 年第 6 期。

陈钊、陆铭：《从分割到融合：城乡经济增长与社会和谐的政治经济学》，《经济研究》2008 年第 1 期。

鲁钊阳、冉光和等：《城乡金融发展非均等化的形成机理及对策——基于自组织理论的分析》，《管理世界》2012 年第 3 期。

B.12

中国信息城市竞争力报告

——迈向交流便捷的信息城市

刘 艺*

一 引言：信息城市是信息社会城市发展的必然模式

进入21世纪，随着全球城市化进程的加快和城市人口的膨胀，城市发展日益受到土地、空间、能源、清洁水等资源短缺问题的约束。信息城市以其创新驱动、协调发展的经济增长模式不仅可以更加智能、高效地利用资源，持续不断地提高生产效率，带动城市产业结构的升级，而且还可以减少对城市环境的影响，促进城市系统的良性循环，为城市的生产、生活提供一个更加便捷、美好的城市环境，建设信息城市是解决当前城市化进程中经济、社会、资源、环境协调、可持续发展的有效途径。

自信息革命代替工业革命，信息城市建设就代替工业城市成了社会发展的主要模式。当前，推进信息化进程、提升社会信息化水平是世界各国促进社会政治、经济、文化、科技、教育、服务以及社会生活等各个方面协调发展的重要战略。在国家和区域层面，美国和欧盟等国先后出台了新一轮的信息化建设规划，以打造强有力的信息城市竞争力，保持在全球激烈竞争中的地位。我国，党的十七大首次提出工业化和信息化融合发展的命题，国家“十二五”规划把建设智慧信息城市作为主要的建设内容，并明确提出“全面提高信息化水平，推动信息化和工业化深度融合，加快经济社会各领域信息化”的战略规划。目前，信息城市是我国大规模城镇化建设道路上推动城市发展、增强综合国力、改善民生的战略选择，也是我国众多城市建设发展

---

* 刘艺，管理学博士，清华大学工程物理系博士后。

的重要目标。

信息城市的实施可以从根本上改变我国城市发展模式，促进我国城市经济结构的转型，是我国当前社会化发展向高水平的信息化社会迈进的关键一步。然而，现阶段我国的信息化发展整体上仍处于中等发达国家水平①，我国的新型城市化建设仍存在很多的问题，信息技术应用尚不能有效支撑我国城镇化的发展，在大规模推进城市化建设的道路上我国还有很长的路要走。因此，有必要对我国信息城市的竞争力现状进行评估，以认清态势、把握趋势，保证我国在未来的信息化前进道路上始终沿着科学的轨道不断健康发展。

二　理论分析：信息城市建设的理论框架

（一）信息城市的相关理论研究

信息城市是在第三次工业革命后，随着电子计算机等信息技术变革而建立的城市资源配置和社会联系形式。信息城市建设发展理论最早也是从信息革命引起的社会信息化的进程研究开始的。

社会信息化最早源于日本学者 Tadao Umesao 对信息技术革命后日本信息产业急速扩张现象的研究（Umesao，1963，《信息产业》一书），这一研究拉开了学术界对信息化进程研究的序幕，也引起了当时日本学界的关注。日本学界当时的研究多集中在反映当时日本从物质生产占主导地位的社会向信息产业占主导地位的社会发展的过程上，是从社会产业结构演进的角度来说明信息化的演进，信息社会概念也在日本提出。

信息社会最早是用来描述人类社会的发展由低级向高级的进步②。随着信息社会城市化进程的不断加快，信息城市的建设被提了出来（1989 年，美国加州 Berkly 大学的城市学家 Manael Castells 在其出版的《信息城市》提出）。

① 周宏仁：《2010 年中国信息化形势分析与预测》“前言”，社会科学文献出版社，2010。

② 魏诗礼：《城市信息化测度指标体系的研究与应用》，硕士学位论文，同济大学，2005，第 8 页。

虽然至今中外学界还没有给信息城市一个完整的界定，但信息化是推动城市发展的有效模式的共识已经形成。由于是在一定的生产和科技水平基础上形成的，信息城市对经济发展和社会进步具有一定的推动作用。马克卢普（1962）、波拉特（1977）等认为信息发展也会对社会其他产业造成影响。城市地理学也认为，信息城市对城市资源配置和城市空间结构具有一定的影响。如罗姆和马拉文（1996）认为信息技术发展与城市发展协同并进，可以促进城市经济的发展，增强城市的空间网络结构。Castells（1996）认为信息技术发展与全球化、城市化的互动不仅重塑了城市化过程，也推动了网络帝国的崛起。

信息城市建设可以推动城市经济跨越式发展，那么究竟什么样的城市才算是信息城市？Manuel Castells 最早提出的信息城市概念是从城市空间经济形态方面描述的，他认为信息经济的核心是流的空间，信息城市是信息产业下的城市，拥有新技术是信息城市的主要特征。日本智能城市策划株式会社认为，信息城市是结合了提高能源效率，彻底实现信息资源节约，转换城市生活方式的环保型街区。苑剑英（1997）认为，信息城市就是信息社会的城市，是从事信息生产的城市。吴江（1998）认为，信息城市是在一定的生产和科技水平基础上形成的，信息城市是以信息产业、信息经济和信息文化为主要特征的城市。承继成（2000）则认为随着新型信息技术的综合应用，信息城市的基础地理、基础设施和基础功能的更加数字化、网络化、智能化和可视化，信息城市就是这种城市智能化的过程。

信息技术创新形态的嬗变，带动了信息城市形态、结构的变化。韩国的U-city 计划（2010）指出信息城市是新的尖端信息通信网络下的“智能城市”，智能城市的道路、上下水道等城市基础设施都将安装感应器，为人们提供交通、环境、福利、设备管理等信息①。IBM 则针对这种新型的信息城市变化，提出了创建“智慧地球”的理念，而且 IBM 智慧地球下的信息城市是具有全面物联、充分整合、激励创新、协同运作特征的城市，即“智慧城市”。维也纳技术大学（2007）也提出以城市人力、资本、传统交通和现

① 《韩国政府未来5年投入4900亿韩元打造 U-City》，中国科技部网站，2010年3月8日。

代信息通信技术基础设施支撑，城市生态达到和谐就可以称为“智慧城市”，他们也认为“智慧城市”具有智慧经济、智慧人口、智慧治理、智慧流动性、智慧环境、智慧生活的特征①。在新型“智慧城市”的定义上，我国中国科学院、工程院院士李德仁（2011）认为：智慧城市是城市全面数字化基础之上的、可视化和可测量的智能化城市管理和运营，即“智慧城市＝数字城市＋物联网”②。中国可持续发展小组组长牛文元则认为“智慧城市”要体现绿色本质，从共建共享、共同发展、机会平等、社会和谐、宜居幸福等来实现智慧城市发展的“公平”，最终走向绿色，从资源节约、环境友好、循环高效等方面实现可持续发展③。智慧城市是城镇化进程的下一个阶段，是城市信息化的新高度④。当前，“智慧城市”建设成为了各个国家的信息化建设的焦点（见表12－1），也成了各个国家推动经济技术进步和社会发展的主要建设模式。

表12－1　各国智慧城市建设计划一览

国家和地区	智慧城市计划	建设内容
欧盟	“信息社会”计划	重点支持未来互联网、云计算、物联网等关键领域的研究；投资110亿欧元，选择25～30个城市发展低碳住宅、智能交通、智能电网，提升能源效率，应对气候变化
韩国	“泛在城市U-city计划”	布建智能网络、推广最新信息技术应用等信息基础环境建设；未来5年投入4900亿韩元（约合4.15亿美元）支撑U-city建设，大力支持核心技术国产化
新加坡	“智慧国2015”计划	建设新一代信息通信基础设施，发展具有全球竞争力的信息通信产业，开发精通信息通信并具有国际竞争力的信息通信人力资源，实现关键经济领域、政府和社会的转型
日本	“泛在日本”	建立电子政务，医疗保健和人才教育核心领域信息系统；培育新产业；整顿数字化基础设施
中国	“十二五”信息化规划	推动信息化和工业化深度融合，加快经济社会各领域信息化。加强重要信息系统建设，强化地理、人口、金融、税收、统计等基础信息资源开发利用

① 《smart cities ranking of EU medium-sized cities》，2007，www. smart－cities. eu。

② 李德仁：《从数字城市到智慧城市》，《中国建设信息》2011年第23期。

③ 2011年中国智慧城市论坛，牛文元关于“绿色智慧城市”的发言。

④ 2011年中国智慧城市高层论坛，邬贺铨关于“智慧城市与智联服务”的发言。

（二）本研究的理论框架

1. 信息城市的内涵

信息城市是以城市为主体，在城市的政治、经济、社会、文化、生活等各个方面广泛运用信息服务技术，完善城市信息服务功能，提高城市生产力的发展过程。我国的《2006～2020 年国家信息化发展战略》中指出“信息化是充分利用信息技术，开发利用信息资源，促进信息交流和知识共享，提高经济增长质量，推动经济社会发展转型的历史进程”。从目标上来看，信息城市与我国提出的“全面提高信息化水平，加快经济社会各领域信息化①”是一致的。从内涵上说，信息城市的实质是通过信息技术的创新驱动促进城市内部各个功能模块的协调发展和城市间的联系交流，从而促进城市整体的绿色、可持续发展。信息城市的建设是为更好的城市发展提供良好的环境基础，为居民的生产、生活提供优质的服务。本研究所建设的信息城市也是从城市系统演进的社会功能角度说来界定的。

2. 信息城市建设的主要内容

城市是人们实现社会联系的场所。联系综合了城市体系中不同的联系方式所承担的交流比重，反映了交流需求的特点和不同交流方式的主要功能与地位。城市间社会联系主要包括道路交通联系以及文字、书信和人们口头的传播等。因此，无论从历史上城市的发展还是当前各个国家的信息城市建设内容来看，虽然各种发展模式在信息基础设施、信息综合服务、信息产业调整和信息技术发展上各有侧重，但整体来说都是围绕着城市生产、生活的交通、信息联系而展开的（见表 12－1）。信息城市的建设内容也主要包括城市建设的交通交流和信息交流。

（1）交通交流。城市交通设施直接影响着城市信息资源的配置方式以及向需求者提供更优选择的可能性，是决定城市系统效率高低的关键因素之一。便捷的交通工具使用将大大减少城市的空间距离。重视交通设施建设一直是各个城市发展的先行基础。民谚“要想富，先修路”也充分说明了这个硬道理。交通交流主要是城市的空间交通设施建设，包括城市内部和城市间的交通建设

---

① 《国家“十二五”规划纲要》第四条。

等，各个国家对交通设施的建设也是为了有效地利用城市资源，加强城市交流，最大限度地发挥城市系统的整体功能和作用。

（2）信息交流。信息是人们社会联系和运动特征的一种普遍形式。信息对城市的作用主要体现在其认知功能和社会功能上。一方面，信息通信工具的使用改变了人们的传统认知方式，拓宽了人们的视野，便捷了人们的联系。另一方面，信息技术的应用和创新方面也带来了城市化发展的变革，成了城市各个行业协调发展的助推器。各个国家规信息建设的内容除了体现在通信、网络等信息基础设施上，也体现在信息技术在城市政治、经济、医疗、卫生、教育事业的应用上。

三　实证评估：中国信息城市竞争力现状

研究采用《中国城市竞争力报告》信息城市竞争力评估测度指标（见图12－1）从信息交流和交通交流上对我国287个信息城市竞争力进行评估。

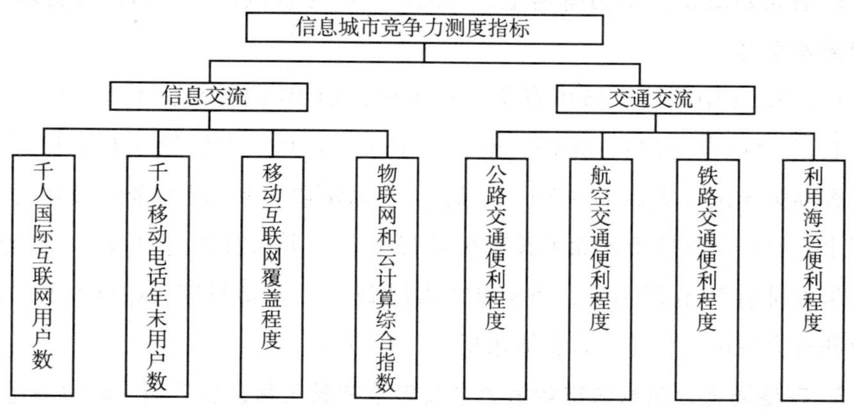

图12－1　信息城市竞争力指标体系

（一）现状与格局：整体水平依然偏低，长三角、珠三角、环渤海发展良好

1. 信息城市整体建设现状良好，但仍然未达到理想水平

我国信息城市发展状态良好，但整体信息化水平仍然相对较低。虽然上海

等部分发达城市已经可以和发达国家信息城市相媲美，但由于地理位置偏远、投资不足等原因，我国内部还存在许多十分落后的地区，城市间的差异比较明显。对2012年中国287个城市信息水平进行评估，以上海市总体第一的得分为标杆，赋值为1，中国城市信息化水平平均值为0.290，标准差为0.158（见表12－2）。全国均值尚不到上海整体水平的1/3，低于平均值的城市达131个，几乎占到样本数的一半。

表12－2　2012年信息城市竞争力指数

单位：个

变量	样本数	平均值	标准差	最小值	最大值	低于平均值的城市数量
信息化指数	287	0.289814	0.15769	0	1	131

资料来源：中国社会科学院城市与竞争力指数数据库。

2. 在信息城市竞争力排名上，上海、广州超香港，直辖市、省会城市具有较强竞争力

在2012年中国信息城市竞争力排名中，前10位的是：上海、广州、香港、北京、深圳、杭州、无锡、南京、重庆、青岛。上海第1位，广州第2位，香港第3位（见表12－3）。上海、广州超越香港，成为全国最具竞争力的城市。而4个直辖市，除了天津在第13位外，其余都在前10名。在信息城市竞争力排前50位城市中，省会城市占据28个。从最具信息竞争力上看，直辖市和省会城市占优势，省会城市优于一般城市。

3. 在格局上，信息城市竞争力主要集中在长三角、珠三角、环渤海地带

我国信息化的投入最早是从北京、上海、广州、深圳等大城市开始的，从现状格局上看，信息竞争力强的城市也相对集中在以上海、广州、北京为信息枢纽的长三角、珠三角、环渤海沿海地带。且基于沿海的交通便利和经济发展，信息城市的竞争力总体上也表现为沿海高于内地的态势。从信息城市竞争力的前10位的分布情况看：长三角4个、珠三角3个、环渤海2个、西部沿江直辖市1个。而在前50位中，所在省份分布情况是：广东7席、江苏6席、浙江5席、山东4席、河北3席、辽宁3席、河南2席以及其余天津、北京、

表 12-3　2012 年信息城市竞争力排前 10 位的城市

单位：位

城市	信息化指数	排名
上海	1	1
广州	0.92739	2
香港	0.90470	3
北京	0.83340	4
深圳	0.73960	5
杭州	0.68804	6
无锡	0.68472	7
南京	0.68401	8
重庆	0.67866	9
青岛	0.67081	10

资料来源：中国社会科学院城市与竞争力指数数据库。

上海、香港、澳门、重庆和黑龙江、福建、湖南、湖北、安徽、四川、陕西、广西、贵州、云南等各省省会城市各 1 席。除去省会城市，前 50 名比较有竞争力的城市也主要集中在长三角、珠三角以及东部沿海（见图 12-2）。

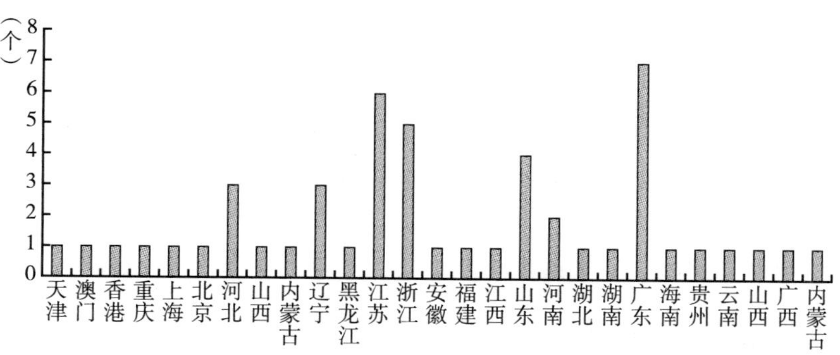

图 12-2　2012 年信息城市竞争力排前 50 名的省份分布

（二）区域比较：阶梯状明显，港澳最高，东南、环渤海紧追，中部发展较均衡

1. 从区域整体态势看，沿海到内地阶梯状明显

我国现阶段的信息城市竞争力从沿海到中部再到西部山区，呈阶梯状递减

（见图 12－3）。按照港澳、东南、环渤海、中部、东北、西北、西南区域来划分，2012 年中国城市信息化水平最高的是港澳地区（0.66841），从图形上看，区域得分也呈三级阶梯状（见图 12－4）。

图 12－3　2012 年 287 个城市信息城市竞争力排名

注：2012 年信息城市竞争力排前 50 名为柱状所示，其他为“○”所示。柱状越高代表信息城市竞争力排名越高，“○”越大代表信息城市竞争力排名越高，图例中的单位为“位次”。

2. 从区域得分排名看，港澳最高，东南、环渤海紧追，中部发展较均衡

在区域上对中国信息城市竞争力进行排名，内地信息城市竞争力区域排名为东南、环渤海、中部、东北、西北、西南。除去港澳，从分值上看，内地区域最高的为东南沿海地区（0.40198），其次为环渤海地区（0.38449），最低的为西南（0.20090），内地城市在信息化建设与港澳和东南区域相比具有显著差距。同时，在区域内部发展状况上，中部地区省份的信息化发展水平相对均衡，标准差相对较小，东南沿海虽然信息化发达，但由于城市间差异较大，区域内部发展相对不均衡（见表 12－4）。

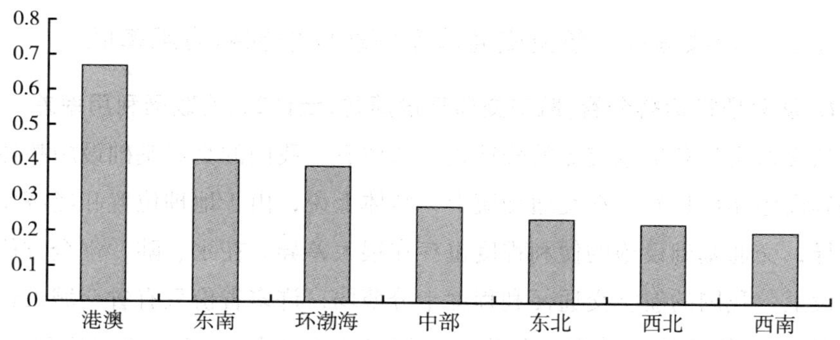

图 12-4 2010 年各区域信息化水平比较

表 12-4 2010 年信息城市竞争力指数区域分析

区域	样本数	均值	标准差	最小值	最大值
环渤海	30	0.38449	0.14571	0.21405	0.83340
东　南	57	0.40198	0.17686	0.14831	1.00000
中　部	81	0.27375	0.10680	0.13277	0.60151
东　北	34	0.23591	0.11303	0.07083	0.52632
西　南	47	0.20090	0.17667	0.01778	0.67866
西　北	39	0.22318	0.12071	0	0.56598

资料来源：中国社会科学院城市与竞争力指数数据库。

3. 从信息城市竞争力排名区域分布看，东南地区占绝对优势

从信息城市竞争力排名上看，在 2010 年信息城市竞争力排名中，前 50 位的城市东南占有 20 席、环渤海 9 席、中部 7 席、西南 6 席、东北 4 席。东南地区占据前 50 位的 40%，具有信息竞争力的绝对优势（见表 12-5）。

表 12-5 2012 年信息城市竞争力前 50 位城市的区域分布

单位：个，%

区域	西南	中部	西北	东北	东南	环渤海
排名前 50 城市个数	6	7	2	4	20	9
比例	12	14	4	8	40	18

资料来源：中国社会科学院城市与竞争力指数数据库。

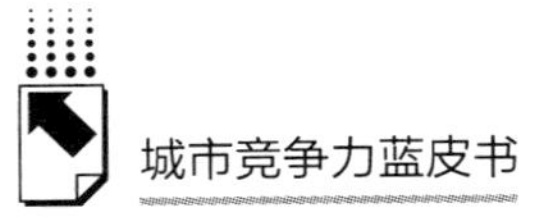

（三）分项指标：航空交通建设薄弱信息创新应用率低

1. 从分项指标得分看，航空交通建设薄弱，云计算、物联网利用率差

从交通交流和信息交流的分项指标整体看，我国的交通基础设施整体比信息基础设施建设良好。在交通交流上，整体上说，由于地理位置和经济发展水平差异，交通基础设施的便利程度也存在很大差异。在水、陆、空全方位的交通建设上，我国的航空交通便利程度十分薄弱，许多省份只有省会城市建设机场，对2012年的信息城市评估中，我国航空交通便利指数的均值只有0.08（满分为1）。在信息交流上，整体的建设水平尚处于十分薄弱的阶段，千人互联网用户数，我国的平均得分只有0.2，整体发展尚有很大的建设空间。代表高新技术的物联网与云计算覆盖度，均值0.02368，标准差0.10989，全国整体都处于发展的起步阶段（见表12－6）。

表12－6　主要分项指标得分情况分析

指标	均值	标准差
千人国际互联网用户数	0.20602	0.15867
千人移动电话年末用户数	0.21927	0.13032
移动互联网覆盖程度	0.06940	0.12569
物联网和云计算综合指数	0.02368	0.10989
公路交通便利程度	0.47069	0.29595
航空交通便利程度	0.08362	0.14488
铁路交通便利程度	0.48118	0.29713
利用海运便利程度	0.50000	0.29019

资料来源：中国社会科学院城市与竞争力指数数据库。

2. 在信息城市竞争力分项指标排名上，上海稳居第一位，部分中西部城市信息交流作用凸显

交通交流依赖于地理位置的优越，交通交流便捷的城市更多在沿海地区，但西部城市可以通过信息技术的建设，改善城市的交流，提升城市的竞争力水平。比如，2012年城市信息交流排前10名的重庆，就凭借其信息建设投入，挤入了最具竞争力城市行列。在具体分项指标上，千人国际互联网用户数，乌鲁木齐等西部内陆城市也排到前10位。成都、哈尔滨也在物联网与云计算综合指数上跻身前10位（见表12－7，12－8，12－9）。

表 12－7　分类指标排前 10 名的城市

单位：位

指标	城市	排名	指标	城市	排名
信息交流	上海	1	交通交流	上海	1
	广州	2		北京	2
	香港	3		广州	3
	重庆	4		南京	4
	北京	5		天津	5
	南京	6		香港	6
	深圳	7		杭州	7
	青岛	8		深圳	8
	东莞	9		福州	9
	杭州	10		宁波	10

资料来源：中国社会科学院城市与竞争力指数数据库。

表 12－8　千人国际互联网排前 10 名的城市

单位：位

指标	千人国际互联网用户数									
城市	广州	重庆	香港	乌鲁木齐	澳门	伊春	宁德	厦门	北京	清远
排名	1	2	3	4	5	6	7	8	9	10

资料来源：中国社会科学院城市与竞争力指数数据库。

表 12－9　物联网与云计算排前 10 名的城市

单位：位

指标	物联网与云计算综合指数									
城市	无锡	上海	重庆	北京	成都	深圳	南京	天津	哈尔滨	东莞
排名	1	2	3	4	5	6	7	8	9	10

资料来源：中国社会科学院城市与竞争力指数数据库。

四　主要问题及原因分析

（一）我国信息城市建设存在的主要问题

从对 2012 年中国信息城市的竞争力评估可以看出，我国的信息建设试点城市已经取得了初步的成功，北京、上海、广州、深圳四城市齐头并进，并发挥了对长三角、珠三角的区域辐射带动作用，信息城市整体发展态势良好。但除了重点试点城市，也可以看出我国的信息城市建设还存在着整体竞争力偏低、区域信息发展不平衡、信息创新应用不足、信息资源缺乏有效整合等问题。

1. 信息城市整体基础设施建设不足

信息城市的基础设施建设是关系到城市经济和社会发展的战略性基础设施。我国的信息化建设是在工业化尚未完成的基础上建立的，受经济发展水平限制，我国的信息基础建设起步落后。因此，我国各级政府都大力加强信息化建设投资。《2010 年中国交通行业信息化建设与 IT 应用趋势研究报告》显示，2010 年我国交通行业民航方面投资达到 650 亿元，铁路方面投资达到 7495 亿，公路方面投资超过 9000 亿元，轨道交通投资超过 1000 亿元，中国高铁建设迅速，已投入运营里程 7351 公里，达世界第一位，基础设施建设力度相对往年持续增加。

但整体上来说，由于我国城市人口多，当前我国信息化的发展水平依然偏低，信息基础设施的建设水平和数量同社会公众的实际应用需求仍有较大差距。2012 年，我国信息城市竞争力指数平均值尚不到 0.3，在基本的交通设施建设中，我国 287 个样本城市中有 156 个（接近 54%）城市现在还没有机场，在现在信息便捷的情况下，没有国道或国高通过的城市数达 51 个，重要的信息基础设施建设互联网覆盖率只有 0.1，远远低于世界先进水平，信息基础设施的建设远远不能满足城市居民的生活需求（见表 12 - 10）。

表 12 - 10　2012 年信息城市中没有国道或机场的城市数

单位：个，%

项　　目	占样本数量	占样本比例
没有机场城市数	156	54
没有国道或国高通过城市数	51	18

资料来源：中国社会科学院城市与竞争力指数数据库。

2. 信息城市建设区域差异化明显

由于各地经济社会发展的不平衡和本身的地理位置等问题，我国城市区域之间本身就存在不平衡的现象。信息城市建设本质是促进城市协调发展的工具，而在我国现阶段的信息城市竞争力建设上，仍旧维持着区域内部、区域之间不协调的现状。整体上来说，我国信息城市竞争力水平东部高于西部，沿海高于内地，在城市内部，省会城市也会高于偏远城市几倍的增长。

我国现阶段政策的政府投资并不能够和各个区域居民的信息需求有效吻合。以 2009 年国家城镇化建设对农村的投入为例，在交通设施、邮政等行业的投入上，中、西部不发达地区的投入相对偏小（见表 12－11）。基础建设的差异也使得我国信息化的发展区域间信息化发展更加不平衡，各地的矛盾问题更加突出。在 2012 年我国信息城市竞争力排名中，后 50 名的城市几乎都分布在中西部地区（见表 12－12）。

表 12－11　2009 年农村固定资产投向

单位：亿元，%

项目	东部		中部		西部		全国
	投资额	比重	投资额	比重	投资额	比重	投资额
交通运输、邮政	837.6	49	408	24	457.7	27	1703.3

资料来源：《2010 年中国农村统计年鉴》。

表 12－12　2012 年信息城市竞争力后 50 名区域分布

单位：%

区域	城市个数	后 50 名城市个数	比例
东南	56	1	1.7
环渤海	30	0	0
东北	34	9	26
西南	49	22	45
中部	80	5	6
西北	38	13	34

资料来源：中国社会科学院城市与竞争力指数数据库。

3. 信息技术创新应用水平不高

信息创新能力是信息化发展能力好坏的集中体现。我国的信息技术创新物联网、云计算等技术已被正式纳入国家发展战略，各级政府和科研院所也开始加大了相关技术研发的投入。加快实现“三网融合”，促进物联网示范应用是我国加快培育战略新兴产业的重要决定。2010 年，科技部公布的国家重点基础设施专项计划对新兴物联网、云计算等信息技术的经费投入达 3135 万元。

然而，整体上，我国的新兴信息技术的应用仍只限于某些特定领域。在 2012 年信息城市竞争力评估指标中，我国信息城市在物联网与云计算覆盖率上得分只有 0.02。根据埃森哲对 2012 年云计算技术在各个领域的使用情况预测报告，云计算技术应用于我国关键领域的比例还严重偏低（见图 12-5），先进信息技术研发并没有充分发挥它的创新驱动作用，有待极大发展。

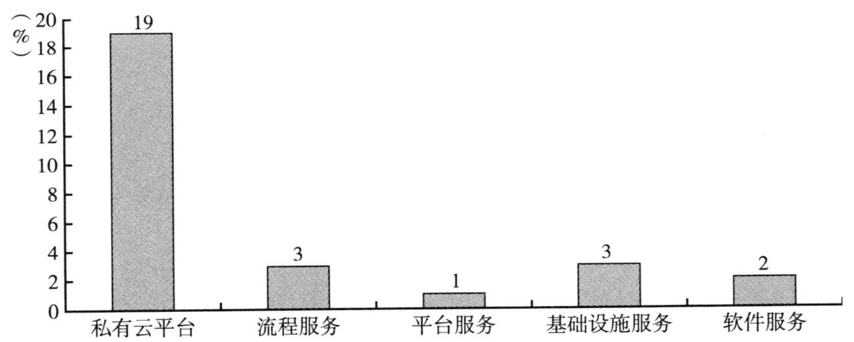

图 12-5　2012 年云计算在中国关键应用领域的使用情况（预测）

资料来源：《埃森哲云计算研究报告 2010 年》。

4. 信息资源的有效利用率低

在当前，发达国家信息业已占主导产业的 60% 以上，信息业在经济发展中起着绝对主导作用。在我国，现阶段许多城市对信息化如何与应用部门具体的业务创新融合，缺乏明确的战略方向，先进信息技术的应用能力差，信息资源开发利用率偏低。据工信部工业行业两化融合评估报告，我国 24.5% 的评估企业两化融合还处于起步阶段，43% 处于局部覆盖阶段，不同行业的融合水平差异较大。信息技术在社会不同行业的信息化也处于起步建设阶段。

目前，我国“三网合一”项目搭建了19个省，智能电网、水网等建设尚处于普及阶段。2010年，我国信息产业实现总收入85997亿元，信息服务业收入13364亿元，占国家GDP的3%，信息化对生产力发展的渗透和带动力不强（见表12－13）。

表12－13　2010年我国信息产业收入比重

单位：亿元，%

项目	GDP总量	电子信息制造	软件服务	电信业
金额	397983	63645	13364	8988
比例	100	16	3	2

资料来源：工业和信息化部。

（二）造成问题存在的原因分析

1. 信息城市建设目的、思路不明确

我国信息城市建设的混乱与当前各级政府、部门的目标不清、思路不明确有很大关系。在信息城市的建设发展上，我国至少有200个城市提出了建设智慧城市的口号，各级政府、各个部门、行业也都制定了自己的信息化战略或规划，很多城市在推动智慧城市建设时雄心壮志，但对如何建设，如何具体实施，并没有真正的科学详细部署。而且许多政府和部门建设信息城市只是流于跟风，在建设过程中很少关注当地经济社会发展的实际需要，盲目模仿其他城市的建设模式，缺乏明确的目标规划，在实际执行中，也简单地认为将各种信息化项目拼在一起就是信息化，致使信息城市的建设投入产出效率低下。

2. 信息资源开发缺少统筹规划

信息资源的整合利用是提高信息化运行效率的关键。我国现阶段信息城市建设还未形成明确的总体规划设计，对信息产业的建设发展缺乏统筹规划，信息化的建设进程和社会发展需求不协调，各地的信息城市建设也参差不齐，重复建设严重，且多数城市的信息化建设主要依靠政府投资，

商业模式单一，致使市场配置资源的基础性作用难以发挥，信息城市建设缺乏活力。

3. 信息城市创新技术支撑体系不健全

信息城市是国家城镇化、信息化、工业化发展的重要载体。作为新型城镇化发展的重要内容，信息城市建设应该成为支撑国内新一代信息技术产业发展的重要内需市场，而现阶段我国信息城市的建设创新技术支撑体系不健全，在贯彻实施过程中，许多地方政府也是挑选体现政绩、见效快的面子工程建设，信息化发展更多倾向于利用国外已有成果，致使了国内创新技术研究的缺失、高端技术的创新研发不足、关键大部分核心技术的成果不能有效转化。信息化发展的后劲不足。

4. 信息城市建设缺乏政府长效管理机制

信息城市建设涉及面广，涵盖城市交通、通信、医疗卫生、教育、社区管理服务等诸多领域，必须建立一个综合统筹机制去协调推进。但目前我国尚未建立一个综合、统一有效的管理机制，信息城市建设缺乏可配套的政策、法制环境和长效的运维管理。基于我国政府的领导体制，信息化也同领导的重视有紧密关联，但并不是所有领导都能够接受信息化。有效的考核体系的缺失致使我国信息城市建设场面混乱。

五 基本经验：国际经验与国内经验

（一）信息城市建设的典型案例

自 20 世纪 60 年代开始，国内外城市通过实施信息化而促进城市产业结构和社会发展转型，成功走上富强道路的城市不胜枚举。美国纽约和中国上海都是信息城市建设成功的良好典范。

1. 纽约：世界之城、信息引领

主要业绩及原因：纽约（New York）是世界上最繁忙的城市，居全球十大国际大都市之首，是美国第一大都市和第一大商港，同时也是全球金融中心和全球信息最发达的城市之一。在全球信息城市中排名第 1 位。纽约市政府一

直高度重视信息化建设，充分利用自己的港口地理优势发展航运并建立了强大的信息基础网络和智能化的政府系统来服务于纽约市在银行、证券、保险、外贸、咨询、工程、港口、新闻、广告、会计等领域的公共运转。

主要做法：第一，建立覆盖全市的立体交通网络。在信息交通上，纽约地区拥有全美国最发达的大众运输系统，纽约市与全美各地都有发达的铁路和公路网以及与世界各地都有发达的空运、海运交通交流，建立了区域性的公路网、铁路网和开放的空间系统。纽约地铁是世界上最大的公共运输系统之一。纽约 MTA 运营着庞大的地铁系统，CBS 系统有可以实时显示楼梯井两边包括乘客信息、路线变化的数字屏幕。在公共交通上，纽约市政府还实施了“中城动起来”（Midtown in Motion）项目，在出租车内安装卫星定位系统，利用计算机推演来加快交通疏导，以更好地了解司机上路情况和造成拥堵的原因。第二，建立智能化的信息网络。在现代信息技术的运用上，纽约市将“更智能化的城市”作为城市信息化发展目标，纽约的互联网覆盖率也是世界之最。当前，在纽约不仅所有的政府机构和各社区普遍建立了网站，而且所有的学校、星级宾馆、旅行饭店等都已经实施了全部联网。在水力、电力领域，纽约市已逐步进行智能水网、电网建设。而且纽约市也正在执行智能下水道计划，当下水道堵塞，水流水位高于警戒线时，监视器会发出警报，有关人员就会及时检查疏通。第三，绿色建筑计划。在绿色、智能信息产业上，纽约市绿色建筑计划（Greener Greater Buildings Plan），是“纽约市政府规划计划”（PlaNYC）132 项动议之一，旨在通过数据驱动型战略，将纽约建设成为一个更加绿色、美好的城市。根据纽约市绿色建筑计划，纽约市对每座面积超过 5 万平方英尺的建筑物的能源使用情况都将进行年度测量和披露。纽约市通过温室气体排放量盘查、数据基准调查、能源审计等措施，对能效投资进行优化，以降低政府部门的温室气体排放量，促进城市环境健康发展。第四，智能化政府建设。纽约市政府一直重视自身信息服务能力的建设。早在 2000 年的时候，纽约市政府已经实现 50% 的无纸化办公。当前几乎所有的纽约税务、警察、政府服务部门已经实现信息化办公，城市还建立了预防火灾和第一反应系统。当前，纽约市已经实现了居民税务登记、查询等日常需求的电子化，居民只要输入自己的社会保障号码，就可以实时查询自己所需义务和所享权利。同时，纽约市政府也在信息化方面率先出行，将政府大楼统一测量并公开披露其能源使用情况。通过政府服务的智能化和领导作用带动城市信息化的发展。

主要启示：第一，面向社会、服务公众，信息城市的建设以便利城市居民的生活为目的；第二，重视基础设施建设；第三，注重发展的绿色、可持续；第四，建设智能政府，政府先行。

2. 上海：魅力之都、智慧领衔

主要业绩及原因：上海，中国四大直辖市之一，为中国的经济、科技、工业、金融、贸易、会展和航运中心，为目前我国信息城市中最具竞争力的城市，排名中国第1位。以信息化带动工业化，建设智慧城市，一直是上海加快实现创新驱动、促进经济发展的重要手段。在2010年中国社会科学院发布的《全球城市竞争力报告》中，上海在中国仅次于香港，进入全球前50强。在2011最新一期全球摩天城市排行中，上海排名全球第3位，仅次于香港、纽约。上海已经成为世界著名的国际大都市之一。

主要做法：第一，政府引导、示范带动。上海市政府在“十二五”规划中明确提出建设信息城市的战略规划，进行顶层设计，并制定推进“智慧城市”建设的2011～2013行动计划，初期阶段把提升信息化水平和夯实智慧应用基础放在了突出重要的位置，分步骤实施。在具体实施上，上海市政府统筹协调推进，支持区县先行先试，加快重点领域、重点区域、重点项目的示范建设，增强辐射和带动作用，促进设施完善、应用渗透和产业发展。在智慧社区建设上，已在16个街镇开展了智慧社区试点。第二，注重创新技术应用。建设以数字化、网络化、智能化为主要特征的智慧城市是上海城市发展的重要目标。上海市大力实施信息领先和创新驱动战略，鼓励、引导和支持企业加大研发投入，并加快科技成果转化，信息技术领域专利申请量年均增速超过40%。同时，在信息技术应用上，上海重点围绕公共服务领域打造基础设施建设和服务发展，加强智能电网、智能水网的管理，已完成国家三网融合第一阶段试点和安全评估工作，泛长三角区域“沪、苏、浙、皖、赣、闽”五省一市已实现高速公路ETC互联互通。在信息网络建设方面，上海市已有1.7万个场所有局域网的覆盖，WLAN覆盖密度、上海高清电视和高清IPTV的用户数国内

城市第一。第三，智慧信息产业。在信息产业发展方面，上海市坚持以信息化驱动产业结构的转型，推进国家级“两化”融合试验区建设，深化产业链信息化应用协同，聚焦重大产业方向进行产业发展，重点在集成电路、通信和网络设备、云计算等领域，带动行业信息化能力整体创新能力提升。2011 年上海产业结构中，第三产业增加值在 GDP 中占比达到了 57.9%，经济保持平稳健康发展，现代服务业发展良好，创新驱动和转型发展步伐明显加快。信息技术的应用已经渗透到经济运行、社会管理和公共服务的各个环节（见表 12－14）。

表 12－14　上海市信息城市发展政策一览

	信息产业政策	基础设施建设	信息管理机制	社会生活信息化	创新与信息人才培养
战略与规划	创新驱动、转型发展	信息化领先发展和带动战略	创新发展，惠及民生	绿色、可持续	创新引领，自主发展
制度与政策	构建服务经济时代的智慧型产业体系，推进战略性新兴产业发展，加快培育发展新一代信息技术产业	加快推进智慧信息基础设施建设，提升网络宽带化和应用智能化水平	智慧型公共管理，提高城市运行效率和公共服务水平，促进和谐有序的社会管理	营造生态宜居的绿色家园，构筑城乡协调的发展格局	注重应用创新、模式创新、管理创新和机制创新，注重创新人才的培养
管理与服务	融合发展，提升效能，推动长三角一体化发展	构建高速互联的宽带信息网络，提升信息基础设施的综合承载和服务能力	基本形成效能显著提升、成果惠及全民的信息化应用发展格局	推动绿色低碳发展，加快建设资源节约型、环境友好型城市	建设创新开放的新浦东，形成海纳百川的开放格局

主要经验：第一，信息化发展目标清晰、思路清楚；第二，倡导公众参与；第三，智慧基础设施建设；第四，创新技术应用普及；第五，建立智慧产业体系。

（二）信息城市建设的国内外经验

1. 信息城市是绿色、低碳、可持续的城市发展模式

信息城市以信息、知识资源为支撑，通过创新、有序和持续的信息利用，

均衡而有效地提高城市运行和管理效率，形成低碳城市生态圈，促进城市系统的良性循环，促进城市的可持续发展。国内外先进的城市经验告诉我们，信息城市的发展要注重改善城市生态，提高城市的公共服务水平，为居民的生产、生活提供优质的城市环境，而不能以牺牲环境、浪费资源为代价，违背信息城市建立的初衷。

2. 信息城市是信息发达、创新技术普及应用的城市

信息城市的建设需要强健的基础设施和发达的信息技术支撑。重视基础设施建设，以高新科技的创新来带动基础设施建设，是当前国内外信息城市建设的先进经验。上海、纽约等信息发达的城市都是在发达的信息技术设施上建立起来的。我国城市信息化的发展也要加强对信息创新技术的研发投入，通过先进信息技术的发展、关键技术的攻克而理顺信息城市建设思路，形成信息城市建设的自我驱动力。

3. 信息城市建设必须结合实际、分步实施

城市信息化的实现依靠信息战略的指引。每个城市的资源、基础、地理位置等情况不同，因而信息化建设的发展策略有所不同。从以上纽约和上海的例子可以看到，在信息化发展进程中，纽约的信息化已经具有较强的基础实力，现阶段主要任务是以信息业服务支撑其金融等核心产业运转发展。上海的信息化尚处于快速发展上升期，主要通过信息化带动产业的发展。而不论是处在哪个阶段，信息化的战略发展必须和城市发展的实际相结合，进行合理布局。

4. 信息城市建设需要政府引导、集约化管理

信息城市的建设涉及的行业众多、产业链复杂，资源的有效利用和充分共享需要打破传统部门、行业的壁垒，实现资源的有效整合。信息城市建设需要把服务公众作为城市信息化的核心，政府要树立科学的信息管理理念，注重在信息化发展中的引导和支持作用，做好多部门协作的联动衔接，实现信息城市资源的系统集成，为社会公众提供优质、有效的服务。

六　对策建议

用信息化带动经济发展，大规模推进城镇化建设，是我国当前国民经济与

社会发展的重要任务。在总结国内国外先进经验的基础上，我国当前的城镇化建设也应该强调结合实际，从“一个转变，两个加强，三个统筹”上着力提高信息化发展策略的科学性、可持续性，从而推进我国信息城市和城镇化建设的协调融合。

（一）一个转变——转变政府职能

政府不仅是信息化的引导者,也是践行者。信息化建设能否成功，很大程度上依赖于政府。在我国新型城市化建设中，政府要创新管理方式，加快转变职能，充分发挥信息化过程中政府的主导作用。同时，也要提高信息化发展中政府服务大众的能力和水平，实现政府信息化。具体的，在机制建设上，政府要注重制度创新和机制创新的结合，做好信息化发展的全面规划、指导、组织和协调，以科学合理的战略引领信息城市在各个领域的建设发展。在组织保障上，要加强各种信息政策法律、法规和标准的建设，尤其是信息安全法规的建设，为信息城市建设提供全方位的组织保障。在信息化的具体实施上，政府也要改变自身工作作风，做到信息化发展政府先行，加强各部门的合作，建立立体化的政府信息服务体系，率先实现政府服务的信息化。

（二）两个建立——建立创新技术支持体系和信息基础设施保障体系

信息城市的建设成功建立在两个发展基础上,一是先进的信息技术，二是强劲的基础设施。信息技术是技术创新层面的因素，是信息城市建设的生产力支持。基础设施投入是物质层面的因素，是信息城市发展的物质基础。二者相互影响、相互驱动，共同促进信息城市的发展。具体措施有以下几个方面。

1. 加强信息技术研发和创新人才培养

信息城市竞争力的核心不在于设备数量、外观形象等，而在于信息技术的品质。信息化建设的品质主要基于创新人才和技术的研发。因此，我国的信息城市建设，要做好信息人才的培养，储备信息技术发展的后备力量。通过加强信息化人才的培养力度，建立不同层次、结构合理的信息技术人才培养体系。

同时，鼓励高等院校、教育机构、企业等信息人才进行自主创新，提高研发投入力度，注重创新成果的运用，以促进我国信息技术创新水平的提升。

2. 加强信息基础设施建设

信息基础设施建设是建设具有大容量、高速传输能力、先进、安全、稳定可靠的信息交通网络。我国信息基础设施建设要着眼于现代化基础设施体系的建设，包括有形的道路交通，无形网络通信的交流传输能力建设。通过信息基础设施的应用能级不断提升，优化城市的空间体系，促进我国城市基础设施整体服务功能的提高，为今后城市的快速发展提供更广阔的空间。

（三）三个统筹——统筹长、短期战略，区域、整体和各个行业的协调发展

我国城市的信息化建设是一项综合性系统工程，涉及面广、行业多、难度大、周期长。政府在推进信息城市建设时要兼顾信息化发展的不同阶段、信息化建设的不同地区和不同行业的实际发展水平，做到短期规划和中长期战略、区域发展和全面进步，各个行业相互协调、相互结合，具体措施有以下方面。

1. 以试点带动区域与整体发展

当前我国信息化发展的现状就区域来说，东部比西部发达，省会城市比边缘发达。因此，我国信息城市的建设规划也要注重层级、行业、区域之间的衔接，根据不同区域的不同阶段着力进行不同的发展规划。鉴于北京、上海、广州现阶段的辐射带动作用已经十分显著。我国未来的信息城市建设也可以充分发挥我国现阶段信息竞争力强的城市的辐射带动作用，以试点示范为切入点，沿海带动内陆区域发展，省会城市带动区域内部发展，进行分批次的普及建设。

2. 建立立体化的产业发展体系

未来我国将进入信息城市为主体的时代，城市的发展更多地依靠信息技术的整合带动，产业的发展要改变过去的粗放型向新型集约化资源利用迈进。我国的信息产业发展要进一步完善信息产业发展体系，通过促进产业战略性调整，大力推进信息化与工业化融合发展，形成一套全方位的信息服务体系，提高我国产业的未来竞争力。具体的，一方面，通过信息产业自身的发展，加强

信息资源的有效整合，调高信息利用率，另一方面，通过信息产业发展，促进产业结构调整和产业升级，带动相关产业和整个城市的发展。

参考文献

承继成：《信息化城市与智能化城镇——数字城市》，《地球信息科学》2000 年第 3 期。

刘文云、葛敬民：《国内外信息化水平测度理论研究比较》，《情报理论与实践》2004 年第 2 期。

李晓东：《信息化与经济发展》，中国发展出版社，2000。

宋刚、邬伦：《创新 2.0 视野下的智慧城市》，《北京邮电大学学报》（社会科学版）2012 年第 4 期。

吴江：《信息城市的若干特征和趋向》，《城市研究》1998 年第 5 期。

姚斌华：《“数字化城市”的魅力》，《人民日报·华南新闻》2001 年 9 月 26 日，第 1 版。

岳彩娟：《信息化对城市空间结构影响的综述》，《经营管理者》2010 年第 15 期。

苑剑英：《信息城市的物质形态》，《城市规划汇刊》1997 年第 3 期。

B.13

中国文化城市竞争力报告

——迈向开放多元的文化城市

许峰　漆睿　李静*

一　引言：城市文化是城市社会发展的不竭动力

2012年，国际城市创新发展大会在深圳举行，会议的一项重要议题就是“城市多元文化的和谐与融合”。会上提出包容是解决城市多元文化的一个非常重要的概念。在中国城市化的进程中，建设城市文化成为城市社会发展的一项重任。目前，国内许多城市也把建设文化城市作为今后发展的目标。

多元包容、自由开放是可持续发展理想城市的特征。城市文化是城市在发展过程中出现的物质和精神财富的总和，具有包容性、多元性、开放性等特征。文化的日渐重要，构成了文化软实力。软实力是文化和意识形态吸引力体现出来的力量，而城市文化软实力有助于增强城市核心竞争力，提高城市发展质量，促进城市经济增长，扩大城市影响力①。因此，基于多元包容、自由开放和文化城市的主题，本文在研究分析我国构建可持续发展理想城市过程中，对自由开放的文化城市发展的基本模式、存在问题、取得经验以及实现对策等方面进行论述。

---

* 许峰，山东大学管理学院旅游管理系副主任、副教授，硕士生导师，研究方向为城市与区域经济、旅游开发与规划、战略管理与营销、品牌经济与管理等；漆睿，山东大学管理学院硕士研究生；李静，山东大学管理学院硕士研究生。

① 吴忠：《提升城市文化软实力的意义与路径选择》，《学术界》2011年第5期。

二 理论分析

（一）文献回顾

理论上，目前国内关于文化城市的定义尚不多见，对其内涵的阐释涉及更少。戴立然（2001）认为，“文化城市”是指已经具有的城市形象、特征、精神和品格①，而通过“文治教化”则可以使一个城市具备现代城市、文明城市所应具有的形象、特征、精神和品格。随着城市化进程的加速，文化的多样性在城市中更为明显。Berliant 和 Fujita② 认为：文化多样性能够汇集不同城市的互补技能，找寻出可替代的方式解决城市化进程中的问题，进而有利于文化创意的发展，激发文化创新并促进城市发展。然而大量移民的迁移，必然会带来种族问题和文化冲突，要通过文化融合包容各种不同信息的对撞，避免不同民族和城市间社会动荡的出现。Florida③ 表示包容性的城市文化，不仅包含了艺术家和富有创造力的人员，而且还有受过教育的人，正是源于这些市民的多元性组成了丰富多彩的城市文化。

关于多元文化的定义，国外学者提出了多种说法，他们称之为“知识经济”（Etkowita and Leydesdorff）、“创意经济”（Florida，2002；Markusen and Schrock，2006）、“认知文化经济”（Scott，2007）等，这都说明了城市文化在城市化进程中的重要性，对我国理想城市建设具有很重要的借鉴意义。正如美国著名的未来学家约翰·奈斯比特（John Naisbitt）所说：“一个贫困的国家，即使没有丰富的自然资源，只要在文化资源上肯下大的投资，也是可以发展起来的。”

（二）理论框架

1. 多元开放文化城市的内涵

通过文献回顾发现，国内学者对开放、多元城市的研究和分析，都指

① 戴立然：《城市文化与文化城市的辩证思考》，《大庆社会科学》2001 年第 6 期。

② M. Berliant，M. Fujita，：Knowledge creation as a square dance on the Hilbert Cube，Mimeo，Washington University，Department of Economics，2003.

③ R. Florida：Bohemia and economic geography，Journal of Economic Geography 2，2002，pp. 55 – 71.

出了文化城市所具有的基本内涵，即城市的发展离不开文化的对外开放和对多元文化的包容。1985年，在欧洲联盟文化部长会议上人们就首次提出了“文化城市”的概念，时值当下，“文化城市”的概念已经受到了更多城市的重视。大家纷纷提出“文化强市”、“增强城市文化软实力”的发展战略。文化城市是城市竞争力和城市形象塑造的一个重要的组成部分，在城市的发展过程中，文化成为内在的驱动力和科学发展的精神支柱。一般认为，文化城市要具有吸纳包容不同文化、创新创意和示范引领等多重功能。

2. 多元开放文化城市建设的主要原则

（1）开放性原则。城市是现代化的产物，随着我国城市化进程的加快，开放性日渐成为城市发展的重要特征。多元开放文化城市建设的首要原则应该是开放性，即能够吸引国外或其他城市的先进文化，能够为城市文化的形成和发展提供最基本的条件。

（2）包容性原则。城市是一个不断吐故纳新的有机整体，其生存和发展的首要条件是能够“吸引与包容人群及各种要素”，其生命力也正来源于“包容性的支撑与保障”①。各种异质性的人流、物流和信息流只有在包容性的支撑和作用下，才能充盈在城市领域中，并以不断的膨胀推动城市向更高层面跃进和更广范围伸展。例如，加拿大移民政策里面有两个词：“文化马赛克”和“文化沙拉”，“文化马赛克”是指由不同的画布组成的交融的文化图案，“文化沙拉”是指各种文化组成的加拿大文化。因此，城市的多元文化正是由各类相互辉映、相互包容的不同文化构成。

3. 多元开放文化城市建设的主要内容

（1）城市开放：外贸依存度、外资及外企数量。外贸依存度是一个城市对外开放程度的一个重要的衡量指标，包括城市的进口总额和出口总额，主要是指文化输出和输入的指数；外资数和外企数是指国外的企业在我国城市的投资数额及投资建厂数，这在一定程度上能够说明我国城市的开放程度进一步深化，能够吸引大量的外资。

① 张宇钟：《城市发展与包容性关系研究》，《上海行政学院学报》2010年第1期。

（2）文化交流：国际商旅人员、城市国际知名度及语言多国性。当今世界是开放的世界，无论全球的经济、文化还是商贸无疑都是开放的。而文化最主要的特征就是开放、多元、包容。文化在本质上就是一个开放的体系，能够汲取各国、各地区的文化的精粹，形成多元一体的格局。它的包容性则体现在能够融合不同的文化，使不同的文化之间能够和谐相处，形成特有的城市文化特色。入境游客、城市国际知名度等都表明一个城市在积极地进行文化交流，促进文化的相互吸收和融合。

（3）城市文化：城市历史文化、非物质文化及现代文化艺术。城市文化包括多个方面的内容，例如物质文化、精神文化，现代文化、历史文化，文化产业、文化事业等。历史文化是一个城市的历史文化底蕴，记录了一个城市的历史发展进程，并指出保护历史文化的重要性；非物质文化是指各种以非物质形态存在的、世代传承的传统文化表现形式。城市通过对历史文化、非物质文化及现代文化艺术的保护和发展，培育出属于自己的独特的城市文化。

三　实证评估：中国文化城市建设现状

（一）中国文化城市建设总体情况判断

2012 年，国际城市创新发展大会的召开，为城市文化的多元化发展提出了新的要求。会上提出，在快速城市化进程中，各个城市的尤其是大城市的流动人口数量激增，这就带动了城市之间的互动，同时也催促着城市之间的相互包容。随着城市规模的不断扩大，也会带来大批量的流动人口，因此文化包容的问题也会越来越凸显。然而，我国正处于高速的城市化进程中，城市化总体水平远不如欧美发达国家，尤其是在城乡二元结构下人的城市化十分不力，因此在城市化过程中文化建设的问题也较为突出。

文化城市竞争力指数均值为 0.27205，方差为 0.02724，多元文化城市是构建可持续发展理想城市的重要特征。指数为 1 是理想值，目前我国城市文化的开放性、多元性和包容性距离理想城市的目标较远，差距较大。

（二）现状与格局：东南、环渤海统领前10，香港独占鳌头

根据测算，在多元文化城市综合排名中，东南地区和环渤海地区的城市统领了文化城市竞争力的前10个位置。在加权排名中，香港以高分的绝对优势居于首位，上海、北京、苏州的表现也非常出众，说明这些城市文化的开放程度和多元化程度较高（见表13－1）。从整体水平观察，前10名几乎都是沿海城市，而且都具有较高的行政级别；与此同时，来自中西部及东北地区的城市文化开放程度普遍不高。香港文化国际化程度最高，东部沿海的文化发展和开放程度主要依赖于其区位优势，即与外界交流的便捷程度。因此，其排名普遍高于中西部地区。

表13－1　2012年文化城市竞争力排名前10名

单位：位

城　市	开放多元的文化城市得分	排名
香　港	7.429797	1
上　海	7.420984	2
北　京	6.290967	3
苏　州	5.609059	4
广　州	5.549647	5
杭　州	4.967386	6
青　岛	4.863960	7
天　津	4.833054	8
南　京	4.655905	9
佛　山	4.574295	10

资料来源：中国社会科学院城市与竞争力指数数据库。

从整体上看，广东省可谓独领风骚，表现异常突出；江苏省稳居第2位，可见江苏省内城市的文化开放程度和多元化程度也是相当高的；山东、福建城市的优势犹在；中西部各省份的文化开放性和多元性的竞争力则相对偏低。

（三）区域比较：东南地区、环渤海地区表现优异，东西部差异明显

从我国文化城市分布的区域比较来看，东部沿海地区是文化开放程度最

好的，样本中的香港和上海分别排在文化城市前2名。从中国大陆285个城市的排名看，东南地区无疑是最好的，在55个城市中有29个排在前50名，占52.73%。其次是环渤海地区，在30个城市中，排在前50名的有7个，占23.33%。接着是东北地区，在34个城市中，排前50名的有3个，占8.82%。然后是中部地区，在80个城市中，有6个排前50名，占7.5%。西南和西北地区比较差，西南47个城市中，4个排在前50名，占8.51%。西北39个城市中，只有1个排前50名，只占总数的2.56%（见表13－2、图13－1）。

表13－2　文化城市竞争力区域分布

单位：个，%

区域	名次类别					合计
	最好	较好	一般	较差	最差	
港澳台	2 100	0 0	0 0	0 0	0 0	2 100
东南	29 52.73	12 21.82	11 20.00	3 5.45	0 0.00	55 100
环渤海	7 23.33	12 40.00	10 33.33	1 3.33	0 0.00	30 100
东北	3 8.82	7 20.59	12 35.29	7 20.59	5 14.71	34 100
中部	6 7.50	12 15.00	42 52.50	18 22.50	2 2.50	80 100
西北	1 2.56	4 10.26	10 25.64	11 28.21	13 33.33	39 100
西南	4 8.51	3 6.38	15 31.91	10 21.28	15 31.91	47 100
总　计	50 17.40	50 17.40	100 34.80	50 17.40	37 12.90	287 100

注：在所有287个样本城市中，共分五个级别，前50名最好，51～100名较好，101～200名一般，201～250名较差，250名以后最差。

（四）优势与劣势：东部沿海地区引领，西部偏远地区蛰伏

通过对全国287个城市的总体分析，发现我国城市文化竞争力的排名

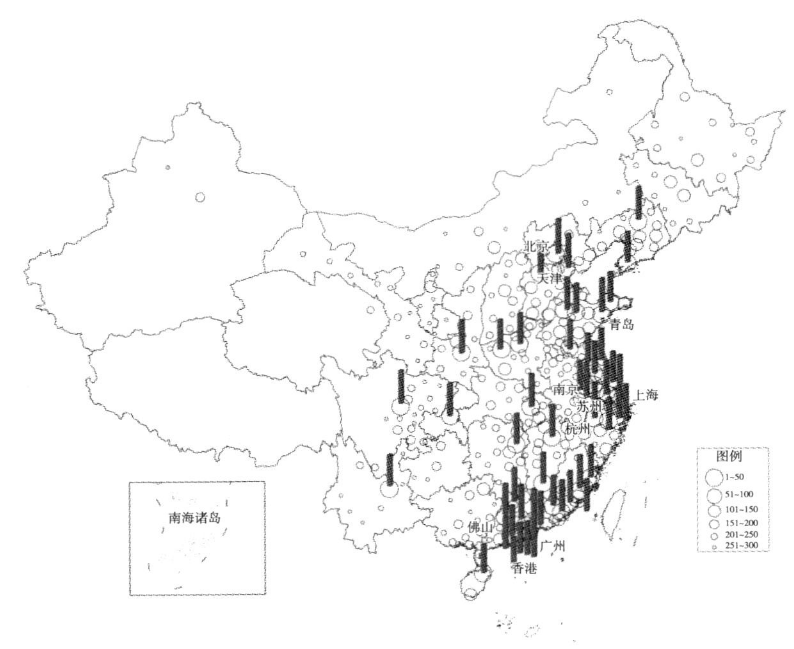

图 13－1　2012 年 287 个城市文化城市竞争力排名

注：2012 年文化城市竞争力排名前 50 名为柱状所示，其他为“○”所示。柱状越高代表文化城市竞争力排名越高，“○”越大代表文化城市竞争力排名越高，图例中的单位为“位次”。

仍处在不断变动之中，有时候变化较为明显，起伏较大，但总体上西部区域与东部沿海区域的开放水平维持了较大的差距。主要体现在：一方面西部地区的城市的整体排名相对靠后，尤其是甘肃、宁夏等省份城市的排名主要集中在 200 名之后，东部沿海城市的排名都比较优异，排名前 10 位的城市中，除了香港和 3 个直辖市外，其余的 6 个城市均位于我国的东部沿海；另一方面西部区域的城市在前 50 位中，只占 4 个，而东部多达 32 个，差距异常显著。

综合来看，我国文化竞争力与经济发展格局相似，呈现东高西低的区域发展不平衡态势。除了区域发展不平衡以外，城市文化与创意产业的发展也存在着结构性问题：产业体系初具规模，但整体竞争力偏弱；产业布局趋于合理，但区域发展不平衡；产业主体壮大，但集约化程度不高；产业外向度有所提升，但在城市竞争中处于劣势。

四　主要问题及其原因分析

21 世纪以来，随着文化经济的崛起，世界城市的具体特征将不仅仅表现在国际金融中心、决策控制中心、国际活动聚集地、信息发布中心和高端人才聚集中心这五个方面，而且依托以此为基础的城市文化构成世界城市文化软实力体系，世界城市日益成为全球文化在空间上的代表。现代社会，城市文化是城市存在与发展的灵魂，反映着城市自然地理形态、历史文化和产业结构特征，是城市的生命力所在。当前，我国城市文化建设与发展中存在一些共性问题：历史文化遗产保护不力、现代文化的不足、外贸依存度与城市文化不相关等现象非常普遍。

（一）文化城市建设中的主要问题

1. 城市历史文化遗产保护不力，历史遗迹破坏严重

历史文化是一个城市发展的根脉，是城市可持续发展和城市文化塑造的基础。我国许多城市都有着悠久的历史，凝结在这些城市中的历史文化不仅是属于我国的，而且是属于全人类的文化遗产，凝聚历史点滴的街区、古建筑等文化遗产代表着一座城市的文化脉络气息和地域审美记忆。然而，我国当下众多城市大张旗鼓地进行所谓的旧城改造，对老城区、历史街区不加区分地进行大拆大建，很多拆迁改造缺乏审慎的科学论证，且十分混乱无序。于是，在众人或怒或嗔但又无计可施的注目下，众多的历史、人文遗址及古宅、古巷因错误的发展观、政绩观等原因，在推土机的轰鸣中灰飞烟灭。我们所居住的城市不仅仅失去了珍贵的文化元素，而且城市发展的根脉被连根拔起，城市也失去发展的历史底蕴。城市的非物质文化遗产的保护与传承情况也令人忧虑，广泛存在重申报、轻保护的现象。

从我们的观察来看，根据城市非物质文化遗产指数测评数据分析，非物质文化保护最好的是上海与北京，分别有 68 处和 66 处非物质文化遗产。其他排名前 10 位的城市分别是香港、沧州、重庆、渭南、武汉、滨州、菏泽和晋中。沧州、滨州、菏泽等都是发展较为落后的城市，但是其在非物质文化遗产保护方面不遗余力，具有鲜明的城市文化特色。我国 287 个城市中非物质文化遗产平均值为 9.1509（见表 13－3）。

表 13－3　中国城市非物质文化指数测评值

有效值数量	极小值	极大值	平均值	标准差	方差
287	0	68	9.1509	11.102	123.255

资料来源：中国社会科学院城市与竞争力指数数据库。

2. 城市现代文化不足，缺乏时尚艺术气息

随着国民财富的增加，有些城市积累了一定的物质基础后，开始想到了表现自我，有了标新立异的冲动。但是由于文化底蕴的缺乏，不可避免地陷入到仅仅依靠物质基础和自我膨胀来进行所谓的创新和自我表现的窠臼。我国虽有不少的历史文化名城，但是并没有借此而形成一批独具一格的文化艺术风貌和兼收并蓄的文化艺术气质的城市。

根据城市现代文化艺术指数，我们计算文化艺术项目的数值。现代文化艺术程度最好的是上海和广州，测评值是 13587 和 13337。其他排前 10 名的有北京、东莞、珠海、深圳、香港、佛山、天津和杭州。我国 287 个城市的平均得分是 521.112，方差为 2779022（见表 13－4）。

表 13－4　中国城市现代文化艺术指数测评值

有效值数量	极小值	极大值	平均值	标准差	方差
287	1	13587	521.112	1667.039	2779022

资料来源：中国社会科学院城市与竞争力指数数据库。

3. 城市文化开放性和多元性的区域差别大

本研究以入境旅游人员数来比较不同区域城市文化开放性和多元性的差别。数据分析表明，我国区域之间城市文化开放性和多元性存在很大差异，并不完全与经济发展水平相吻合。包括香港和澳门在内的 287 个城市，入境旅游人员平均为 60.43 万人次，方差为 77431.54，标准差为 278.27，这说明不同城市之间差别比较大。从不同区域来看，平均数最高的是港澳台地区，平均为 1106.46 万人次；其次是东南地区，平均为 123.78 万人次；港澳台地区与内地各个区域的差别都比较明显，从方差与标准差来看，不同区域的城市之间差别也比较大（见表 13－5）。

表 13－5　不同区域城市入境旅游人数比较

单位：万人

区域	平均数	城市数	标准差	截距	方差
港澳台	1106.46	2	782.38	1106.46	612125.65
东　南	123.78	55	217.77	1103.56	47425.33
环渤海	41.97	30	98.96	519.87	9793.56
东　北	19.22	34	26.93	116.99	725.29
中　部	15.36	80	23.36	130.20	545.87
西　北	7.97	39	19.16	100.23	367.06
西　南	20.51	47	45.26	186.40	2048.31
总　计	60.43	287	278.27	3603.00	77431.54

资料来源：中国社会科学院城市与竞争力指数数据库。

4. 外贸依存度与城市文化不相关，城市文化开放性不足

城市文化分为历史文化和传统文化，历史文化指数和非物质文化指数高的城市一般历史文化浓厚，也就在一定程度上代表了中国传统老城。现代文化艺术指数代表了具有现代气息的新兴城市。城市现代文化程度越高外贸依存度越高，也就是说相对于历史文化浓厚的城市，有现代文化气息的城市开放性更强。

从影响中国城市外贸依存度的因素来看，外贸依存度与城市历史文化和非物质文化不相关，当年实际使用外资额、外资企业比例、现代文化艺术指数相关性在 0.5 以上，具有较强的相关关系（见表 13－6）。

表 13－6　中国城市外贸依存度与城市文化相关性分析

项　目	外贸	外资	外企	商旅	知名度	语言	历史文化	非物质文化	现代文化
外贸	1.000	0.587	0.624	0.278	0.251	0.397	0.106	0.069	0.515
外资	0.587	1.000	0.592	0.272	0.187	0.429	0.153	0.121	0.553
外企	0.624	0.592	1.000	0.262	0.260	0.416	0.156	0.043	0.495
商旅	0.278	0.272	0.262	1.000	0.447	0.612	0.176	0.277	0.260
知名度	0.251	0.187	0.260	0.447	1.000	0.642	0.303	0.446	0.289
语言	0.397	0.429	0.416	0.612	0.642	1.000	0.377	0.390	0.450
历史文化	0.106	0.153	0.156	0.176	0.303	0.377	1.000	0.298	0.366
非物质文化	0.069	0.121	0.043	0.277	0.446	0.390	0.298	1.000	0.283
现代文化	0.515	0.553	0.495	0.260	0.289	0.450	0.366	0.283	1.000

** 在 0.01 的水平上显著相关（双尾）* 在 0.05 的水平上显著相关（双尾）。

（二）问题产生的原因分析

城市文化的缺失将极大地制约城市发展空间，削弱城市竞争力。城市文化的缺失，“使得城市从内部来看普遍出现重复建设、资产过剩的现象，城市发展缺乏后劲；从外部来看，缺乏城市特色和吸引力，难以集聚外来的优势人才、资金、技术、管理等经济发展要素，从而导致城市的整体竞争力下降”①。具体来看，城市文化缺失问题的出现主要体现为以下四个方面。

1. 城市规划滞后偏离，城市文化传承受阻

在世界城市发展建设史上，中国城市化已经成为区域发展的奇迹。塔架林立、灰尘飞扬，大量城市空间被彻头彻尾地进行了多轮次的重新规划并实施了推倒重来式的全面改造。规划滞后，甚至于规划缺乏约束力几乎成为常态，很多建筑或街区的拆掉重建不仅增加了建设成本，而且破坏了城市形象的根源。更具有破坏性的则是对城市进行盲目性人为功能分区的规划理念，把城市简单僵硬地分成商业区、住宅区、行政区、休闲区、旅游区等不同功能模块。这种“主流”理念一时成为我国当代城市规划的潮流，几何线条的分割使饱含人文气息，历史余韵的蔓生，城市人为的雷同化、网格化、粗鄙化，最终泯灭了城市的记忆，把城市生活变得机械且单调。还有不少规划是由领导意志决定的，往往缺乏对城市建设规律的遵循，缺乏对城市在精神、人文、个性方面的深层思考和理解。

2. 片面强调经济发展，肆意破坏历史遗迹

由于 GDP 政绩观的影响，城市上上下下都以加大招商引资、追求经济发展为头等大事，为了迎合投资商的要求而忽视对历史文化、生态环境的保护，破坏了城市可持续发展的能力。为了提高容积率，许多城市在旧城改造中对老城区、旧街区缺乏关注，往往无情拆除并代之以水泥森林般的摩天大厦。特色在消失，个性在泯灭，内涵在削弱，中国的城市也由此进入了“千城一面”的格局。经济至上的城市发展战略不可能造就有文化品位的理想城市，相反，城市原有的文化记忆也将因这种急功近利的态度而日渐式微。可以说，经济利

---

① 徐小军：《城市个性的缺失与追求》，《学术探索》2004 年第 11 期。

益最大化的冲动使得城市主政者把经济指标的增长建立在自然资源和生态环境的最大化利用之上，直接影响了人们的生存空间和发展机会。

3. 支撑文化未凸显，民族文化被忽视

中国城市发展是西学东渐的产物，改革开放后乡村中国亟须提升城市建设规模和档次，于是城市建设的主要模式就是借鉴。一时间小城市跟风大城市、国内模仿国外成为热潮，甚至美国白宫都仿建在了中国内地小城市。可见这种借鉴类似于“东施效颦”、“邯郸学步”，多半缺乏扬弃、全盘简单复制，在城市规划与设计领域尤为突出。相互借鉴的结果导致城市放弃了自身的文化支撑，唯洋人马首是瞻。在这个过程中，城市建设与民族文化相背离，未能把外来先进理念融进传统民族文化形成独特的城市文化创新。城市原有的内在支撑文化因崇洋媚外而被放弃，甚至于被不假思索地抹去。事实上，西方国家的“城市病”已经敲响警钟，但却被忽视。对外来文化的错误理解和盲目运用并不适合中国实际，从而造成我们在城市建设时心中无底、缺乏远见，造成了城市的不中不西、不伦不类。究其根本，不同的城市应由其独特的地域文化支撑，由其独特的民族文化滋养，绝不能简单拼凑、照搬照抄，更不能沿用所谓的“统一模式”或“国际标准”，应以文化自信的视野全面深入地思考外来文化融入下的城市发展。

4. 协同决策机制缺乏，城市文化建设不力

城市文化的建设应当是一个多中心生产机制，是政府、产业、公众、学界、媒体等各方主体协同决策的产物。但现阶段，由于法律规范的缺失或执行不力，丛林法则的强者为王逻辑成为决策原则，也就是说长官意识、政绩工程、投资商等处于强势地位，这使得城市文化建设的道路异常艰难。很多情况下，城市领导者、决策者、投资者根据自己的个体想法肆意而为，城市规划决策“黑箱”操作，公众、学者意见得不到反应，媒体监督也变成了摆设。个别群体不受约束的行为模式使得权力寻租成为可能，为获取自身短期利益可以不惜牺牲城市整体的长期利益。城市文化的建设因需要较长时间的投入，也就自然处于被忽视乃至于被破坏的境地。因此健全多中心治理的决策模式是当务之急，要关注城市文化的培养，形成全民参与、共建文化的城市发展观。

五　基本经验：国际经验与国内经验

21 世纪之后，随着文化与经济的紧密融合，城市有了新的发展目标，正在从单纯的经济中心转变为全球化开放条件下集聚科技、文化、娱乐、教育和医疗等多种高端人才的多元中心。经验表明，城市的发展不仅仅在于扩展其对外经济活动和贸易，而且更加注重其文化的多样性、品牌的鲜明化和发展的持续性。

（一）文化城市建设的国内外经验

1. 制定文化发展战略，引领文化城市建设

世界许多大城市都不约而同地将文化战略作为城市整体发展战略的核心，从整个城市未来发展战略的高度来考虑文化城市发展计划。如伦敦的“创意伦敦”战略，目标是增强伦敦作为一个文化之城的吸引力，促进伦敦未来的社会经济和文化发展；东京提出 2006～2016 年城市发展目标是包括基础设施、环境、社会生活、产业、文化、人才、体育等全方位的发展目标；蒙特利尔建设设计之都的目标是要依靠市民的力量实现城市的发展，提高市民所需产品、建筑物和公共空间的设计质量，为创意新秀打开创意之门；神户的城市建设目标是建设高质量生活，以安全、安心、健康为基础，以多样性交流与融合创造新价值为特征的文化之都。可见，将文化城市纳入城市发展战略是城市化进程中一个必然趋势。

2. 发展多样性文化体系，突出包容性移民文化

文化城市越来越注重社会生活和文化的多样性，如说人口多样性和外来人士在城市精英队伍中的比重。比人口结构更重要的是文化生活的多元性，包括工作语言的多语种化、对非本土文化的平等看待，以及不同背景的居民对政治的参与程度。这种社会文化多样性是吸引和留住人才的主要因素。文化城市是人才的集聚中心和人才生产基地。文化城市以其高效生产活动和商业贸易的繁荣，创造出多于其他城市的就业机会，造就了高素质的人才队伍。同时，人才的流入反过来推动了文化城市的快速发展。例如，纽约有 1/3 的人口是海外移

民，民族的多样性与文化的包容性推动了纽约人尊重科学技术、倡导和弘扬创新精神，吸引了世界各行各业的精英，多元文化共融和人才聚集对纽约成为全球领先的文化城市具有决定性作用。伦敦则是以全球知识和技术创新中心为其个性特征的，世界上最负盛名的牛津大学、剑桥大学都在伦敦大都市圈范围内，它们曾经是工业社会各种思潮的策源地，也是信息社会各种新知识和新技术的发源地。

3. 凝练城市文脉，传承历史精粹

城市的内在支撑点在于其独特的本底环境、历史渊源和文化脉络。依赖于不同历史时期人类活动的传承起合，一座城市才得以形成了自己的文化特色，也就积淀出城市形象得以构建的品牌资源。因此，城市文脉的凝练要在崇敬自然与环境要素、尊重历史与地域文化、追求人类与社会价值的基础上形成。例如，京都市内大量庭园和寺庙都保存完好，有轨电车依旧行驶在后工业文明时代里，现代化服务设施也适当布局。但为了保持京都历史风貌的统一，大型立交桥、高层建筑物等在市内是没有立锥之地的。虽然东京、大阪这样的城市赫赫有名，但京都古城在发达经济体日本仍然保存了自己的文化个性。因此，在京都我们既能感受到其厚重的历史文化气息，也能触摸到其历史发展轨迹的延伸。可见，城市发展应该是一个"生活化"的历史过程，它宛如一个人，有其过去、现在和将来的道路，城市文化则是其各个历史时代记忆的全方位展现，在它身上我们能够触摸到各个时代的烙印与脉搏。可持续的城市文化是承续与创新的统一，要处理好两者之间的关系。

4. 找准城市坐标，塑造城市形象

人们对城市文化的感知更多的是在对该城市总体印象的基础上形成的，而良好印象的形成在很大程度上取决于其城市形象的宣传与推广。因此，城市要找准自己在全球城市体系的准确定位，如北京的全球地位、大连的枢纽地位、西安的历史地位等都是形象塑造的切入点。明确了定位之后，要在传承放大历史优良形象、扭转改变传统负面形象、塑造壮大崭新创意形象三个维度进行城市形象的开发与培育。要根据新时代的要求进行城市形象的创新，瞄准消费者的心理需求打造适宜的形象。一方面，城市形象的形成离不开历史的积淀，另一方面，更需要精心地塑造和经营。城市形象的塑造就像产品品牌一样，虽有遵循统一标准的必要，但更需加大创新力度，突出独特亮点。建设文化城市，要在发展共性的基础上因地制宜，突出特色。

（二）文化城市建设典型案例

案例1：南京——现代国际性的人文绿都

主要业绩表现及原因：南京2010年城市开放多元文化排名第9位，原因是2010年2月10日南京获得2014年青年奥运会的主办权，不仅仅因为南京政府的热情、志愿者的众多以及体育设施的完善，更因为南京是中国科教第三城。

主要做法：第一，把握青奥会契机，飞速发展。南京从“七五”到“十二五”一直在寻求城市发展的正确定位，城市发展目标从“现代化大都市”到“国际化大都市”再到“长江流域的中心城市”、“国际影响较大的现代化中心城市”，最后，提出了要把建设“现代化国际性的人文绿都”作为南京“十二五”攻关目标之一，这一城市定位将在青奥会提供的交流平台上得到检验。第二，树立历史文化名城保护整体观。2011年根据转型期名城保护“整体观”的理念和方法，提出整体保护南京历史文化名城，名城规划不断深化完善，为南京历史文化名城的保护提供了规划依据。在规划的引导下，“南京目前基本保持了历史格局及其山水环境，较好地控制了老城‘近墙低、远墙高；中间高、周边低；城北高、城南低’的总体空间形态，历史文化街区基本得到有效保护，名城整体格局和风貌尚清晰可循”①。此外，南京确定了“一城三区”的发展战略，“旨在解决好城市现代化建设与历史文化保护的关系，在迈向现代化的过程中保持并发扬古都特色”②。第三，重视文化旅游开

---

① 张成、叶斌、苏玲：《转型期历史文化名城保护的整体观——以南京为例》，《南京规划研究》2011年增刊。

② 周岚、叶斌、阳建强：《南京历史文化名城保护定位、目标和战略研究》，南京市规划局，2008。

发，提升南京历史文化名城的知名度和整体形象。南京市建立起民俗村、民艺博览城、小吃城和丰富多彩的文化艺术活动和节庆活动，带动广大游客参与到南京市的多元开放的文化当中，对城市形象的整体塑造和宣传起到了良好的作用。

主要启示：第一，借力国家级赛事和节庆活动。第二，保护与开放并行。第三，发挥第三产业的辐射带动作用。

案例 2：芝加哥——多元文化促进城市转型

主要业绩表现及原因：在经历了 20 世纪 60 年代末以来席卷整个美国中西部的经济危机所带来的 30 多年的低迷期后，相较于西雅图和底特律，芝加哥是美国非常成功的转型城市，从制造业基地变成了新型的全球城市。芝加哥一改过去灰暗的重工业形象，成为摩托罗拉、波音和美联航等众多跨国公司的总部，也是美国中部交通和信息枢纽以及全球性服务、法律和咨询中心，成为美国未来最美、最环保城市之一。在芝加哥的全球化进程和城市形象转变中，芝加哥的多元移民文化和随之而来的包容和创新精神功不可没。

主要做法：芝加哥市政府将文化看成重要的公共产品，通过了庞大规模的文化计划，并设置了专职机构“文化事务与特别活动处”来促进城市文化的发展。以“文化 + 创造力 = 创新”为口号，将建成世界文化目的地和会展目的地作为芝加哥甩开其他夕阳工业城市而实现成功转型的关键一步。市政府牵头举办五光十色的特色活动，比如节庆大游行、各类音乐节、饮食文化节、夏季舞蹈节、航空与游船表演等，不仅为城市带来了时尚潮流和青春活力，也使芝加哥成为美国第三大旅游城市。这对一个仅有 170 多年历史的年轻工业城市而言非常不易。芝加哥凭借着一流的会展中心，便捷的交通和大芝加哥地区多达 400 家大公司总部的优势，紧随拉斯维加斯之后排在美国会展业的第 2 位。

主要启示：第一，多元文化和包容性，吸引年轻人才。第二，芝加哥强大的文化生命力在促进经济发展和就业岗位增多的同时，有利于城市的可持续发展。

六 对策建议

我国城市定位普遍存在盲从和跟风，缺乏对独特城市文化的深入挖掘，也就难以根据自身的特点进行准确定位，城市开放多元文化的个性不突出，自身优势不能得到挖掘和发挥，城市发展不具有可持续性。面对“十二五”规划新蓝图，随着我国在世界上的地位提升和实力增强，特别是随着国际化发展环境的日益开放，在全球一体化背景下城市开始进入以文化论输赢的时代，城市的国际化与城市文化的开放多元成为同等重要的维度。

（一）将文化城市纳入发展战略、以科学理性编制城市规划

文化城市建设的目标不仅仅是某些经济目标或者文化目标的实现，而是与未来城市经济、社会和文化各方面的发展相关，是整个城市未来发展战略的一部分。政府应该将建设文化城市纳入城市发展战略。首先，成立由政府负责、市民参与的专门推进机构，将旅游局、环境局、建设局、城市规划总局、教育局等相关政府部门负责人纳入该机构，便于协调和组织各方力量和具体贯彻落实各项措施；其次，建立可以提供多种服务的公共服务平台，可由政府和民间共同出资设立，以公司化运营的方式提供咨询、辅导、技术、信息，甚至直接为企业提供策划、人才、设计、管理的多种服务；最后，城市规划必须立足现实，放眼长远，高瞻远瞩，要因地制宜，挖掘本地自然条件的个性元素，借助不同的山水格局塑造不同的城市风格。

（二）发展文化创意产业、承载文化城市建设

文化与创意产业主要通过改善产品的观念价值来创造消费时尚，激发消费者潜在的购买欲望从而获得市场和利润，处于产业价值链的最高端。文化与创意产业发达并呈集聚发展态势是创意城市的共同特征之一，各个城市应该根据自身优势对重点发展的产业出台支持措施。发展文化与创意产业，首先，政府应当搭建文化与创意产业融资投资机制，逐步加大 R&D 资金投入，为城市创

新体系建设提供资金保障，建立各种科技研发基金、创业投资基金、文化创新基金等，吸引民间投资，营造一个信息通畅且成本低的投融资环境；其次，政府应该制定扶持政策对重点企业进行鼓励引导，提高企业对文化与创意产业投资的积极性，扩大产业园区的规模，鼓励文化与创意产业聚集，形成有影响力的品牌；最后，建立有效的知识产权保护系统、健全的知识产权法律法规，广泛开展对知识产权保护的推广，建立知识产权服务机构，对侵权、盗版行为要维持高压打击，切实维护创意群体的合法权益。

（三）发展多样性文化、营造开放性氛围

文化城市应当是链接历史、现代与未来，具有一致性、多元性、交融性的空间集聚体。其城市独特的吸引力体现在各种人员、信息和物质流动状态下所暗含的丰沛的文化要素与资源，包括各种物质和非物质文化遗产、不同时期的历史古迹、教育娱乐传媒机构和时尚流行文化要素等。“只有民族的才是世界的”，同样的，只有地方性浓厚的文化城市才是具有全球影响力的现代文化城市，要吸收融合世界先进文明，融合成有独特文化魅力、深厚文化内涵、高端文化品位的城市。我国城市在注重城市硬实力建设的同时，也应该重视城市软实力的培育，营造包容的社会文化环境。首先，推进开放的文化政策，将对多元文化的包容和异文化的全球性共享作为政策的重点内容。定期举办比赛、会展、论坛、节庆等文化创意活动，鼓励学校、企业和社团举办文化多样性的课程和培训，搭建多元文化相互理解和交流的平台，让各种文化和创意都得到尊重。其次，鼓励各类非政府文化组织的设立，降低社团准入门槛，培育具有开放性和多元性的文化组织和创意社区，为文化的多样性和创新提供展示的舞台。

（四）承继历史文化遗产、创新当代城市文化

城市文化发展的前提是要发掘城市自古传承的文化脉络并加以弘扬。从城市的演进来看，每一个城市都有属于自己的文脉，政府应当以主人翁的姿态保护好城市历史文化遗产，对传统人物和传统景观要倍加关爱。城市现代化绝不简单地表现为设施与技术的更新换代，而是更加体现为深厚的文化内涵与历史底蕴。政府应该在保护和承继的基础上实现城市文化的创新。一是城市的文化发展要有

当代价值观的体现，与经济发展要求相统一。不但要整理城市文化的载体形式，如建筑物、构筑物或文物古迹的视觉感受，还要凝练城市所具有的内在精神和价值观念，并与时代相呼应。二是城市的文化地域要有多元文化融合的存在。城市文化的形成始终是开放条件下各种文化元素碰撞、互动和融合的过程，其构成体现了千百年的沉淀，环境、人文和时代因素相互依存。三是城市的文化展现要有新型创意设计理念。城市文化的塑造不是僵硬的传承，应当是变与不变的和谐统一，要在有利于实现城市现代化发展的理念下积极用新的理念来展现城市原来的文化特质，不要用保守代替承继，要用创新理念促进城市文化的长生不息。

（五）凝聚城市精神、升华城市文化

城市精神是城市的灵魂，是城市文化与城市形象凝聚力的核心，它使城市文化升华为每个人的人生理念，使文化竞争力在城市的角角落落得到渗透。城市精神的培育重在主体培育，要从市民、政府和企业三个主题层次予以推进。市民精神是基础，也是城市价值理念体系的“神经末梢”，每一个市民都是城市精神的代言人，市民素质也就成为衡量城市精神的一个重要指标；政府精神是引领，揭示出城市价值标杆的方向，对城市文化的建设有强大的促动能力；企业精神是亮点，它集中代表了城市的中坚力量，企业名牌更成为人们识别城市文化的切入点。要大力提炼并传播城市精神，通过总结、概括将城市精神确定为朗朗上口、人人可知的口号。总之，城市精神是地域价值的汇聚，是历史传承的展示，也是时代要求的体现，要大力宣传贯彻，使其成为城市所有人的共识，并对外形成强有力的影响力，以逐渐升华的城市文化形态提升市民素质、企业文化和政府威望，增强城市综合竞争力。

区域报告

Regional Reports

B.14 中国（东南地区）城市竞争力报告

邹琳华*

一 中国城市竞争力（广东）报告

广东省地处中国大陆最南部。东邻福建，北接江西、湖南，西连广西，南临南海，珠江口东西两侧分别与香港、澳门特别行政区接壤，西南部雷州半岛隔琼州海峡与海南省相望。全省陆地面积17.98万平方公里，约占全国陆地面积的1.85%。2012年末，常住人口10594万人，是我国常住人口最多的省份。广东省是中国经济改革开放的前沿，是以制造业和第三产业为主的经济强省。2012年广东实现地区生产总值5.71万亿元，按可比价计算，同比增长8.2%。人均GDP达到54095.38元，增长7.4%，按平均汇率折算为8570美元。广东省“十二五”的发展目标是到2015年，全省人均生产总值实现比2000年翻两番，经济发展方式转变取得显著进展，社会软实力显著

* 邹琳华，经济学博士，现就职于中国社会科学院财经战略研究院，主要从事城市与房地产经济领域的理论研究。

提升，民生福祉显著改善，科学发展的体制机制日益完善。通过改革创新、先行先试，积极实施扩大内需战略、自主创新战略、人才强省战略、区域协调发展战略、绿色发展战略、和谐共享战略，加快转型升级，建设幸福广东（见图 14－1）。

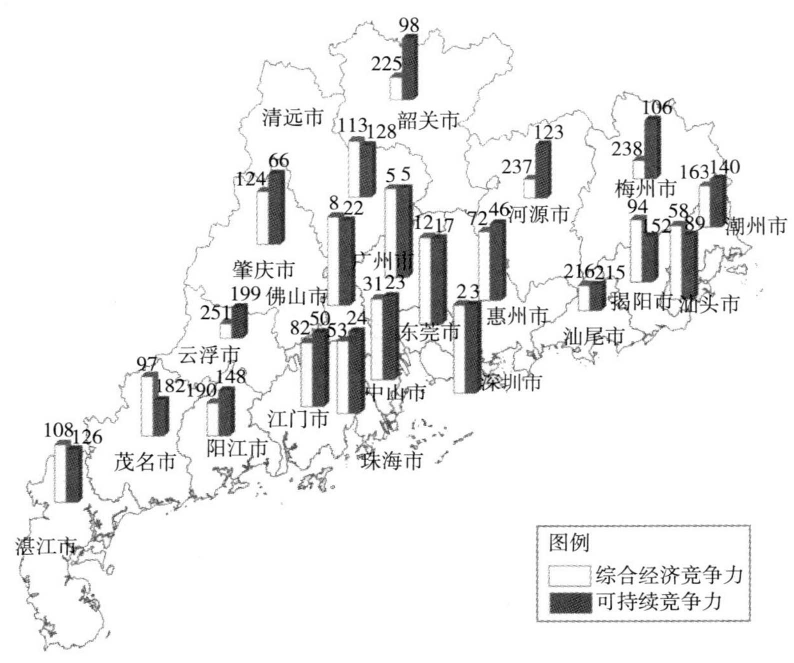

图 14－1　2012 年广东省城市竞争力排名

（一）综合经济竞争力：板块之间差异较大，珠三角城市群表现突出

广东省各城市综合经济竞争力指数均值 0.144，居全国第 9 位，指数方差 0.029，居全国第 26 位。其中综合增量竞争力指数 0.151，居全国第 8 位，综合效率竞争力指数 0.031，居全国第 7 位。深圳、广州、佛山居全省城市综合经济竞争力前 3 位。云浮综合经济竞争力最低，其次是梅州、河源。综合经济竞争力强的城市都集中在珠江三角洲一带，其次是粤西及粤东一带，而粤北山

区城市综合经济竞争力最弱。综合经济竞争力居全国前50强的有深圳、广州、佛山、东莞、中山5个城市，其中深圳、广州分居第2名和第5名；居51~100名的有珠海、汕头、惠州等6个城市；但有汕尾、韶关等5个城市在200名以外，其中云浮在250名以外。总体看，广东省作为我国改革开放前沿，具有其先发优势，珠三角城市群的综合经济竞争力表现突出。由于制造业在经济结构中的比例较大，受经济转型的影响，综合经济竞争力暂时受到一定制约。未来如果转型成功，有望继续成为中国经济的重要一极。广东省综合经济竞争力存在的主要问题是综合经济竞争力板块差异较大，虽然珠三角城市表现夺目，但粤北及粤西、粤东有些城市综合经济竞争力不够理想（见图14-1）。

（二）可持续竞争力：转型初见成效，优势有望保持

广东省各城市可持续竞争力指数均值为0.481，居全国第9位，指数方差0.019，居全国第24位。深圳、广州、东莞居全省可持续竞争力前3位。可持续竞争力最低的分别是汕尾、云浮、茂名。与综合经济竞争力分布略有差别的是，除珠三角地区可持续竞争力仍然较强外，粤北城市可持续竞争力较好，其中韶关进入全国前100名，粤东处于中等水平，粤西垫底。可持续竞争力居全国前50名的有深圳、广州、东莞、佛山、中山等8个城市，其中深圳、广州居全国前5名。51~100名的有肇庆、汕头、韶关3个城市，101~200名的有梅州、河源等9个城市，200名以外的有汕尾1个城市。近年来，广东省投入大力气实施经济转型，借助其经济实力、发展水平以及毗邻现代服务业中心香港的优势，已经取得了一定成效。总体看，广东的可持续竞争力指数排名与综合经济竞争力大体相似，未来竞争力优势有望得到保持。特别是粤北一些综合经济竞争力较差的城市，可持续竞争力也有较好的表现（见表14-1）。

（三）可持续竞争力分项

在可持续竞争力8分项中，文化城市竞争力指数均值为0.422，居全国第8位；指数方差为0.023，居全国第22位。广州、佛山、深圳居文化城市

竞争力指数前 3 位，茂名、云浮、湛江居后 3 位；居全国前 50 名的有广州、佛山、深圳、东莞、珠海等 11 个城市，50～100 名的有河源、汕头、汕尾等 5 个城市，101～200 名的有揭阳、清远、湛江等 4 个城市，200 名以外的有茂名（见表 14－1）。

表 14－1　广东省城市可持续竞争力分项

单位：位

可持续竞争力分项	文化城市竞争力	生态城市竞争力	知识城市竞争力	全域城市竞争力	和谐城市竞争力	宜商城市竞争力	宜居城市竞争力	信息城市竞争力
城市	指数	指数	指数	指数	指数	指数	指数	指数
广州	0.74458	0.63762	0.78199	0.58321	0.61113	0.76741	0.59596	0.92739
韶关	0.29809	0.46373	0.37089	0.29008	0.24528	0.31886	0.38755	0.34611
深圳	0.60330	0.63055	0.84913	0.99809	0.68911	0.65123	0.55838	0.73960
珠海	0.54698	0.48199	0.64615	0.53955	0.50371	0.46314	0.68863	0.41892
汕头	0.37856	0.33026	0.42487	0.27677	0.29659	0.41403	0.38590	0.34047
佛山	0.61208	0.43057	0.57103	0.49033	0.58904	0.66650	0.57679	0.42748
江门	0.46246	0.42932	0.40871	0.32944	0.37531	0.48737	0.48043	0.35978
湛江	0.25904	0.35053	0.23932	0.24075	0.38342	0.32976	0.39803	0.35245
茂名	0.16509	0.22642	0.13435	0.25499	0.40372	0.33238	0.39577	0.20305
肇庆	0.49050	0.58569	0.34696	0.29843	0.49723	0.31877	0.41217	0.25741
惠州	0.53426	0.39894	0.42205	0.36218	0.39615	0.47008	0.44938	0.42133
梅州	0.45027	0.38638	0.30877	0.27708	0.41135	0.20687	0.37203	0.28651
汕尾	0.35903	0.30800	0.10249	0.21035	0.20838	0.16505	0.31880	0.14831
河源	0.38817	0.60178	0.20150	0.26302	0.33134	0.25597	0.31960	0.29440
阳江	0.31152	0.45441	0.22738	0.26989	0.31692	0.26641	0.29971	0.19910
清远	0.26158	0.42866	0.21988	0.27722	0.32286	0.36089	0.33681	0.31904
东莞	0.55487	0.50357	0.60355	0.74981	0.49385	0.43639	0.57126	0.61810
中山	0.47734	0.62595	0.61339	0.48978	0.58615	0.53187	0.62417	0.38652
潮州	0.49510	0.43388	0.26216	0.27776	0.20741	0.22618	0.38770	0.19185
揭阳	0.27273	0.50762	0.14089	0.25942	0.19579	0.35876	0.41580	0.26978
云浮	0.19855	0.38546	0.18172	0.23211	0.26224	0.20061	0.30841	0.17630
指数均值	0.42210	0.45721	0.38368	0.37954	0.39652	0.39184	0.44206	0.36590
指数方差	0.02298	0.01266	0.04762	0.03978	0.02075	0.02651	0.01333	0.03662

续表

城市	排名	排名	排名	排名	排名	排名	排名	排名
广州	5	10	7	7	19	4	18	2
韶关	99	77	99	84	226	122	164	87
深圳	11	12	3	3	5	7	36	5
珠海	19	65	22	9	53	49	5	48
汕头	55	163	79	96	202	62	166	92
佛山	10	100	42	14	22	5	30	43
江门	40	101	86	61	147	37	82	76
湛江	132	152	175	127	141	113	155	80
茂名	212	234	248	119	121	111	159	197
肇庆	34	25	106	75	56	123	143	147
惠州	27	118	81	41	128	46	109	46
梅州	44	124	131	95	119	227	182	129
汕尾	66	186	266	154	242	248	221	240
河源	54	20	207	111	182	178	220	123
阳江	91	84	190	104	192	169	241	200
清远	129	102	193	94	188	95	207	104
东莞	18	56	35	5	58	56	33	14
中山	37	15	30	15	23	26	10	56
潮州	32	98	157	93	244	215	163	209
揭阳	121	53	242	114	249	96	141	141
云浮	178	127	223	135	220	234	235	222
指数均值	8	8	14	7	15	11	14	12
指数方差	22	8	24	25	20	24	19	25

资料来源：中国社会科学院城市与竞争力指数数据库。

生态城市竞争力指数均值为 0.457，居全国第 8 位；指数方差为 0.013，居全国第 8 位。广州、深圳、中山居生态城市竞争力指数前 3 位，茂名、汕尾、汕头居后 3 位；居全国前 50 名的有广州、深圳、中山、河源、肇庆 5 个城市，51～100 名的有揭阳、东莞、珠海等 7 个城市，101～200 名的有江门、清远、惠州等 8 个城市，200 名以外的有茂名（见表 14－1）。

知识城市竞争力指数均值为 0.384，居全国第 14 位；指数方差为 0.0476，居全国第 24 位。深圳、广州、珠海居知识城市竞争力指数前 3 位，汕尾、茂名、揭阳居后 3 位；居全国前 50 名的有深圳、广州、珠海、中山、东莞等 6

个城市，50～100 名的有汕头、惠州、江门等 4 个城市，101～200 名的有肇庆、梅州、潮州、湛江等 6 个城市，201～250 名的有河源、云浮等 4 个城市，250 名以外的有汕尾（见表 14－1）。

全域城市竞争力指数均值为 0.380，居全国第 7 位；指数方差为 0.0398，居全国第 25 位。深圳、东莞、广州居全域城市竞争力指数前 3 位，汕尾、云浮、湛江居后 3 位；居全国前 50 名的有深圳、东莞、广州、珠海等 7 个城市，50～100 名的有江门、肇庆、韶关等 7 个城市，101～200 名的有阳江、河源、揭阳等 7 个城市（见表 14－1）。

和谐城市竞争力指数均值为 0.397，居全国第 15 位；指数方差为 0.021，居全国第 20 位。深圳、广州、佛山居和谐城市竞争力指数前 3 位，揭阳、潮州、汕尾居后 3 位；居全国前 50 名的有深圳、广州、佛山、中山等 4 个城市，50～100 名的有珠海、肇庆、东莞等 3 个城市，101～200 名的有梅州、茂名、惠州等 8 个城市，201～250 名的有汕头、云浮、韶关等 6 个城市（见表 14－1）。

宜商城市竞争力指数均值为 0.392，居全国第 11 位；指数方差为 0.027，居全国第 24 位。广州、佛山、深圳居宜商城市竞争力指数前 3 位，汕尾、云浮、梅州居后 3 位；居全国前 50 名的有广州、佛山、深圳、中山等 7 个城市，50～100 名的有东莞、汕头、清远等 4 个城市，101～200 名的有茂名、湛江、韶关等 6 个城市，201～250 名的有潮州、梅州、云浮等 4 个城市（见表 14－1）。

宜居城市竞争力指数均值为 0.442，居全国第 14 位；指数方差为 0.013，居全国第 19 位。珠海、中山、广州居宜居城市竞争力指数前 3 位，阳江、云浮、汕尾居后 3 位；居全国前 50 名的有珠海、中山、广州、佛山等 6 个城市，50～100 名的有江门，101～200 名的有惠州、揭阳、肇庆等 9 个城市，201～250 名的有清远、河源、汕头等 5 个城市（见表 14－1）。

信息城市竞争力指数均值为 0.366，居全国第 12 位；指数方差为 0.037，居全国第 25 位。广州、深圳、东莞居信息城市竞争力指数前 3 位，汕尾、云浮、潮州居后 3 位。居全国前 50 名的有广州、深圳、东莞、佛山等 6 个城市，50～100 名的有中山、江门、湛江、韶关等 5 个城市，101～200 名的有清远、河源、梅州等 7 个城市，201～250 名的有潮州、云浮、汕头等 5 个城市（见表 14－1）。

（四）结论与政策建议

广东省城市竞争力10项指标均处于全国较好水平。特别是城乡一体化水平很高。相对较弱的是知识城市竞争力、和谐城市竞争力与宜居城市竞争力。在广东省城市竞争力10项之间（见图14－2），各项指数值大体相等，基本上做到了均衡发展。未来的发展应充分利用粤港澳高端合作的优势，加速产业转型，发展高端服务业，升级传统制造业，给予外来人口市民同等待遇，改善居住环境，缩小省内城市发展水平差异，实现珠三角城市的一体化、同城化，将珠三角城市群建设成为世界一流的城市群带。

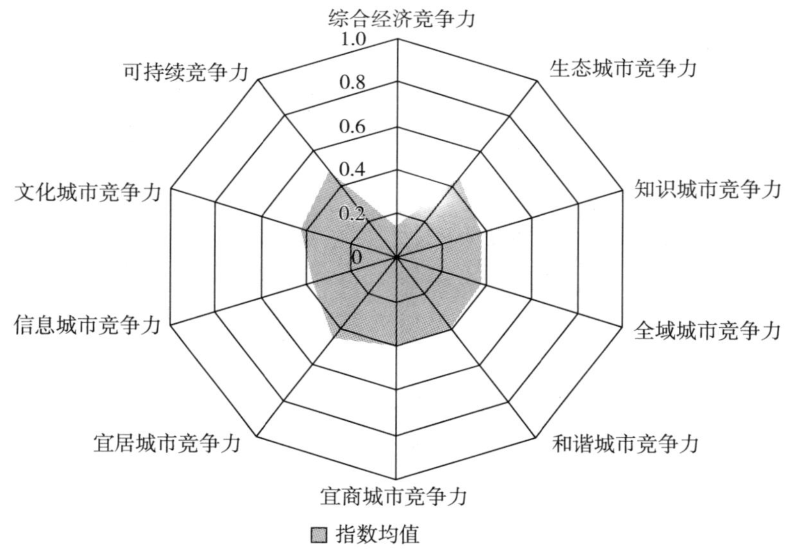

图14－2　2012年广东省城市竞争力

资料来源：中国社会科学院城市与竞争力指数数据库。

二　中国城市竞争力（福建）报告

福建位于中国东南沿海，东隔台湾海峡与台湾省相望，陆地平面形状似一斜长方形，大部分属中亚热带，闽东南部分地区属南亚热带。土地总面积12.4万平方公里，海域面积13.6万平方公里。2012年全年实现地区生产总值19701.78亿元，比上年增长11.4%。人均地区生产总值52763元，比上年增长10.5%。年末全省常住人口3748万人。“十二五”计划通过全面实施国务院支持福建省加快建设海峡西岸经济区的若干意见，以加快转变、跨越发展为主线，以保障和改善民生为立足点，加快推进改革开放，加快推进农业现代化、新型工业化和城镇化，促进对台交流合作，促进社会和谐稳定，推动又好又快发展，大力提升人民群众的幸福指数，到2015年全省人均地区生产总值赶超东部地区平均水平，提前三年全面建成小康社会（见图14－3）。

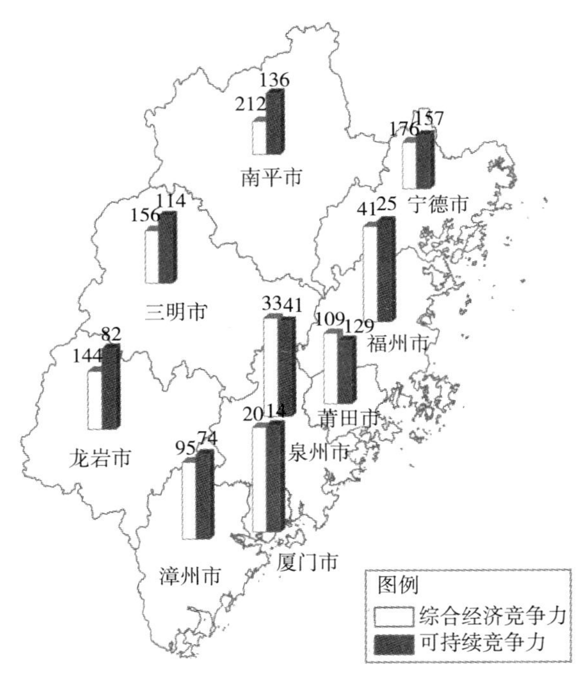

图14－3　2012年福建省城市竞争力排名

（一）综合经济竞争力：部分城市表现突出，城市群效应未充分体现

福建省各城市综合经济竞争力指数均值为0.092，居全国第12位；指数方差为0.003，居全国第21位。其中综合增量竞争力指数为0.105，居

全国第12位；综合效率竞争力指数为0.013，居全国第11位。厦门、泉州、福州居综合经济竞争力前3名。南平综合经济竞争力最低，其次为宁德、三明。从地域分布看，综合经济竞争力高的城市基本分布于闽南一带，闽北最低，其次是闽中。这和历史上闽南就是我国的重要海上商贸基地、主要侨乡有关。而闽北是山区，经济发展受到交通限制。综合经济竞争力居全国前50名的有厦门、泉州、福州3个城市，51~100名的有漳州，200名以外的有南平。莆田、龙岩等4个城市处于100~200名之间。总体看，福建虽然有厦门、泉州、福州等城市综合经济竞争力表现很好，但是海峡西岸城市群尚未像珠三角城市群那样形成相当规模，从而在全国的总体影响力不够突出（见图14－3）。

（二）可持续竞争力：闽北、闽中表现改善，区域差异缩小

福建省各城市可持续竞争力指数均值为0.474，居全国第12位；指数方差为0.01，居全国第14位。厦门、福州、泉州居省可持续竞争力前3名。宁德、南平、莆田居省可持续竞争力后3名。总体仍是闽南较高，闽北较低。可持续竞争力居全国前50名的有厦门、福州、泉州3个城市，51~100名的有漳州、龙岩两个城市，101~200名的有三明、莆田等4个城市。闽北、闽中山地较多，对当前经济发展制约较大。随着我国经济结构的转型、高速铁路网的接入及沿海交通大动脉的打通，相对于综合经济竞争力，闽北、闽中等传统弱势城市可持续竞争力表现改善，未来城市竞争力的区域差异有望缩小（见表14－2）。

（三）可持续竞争力分项

文化城市竞争力指数均值为0.358，居全国第11位；指数方差为0.033，居全国第25位。泉州、厦门、福州居文化城市竞争力指数前3位，三明、南平、宁德居后3位；居全国前50名的有泉州、厦门、福州、漳州等4个城市，50~100名的有莆田，101~200名的有龙岩、宁德、南平等3个城市，200名以外的有三明（见表14－2）。

生态城市竞争力指数均值为0.484，居全国第5位；指数方差为0.013，

居全国第7位。漳州、厦门、福州居生态城市竞争力指数前3位，南平、宁德、三明居后3位；居全国前50名的有漳州、厦门、福州、龙岩4个城市，50~100名的有莆田、泉州、三明3个城市，101~200名的有宁德1个城市（见表14-2）。

表14-2　福建省城市可持续竞争力分项

单位：位

可持续竞争力分项	文化城市竞争力	生态城市竞争力	知识城市竞争力	全域城市竞争力	和谐城市竞争力	宜商城市竞争力	宜居城市竞争力	信息城市竞争力
城市	指数	指数	指数	指数	指数	指数	指数	指数
福州	0.53687	0.57629	0.63739	0.34117	0.47411	0.55239	0.55436	0.57903
厦门	0.53990	0.57645	0.68782	0.49845	0.66805	0.50950	0.57967	0.52279
莆田	0.31950	0.50194	0.21525	0.12533	0.28098	0.40087	0.49678	0.33983
三明	0.12598	0.44424	0.31208	0.26341	0.46492	0.40608	0.51662	0.24449
泉州	0.58607	0.48249	0.40737	0.27879	0.45768	0.49898	0.47390	0.38541
漳州	0.50582	0.59724	0.35647	0.21578	0.39696	0.30877	0.50078	0.25315
南平	0.17750	0.23137	0.31783	0.17809	0.43045	0.37508	0.42229	0.37355
龙岩	0.24393	0.52497	0.34263	0.21768	0.44536	0.41287	0.53011	0.30787
宁德	0.19055	0.42129	0.24203	0.13103	0.33063	0.31464	0.39749	0.34862
指数均值	0.35846	0.48403	0.39099	0.24997	0.43879	0.41991	0.49689	0.37275
指数方差	0.03349	0.01265	0.02716	0.01352	0.01166	0.00723	0.00345	0.01273
城市	排名	排名	排名	排名	排名	排名	排名	排名
福州	26	28	24	55	67	21	41	18
厦门	22	27	16	12	9	31	27	22
莆田	81	58	197	225	212	71	72	93
三明	238	92	129	109	74	70	58	162
泉州	15	64	87	91	79	34	88	57
漳州	31	21	105	148	124	131	68	151
南平	199	230	124	181	104	85	136	63
龙岩	147	45	107	144	94	63	53	112
宁德	184	108	170	221	183	126	156	84
指数均值	11	5	13	18	11	9	10	11
指数方差	25	7	16	20	8	6	5	14

资料来源：中国社会科学院城市与竞争力指数数据库。

知识城市竞争力指数均值为 0.391，居全国第 13 位；指数方差为 0.027，居全国第 16 位。厦门、福州、泉州居知识城市竞争力指数前 3 位，莆田、宁德、三明居后 3 位；居全国前 50 名的有厦门、福州 2 个城市，50～100 名的有泉州，101～200 名的有漳州、龙岩、南平等 6 个城市（见表 14－2）。

全域城市竞争力指数均值为 0.25，居全国第 18 位；指数方差为 0.014，居全国第 20 位。厦门、福州、泉州居全域城市竞争力指数前 3 位，莆田、宁德、南平居后 3 位；居全国前 50 名的有厦门，50～100 名的有福州、泉州，101～200 名的有三明、龙岩、漳州等 4 个城市，201～250 名的有宁德、莆田（见表 14－2）。

和谐城市竞争力指数均值为 0.439，居全国第 11 位；指数方差为 0.012，居全国第 8 位。厦门、福州、三明居和谐城市竞争力指数前 3 位，莆田、宁德、漳州居后 3 位；居全国前 50 名的有厦门，50～100 名的有福州、三明、泉州等 4 个城市，101～200 名的有南平、漳州、宁德 3 个城市，201～250 名的有莆田（见表 14－2）。

宜商城市竞争力指数均值为 0.42，居全国第 9 位；指数方差为 0.007，居全国第 6 位。福州、厦门、泉州居宜商城市竞争力指数前 3 位，漳州、宁德、南平居后 3 位；居全国前 50 名的有福州、厦门、泉州 3 个城市，50～100 名的有龙岩、三明、莆田等 4 个城市，101～200 名的有宁德、漳州（见表 14－2）。

宜居城市竞争力指数均值为 0.497，居全国第 10 位；指数方差为 0.003，居全国第 5 位。厦门、福州、龙岩居宜居城市竞争力指数前 3 位，宁德、南平、泉州居后 3 位；居全国前 50 名的有福州、厦门 2 个城市，50～100 名的有龙岩、三明、漳州等 5 个城市，101～200 名的南平、宁德（见表 14－2）。

信息城市竞争力指数均值为 0.373，居全国第 11 位；指数方差为 0.013，居全国第 14 位。福州、厦门、泉州居信息城市竞争力指数前 3 位，三明、漳州、龙岩居后 3 位。居全国前 50 名的有福州、厦门，50～100 名的有泉州、南平、宁德等 4 个城市，101～200 名的有龙岩、漳州、三明（见表 14－2）。

（四）结论与政策建议

在福建省城市竞争力 10 项中，生态城市竞争力处于全国较好水平，全域城市竞争力、知识城市竞争力相对较弱。在福建省城市竞争力10项之间（见图14－4），宜居城市竞争力、生态城市竞争力指数值较高，综合经济竞争力及全域城市竞争力指数值较低。未来福建省城市的发展，应充分发挥侨乡优势、生态优势、海洋优势，吸引海内外人士回乡居住、投资，拓展海洋经济，加大城市一体化的力度创造规模优势，深化两岸经济合作，将海峡西岸城市群带打造成对中国经济有影响力的一极。

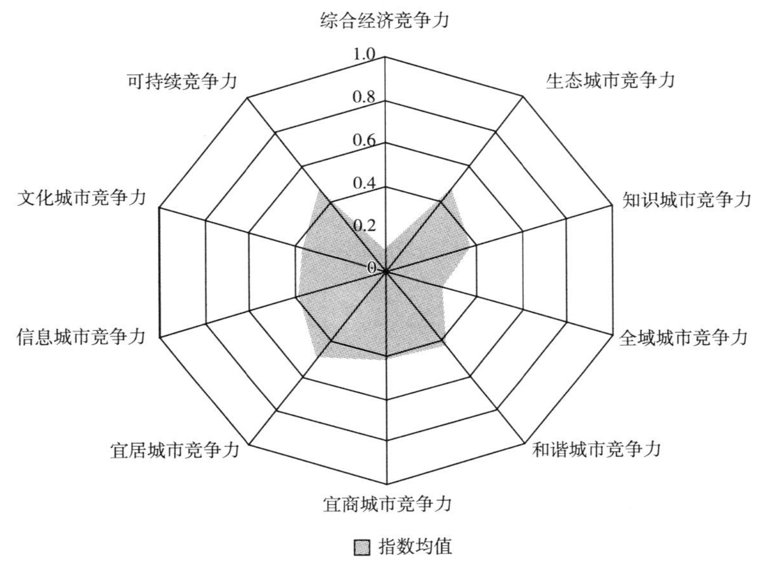

图14－4　2012年福建省城市竞争力

数据来源：中国社会科学院城市与竞争力指数数据库。

三　中国城市竞争力（江苏）报告

江苏省位于中国大陆东部沿海中心、长江下游，东濒黄海，东南与上海和浙江毗邻，西接安徽，北接山东。江苏省面积10.26万平方公里，人均国土面积在全国各省区中最少。江苏综合经济实力在全国一直处于前列。2012年全省实现地区生产总值54058.2亿元，按可比价格计算，比上年增长10.1%，位居全国省份第2位；人均生产总值68347元，名列全国各省份第1位，比上

年增加6057元。年末全省常住人口7919.98万人。“十二五”时期拟通过大力实施科教与人才强省、创新驱动、城乡发展一体化、经济国际化、区域协调发展、可持续发展战略，实现全省综合经济实力、自主创新能力、国际竞争力和可持续发展能力显著增强，全面建成更高水平的小康社会，苏南等有条件的地方在巩固全面小康成果基础上率先进入基本现代化，人民群众普遍过上更加宽裕安康的生活。

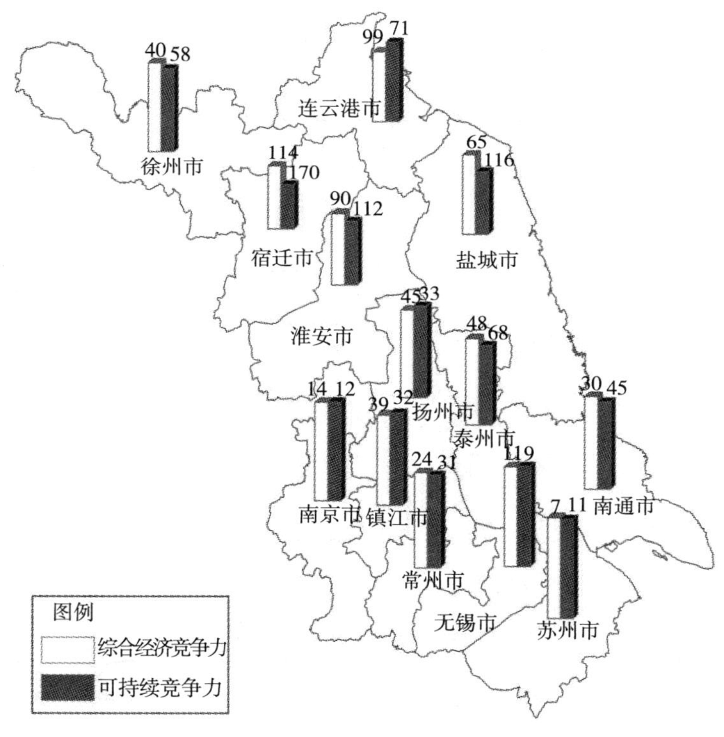

图14－5　2012年江苏省城市竞争力排名

（一）综合经济竞争力：南强北弱，总体表现突出

江苏省各城市综合经济竞争力指数均值0.159，居全国第8位，指数方差0.008，居全国第24位。其中综合增量竞争力指数0.217，居全国第6位，综合效率竞争力指数0.025，居全国第8位。苏州、无锡、南京居省城市综合经

济竞争力前3名，宿迁、连云港、淮安居后3名。从分布看，苏南地区城市综合经济竞争力很强，而苏北地区城市综合经济竞争力弱很多。综合经济竞争力居全国前50名的有苏州、无锡、南京等9个城市。51~100名的有盐城等3个城市，100名以外的有宿迁。总体来说，江苏各城市综合经济竞争力在全国较强，特别是苏南一带，已经形成了中国最发达的城市群之一。问题主要体现在南北差距较大，苏北相对不发达，苏南对苏北的辐射带动作用未能显现。（见图14-5）

（二）可持续竞争力：科技文化创新优势突出，转型升级谋新发展

各城市可持续竞争力指数均值为0.523，居全国第7位，指数方差0.01，居全国第15位。无锡、苏州、南京居江苏省城市可持续竞争力前3名，宿迁、盐城、淮安居江苏省可持续竞争力后3位。可持续竞争力的区域分布与综合经济竞争力大体相似。可持续竞争力居全国前50名的有无锡、苏州、南京等7个城市，51~100名的有徐州、泰州、连云港3个城市，101~200名的有淮安、盐城、宿迁3个城市。江苏城市总体发展水平高，又具有知识、创新、宜居、文化包容等优势，在新一轮的产业升级与转型中竞争力有望得到更好的表现（见图14-5）。

（三）可持续竞争力分项

文化城市竞争力指数均值为0.447，居全国第7位；指数方差为0.022，居全国第19位。苏州、南京、扬州居文化城市竞争力指数前3位，宿迁、盐城、泰州居后3位；居全国前50名的有苏州、南京、扬州、镇江等9个城市，50~100名的有连云港、泰州，101~200名的有盐城、宿迁（见表14-3）。

生态城市竞争力指数均值为0.405，居全国第14位；指数方差为0.005，居全国第2位。无锡、镇江、扬州居生态城市竞争力指数前3位，盐城、淮安、宿迁居后3位；居全国前50名的有无锡，50~100名的有镇江、扬州、南通，101~200名的有连云港、常州、南京等8个城市，200名以外的有盐城（见表14-3）。

表 14－3 江苏省城市可持续竞争力分项

单位：位

可持续竞争力分项	文化城市竞争力	生态城市竞争力	知识城市竞争力	全域城市竞争力	和谐城市竞争力	宜商城市竞争力	宜居城市竞争力	信息城市竞争力
城市	指数	指数	指数	指数	指数	指数	指数	指数
南京	0.62317	0.40166	0.79768	0.48157	0.52276	0.59696	0.56205	0.68401
无锡	0.45054	0.53198	0.65198	0.53179	0.61376	0.57006	0.76774	0.68472
徐州	0.42964	0.38584	0.45270	0.18713	0.48905	0.46389	0.44947	0.47613
常州	0.42884	0.40448	0.60739	0.37743	0.51904	0.46679	0.70326	0.42320
苏州	0.75266	0.38533	0.63432	0.54459	0.57107	0.66055	0.68632	0.49689
南通	0.48742	0.46507	0.49499	0.21665	0.49676	0.52293	0.59414	0.32670
连云港	0.35208	0.42827	0.42842	0.21475	0.39154	0.29950	0.55013	0.43841
淮安	0.41161	0.29521	0.28279	0.15497	0.41276	0.39473	0.46128	0.30353
盐城	0.29075	0.27807	0.37392	0.20070	0.39135	0.41620	0.45039	0.24683
扬州	0.53945	0.46991	0.54202	0.38089	0.46042	0.41242	0.59891	0.40650
镇江	0.52337	0.47099	0.60516	0.35860	0.50424	0.45944	0.62566	0.34160
泰州	0.33861	0.40061	0.42403	0.27604	0.52149	0.46059	0.53663	0.22466
宿迁	0.18063	0.34969	0.18359	0.20965	0.44907	0.26455	0.42714	0.19873
指数均值	0.44683	0.40516	0.49838	0.31806	0.48795	0.46066	0.57024	0.40399
指数方差	0.02154	0.00507	0.02754	0.01874	0.00441	0.01229	0.01146	0.02430
城市	排名	排名	排名	排名	排名	排名	排名	排名
南京	9	115	5	17	43	14	35	8
无锡	42	43	19	10	18	17	3	7
徐州	47	126	68	176	62	48	108	26
常州	48	114	33	38	45	47	4	45
苏州	4	128	26	8	29	6	6	25
南通	35	75	59	145	57	28	20	99
连云港	68	103	77	150	134	142	43	38
淮安	50	196	142	206	117	73	99	116
盐城	105	206	98	167	135	60	107	160
扬州	23	71	47	37	78	65	15	52
镇江	28	70	34	43	52	52	9	90
泰州	72	116	80	97	44	50	48	177
宿迁	193	153	220	156	88	171	130	201
指数均值	7	14	7	10	5	8	6	8
指数方差	19	2	18	24	3	13	18	24

资料来源：中国社会科学院城市与竞争力指数数据库。

知识城市竞争力指数均值为0.498，居全国第7位；指数方差为0.028，居全国第18位。南京、无锡、苏州居知识城市竞争力指数前3位，宿迁、淮安、盐城居后3位；居全国前50名的有南京、无锡、苏州、常州等6个城市，50~100名的有南通、徐州、连云港等5个城市，101~200名的有淮安，200名以外的有宿迁（见表14-3）。

全域城市竞争力指数均值为0.318，居全国第10位；指数方差为0.019，居全国第24位。苏州、无锡、南京居全域城市竞争力指数前3位，淮安、徐州、盐城居后3位；居全国前50名的有苏州、无锡、南京、扬州等6个城市，50~100名的有泰州，101~200名的有南通、连云港、宿迁等5个城市，200名以外的有淮安（见表14-3）。

和谐城市竞争力指数均值为0.488，居全国第5位；指数方差为0.004，居全国第3位。无锡、苏州、南京居和谐城市竞争力指数前3位，盐城、连云港、淮安居后3位；居全国前50名的有无锡、苏州、南京、泰州等5个城市，50~100名的有镇江、南通、徐州等5个城市，101~200名的有淮安、连云港、盐城3个城市（见表14-3）。

宜商城市竞争力指数均值为0.461，居全国第8位；指数方差为0.012，居全国第13位。苏州、南京、无锡居宜商城市竞争力指数前3位，宿迁、连云港、淮安居后3位；居全国前50名的有苏州、南京、无锡、南通等7个城市，50~100名的有镇江、盐城、扬州等4个城市，101~200名的有连云港、宿迁（见表14-3）。

宜居城市竞争力指数均值为0.570，居全国第6位；指数方差为0.011，居全国第18位。无锡、常州、苏州居宜居城市竞争力指数前3位，宿迁、徐州、盐城居后3位；居全国前50名的有无锡、常州、苏州、镇江等9个城市，50~100名的有淮安，101~200名的有盐城、徐州、宿迁（见表14-3）。

信息城市竞争力指数均值为0.404，居全国第8位；指数方差为0.024，居全国第24位。无锡、南京、苏州居信息城市竞争力指数前3位，宿迁、泰州、盐城居后3位。居全国前50名的有无锡、南京、苏州等6个城市，50~100名的有扬州、镇江、南通3个城市，101~200名的有淮安、盐城、泰州，201~250名的有宿迁。

（四）结论与政策建议

江苏省的城市竞争力十项均处于全国较好的水平。其中和谐城市竞争力、宜居城市竞争力、文化城市竞争力、知识城市竞争力指数均处于全国领先水平。相对较弱的是生态城市竞争力指数。在江苏省城市竞争力十项之间（见图 14－6），宜居城市竞争力指数值较高，综合经济竞争力及全域城市竞争力指数值较低。各项之间总体较为均衡。江苏省城市未来的发展应在缩小苏南苏北区域发展差异的基础上，充分发挥文化、宜居、包容、创新优势，加快产业结构转型升级，实现经济社会全面发展，在全国率先全面建成高水平小康社会。

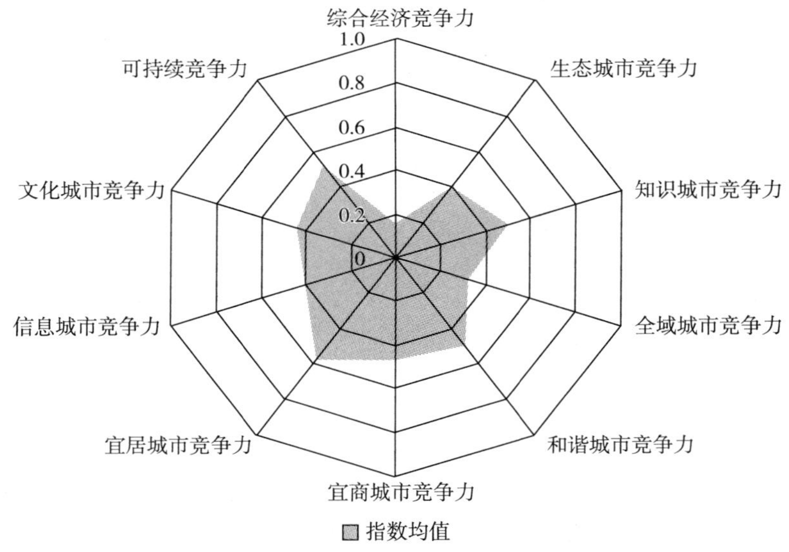

图 14－6　2012 江苏省城市竞争力

资料来源：中国社会科学院城市与竞争力指数数据库。

四　中国城市竞争力（浙江）报告

浙江省地处中国东南沿海、长江三角洲南翼，北与上海、江苏接壤并共同构成长三角经济圈，东临东海，南接福建，西与安徽、江西相连。浙江省是中国人口密度最大的省份之一。浙江省陆域面积104141平方公里（2010年），为全国的1.06%。浙江省海域面积26万平方公里，大陆海岸线和海岛岸线长达6500公里，占全国海岸线总长的20.3%，居中国第一。全省有面积500平方米以上的岛屿3061个，是中国岛屿最多的一个省份。2012年地区生产总值34606亿元，比上年增长8.0%。人均GDP为63266元（按年平均汇率折算为10022美元），增长7.7%。年末常住人口5477万人。“十二五”时期拟通过全面贯彻落实扩大内需战略、加快产业结构优化升级、统筹城乡区域协调发展、建设海洋经济强省、提升基础设施现代化水平、推进生态文明建设、建设创新型省份，实现全省生产总值年均增长8%左右，保持经济平稳较快增长，城乡居民收入增幅、服务业增加值比重、城市化率、研发经费支出比重升幅和财政教育经费支出比重高于“十一五”，综合实力、国际竞争力和可持续发展能力显著增强，小康社会全面建成。

（一）综合经济竞争力：“草根”经济面临新挑战，转型发展应对产业空心化

浙江省各城市综合经济竞争力指数均值0.112，居全国第11位，指数方差0.002，居全国第20位。其中综合增量竞争力指数0.148，居全国第9位，综合效率竞争力指数0.015，居全国第9位。宁波、杭州、嘉兴居各省城市综合经济竞争力前3名，丽水、衢州、舟山居后3名。总体看，综合经济竞争力呈现浙东高、浙西低，沿海高、内陆低的态势。综合经济竞争力居全国前50名的有宁波、杭州、嘉兴等5个城市，50~100名的有台州、金华等4个城市，101~200名的有衢州，200名以外的有丽水。浙江省属中国最发达的省区之一，综合经济竞争力较高，但浙江城市经济的发展主要依靠中小企业和制造业，在劳动力成本不断上升的新形势下面临着产业转移和空心化的挑战，需要靠转型升级来应对（见图14－7）。

（二）可持续竞争力：充分发挥创新优势，未来发展仍可期待

各城市可持续竞争力指数均值为0.522，居全国第8位，指数方差0.008，居全国第8位。杭州、宁波、嘉兴居省城市可持续竞争力前3名，丽水、台

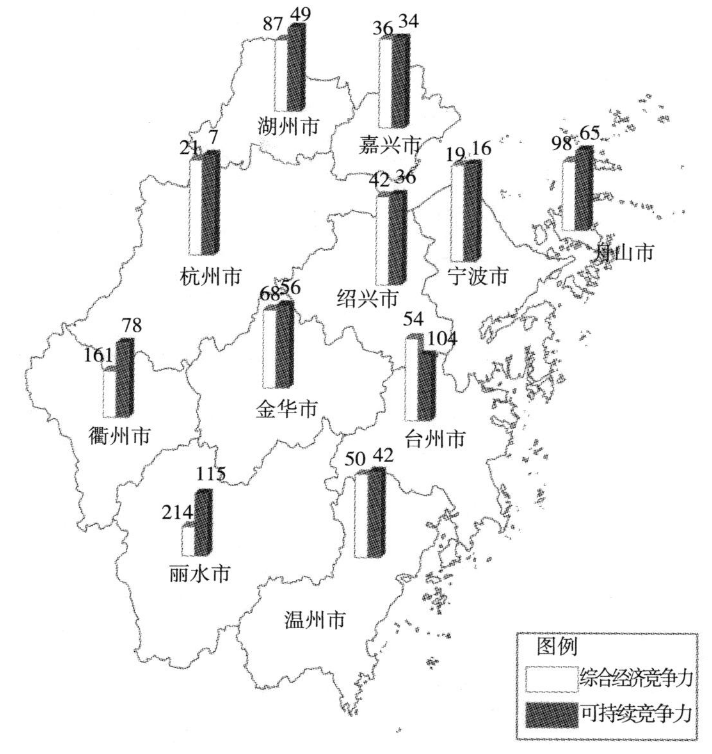

图 14－7　2012 年浙江省城市竞争力排名

州、衢州居后 3 名。可持续竞争力的区域分布与综合经济竞争力的分布大体类似。台州的可持续竞争力要远低于综合经济竞争力，表明长期发展潜力受限。而丽水、衢州等可持续竞争力远高于综合经济竞争力，未来发展前景看好。可持续竞争力居全国前 50 名的有杭州、宁波、嘉兴等 6 个城市，50～100 名的有金华、舟山、衢州 3 个城市，101～150 名的有台州、丽水 2 个城市。虽然浙江目前面临着产业升级和转型的阵痛，但浙江的体制机制活力强，创新创业环境较好，可持续竞争力仍然存在（见图 14－7）。

（三）可持续竞争力分项

文化城市竞争力指数均值为 0.379，居全国第 10 位；指数方差为 0.026，居全国第 23 位。杭州、宁波、绍兴居文化城市竞争力指数前 3 位，丽水、舟山、台州居后 3 位；居全国前 50 名的有杭州、宁波、绍兴 3 个城市，50～100

名的有嘉兴、湖州、金华等5个城市，101～200名的有台州和舟山，200名以外的有丽水（见表14－4）。

生态城市竞争力指数均值为0.437，居全国第10位；指数方差为0.009，居全国第4位。杭州、丽水、台州居生态城市竞争力指数前3位，温州、嘉兴、舟山居后3位；居全国前50名的有杭州、丽水、台州，50～100名的有湖州、绍兴，101～200名的有宁波、金华、衢州等6个城市（见表14－4）。

表14－4　浙江省城市可持续竞争力分项

单位：位

可持续竞争力分项	文化城市竞争力	生态城市竞争力	知识城市竞争力	全域城市竞争力	和谐城市竞争力	宜商城市竞争力	宜居城市竞争力	信息城市竞争力
城市	指数	指数	指数	指数	指数	指数	指数	指数
杭州	0.66549	0.62943	0.78883	0.51317	0.57032	0.61889	0.59799	0.68804
宁波	0.58636	0.41008	0.65883	0.49843	0.66199	0.55276	0.53431	0.62611
温州	0.32107	0.29318	0.50964	0.34580	0.47108	0.54310	0.52753	0.58937
嘉兴	0.40774	0.36733	0.59824	0.44923	0.41845	0.49904	0.58063	0.45683
湖州	0.36620	0.46961	0.53232	0.35264	0.39340	0.39008	0.56239	0.36138
绍兴	0.53924	0.44880	0.57621	0.44231	0.37716	0.47108	0.50076	0.38167
金华	0.33840	0.38632	0.51962	0.31247	0.27972	0.47357	0.55823	0.44528
衢州	0.31450	0.38217	0.42809	0.20529	0.36266	0.38225	0.59474	0.36911
舟山	0.20627	0.37606	0.49587	0.38302	0.48208	0.38720	0.57447	0.32320
台州	0.28399	0.52058	0.45501	0.20766	0.09738	0.48649	0.55827	0.37371
丽水	0.14329	0.52790	0.43555	0.14679	0.35872	0.38935	0.53121	0.29942
指数均值	0.37932	0.43741	0.54529	0.35062	0.40663	0.47216	0.55641	0.44674
指数方差	0.02553	0.00890	0.01144	0.01520	0.02190	0.00629	0.00092	0.01707
城市	排名	排名	排名	排名	排名	排名	排名	排名
杭州	6	13	6	11	30	10	16	6
宁波	14	113	18	13	10	20	49	12
温州	79	197	53	51	68	22	55	16
嘉兴	51	142	36	22	111	33	26	31
湖州	62	72	48	45	132	74	34	74
绍兴	24	89	39	23	144	45	69	59
金华	73	125	50	68	214	42	38	37
衢州	88	130	78	163	160	79	19	68
舟山	170	137	56	36	64	77	32	101
台州	109	49	67	157	278	38	37	62
丽水	225	44	74	210	162	75	52	120
指数均值	10	10	6	8	13	7	7	6
指数方差	23	4	2	23	22	4	1	20

资料来源：中国社会科学院城市与竞争力指数数据库。

知识城市竞争力指数均值为0.545，居全国第6位；指数方差为0.011，居全国第2位。杭州、宁波、嘉兴居知识城市竞争力指数前3位，衢州、丽水、台州居后3位；居全国前50名的有杭州、宁波、嘉兴、绍兴等6个城市，50~100名的有温州、舟山、台州等5个城市（见表14-4）。

全域城市竞争力指数均值为0.351，居全国第8位；指数方差为0.015，居全国第23位。杭州、宁波、嘉兴居全域城市竞争力指数前3位，丽水、衢州、台州居后3位；居全国前50名的有杭州、宁波、嘉兴、绍兴等6个城市，50~100名的有温州、金华，101~200名的有台州、衢州，200名以外的有丽水（见表14-4）。

和谐城市竞争力指数均值为0.407，居全国第13位；指数方差为0.022，居全国第22位。宁波、杭州、舟山居和谐城市竞争力指数前3位，台州、金华、丽水居后3位；居全国前50名的有宁波、杭州，50~100名的有舟山、温州，101~200名的有嘉兴、湖州、绍兴等5个城市，201~250名的有金华，250名以外的有台州（见表14-4）。

宜商城市竞争力指数均值为0.472，居全国第7位；指数方差为0.006，居全国第4位。杭州、宁波、温州居宜商城市竞争力指数前3位，衢州、舟山、丽水居后3位；居全国前50名的有杭州、宁波、温州、嘉兴等7个城市，50~100名的有湖州、丽水、舟山、衢州（见表14-4）。

宜居城市竞争力指数均值为0.556，居全国第7位；指数方差为0.001，居全国第1位。杭州、衢州、嘉兴居宜居城市竞争力指数前3位，绍兴、温州、丽水居后3位；居全国前50名的有杭州、衢州、嘉兴、舟山等8个城市，50~100名的有丽水、温州、绍兴（见表14-4）。

信息城市竞争力指数均值为0.447，居全国第6位；指数方差为0.017，居全国第20位。杭州、宁波、温州居信息城市竞争力指数前3位，丽水、舟山、湖州居后3位。居全国前50名的有杭州、宁波、温州、嘉兴等5个城市，50~100名的有绍兴、台州、衢州等4个城市，101~200名的有舟山、丽水（见表14-4）。

（四）结论与政策建议

浙江省的城市竞争力10项中，知识城市竞争力、信息城市竞争力、宜商城市竞争力、宜居城市竞争力等均处于全国领先水平，和谐城市竞争力相对较弱。在浙江省城市竞争力10项中（见图14－8），宜居城市竞争力、知识城市竞争力指数值较高，综合经济竞争力及全域城市竞争力指数值较低。未来的发展应充分发挥创新优势与创业环境优势，升级传统制造业，发展新兴产业，发展科技产业与科技研发中心，拓展海洋经济，提高外来人口待遇，建设宜居城市，通过高铁网络促进长三角城市的全面一体化，在新一轮的产业升级中保持其优势地位。

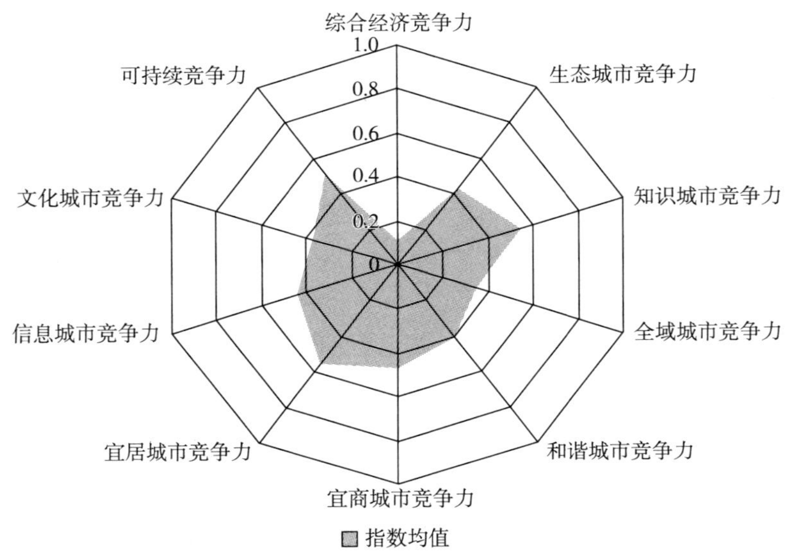

图14－8　2012年浙江省城市竞争力

资料来源：中国社会科学院城市与竞争力指数数据库。

五　中国城市竞争力（上海）报告

上海位于中国大陆海岸线中部长江口，隔海与日本九州岛相望，南濒杭州湾，西与江苏、浙江两省相接，并与两邻省共同构成以上海为龙头的长江三角洲。上海拥有中国最大外贸港口和最大工业基地，货物吞吐量和集装箱吞吐量居世界第1位。上海全市面积为1340.5平方公里。2012年

实现地区生产总值 20101.33 亿元，按可比价格计算，比上年增长 7.5%。第三产业增加值占上海市生产总值的比重首次达到 60%，比上年提高 2 个百分点。年末全市常住人口总数为 2380.43 万人。按常住人口计算的上海市人均生产总值为 8.5 万元。“十二五”时期拟通过充分发挥浦东新区先行先试的带动作用和上海世博会的后续效应，创新驱动、转型发展，国际经济、金融、贸易、航运中心和社会主义现代化国际大都市建设取得决定性进展，转变经济发展方式取得率先突破，人民生活水平和质量得到明显提高。

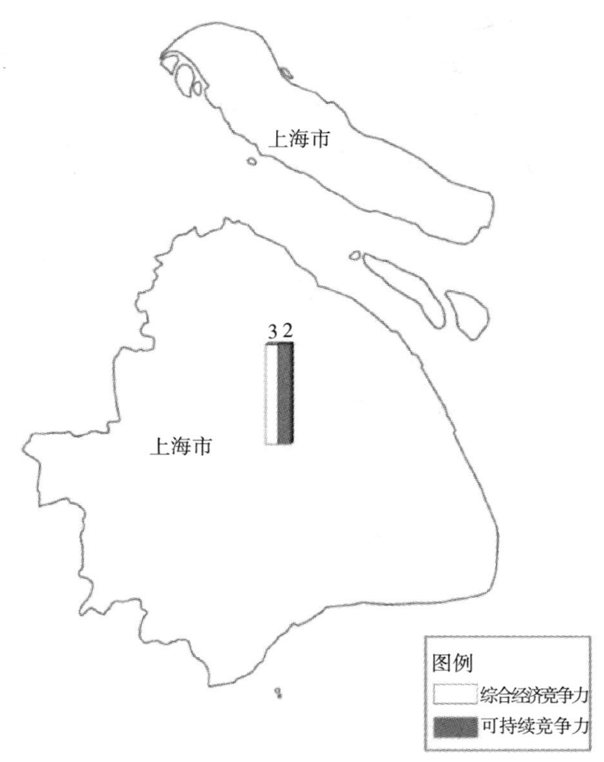

图 14－9　2012 年上海市城市竞争力排名

（一）综合经济竞争力：长三角龙头城市，中国经济重要增长极

上海市综合经济竞争力指数均值 0.682，居全国各省市第 2 位。其中综合

增量竞争力指数为1，居全国各省市第1位，综合效率竞争力指数0.138，居全国各省市第4位。综合经济竞争力指数居全国各城市第3名，列香港、深圳之后。改革开放后，上海市充分利用了市场经济和中央政府政策扶持优势，实现了持续繁荣和大发展。问题主要是对中西部地区发展的正反馈作用不明显，未能形成良性循环机制（见图14－9）。

（二）可持续竞争力：作为现代服务业中心在新一轮产业升级中具有先发优势，作为世界城市的软实力尚欠缺

上海可持续竞争力指数均值为0.817，居全国各省市第2位，全国各城市第2位。上海市的硬件与基础设施已经达到世界一流水准。作为中国的现代服务业中心、金融中心，上海在新一轮的产业竞争中有先发优势。但是近年来改革力度落后于广东等省市，软实力提高缓慢，束缚了城市竞争力的提高，在与北京等城市的竞争比较中也渐处劣势（见图14－9）。

（三）可持续竞争力分项

文化城市竞争力指数均值为0.999，居全国各省市第2位，各城市第2位。作为中国内外交流的窗口，上海的开放与多元化水平领先全国（见表14－5）。

表14－5　上海市城市可持续竞争力分项

单位：位

可持续竞争力分项	文化城市竞争力	生态城市竞争力	知识城市竞争力	全域城市竞争力	和谐城市竞争力	宜商城市竞争力	宜居城市竞争力	信息城市竞争力
城市	指数	指数	指数	指数	指数	指数	指数	指数
上海	0.99880	0.51417	0.88295	0.90070	0.60293	0.82113	0.58706	1.00000
指数均值	0.99880	0.51417	0.88295	0.90070	0.60293	0.82113	0.58706	1.00000
城市	排名	排名	排名	排名	排名	排名	排名	排名
上海	2	51	2	4	21	3	23	1
指数均值	2	4	2	3	4	3	5	1

资料来源：中国社会科学院城市与竞争力指数数据库。

生态城市竞争力指数均值为 0.514，居全国各省市第 4 位，各城市第 51 位。上海滨江沿海，但人口过于拥挤，需要合理规划与开发，提升生态指数（见表 14－5）。

知识城市竞争力指数均值为 0.883，居全国各省市第 2 位，各城市第 2 位。作为重要的科教中心、研发基地，有望获得长期的竞争优势（见表 14－5）。

全域城市竞争力指数均值为 0.901，居全国各省市第 3 位，各城市第 4 位。上海总体发展水平高，城乡差距很小（见表 14－5）。

和谐城市竞争力指数均值为 0.603，居全国各省市第 4 位，各城市第 21 位。文化包容性及对外来人口的同等待遇方面有待进一步提高（见表 14－5）。

宜商城市竞争力指数均值为 0.821，居全国各省市第 3 位，各城市第 3 位。市场机制相对较完善，创业、商贸环境较好（见表 14－5）。

宜居城市竞争力指数均值为 0.587，居全国各省市第 5 位，各城市第 23 位。作为拥挤的现代化城市，不可避免地产生了一些大城市病，影响了对高端人才的吸引力（见表 14－5）。

信息城市竞争力指数均值为 1，居全国各省市第 1 位，各城市第 1 位。具有建设世界航运、经济、商贸中心的有利条件（见表 14－5）。

（四）结论与政策建议

上海城市竞争力十项大都处于全国一流水平。特别是信息城市竞争力、知识城市竞争力、文化城市竞争力指数都处于全国前 2 位。相对较弱的是和谐城市竞争力、生态城市竞争力指数。在城市竞争力十项之间（见图 14－10），上海文化城市竞争力、信息城市竞争力指数值最高，而生态城市竞争力、宜居城市竞争力、和谐城市竞争力的分值最低。未来上海的发展，应充分抓住中国崛起之契机，以世界顶级城市为目标，加快制度改革力度，提高城市软实力，建设与高端服务业相适应的体制机制，改善生态环境、在外来人口同等社保教育待遇等方面先行先试，成为海纳百川的中国乃至世界经济增长极。

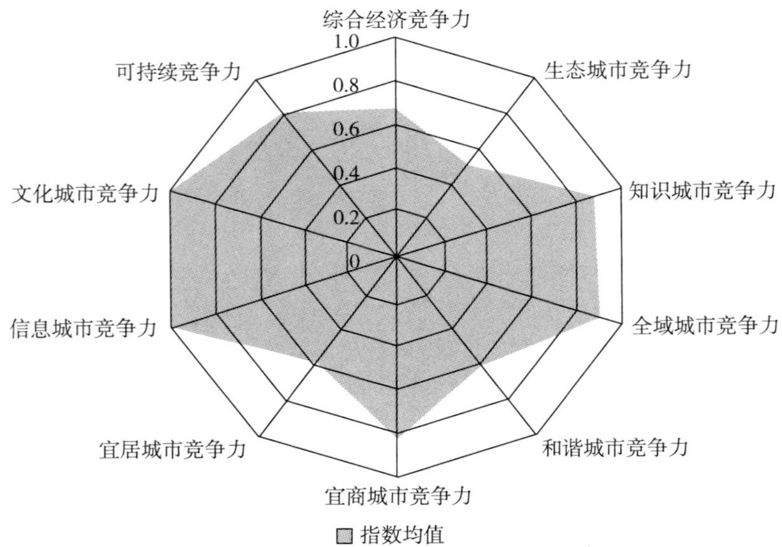

图 14－10　2012 年上海市城市竞争力

资料来源：中国社会科学院城市与竞争力指数数据库。

B.15
中国（环渤海地区）城市竞争力报告

刘 伟　卜鹏飞*

一　中国城市竞争力（北京）报告

北京市简称京，为中国首都、中央直辖市、国家中心城市，同时也是中国的政治、文化、教育、科技中心及经济金融的决策中心和管理中心。北京位于华北平原北端，东南与天津相连，其余为河北省所环绕，全市面积约为1.64万平方公里，占全国总面积的0.17%。2011年，北京市年末常住人口为2018.6万人，地区生产总值16000.4亿元，比2010年增长8.1%。“十二五”规划中，北京紧紧围绕人文北京、科技北京、绿色北京战略和建设中国特色世界城市的目标，依靠强化创新驱动、增强服务功能、优化空间布局、提升城市管理和推动成果共享，努力把北京建设成为更加繁荣、文明、和谐、宜居的首善之区。

（一）综合经济竞争力：经济表现优异，发展面临“减负”

2012年北京市的综合经济竞争力指数为0.37921，全国城市中排名第6位，省级均值中排名第3位。其中，综合增量竞争力指数为0.83248，全国城市中排名第2位，省级均值中排名第2位；综合效率竞争力指数为0.04381，全国城市排名第18位，省级均值中排名第5位。从全国来看，北京综合经济竞争力处于最好之列。北京综合经济竞争力居全国领先地位，得益于北京集中了大量政治、金融、科技及教育资源，这些资源为北京以金

* 刘伟，中国社会科学院研究生院硕士研究生。卜鹏飞，孙冶方青年菁英奖学金获得者，首都经济贸易大学硕士研究生，中国社会科学院城市与竞争力研究中心特约研究人员，研究方向为区域经济、城市经济。

融、科技企业为代表的城市经济带来长期发展动力，将北京的经济影响力扩展到整个环渤海地区，稳固了北京作为全国经济中心的地位。但在发展的过程中，北京聚集了大量外来人口，逐年加重的人口负担与不断攀升的资源消耗对北京基础设施和城市环境形成严峻挑战，经济发展面临“减负”难题（见图 15－1）。

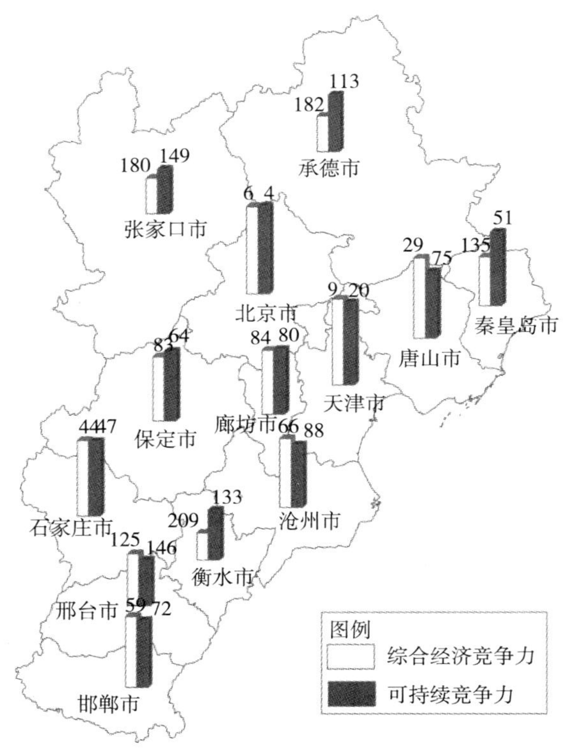

图 15－1　2012 年京津冀城市竞争力排名

（二）可持续竞争力：可持续发展冠绝江北，综合中心地位稳固

2012 年北京市可持续竞争力指数为 0.75897，全国城市中排名第 4 位，省级均值中排名第 3 位。从全国来看，北京的可持续竞争力仍居于全国领先地位，为中国北部最高的城市。北京的可持续竞争力高于综合经济竞争力，一方面归因于北京的综合中心地位。北京作为经济中心的同时，身兼政治、科技和

文化中心的功能，城市竞争力已经超越了经济范畴，因此可持续发展能力强于经济表现。另一方面，可持续竞争力代表了北京的未来发展水平。随着中国国家综合国力和首都城市影响力整体提升，北京的服务功能得到拓展，其对外开放层次、科技创新能力、人才引进及激励机制均有大幅提升，这为北京未来在更高层次上参与全球分工、实现更高水平发展提供了新的契机，提升了北京的可持续竞争力（见图 15 －1）。

（三）可持续竞争力分项

北京作为中国首都，兼具文化中心、科技中心、教育中心与对外交流中心的功能，是中国对外交流的窗口城市之一。从表 15 －1 可知，2012 年北京市的文化城市竞争力指数均值为 0. 84529，已十分接近理想标准。从排名来看，北京的全国排名第 3 位，省级均值排名第 3 位，处于全国最好之列，远高于全国平均水平。北京功能的多样性吸引了全球各地的高端人才，为北京带来了开放多元的城市文化。多元文化天然地融合在一起，造就了北京独特的魅力。

表 15 －1　北京市城市可持续竞争力分项

单位：位

可持续竞争力分项	文化城市竞争力	生态城市竞争力	知识城市竞争力	全域城市竞争力	和谐城市竞争力	宜商城市竞争力	宜居城市竞争力	信息城市竞争力
城市	指数	指数	指数	指数	指数	指数	指数	指数
北京	0. 84529	0. 39729	1. 00000	0. 72643	0. 64357	0. 86980	0. 49472	0. 83340
指数均值	0. 84529	0. 39729	1. 00000	0. 72643	0. 64357	0. 86980	0. 49472	0. 83340
城市	排名	排名	排名	排名	排名	排名	排名	排名
北京	3	119	1	6	14	2	74	4
指数均值	3	16	1	4	3	2	11	3

资料来源：中国社会科学院城市与竞争力指数数据库。

生态环境一向是北京发展的短板所在。2012 年北京市的生态城市竞争力指数为 0. 39729，远远低于理想标准，在全国城市中排名第 119 位，处于一般水平，在省级均值中排名第 16 位，也位于全国中游。北京聚集了大量的城市人口，为北京的城市基础设施和生态环境带来巨大压力。北京的空气与水源质量均面临严峻形势，持续多日的雾霾已经昭示了北京脆弱的生态环境。未来如何在城市发展的同时建设环境友好的生态城市是北京必须解决的问题。

北京拥有“中关村”等科技产业园及多所全球著名的科研院所，占据了科技与创新优势。2012 年北京市的知识城市竞争力指数为 1. 00000，在全国城市及省级均值中均排名第 1 位。一方面北京利用优质科研资源和科技企业与促共进，构造形成高效有力的首都创新资源平台，提升创新和成果转化能力；另一方面完善了创新支持与服务体系，为北京创新发展提供有力支撑。

北京是中国城乡统筹发展最快的城市之一。2012 年北京市的全域城市竞争力指数为 0. 72643，距离理想标准仍有一段距离。从排名来看，北京在全国城市中排名第 6 位，处于全国最好之列，在省级均值中排名第 4 位，也位于全国前列。近年来北京城乡结合部、城市南部和西部等薄弱地区发展加快，重点新城和小城镇建设共同起步，城乡一体化稳定发展。

北京的多元文化造就了北京独特魅力，也为北京带来了和谐包容的城市精神。2012 年北京市和谐城市竞争力指数为 0. 64357，远高于全国平均水平，在全国城市中排名第 14 位，为中国最好之列，在省级均值中排名第 3 位，也位于领先地位。由于北京长期以来接纳了大量的外来人口，对外来文化的包容程度很高。同时北京拥有完善的社会管理服务体制和公平的社会环境，让北京的和谐城市建设如虎添翼。

北京拥有完善的创业平台、高端的科教资源、开放的竞争环境、稳定的社会秩序和丰富的人力资源。2012 年北京市宜商城市竞争力指数为 0. 86980，十分接近理想城市标准，在全国城市和省级均值中均排名第 2 位，处于全国最好之列。北京围绕人才、资本、技术等核心营商要素，着力完善各项制度和政策安排，强化激励引导，形成激励创新、服务创新的机制和良好的实业环境。

北京的宜居城市建设在地下轨道交通等方面进展迅速，但仍有不少缺陷。2012 年北京市宜居城市竞争力指数为 0. 49472，在全国城市中排第 74 位，在省级均值中排名第 11 位，处于较好行列。北京拥有较高的人均收入，丰富的科教资源和覆盖全城的公共交通。但是北京生活成本很高，生活压力大，生态环境也并不理想，因而影响了北京的宜居城市建设。未来北京需着眼于降低生

活成本，改善生态环境，缓解生活压力，努力建设以人为本的宜居城市。

北京的交通与网络建设居于全国前列。2012 年北京市信息城市竞争力指数为0.83340，在全国城市中排名第4 位，在省级均值中排名第3，均为全国最好之列。北京市拥有非常完善的地下轨道交通和覆盖全城的公共交通网络。同时，北京在信息化建设上走在全国前列，海量 WIFI 网点分布在城市各个区域。随着北京信息科技的不断发展，未来的信息化城市建设将更上一层楼。

（四）结论与政策建议

从图 15 －2 中可以发现，北京市在建设开放多元的文化城市、创新驱动的知识城市、城乡一体的全域城市、公平包容的和谐城市、创业至上的宜商城市及交流便捷的信息城市等方面处于全国领先地位，而环境友好的生态城市及以人为本的宜居城市方面亟待加强。未来北京应在继续坚持科技支撑、创新发展的同时，着力于生态城市及宜居城市建设，务必提高资源利用效率，发展循环经济，完成人文北京、科技北京、绿色北京三大战略。

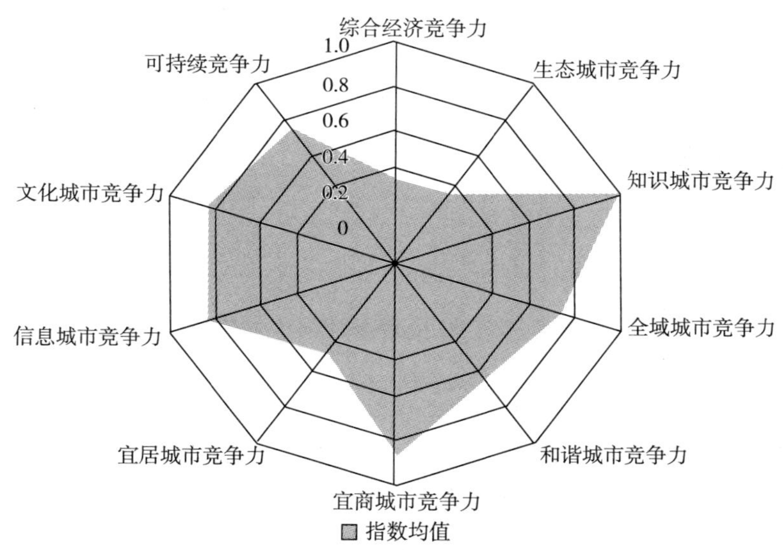

图 15 －2　2012 年北京市城市竞争力

资料来源：中国社会科学院城市与竞争力指数数据库。

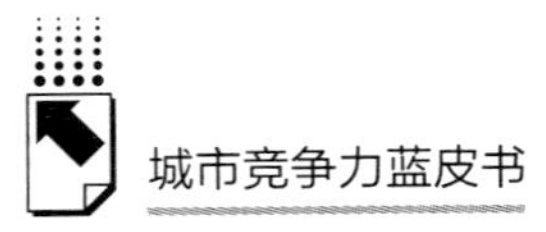

二　中国城市竞争力（天津）报告

天津位于华北平原海河五大支流汇流处，东临渤海，面积 1. 195 万平方公里，人口 1354. 58 万，是中国第三大城市以及中国北方经济中心。天津市“十二五”规划以加快转变经济发展方式为主线，以调整优化经济结构为主攻方向，提出加快推进滨海新区开发开放、加快壮大区县经济实力、加快构筑高水平现代产业体系等发展战略，以及努力建设国际港口城市、北方经济中心和生态宜居城市的发展目标。2012 年天津市全市生产总值 12885. 18 亿元，比上年增长 13. 8%，发展势头强劲。

（一）综合经济竞争力：总体经济实体较强、发展较快，但经济效率还需提高

2012 年天津市的综合经济竞争力指数为 0. 33371，全国主要省（直辖市、自治区）排名第 4，全国城市间排名第 9。从分项指数来看，天津市综合增量竞争力指数为 0. 69569，省域排名第 3，城市排名第 4 位；综合效率竞争力指数为 0. 03995，省域排名 6，城市排名第 9 位。可见，天津市总体的经济实力较强，三项指标排名均在省域及城市排名的前 10 位，尤其是长期增长竞争力指数很高，说明天津市在过去 5 年经济增长速度较快，经济效率竞争力则相对弱一点，说明天津市未来经济稳步增长的同时，也要注重效率的提高，加快经济发展方式转变，增强发展的全面性、协调性、可持续性。

（二）可持续竞争力：经济发展较具可持续性，但排名低于综合经济竞争力

2012 年天津市的可持续竞争力指数为 0. 62071，全国省域排名第 5，全国城市间排名第 20。可见，天津市的可持续竞争力也处于较好的水平，处于全国的上游水平。但是，天津市可持续竞争力的省域及城市的排名均低于综合经济竞争力的全国排名。未来，天津市在保持稳定增长的前提下，也要更加注重打造具有可持续竞争力的城市体系，不断提升城市的可持续竞争力。

（三）可持续竞争力分项：文化及创新方面堪称典范，生态环境方面需要重视

天津市文化城市竞争力指数较高，文化多元性较好。从表 15－2 可以看出，天津市的文化城市竞争力指数为 0.647，全国省域排名第 4 位，城市排名第 8 位。可见，天津市作为北方经济中心以及沿海城市，文化多元性较好、开放程度较高。

表 15－2　天津市城市可持续竞争力分项

单位：位

可持续竞争力分项	文化城市竞争力	生态城市竞争力	知识城市竞争力	全域城市竞争力	和谐城市竞争力	宜商城市竞争力	宜居城市竞争力	信息城市竞争力
城市	指数	指数	指数	指数	指数	指数	指数	指数
天津	0.64724	0.35699	0.76263	0.47465	0.39296	0.59570	0.59693	0.62450
指数均值	0.64724	0.35699	0.76263	0.47465	0.39296	0.59570	0.59693	0.62450
城市	排名	排名	排名	排名	排名	排名	排名	排名
天津	8	147	8	18	133	15	17	13
指数均值	4	20	4	5	16	5	3	5

资料来源：中国社会科学院城市与竞争力指数数据库。

天津市生态城市竞争力指数低于全国平均水平。从表 15－2 可以看出，天津市的生态城市竞争力指数为 0.357，全国省域排名第 20 位，城市排名第 147 位。可见，天津市环境友好的生态城市水平较差，处于全国的下游水平，这也提醒天津市在经济快速发展的同时，也要更多的关注生态环境的保护，建设环境友好的生态城市。

天津市的知识城市竞争力较强，创新驱动效用明显。从表 15－2 可以看出，天津市的知识城市竞争力指数为 0.763，全国省域排名第 4 位，城市排名第 8 位。可见，天津市现代产业体系较为完善，创新驱动在城市发展中的作用明显。

天津市区域城市竞争力水平较高，城乡一体化水平较高。从表 15－2 可以看出，天津市的全域城市竞争力指数为 0.475，全国省域排名第 5 位，城市排

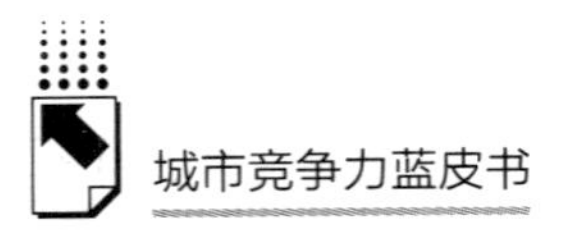

名第18位。可见，天津市城乡一体化程度较高，未来要进一步加快新型城镇化以及中心镇建设，统筹城乡基础设施建设，推动城乡一体化发展。

天津市的和谐城市竞争力指数较低，处于全国的中下游水平。天津市的和谐城市竞争力指数为0.393，全国省域排名第16位，城市排名第133位。可见，天津市城市发展的公平包容度还需提高，未来应该进一步提高行政透明度，推动公共服务向农村延伸，打造公平包容的和谐城市。

天津市的宜商城市竞争力较强，投资环境较好。从表15－2可以看出，天津市的宜商城市竞争力指数为0.596，全国省域排名第5位，城市排名第15位。可见，天津市的宜商城市竞争力水平较高，拥有较好的投资环境，尤其是随着滨海新区开发开放度的提高，天津市的宜商城市竞争力会进一步增强。

天津市的宜居城市竞争力较强，处于全国领先水平。从表15－2可以看出，天津市的宜居城市竞争力指数为0.597，全国省域排名第3位，城市排名第17位。可见，天津市的宜居度较高，基础设施比较完善，气候较好，房价较为合理。

天津市的信息城市竞争力较强，交流便捷度较高。从表15－2可以看出，天津市的宜居城市竞争力指数为0.624，全国省域排名第5位，城市排名第13位。可见，天津市的信息化程度较高，较好的现代工业体系也使得天津市拥有良好的交通以及网络基础设施。天津市在未来的城市发展中，应持续注重信息化在城市发展中的作用。

（四）结论与政策建议

总体来讲，作为直辖市以及北方经济中心的天津市有较强的经济实力，综合经济竞争力较强，尤其是综合增量竞争力指数较高，位列全国所有城市的第四位，说明天津市在过去5年经济增长速度较快，滨海新区等国家战略区域发展态势良好，但天津市的经济效率竞争力则相对弱一点，说明天津市未来经济稳步增长的同时，也要注重效率的提高，加快经济发展方式转变，加快构筑高水平现代产业体系，增强发展的全面性、协调性、可持续性。

可持续竞争力整体水平也较好，尤其在开放多元的文化城市以及创新驱动的知识城市方面已经有标杆城市模样，但是天津市在环境友好的生态城市以及

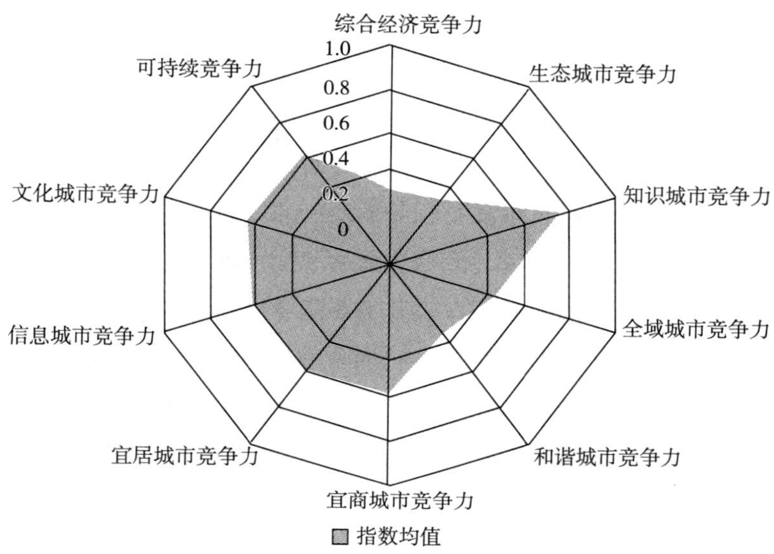

图 15－3　天津市城市竞争力

资料来源：中国社会科学院城市与竞争力指数数据库。

公平包容的和谐城市方面则表现较差，这也提醒天津市未来在城市发展中要更多的关注生态环境的保护以及和谐社会的建设，稳步推动城镇化发展，不断壮大县域经济实力，完善社会保障体系。

三　中国城市竞争力（河北）报告

河北省，简称冀，位于华北，东临渤海、内环京津，省会为石家庄。全省面积 18.88 万平方公里，占全国总面积的 1.97%。2011 年末，河北省常住人口为 7240.51 万人，生产总值实现 24228.2 亿元，比 2010 年增长 11.3%。“十二五”规划中，河北省致力于构筑环首都经济圈，壮大沿海经济隆起带，打造冀中南经济区，着力调整经济结构，着力推进新型工业化、新型城镇化和农业现代化，着力保障和改善民生，着力改善生态环境，着力提高创新能力，着力深化改革开放，保持经济平稳较快发展，加快科学发展、富民强省进程，努力实现从经济大省向经济强省跨越、从文化资源大省向文化强省跨越。

（一）综合经济竞争力：工业为主双雄并举，依靠京津平稳发展

2012年河北省的综合经济竞争力指数均值为0.084405，十分接近全国平均水平，全国排名第13位，指数方差为0.001274，全国排名第16位。其中，综合增量竞争力指数均值为0.115028，全国排名第10位，指数方差为0.006471，全国排名第19位；综合效率竞争力指数均值为0.007167，全国排名第16位，指数方差为2.18×10^{-5}，全国排名第12位。从省内格局来看，河北省南部发展快于北部。唐山作为京津唐经济区重要组成部分，以其雄厚的工业基础雄踞河北省内领先位置，石家庄依靠交通枢纽地位获得较快发展，保定拥有世界领先的新能源产业集聚区，在河北省内占重要地位。而河北北部张家口、承德和秦皇岛等城市发展相对较慢。从全国来看，河北省整体发展水平处于中游，其中唐山和石家庄分别排名全国第29位和44位，跻身全国最好城市之列，邯郸、沧州、保定和廊坊处于较好之列，其余城市处于一般或较差之列。河北省以工业为经济主要动力，依靠京津唐经济区和石家庄等交通枢纽城市带动全省平稳发展。

（二）可持续竞争力：省内格局相对平衡，依托工业带动发展

2012年河北省可持续竞争力指数均值为0.44437，高于全国平均水平，排名全国第13位，指数方差为0.00229，位于全国第2位。这说明整体上河北省可持续竞争力处于全国中上游位置。与综合经济竞争力相比，河北省可持续竞争力表现更好。这主要得益于京津的辐射和影响作用已开始显现。随着京津产业逐渐转移，河北省可以享有京津部分优质资源。随着京津冀一体化的加深，河北省未来发展将逐渐加速。从省内格局来看，河北省可持续竞争力格局相对平衡，其中石家庄居于全省前列，秦皇岛市由于其沿海开放城市的特殊地位而获得良好的可持续发展机会，保定、邯郸和唐山依靠工业和科技园区而具有一定可持续发展优势。从全国来看，河北省城市可持续竞争力几乎全部位于较好和一般之列。石家庄市成为河北省内可持续竞争力唯一进入全国最好城市之列的城市，秦皇岛、保定、邯郸、廊坊和沧州紧随其后，处于全国较好行列，而其余城市则位于一般和较差之列。河北省可持续竞争力的提升依靠工业科技、交通枢纽地位、沿海开放港口和京津地区的带动，并借助城镇化水平的提高取得长足的发展。

（三）可持续竞争力分项

河北省比邻中国内海，拥有对外开放的文化窗口。从表15－3可知，2012年河北省文化城市竞争力指数均值为0.29889，略高于全国平均水平，排名位于全国第14位，指数方差为0.00773，位于全国第7位。其中保定排名45，位于全国最好之列，邯郸、秦皇岛、廊坊和石家庄位于全国较好之列，其余城市位于一般和较差之列。河北省连接东北与中原，怀抱京津，且有沿海开放城市为对外窗口，具有一定的开放多元性，但仍有很大的可进步空间。

河北省的生态城市建设并没有被工业经济拖入泥潭。河北省生态城市竞争力指数均值为0.42342，高于全国平均水平，排名全国第11位，指数方差为0.00730，位于全国第3位。其中保定排名31，位于全国最好之列，秦皇岛、沧州、承德和邯郸位于全国较好之列，其余城市位于一般和较差之列。河北省包含多个生态旅游城市，在发展的同时注重环境保护，生态城市建设水平位于全国中上游。

河北省经济结构中工业比重较大，技术创新带动效果明显。河北省知识城市竞争力指数均值为0.34943，排名全国第16位，指数方差为0.01370，位于全国第3位。其中石家庄排名全国第37，位于全国最好之列，廊坊、保定、唐山和秦皇岛位于全国较好之列，其余城市位于一般之列。河北省以钢铁工业较为发达，工业经济整体创新能力位于全国中游，其中石家庄依靠公路、铁路、高铁、航空、港口综合枢纽地位坚持科技创新，走出独特的发展道路，保定依靠新能源科技带动城市向前追赶。

河北省的城乡一体化建设任重道远。河北省全域城市竞争力指数为0.26313，排名全国第17位，位于全国中游，指数方差为0.00130，位于全国第2位。其中石家庄和秦皇岛全国排名分别为第62名和第65名，位于全国较好行列。保定、廊坊、沧州紧随其后，分列第100、101和102名，其余城市均排名在110～170名之间。河北省坚持城乡一体化战略，在发展中注重全省协调统筹发展，省内各城市城乡一体化水平十分接近。

河北省自古就有“燕赵侠义”的美誉，民风尚义，对外包容。河北省和谐

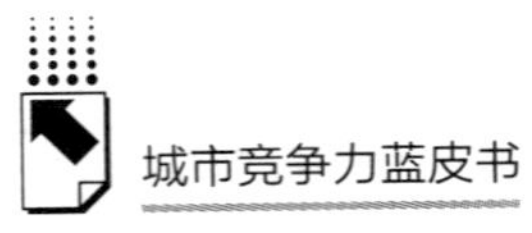

表 15－3　河北省城市可持续竞争力分项

单位：位

可持续竞争力分项	文化城市竞争力	生态城市竞争力	知识城市竞争力	全域城市竞争力	和谐城市竞争力	宜商城市竞争力	宜居城市竞争力	信息城市竞争力
城市	指数	指数	指数	指数	指数	指数	指数	指数
石家庄	0.30383	0.38478	0.59019	0.32848	0.46134	0.55428	0.40910	0.47141
唐　山	0.29370	0.42199	0.39239	0.24980	0.45236	0.54012	0.39806	0.28924
秦皇岛	0.37512	0.50551	0.37561	0.31700	0.50988	0.33357	0.51203	0.41912
邯　郸	0.40249	0.41949	0.32864	0.24073	0.51122	0.40086	0.41706	0.33752
邢　台	0.24938	0.30476	0.23167	0.24962	0.41991	0.30051	0.37972	0.21405
保　定	0.43982	0.57235	0.44868	0.27214	0.36375	0.36736	0.37469	0.35847
张家口	0.13965	0.27084	0.28410	0.22616	0.41574	0.32593	0.37557	0.34921
承　德	0.24436	0.46389	0.23706	0.26189	0.53274	0.37924	0.35724	0.23027
沧　州	0.27806	0.47631	0.24035	0.27109	0.45244	0.38531	0.35143	0.44965
廊　坊	0.34753	0.43765	0.46588	0.27209	0.38571	0.37964	0.41739	0.24811
衡　水	0.21386	0.40009	0.24922	0.20547	0.46654	0.32734	0.34316	0.30998
指数均值	0.29889	0.42342	0.34943	0.26313	0.45197	0.39038	0.39413	0.33428
指数方差	0.00773	0.00730	0.01370	0.00130	0.00282	0.00696	0.00219	0.00755
城市	排名	排名	排名	排名	排名	排名	排名	排名
石家庄	95	129	37	62	75	19	146	28
唐　山	102	107	89	124	86	23	154	124
秦皇岛	57	54	95	65	49	109	60	47
邯　郸	53	109	113	128	48	72	140	96
邢　台	141	189	183	125	110	139	172	187
保　定	45	31	70	100	158	88	179	77
张家口	228	209	141	140	114	117	176	83
承　德	146	76	176	112	41	82	192	171
沧　州	119	68	173	102	85	78	195	35
廊　坊	69	95	62	101	140	80	139	159
衡　水	167	117	166	162	72	115	204	111
指数均值	14	11	16	17	8	12	21	13
指数方差	7	3	3	2	1	5	2	1

资料来源：中国社会科学院城市与竞争力指数数据库。

城市竞争力指数为0.45197，排名全国第8位，表现高于全国平均水平。指数方差为0.00282，排名全国第1位。其中，承德、邯郸和秦皇岛分列全国第

41、48和49位，跻身全国最好城市之列，衡水、石家庄、沧州和唐山分列全国第72、75、85和86位，位于全国较好城市之列，而其余城市位于一般之列。河北省和谐城市指数方差全国最低，各城市间发展水平十分接近，十分注重社会公平、互助包容。

河北省重视民营企业发展，鼓励一、二、三产业等各个行业的民营企业自主创新。河北省宜商城市竞争力指数为0.39038，位于全国第12名，高于全国平均水平，指数方差为0.00696，位于全国第5位。其中“河北双雄”石家庄与唐山分列全国第19位和23位，跻身全国最好之列。邯郸、沧州、廊坊、承德和保定分列第72、78、80、82和88位，为全国较好城市。其余城市位于全国一般之列。河北省以石家庄为代表的冀中南经济区和以唐山为代表的环京津经济区拥有强大的工业体系，在实业发展上着力推进新型工业化，在新能源、新材料、生物医药、信息技术等领域奋起直追。

河北省经济基础较为薄弱，基础设施有待完善，宜居城市建设有待提高。河北省宜居城市竞争力指数为0.39413，位于全国第21名，低于全国平均水平，指数方差为0.00219，位于全国第2名。其中秦皇岛排名全国第60位，跻身全国较好城市之列，为省内一枝独秀，其余城市均为一般和较差之列。其中，廊坊、邯郸和石家庄分列全国第139、140和146名，为省内第2、3、4名。秦皇岛市依靠旅游城市和沿海开放城市的特殊地位在宜居城市建设上走在全省前列，石家庄、廊坊和邯郸为代表的冀中南经济区正在宜居城市建设上稳步推进，其余城市尚有一定差距。

河北省交通便利，信息技术依托京津有一定优势。河北省信息城市竞争力指数为0.33428，排名全国第13名，高于全国平均水平，指数方差为0.00755，位于全国第1。其中石家庄、沧州和秦皇岛跻身全国最好城市之列，其全国排名分别为28、35和47名。保定、张家口和邯郸以全国第77、83和96名紧随其后，位居较好城市之列，其余城市为全国一般之列。河北省围绕京津冀交通一体化的目标，着力提高公路、铁路、港口、民航保障能力，形成快捷、高效、安全的现代综合交通网络，努力建设以石家庄为中心的“两小时交通圈”、环北京的“一小时交通圈”，并在交通现代化的同时推进信息现代化，围绕京津努力打造新兴信息城市。

（四）结论与政策建议

河北省城市可持续竞争力各个分项水平位于全国中上游，其中，公平包容的和谐城市与环境友好的生态城市表现较好，而开放多元的文化城市、城乡一体的全域城市建设有待提高。河北省内城市在可持续竞争力多个分项上较为平衡，基本形成环京津经济区、沿海经济区与冀中南经济区三足鼎立局面。河北省未来应着眼于坚持经济发展与城乡统筹相结合，对外开放与对内创新相结合的发展道路，努力推动城市崛起，提升城市竞争力（见图 15－4）。

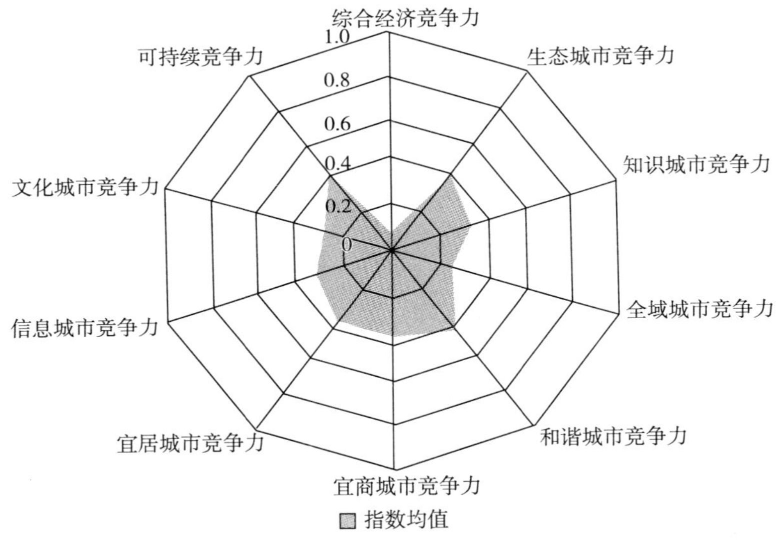

图 15－4　河北省城市竞争力

资料来源：中国社会科学院城市与竞争力指数数据库。

四　中国城市竞争力（山东）报告

山东省位于中国东部沿海、黄河下游，是华东地区的最北端省份，面积 15.71 万平方公里，人口 9579.3 万人[①]。山东省历史悠久，是中国文化的源头

① 《山东省 2010 年第六次全国人口普查主要数据公报》。

和中华民族的重要发祥地之一，现在也是我国经济实力最发达的省份之一。“十二五”以来，山东省重点实施“蓝黄”（山东半岛蓝色经济区和黄河三角洲高效生态经济区）两大国家区域发展战略，推动山东的一体化发展。2012 年山东省地区生产总值达到 50013.2 亿元，比上年增长 9.8%，发展势头良好。

（一）综合经济竞争力：整体经济实力及效率较好，但城市间差距较大

2012 年山东省的综合经济竞争力指数均值为 0.11425，全国排名第 10 位，总体经济实力较强；指数方差为 0.00175，全国排名第 19 位，可见省内各城市经济发展水平差距较大。其中，综合增量竞争力指数均值为 0.16124，全国排名第 7 位，指数方差为 0.00844，全国排名第 21 位；综合效率竞争力指数均值为 0.01367，全国排名第 10 位，指数方差为 0.00004，全国排名第 18 位。

具体各城市来看，如图 15－5 所示，山东省有 14 个城市的综合经济竞争力进入了全国前 100 名，依次是：青岛、济南、烟台、淄博、潍坊、东营、济宁、威海、泰安、临沂、枣庄、聊城、德州、滨州。综合增量竞争力方面，山东省有 15 个城市进入了前 100 名，其中有 8 个城市更是进入了前 50 位，表现抢眼。综合效率竞争力方面，山东省也有 15 个城市进入了前 100 名，其中 5 个城市进入前 50 位，青岛和济南实力较强。

综上可见，山东省的综合经济竞争力整体较强，山东省的综合经济竞争力以及分项的综合增量竞争力和综合效率竞争力均值排名都在前 10 位，尤其是山东省综合增量竞争力排 7 位，可见山东总体经济实力较强，过去 5 年经济增长较快、效率较高。而从指数方差来看，山东省各城市的发展也存在较为严重的不均衡现象，三个指标的方差均较大，尤其是综合经济竞争力指数方差排名全国 21 位，可见各城市经济发展速度存在较大差距。山东省在未来的经济发展中，要以加快转变经济发展方式为主线，紧紧围绕制定的“蓝黄”两大国家级区域发展战略，并不断推进深化国有体制改革，推进结构调整，提升产业核心竞争力。注重经济效率的提高，充分发挥青岛、济南等城市的区域发展带动作用。

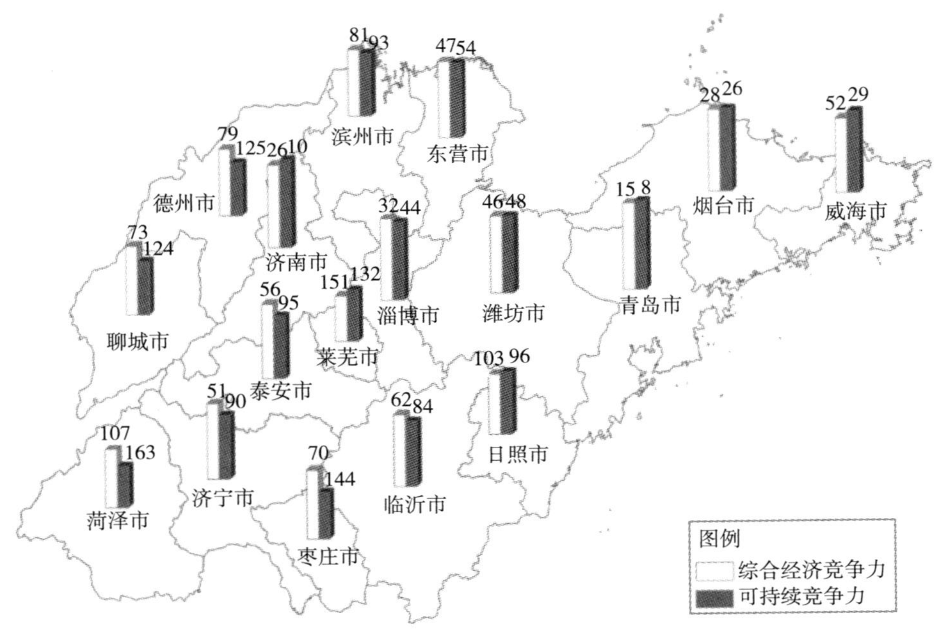

图 15－5　2012 年山东省城市竞争力排名

（二）可持续竞争力：各城市可持续发展状况良好，济南、青岛全国领先

2012 年山东省的可持续竞争力指数均值为 0.48017，全国排名第 10 位，指数方差为 0.00911，全国排名第 12 位。其中，有 12 个城市进入了全国前 100 位，其中 6 个城市进入了前 50 位，而青岛、济南更是进入了前 10 名，分列第 8 和第 10 位。可见，山东省的可持续竞争力整体实力较强，各城市可持续发展状况良好。未来山东省在推动经济发展稳步提升的同时，要继续创新科学发展体制机制，更加注重经济发展的可持续性以及区域经济社会协调发展，更好地发挥济南、青岛等城市的区域带动作用。

（三）可持续竞争力分项：宜居及生态城市竞争力较强，城乡一体化水平还需提高

山东省的文化城市竞争力指数处于全国的中上游水平，城市间发展略有不

均衡。从表 15 - 4 可以看出，山东省的文化城市竞争力指数均值为 0. 35107，全国排名第 12 位，指数方差为 0. 01351，全国排名第 16 位。共有 10 个城市进入了全国前 100 位，其中青岛、济南、烟台、淄博进入了前 50 位，分列第 7、20、41、46 位。可见山东省整体的文化城市竞争力较强，尤其是济南、青岛、烟台等城市优势明显，但指数方差较差也反映各城市间差距不小。未来，山东省应更多地发挥沿海的优势，不断提高开发度、发展多元文化，并充分发挥济南、青岛的区域带动作用，打造更多多元开放的文化经典城市。

山东省的生态城市竞争力指数较高，生态环境较好。从表 15 - 4 可以看出，山东省生态城市竞争力指数均值为 0. 43776，全国排名第 9 位，指数方差为 0. 01840，全国排名第 14 位。共有 9 个城市进入了全国前 100 名，其中烟台、威海、青岛优势明显，分列第 8、11 和 32 位，但也有聊城和菏泽两个城市排名在 200 名以后。可见，山东省整体的生态环境较好，尤其是烟台、威海、青岛等沿海城市堪称生态城市的典范。

山东省的知识城市竞争力指数较高，各城市发展较为均衡。从表 15 - 4 可以看出，山东省知识城市竞争力指数均值为 0. 41288，全国排名第 11 位，指数方差为 0. 02144，全国排名第 7 位。具体到各城市来看，共有 9 个城市进入前 100 名，其中济南、青岛、烟台、东营 4 个城市进入了前 50 强，分列第 13、27、31、41 位。可见，山东省知识城市竞争力水平较高，未来应该持续重视科技进步、创新驱动对城市发展的推动作用。

山东省的全域城市竞争力指数处于全国的中游水平。从表 15 - 4 可以看出，山东省全域城市竞争力指数均值为 0. 26896，全国排名第 16 位，指数方差为 0. 00962，全国排名第 14 位。具体到各城市来看，共有 8 个城市进入了全国前 100 名，其中青岛、威海、济南、烟台、东营 5 个城市城乡一体化水平较高，均进入了全国前 50 位，但泰安、菏泽两个城市的城乡一体化水平较差，排名在 200 名以后。可见，山东省整体的城乡一体化水平一般，未来应加快推进城乡一体化进程，提高城乡融合互动程度，推动山东省的一体化发展。

山东省的和谐城市竞争力指数较高，但城市间发展差距较大。从表 15 - 4 可以看出，山东省和谐城市竞争力指数均值为 0. 44367，全国排名第 10 位，指数方差为 0. 01705，全国排名第 16 位。具体到各城市来看，共有 7 个城市进

表 15－4　山东省城市可持续竞争力分项

单位：位

可持续竞争力分项	文化城市竞争力	生态城市竞争力	知识城市竞争力	全域城市竞争力	和谐城市竞争力	宜商城市竞争力	宜居城市竞争力	信息城市竞争力
城市	指数	指数	指数	指数	指数	指数	指数	指数
济南	0.54382	0.56252	0.70089	0.40226	0.69411	0.60870	0.54965	0.65898
青岛	0.65144	0.57227	0.63187	0.43606	0.68442	0.62509	0.62144	0.67081
淄博	0.43079	0.50348	0.45849	0.27557	0.44760	0.47256	0.58679	0.36896
枣庄	0.23452	0.31276	0.27726	0.16487	0.30555	0.36754	0.48030	0.25161
东营	0.25639	0.54905	0.57115	0.35121	0.28075	0.41209	0.58716	0.37336
烟台	0.46102	0.65493	0.60949	0.37024	0.44836	0.53843	0.60497	0.44675
潍坊	0.37399	0.33441	0.43422	0.34041	0.46661	0.51150	0.54530	0.43345
济宁	0.31892	0.46064	0.33249	0.22762	0.39118	0.36355	0.55084	0.25140
泰安	0.26724	0.41804	0.37547	0.15335	0.36609	0.37506	0.60946	0.34507
威海	0.37204	0.63535	0.51412	0.41423	0.67634	0.44369	0.63651	0.30443
日照	0.36963	0.54896	0.25365	0.18172	0.30725	0.30046	0.53351	0.35707
莱芜	0.25863	0.30775	0.25928	0.23307	0.39618	0.24440	0.52601	0.29648
临沂	0.30108	0.43894	0.36570	0.21808	0.33304	0.40644	0.47011	0.39697
德州	0.22126	0.29626	0.26688	0.20181	0.39616	0.34638	0.49405	0.38874
聊城	0.30173	0.23461	0.36162	0.16663	0.43651	0.34975	0.49895	0.28833
滨州	0.34408	0.35777	0.37463	0.27827	0.51654	0.27735	0.47540	0.22096
菏泽	0.26168	0.25422	0.23179	0.15699	0.39569	0.23914	0.36235	0.34654
指数均值	0.35107	0.43776	0.41288	0.26896	0.44367	0.40483	0.53722	0.37647
指数方差	0.01351	0.01840	0.02144	0.00962	0.01705	0.01351	0.00486	0.01577
城市	排名	排名	排名	排名	排名	排名	排名	排名
济南	20	33	13	30	3	11	44	11
青岛	7	32	27	25	6	9	11	10
淄博	46	57	65	98	92	43	24	69
枣庄	153	181	145	196	194	87	83	153
东营	135	37	41	47	213	66	22	64
烟台	41	8	31	40	89	24	14	36
潍坊	58	160	75	56	70	30	47	41
济宁	82	81	111	139	136	92	42	154
泰安	123	111	96	207	156	86	12	88
威海	60	11	52	29	7	55	7	114
日照	61	38	161	179	193	140	51	78
莱芜	134	187	158	134	126	193	56	122
临沂	97	94	101	142	181	69	92	54
德州	161	195	154	165	127	103	75	55
聊城	96	228	104	195	101	100	70	125
滨州	71	145	97	92	47	160	87	180
菏泽	128	219	182	205	129	201	187	86
指数均值	12	9	11	16	10	10	8	10
指数方差	16	14	7	14	16	15	7	18

资料来源：中国社会科学院城市与竞争力指数数据库。

入了排名前100位，其中济南、青岛、威海更是进入了前10名，分列第3、第6和第7位，但也有东营等城市排名在200名以后。可见，山东省总体呈现公平和睦的社会和谐态势，尤其是济南、青岛、威海可以称得上是和谐城市的典范，但是各城市间层次差距也较大，山东省在未来的发展也需要进一步完善社会保障体系，注重多元包容的文化建设，进一步推动城市的和谐发展。

山东省的宜商城市竞争力指数较高，但各城市间的发展有一定差距。从表15－4可以看出，山东省宜商城市竞争力指数均值为0.40483，全国排名第10位，指数方差为0.01351，全国排名第15位。具体到各城市来看，有12个城市进入了全国前100名，其中青岛、济南、烟台、潍坊优势明显，分列第9、11、24、30位，另外菏泽表现较差，排名在200名以后。可见，山东省宜商环境总体上不错，但也有两极分化的现象。山东省在未来的发展中，要继续深化国有体制改革，活跃市场经济，针对相对落后地区，在税收、金融服务方面做相应的优惠政策，不断优化城市的投资环境。

山东省以及下辖各城市的宜居城市竞争力水平普遍较高。山东省的宜居城市指数均值为0.53722，全国排名第8位，指数方差为0.00486，全国排名第7位。具体到各城市来看，山东省除了菏泽以外，其他的16个城市都进入了全国前100名，其中，有9个城市进入了前50名，特别是威海、青岛、泰安、烟台都是前15位，优势非常明显。可见，山东省在坚持以人为本，建设宜居城市方面领先于全国，尤其威海、青岛、泰安等城市是全国闻名的宜居城市。

山东省整体的信息城市竞争力指数较高，但各城市间的发展有两极分化的趋势。山东省信息城市竞争力指数均值为0.37647，全国排名第10位，指数方差为0.01577，全国排名第18位。具体各城市来看，共有11个城市进入了前100名，其中青岛、济南、烟台、潍坊4个城市进入了前50强，分列第10、11、36、41位。可见，山东省整体的信息城市竞争力水平较高，但方差较大也反映了城市发展有两极分化的风险。未来山东省要更加重视信息化在城市发展中的作用，建设信息交流更加便捷的城市，使市民能更好、更快地分享到城市发展的成果。

（四）结论与政策建议

总体来说，山东省的经济实力整体较强、效率较高，综合经济竞争力以及

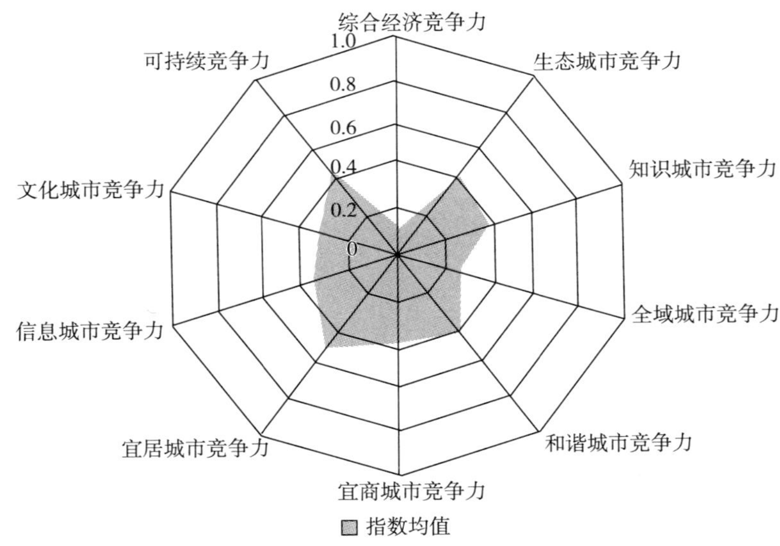

图 15－6　2012 年山东省城市竞争力

资料来源：中国社会科学院城市与竞争力指数数据库。

分项的综合增量竞争力和综合效率竞争力指数均值排名都在前 10 位。但三个指标的方差均较大，也反映了山东省各城市的发展也存在较为严重的不均衡现象。

可持续竞争力方面，山东省的可持续竞争力也处于全国的上游水平。具体到各分项来看，山东省的宜居城市竞争力以及生态城市竞争力水平较高，威海、青岛、烟台、泰安等城市可以作为这些方面的代表城市；但是在城乡一体化方面，山东省离理想城市差距还较大，而在交流便捷的信息城市方面，山东省各城市间发展差距较大。

山东省未来发展中，要以加快转变经济发展方式为主线，紧紧围绕“山东半岛蓝色经济区”和“黄河三角洲高效生态经济区”两大国家战略，推动区域发展、城乡一体化发展，并不断推进深化国有体制改革，推进结构调整，提升产业核心竞争力。充分发挥沿海、临河城市的优势。注重经济效率的提高，重视信息化在城市发展中的作用。充分发挥青岛、济南等城市的区域发展带动作用，逐步显现“富民强省”的目标。

B.16 中国（东北地区）城市竞争力报告

卜鹏飞*

一 中国城市竞争力（辽宁）报告

辽宁省，简称辽，位于中国东北地区的南部，全省面积 14.69 万平方公里，人口为 4374.6 万人①，下辖 14 个地级市，是中国东北经济区和环渤海经济区的重要结合部，也是东北地区通向世界、连接欧亚大陆桥的重要门户和前沿地带。辽宁省沿海城市众多，港口密集，交通发达，公路密度居全国之首，是新中国工业崛起的“摇篮”，被誉为“共和国长子”。“十二五”规划中，辽宁省提出深化国有企业改革，稳步推进城镇化，发挥产业和科技基础较强的优势，完善现代产业体系，重点打造辽宁沿海经济带和沈阳经济区的战略。2012 年辽宁省地区生产总值达到 2.48 万亿元，按不变价格计算，比上年增长 9.5%，发展势头良好。

（一）综合经济竞争力：整体经济实力较强，城市间发展不平衡

2012 年辽宁省的综合经济竞争力指数均值为 0.08081，全国排名第 14 位，总体经济实力较强；指数方差为 0.00274，全国排名第 22 位，可见省内各城市经济发展水平差距较大。其中，综合增量竞争力指数均值为 0.10660，全国排名第 11 位，指数方差为 0.01510，全国排名第 24 位；综合效率竞争力指数均值为 0.00755，全国排名第 15 位，指数方差为 0.00004，全国排名第 19 位。城市综合经济竞争力省内排名依次是：大连、沈阳、鞍山、营口、盘锦、辽

* 卜鹏飞，孙冶方青年菁英奖学金获得者，首都经济贸易大学硕士研究生，中国社会科学院城市与竞争力研究中心特约研究人员，研究方向为区域经济、城市经济。

① 资料来源：《辽宁省 2010 年第六次全国人口普查主要数据公报》。

阳、锦州、本溪、抚顺、铁岭、丹东、朝阳、葫芦岛、阜新。

从综合经济竞争力均值来看，如图 16－1 所示，辽宁省综合增量竞争力和综合效率竞争力均值排名都在前 15 位，尤其是辽宁省综合增量竞争力排 11 位，可见辽宁总体经济实力较强，过去 5 年经济增长较快、效率较高。而从综合经济竞争力指数方差来看，辽宁省综合增量竞争力和综合效率竞争力指数方差排名均比较靠后，尤其综合增量竞争力指数方差排名 24 位，可见辽宁省在经济发展稳步发展的同时也存在较为严重的区域发展不平衡现象。

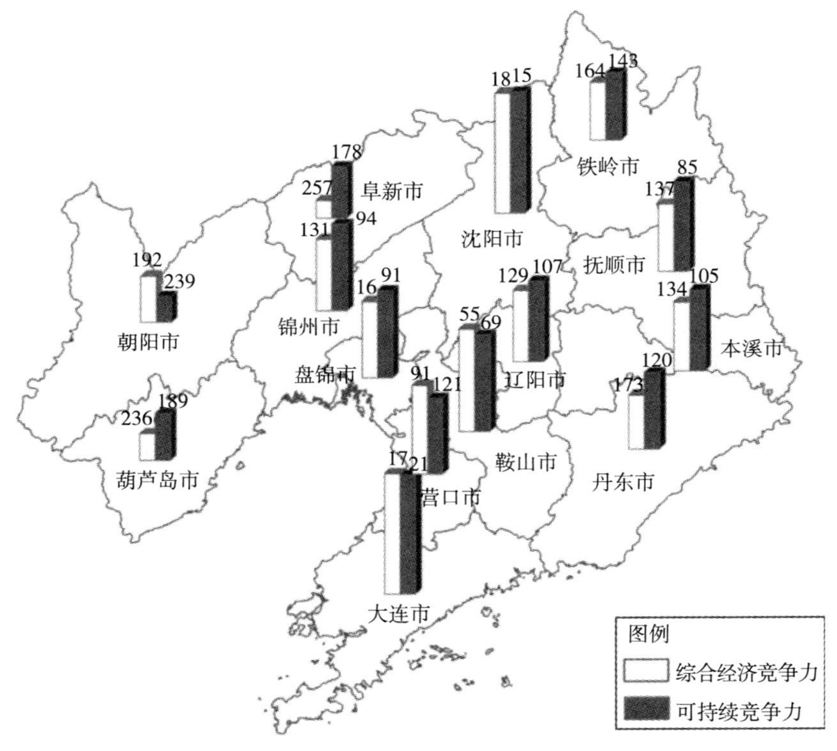

图 16－1　2012 年辽宁省城市竞争力排名

从省内各城市发展格局来看，大连、沈阳两个城市经济实力最强、发展最快，综合经济竞争力指数排名均居全国前 20 位，综合增量竞争力指数均排名全国前 15 位。资源型城市鞍山和沿海城市营口经济发展状况较好，两城市的综合经济竞争力指数以及细分的综合增量竞争力和综合效率竞争力均排进了全

国前100位。另外，葫芦岛和阜新两个城市的经济实力及增长效率较差，综合经济竞争力排名均在200位开外，两个城市仍然处于资源枯竭型城市经济转型以及寻找新的经济增长点的发展阶段。

总的来看，辽宁省整体的经济实力较强，经济增长速度和效率也较好。但是辽宁省各城市发展不平衡，大连、沈阳两个城市发展较快，但区域带动作用较差，目前来看，除沈抚新城发展态势良好以外，重点推动的辽宁沿海经济带和沈阳经济区效果仍未显现，丹东、葫芦岛等沿海城市综合经济竞争力仍较差，阜新等资源枯竭型城市经济转型仍未完成。因此，辽宁省要充分发挥沿海城市的优势，注重区域发展战略，促进区域协调发展，更好地发挥大连、沈阳等城市的辐射带动作用，促进辽宁老工业基地的全面振兴。

（二）可持续竞争力：城市发展可持续性较好，沈阳、大连表现出色

2012年辽宁省的可持续竞争力指数均值为0.43227，全国排名第15位，指数方差为0.00976，全国排名第16位。总体来说，辽宁省的可持续发展竞争力处于全国中上游水平，省内各城市间的可持续发展较为均衡。具体来看，经济实力较强的沈阳、大连、鞍山等城市可持续竞争力也较强，而经济实力较差的朝阳和葫芦岛可持续竞争力也较弱，值得注意的是综合经济竞争力较弱的阜新、抚顺则具有较强的可持续竞争力，可见这些资源枯竭型城市虽然未完成产业结构转型，但已初步取得良好的进展。

（三）可持续竞争力分项：全域与和谐城市竞争力指数较高，生态环境值得关注

辽宁省的文化城市竞争力指数较高，且发展较为均衡。从表16－1可以看出，辽宁省的开放多元的文化城市指数均值为0.29725，全国排名第15位，指数方差为0.01231，全国排名第13位。其中沈阳市的文化城市竞争力指数全国排名21位、大连排39位，共有7个城市排前100位。可见，辽宁省由于经济实力较强、多个城市沿海以及交通便利等因素，整体的文化城市竞争力指数表现较好。尤其是沈阳和大连处于最好的行列，未来辽宁省的城

市应该更多地发挥沿海的优势，不断提高开放度、发展多元文化，因地制宜地打造多元开放的文化城市。

表 16－1　辽宁省城市可持续竞争力分项

单位：位

可持续竞争力分项	文化城市竞争力	生态城市竞争力	知识城市竞争力	全域城市竞争力	和谐城市竞争力	宜商城市竞争力	宜居城市竞争力	信息城市竞争力
城市	指数	指数	指数	指数	指数	指数	指数	指数
沈阳	0.54012	0.60588	0.69881	0.43038	0.65548	0.55466	0.52798	0.52632
大连	0.46801	0.61387	0.72944	0.47101	0.67276	0.51666	0.51895	0.41017
鞍山	0.33156	0.28292	0.46383	0.33791	0.64231	0.37940	0.42628	0.30177
抚顺	0.26721	0.35730	0.38106	0.33119	0.52559	0.34802	0.46912	0.25139
本溪	0.29969	0.39360	0.32499	0.35203	0.34430	0.26104	0.38131	0.30219
丹东	0.28606	0.31747	0.38403	0.28394	0.37100	0.23769	0.48112	0.25337
锦州	0.32064	0.11416	0.46395	0.28588	0.56157	0.35425	0.42975	0.45322
营口	0.31890	0.26178	0.32348	0.33844	0.41294	0.32293	0.37488	0.22943
阜新	0.12994	0.16030	0.29549	0.30474	0.46571	0.21813	0.35982	0.25082
辽阳	0.31480	0.24323	0.32835	0.30820	0.46699	0.23968	0.43670	0.35005
盘锦	0.25926	0.42264	0.32515	0.39611	0.43450	0.32465	0.55778	0.19173
铁岭	0.23586	0.33039	0.24289	0.26583	0.41799	0.23537	0.39907	0.23705
朝阳	0.11076	0.07767	0.14012	0.17778	0.32401	0.26625	0.31861	0.25204
葫芦岛	0.27874	0.19316	0.24620	0.18807	0.28506	0.19272	0.33320	0.27066
指数均值	0.29725	0.31245	0.38198	0.31939	0.47001	0.31796	0.42961	0.30573
指数方差	0.01231	0.02601	0.02701	0.00661	0.01577	0.01173	0.00547	0.00921
城市	排名	排名	排名	排名	排名	排名	排名	排名
沈阳	21	18	15	26	11	18	54	21
大连	39	17	10	19	8	29	57	50
鞍山	76	202	64	58	15	81	131	118
抚顺	124	146	93	60	42	102	93	155
本溪	98	120	118	46	175	173	170	117
丹东	108	176	92	89	153	204	81	150
锦州	80	266	63	88	32	99	127	33
营口	83	216	120	57	116	119	178	172
阜新	235	255	134	73	73	221	189	157
辽阳	87	226	114	70	69	200	120	82
盘锦	131	106	116	31	102	118	39	210
铁岭	151	162	169	108	112	207	152	167
朝阳	253	277	243	182	187	170	223	152
葫芦岛	118	241	167	175	207	238	211	140
指数均值	15	22	15	9	6	15	15	15
指数方差	13	23	15	10	13	11	10	6

资料来源：中国社会科学院城市与竞争力指数数据库。

辽宁省整体的生态城市竞争力指数较低，个别城市表现抢眼。生态城市竞争力指数均值为0.31245，全国排名第22位，指数方差为0.02601，全国排名第23位。其中大连和沈阳分别全国排名第17和18位，大连是环境友好的生态城市的典范。但是，辽宁省整体的生态城市竞争力指数较低，全省有7个城市排名在200名之后，整体的差距较大。可见，辽宁省还在受到过去老工业基地的影响，一些资源型城市的生态环境以及城市面貌还没有完全恢复，未来要注重完善基础设施以及政府动态的生态调控管理，更多地打造环境友好的生态城市典范。

辽宁省各城市的知识城市竞争力指数均较高。指数均值为0.38198，全国排名第15位，指数方差为0.02701，全国排名第15位。从各城市来看，大连全国排名第10位、沈阳全国排名第15位，另外，鞍山、抚顺、丹东、锦州均进入前100位，11个城市进入前150位。可见，由于辽宁省老工业基地的基础较好，各城市的知识城市竞争力指数均较高，未来，辽宁省要进一步发挥产业和科技基础较强的优势，完善现代产业体系，力争全面振兴东北老工业基地。

辽宁省整体的城乡一体化水平较高，这一方面的区域均衡态势良好。全域城市竞争力指数均值为0.31939，全国排名第9位，指数方差为0.00661，全国排名第10位。其中，大连全国排名第19位，另外，沈阳、本溪、盘锦三个城市也进入了前50这一最好的行列，共有11个城市进入排名前100位。这主要得益于辽宁省始于2005年的大规模棚户区改造，辽宁省在时任省委书记李克强的领导和推动下，从2005年开始历时4年，改造集中连片棚户区2910万平方米，新建成套住宅建筑面积4400多万平方米，改善了70.6万户211万人①的住房条件，使得辽宁各城市以及居民生活发生了巨变。

辽宁省和谐城市竞争力指数较高，其中指数均值为0.47001，全国排名第6位，指数方差为0.01577，全国排名第13位。其中大连市全国排名第8位、沈阳市排名第11位，另外，鞍山、本溪、锦州也进入前50位，共有7个城市进入了前100位。可见，辽宁省的行政透明度较好，城市发展呈现兼容并包的

---

① 倪鹏飞、本吉·奥拉仁·奥因卡主编《城市化进程中低收入居民住区发展模式探索—中国辽宁棚户区改造的经验》，中国社会科学院和联合国人居署联合编著，社会科学文献出版社，2012。

文化特征以及公平和睦的社会和谐态势，未来的发展也需要进一步完善社会保障体系，进一步打造公平包容的和谐城市。

辽宁省整体的宜商城市竞争力指数一般，其中指数均值为0.31796，全国排名第15位，指数方差为0.01173，全国排名第11位。其中，沈阳和大连全国排名分别为18和29位，但丹东、阜新、铁岭、葫芦岛4个城市排名在200名以外。可见，辽宁省整体的宜商城市竞争力水平一般，未来，辽宁省要进一步深化国有企业体制改革，增强市场活力，增加居民收入，在改善投资营商环境、完善政策制度等方面多下功夫，创造良好的宜商环境。

辽宁省整体以及各城市在宜居环境方面优势不明显，处于中等水平。其中，指数均值为0.42961，全国排名第15位，指数方差为0.00547，全国排名第10位。其中盘锦全国排名第39位，沈阳和大连分别排名第54和57位，共有5个城市排名在前100位，但朝阳、葫芦岛两个城市排名在200名以后。未来辽宁省应进一步改善基础设施，为群众提供良好的人文社会环境，保证人民群众共享城市发展的成果。

辽宁省在信息化方面发展较为均衡，整体处于中游水平。信息城市竞争力指数均值为0.30573，全国排名第15位，指数方差为0.00921，全国排名第6位。其中，沈阳和大连分别排名第21和50位，只有盘锦排名在200名以后。辽宁省城市的发展应该更加重视信息化，以及信息产业的发展，使市民交流更加便捷、城市的发展更具潜力。

（四）结论与政策建议

综上所述，辽宁省的综合经济竞争力总体实力较好，但城市间经济发展存在不平衡的现象。而辽宁省的可持续竞争力处于中游水平，具体到各分项来说，如图16－2所示，辽宁省的全域城市竞争力指数与和谐城市竞争力指数以及知识城市竞争力指数较高，辽宁省的城乡一体化发展态势良好，城市发展呈现兼容并包的文化特征以及公平和睦的社会和谐态势，并且很好地发挥了老工业基地产业和科技基础较强的优势，但是，辽宁省生态城市竞争力指数等方面较弱。因此，辽宁未来的发展要充分发挥沿海城市的优势，注重区域发展战略，更好地发挥大连、沈阳等城市的辐射带动作用，促进辽宁老工业基地的全

面振兴；同时要注重对资源型城市生态环境的改善，以及基础设施的完善，更多地打造环境友好的生态城市典范。

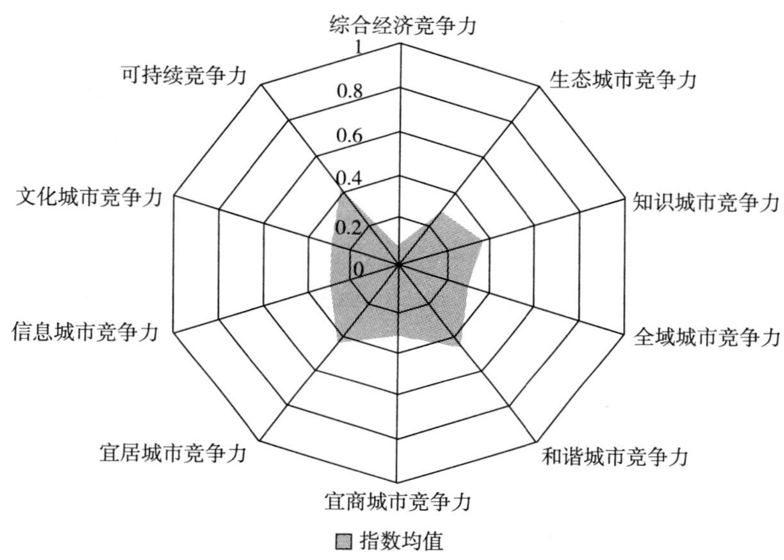

图 16－2　2012 年辽宁省城市竞争力

资料来源：中国社会科学院城市与竞争力指数数据库。

二　中国城市竞争力（吉林）报告

吉林位于我国东北中部，处于日本、俄罗斯、朝鲜、韩国、蒙古与中国东北部组成的东北亚腹心地带。吉林省面积 18.74 万平方公里，“六普”人口 2749.41 万人，下辖 8 个城市，是中国重要的工业基地和商品粮生产基地。吉林省的科技教育、生态环境具有相对优势，矿产资源比较丰富，开发潜力巨大。“十二五”期间，吉林省继续加快转变经济发展方式，建设新型工业基地，并推进特色城镇化建设，构建城乡区域协调发展的格局，对外开放步伐加快，长吉图开发开放先导区建设上升为国家战略，吉林经开区升格为国家级开发区。2012 年吉林省实现地区生产总值 11937.82 亿元，同比增长 12%，经济实现稳定增长。

（一）综合经济竞争力：总体经济实力一般，综合经济效率较差

2012 年吉林省的综合经济竞争力指数均值为 0.06346，全国排名第 19 位，总体经济实力不强；指数方差为 0.00079，全国排名第 13 位，省内各城市经济发展比较均衡。其中，综合增量竞争力指数均值为 0.08148，全国排名第 15 位，指数方差为 0.00561，全国排名第 16 位；综合效率竞争力指数均值为 0.00307，全国排名第 26 位，指数方差为 0.000005，全国排名第 7 位。综上可见，吉林省综合增量竞争力指数较高，说明吉林省过去 5 年经济实现稳定增长，经济发展方式转变取得初步进展；但是综合效率竞争力指数较低，说明吉林省未来发展要更加注重效率的提高，才能进一步完成转型，建成新型工业基地。

具体各城市来看，如图 16－3 所示，吉林省各城市综合经济竞争力排名依次是：长春、吉林、松原、四平、通化、辽源、白城、白山。其中，长春排名全国 43 位、吉林市排名 86 位，其他城市均没有进入前 100 位，且辽源、白

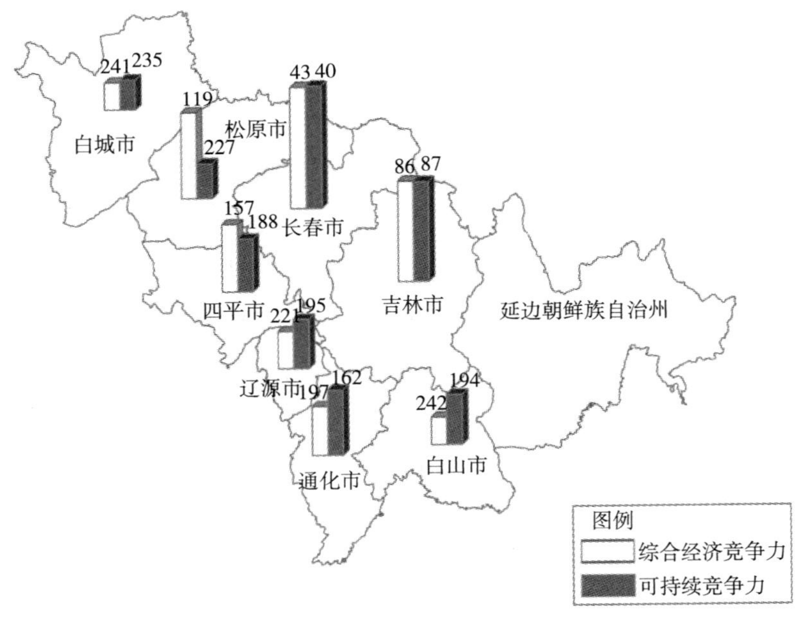

图 16－3　2012 年吉林省城市竞争力排名

城、白山排名在200名以后。吉林省各城市的综合长期增长竞争力指数排名也均好于综合经济效率竞争力指数排名，长春、吉林、松原的综合经济效率竞争力指数排名均进入前100位；而综合经济效率竞争力指数方面，只有长春进入前100名，且只排在92位。

综上所述，吉林省总体经济实力不强，但各城市发展相对比较均衡。吉林省以及各城市的综合增量竞争力指数排名也均好于综合效率竞争力指数排名。说明吉林省过去5年经济实现稳定增长，经济发展方式转变取得初步进展；但是综合效率竞争力指数较低，未来应充分利用地员辽阔、资源丰富的优势条件，加快转变经济发展方式，深化国有体制改革，全面振兴老工业基地，构建新型工业基地，实现城乡区域协调发展的格局。

（二）可持续竞争力：处于全国中下游水平，各城市发展相对均衡

2012年吉林省的可持续竞争力指数均值为0.36148，全国排名第23位，指数方差为0.00749，全国排名第7位。具体来看，只有长春和吉林的城市可持续竞争力指数排名进入前100位，分别排第40和87位，另外松原和白城未能进入前200位。总体来说，吉林省的可持续发展竞争力处于全国中下游水平，省内各城市间的可持续发展较为均衡。未来，吉林省各城市在保持稳定增长的前提下，也要更加注重打造具有可持续竞争力的城市体系，不断提升城市的可持续竞争力。

（三）可持续竞争力分项：和谐城市竞争力较好，文化和宜商城市竞争力亟待提高

吉林省以及各城市的文化城市竞争力指数普遍较差。从表16－2可以看出，指数均值为0.17216，全国排名第28位，指数方差为0.00809，全国排名第8位。其中，长春全国排名第85位、吉林排名第90位，其他城市排名均在200名以后。未来吉林省要加快对外开放步伐，借助长吉图开发开放先导区这一国家战略发展区域，利用地处日本、俄罗斯、朝鲜、韩国、蒙古与中国东北部组成的东北亚腹心地带这一地缘优势，不断提高开放度、发展多元文化，打造多元开放的文化城市。

表 16-2 吉林省城市可持续竞争力分项

单位：位

可持续竞争力分项	文化城市竞争力	生态城市竞争力	知识城市竞争力	全域城市竞争力	和谐城市竞争力	宜商城市竞争力	宜居城市竞争力	信息城市竞争力
城市	指数	指数	指数	指数	指数	指数	指数	指数
长春	0.31786	0.62032	0.63484	0.27093	0.50882	0.50242	0.42451	0.39891
吉林	0.31235	0.45852	0.38554	0.28206	0.49089	0.34498	0.38082	0.25854
四平	0.13274	0.29115	0.26655	0.28898	0.57464	0.14848	0.19771	0.24925
辽源	0.09416	0.55948	0.23260	0.29551	0.34555	0.16534	0.31514	0.15002
通化	0.13328	0.31918	0.31920	0.31098	0.48124	0.22797	0.34578	0.18003
白山	0.15423	0.23205	0.18046	0.34417	0.45566	0.29068	0.29319	0.11835
松原	0.11326	0.50765	0.12960	0.18562	0.37710	0.06915	0.28335	0.20965
白城	0.11941	0.23603	0.19381	0.19394	0.44246	0.06865	0.28412	0.17112
指数均值	0.17216	0.40305	0.29282	0.27152	0.45955	0.22721	0.31558	0.21698
指数方差	0.00809	0.02320	0.02567	0.00303	0.00532	0.02197	0.00478	0.00766
城市	排名	排名	排名	排名	排名	排名	排名	排名
长春	85	16	25	103	50	32	134	53
吉林	90	83	91	90	61	104	171	145
四平	234	200	155	85	28	260	275	158
辽源	261	34	181	80	173	247	229	237
通化	231	172	121	69	65	212	199	219
白山	218	229	224	54	80	148	244	260
松原	249	52	251	177	145	278	253	192
白城	245	227	212	170	96	279	250	226
指数均值	28	15	18	13	7	28	27	26
指数方差	8	22	14	5	4	22	6	2

资料来源：中国社会科学院城市与竞争力指数数据库。

吉林省的生态城市竞争力指数整体较好，但城市之间差距较大。其中，指数均值为0.40305，全国排名15位，指数方差为0.02320，全国排名第22位。其中长春全国排名第16位、辽源34位、松原52位、吉林83位、通化172位，其他3个城市排名在200名以后。可见，长春、辽源、松原、吉林这4个城市处于前100的较好行列，而白山、白城的环境友好的生态环境城市指数则较差。未来，吉林省保持经济稳定增长的同时，要建立人与环境的良性互动关系，并更加注重生态环境较差的城市。

吉林省的知识城市竞争力指数整体处于中下游水平。其中，指数均值为

0.29282，全国排名第18位，指数方差为0.02567，全国排名第14位。其中，长春全国排名第25位、吉林第91位，另外有3个城市排名在200名以后。除长春有老工业城市产业和科技基础较强以外，其他城市表现均一般。因此，未来吉林省的发展工程中，要更加注重创新驱动的作用，提高区域创新能力，并更好地发挥长春的区域带动作用，打造新型工业基地。

吉林省的全域城市竞争力指数整体处于中上游水平，且区域间较为均衡。其中，指数均值为0.27152，全国排名第13位，指数方差为0.00303，全国排名第5位。其中，白山、吉林、四平、辽源、通化排名在50~100位，另外3个城市排名在100~200位之间。未来，吉林省应促进实现农业现代化，稳步提高城乡居民收入，继续推进特色城镇化建设，构建城乡区域协调发展的格局。

吉林省各城市的和谐城市竞争力指数均较高。其中，指数均值为0.45955，全国排名第7位，指数方差为0.00532，全国排名第4位。其中，四平、长春、吉林等6个城市排名全国前100，可以看出，吉林省各城市社会包容性较好，行政管理较为透明，社会安全状况较好。未来，吉林省应继续注重多元文化以及和谐社会的建设，打造更多公平包容的和谐城市经典。

吉林省宜商城市竞争力指数整体水平较差，长春表现出色。其中，指数均值为0.22721，全国排名第28位，指数方差为0.02197，全国排名第22位。其中，只有长春排名32位、吉林市排名104位、白山排名148位，其他城市排名均在200名以后，四平、松原、白城更是排在了250名以后。可见，除了长春具有较好的工业基础外，其他城市实业发展水平以及城市宜商水平较差。未来，吉林省应进一步借助国家振兴东北老工业基地的政策，在税收、金融服务方面做相应的调整，不断优化投资环境，并深化国有体制改革，活跃市场经济，并提高长春的区域发展带动作用，打造适宜机构投资以及企业投资的商业环境。

吉林省各城市宜居城市竞争力指数整体较低。其中，指数均值为0.31558，全国排名第27位，指数方差为0.00478，全国排名第6位。具体到各城市来看，没有一个城市排名在前100位，其中，长春排名第134位，吉林排名171位，通化排名199位，其余城市排名均在200名以后。未来，吉林省在经济稳步增长的同时，也要更加注重以人为本，为群众提供一个良好的居住和空间环境，以及良好的人文社会环境，保证人民群众共享城市发展的成果。

吉林省的信息城市竞争力指数整体水平很差。其中，指数均值为0.21698，全国排名第26位，指数方差为0.00766，全国排名第2位。其中，只有长春排名进入了前100名，居53位，另外有4个城市排在200名以后。具体到各城市，除了长春较好以外，其他7个城市表现较差。吉林省要充分发挥信息化建设在城市各领域的作用，实现企业生产信息化、居民生活的信息化以及政府服务的信息化，使市民交流更加便捷，能更好、更快地体会到城市发展的气息。

（四）结论与政策建议

综上所述，吉林省的综合经济竞争力处在中下游的水平，经济实力不强。值得肯定的是吉林省以及各城市的综合增量竞争力指数较高，说明吉林省过去5年经济实现稳定增长，经济发展方式转变取得初步进展；但是综合效率竞争力指数仍然较低。吉林省各城市的可持续竞争力指数也不高，具体各分项来看，如图16－4所示，吉林省的和谐城市竞争力指数和全域城市竞争力指数较高，其他各项指标均表现一般，尤其是开放多元的文化城市指数以及创业至上

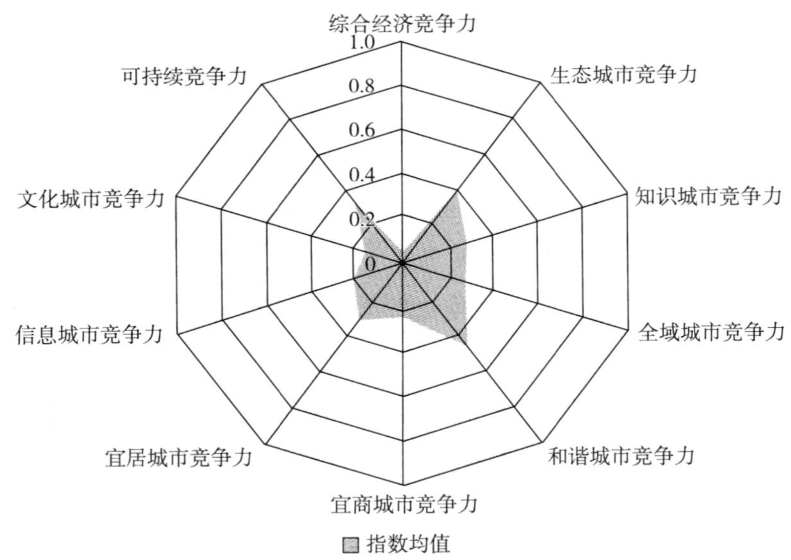

图16－4　2012年吉林省城市竞争力

资料来源：中国社会科学院城市与竞争力指数数据库。

的宜商城市指数处于较差的水平。

因此，未来吉林省在经济稳步增长的同时，应充分利用地员辽阔、资源丰富的优势条件，加快转变经济发展方式，提高对外开放水平，深化国有体制改革，不断活跃市场经济。更加注重信息化在城市发展中的作用，构建新型工业基地。也要更加注重以人为本，为群众提供一个良好的居住和空间环境，以及良好的人文社会环境，保证人民群众更好、更快地分享城市发展的成果。并稳步推进新型城镇化建设，实现城乡区域协调发展的格局。

三　中国城市竞争力（黑龙江）报告

黑龙江省是中国最东北的省份，面积为45万多平方公里，人口为3831.22万人①，下辖12个城市及大兴安岭地区。黑龙江省土地条件居全国之首，幅员辽阔、资源丰富，是我国农副产品的重要产地，是我国产粮第一大省。“十二五”期间，黑龙江省提出加快推进“八大经济区”和“十大工程”建设的战略。2012年，黑龙江省全年实现地区生产总值13691.6亿元，比上年增长10%，经济实现持续较快发展。

（一）综合经济竞争力：总体经济实力较差，综合经济效率不高

2012年黑龙江省的综合经济竞争力指数均值为0.05007，全国排名第28位，总体经济实力比较薄弱；指数方差为0.00072，全国排名第11位，省内各城市经济发展比较均衡。其中，综合增量竞争力指数均值为0.05699，全国排名第20位，指数方差为0.00532，全国排名第14位；综合效率竞争力指数均值为0.00157，全国排名第26位，指数方差为0.000004，全国排名第6位。可见，黑龙江的综合经济竞争力指数处于全国的下游水平；分项的综合增量竞争力指数也没有优势；由于面积比较广阔，地均GDP不高，导致综合效率竞争力指数也处于下游水平。

具体如图16－5所示，黑龙江省各城市综合经济竞争力排名依次是：

① 《黑龙江省2010年第六次全国人口普查主要数据公报》。

哈尔滨、大庆、齐齐哈尔、牡丹江、绥化、佳木斯、七台河、鸡西、双鸭山、鹤岗、黑河、伊春。其中，只有哈尔滨和大庆排名进入前100位，分别位列第57和61位。另外，齐齐哈尔排名第189位，其他城市均在200名以后。综合增量竞争力指数方面只有哈尔滨和大庆进入前100位，分别位列第27和40位，另外共有7个城市排名在200名以后；综合效率竞争力指数方面没有一个城市进入前100位，只有哈尔滨和大庆进入了前200位。

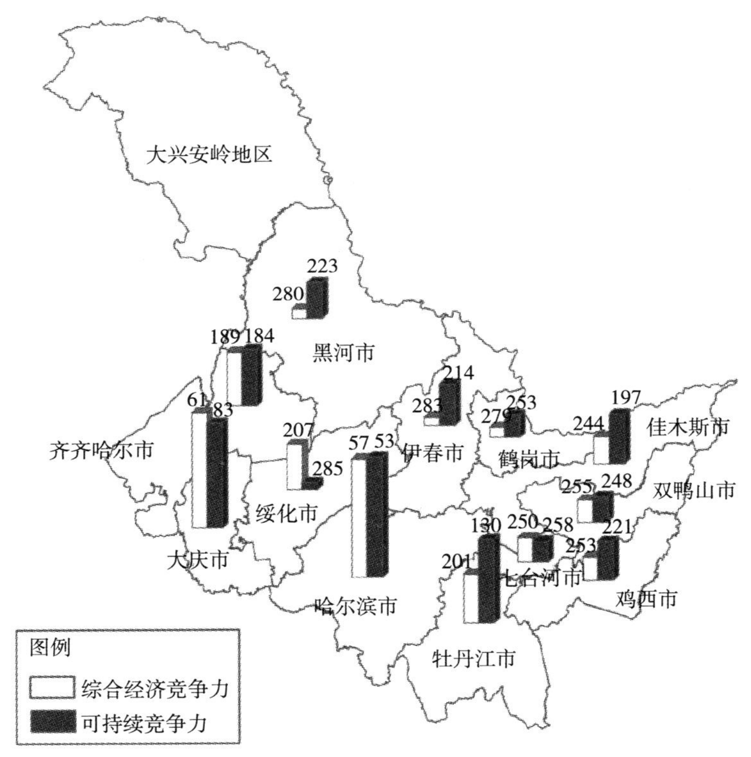

图16－5 2012年黑龙江省城市竞争力排名

综上可以看出，黑龙江省的总体经济实力较差，只有哈尔滨和大庆在综合增量竞争力方面表现较好，各城市在综合效率竞争力方面均表现较差。因此，黑龙江省在未来的经济发展中，要以加快转变经济发展方式为主线，紧紧围绕“十二五”规划里制定的“八大经济区”和“十大工程”战略完善发展。并不断推进改革开放，推进结构调整，提升产业核心竞争力。充分利

用面积辽阔、资源丰富的优势，注重经济效率的提高，并发挥哈尔滨、大庆等城市的区域发展带动作用，努力走出一条符合黑龙江实际的经济发展道路。

（二）可持续竞争力：城市发展可持续性整体水平较差，哈尔滨、大庆表现较好

2012年黑龙江省的可持续竞争力指数均值为0.31248，全国排名第26位，指数方差为0.01061，全国排名第19位。其中，哈尔滨和大庆进入前100位，分列53和83位，另外有7个城市排名在200名以后。可见，黑龙江省的可持续竞争力处于全国的下游水平，省内各城市之间也存在较大的差距。因此，未来黑龙江省在推动经济发展稳步提升的同时，也要创新科学发展体制机制，更加注重经济发展的可持续性以及区域经济社会协调发展，更好地发挥哈尔滨等城市的区域带动作用。

（三）可持续竞争力分项：指标与理想城市均差距不小，宜居城市竞争力水平最差

黑龙江省的文化竞争力指数处于全国中等偏下的水平。从表16－3可以看出，黑龙江省的开放多元的文化城市指数均值为0.18972，全国排名第23位，指数方差为0.01062，全国排名第10位，总体表现出来排名一般，但城市之间差距较小。具体各城市来看，只有哈尔滨排名进入了前100位，居52位，另外有4个城市排名在200名以后。可见，黑龙江省开放多元程度较高的城市较少，只有哈尔滨处于较好的水平，说明黑龙江省各城市作为内陆城市，在对外开放方面以及突出自身个性方面远远不足，未来应该利用与俄罗斯接壤的地缘优势，提高自己的开放度以及文化的多样性。

黑龙江省生态城市竞争力指数总体处于较差的水平。从表16－3可以看出，黑龙江省的生态城市竞争力指数均值为0.25333，全国排名第30位，指数方差为0.01285，全国排名第9位，总体处于较差的水平，但城市之间差距较小。具体到各城市来看，只有大庆进入了前100名，列91位，另外有7个城市排在200名以后。该指数的排名状况为黑龙江省城市发展敲响了警钟，城市可持续发展离不开生态环境的友好。

表 16－3　黑龙江省城市可持续竞争力分项

单位：位

可持续竞争力分项	文化城市竞争力	生态城市竞争力	知识城市竞争力	全域城市竞争力	和谐城市竞争力	宜商城市竞争力	宜居城市竞争力	信息城市竞争力
城市	指数	指数	指数	指数	指数	指数	指数	指数
哈尔滨	0.40429	0.34888	0.64267	0.29781	0.41337	0.45993	0.32382	0.44983
齐齐哈尔	0.20504	0.19814	0.32352	0.29471	0.41699	0.26748	0.22136	0.14071
鸡西	0.19698	0.18292	0.15408	0.28850	0.37495	0.15189	0.24682	0.13796
鹤岗	0.05978	0.06778	0.13632	0.34434	0.36863	0.20333	0.30315	0.11476
双鸭山	0.12386	0.12316	0.12591	0.29641	0.39073	0.15561	0.31164	0.08439
大庆	0.19318	0.44552	0.50203	0.46957	0.49383	0.31018	0.39831	0.22613
伊春	0.18212	0.35403	0.22826	0.21661	0.37606	0.16765	0.15473	0.13420
佳木斯	0.27340	0.23117	0.33538	0.23678	0.24509	0.20138	0.18479	0.21256
七台河	0.06460	0.23005	0.11434	0.23039	0.18056	0.24028	0.20144	0.07083
牡丹江	0.26610	0.37413	0.36998	0.25053	0.31856	0.31386	0.38276	0.23288
黑河	0.24876	0.31242	0.17232	0.31441	0.37503	0.10633	0.18864	0.09187
绥化	0.05849	0.17173	0.05625	0.00877	0.10633	0.00000	0.12418	0.10872
指数均值	0.18972	0.25333	0.26342	0.27074	0.33834	0.21483	0.25347	0.16707
指数方差	0.01062	0.01285	0.03115	0.01126	0.01196	0.01367	0.00797	0.01094
城市	排名	排名	排名	排名	排名	排名	排名	排名
哈尔滨	52	154	23	76	115	51	218	34
齐齐哈尔	171	240	119	81	113	168	270	247
鸡西	180	248	236	86	149	258	261	250
鹤岗	274	280	246	53	154	230	239	263
双鸭山	240	263	255	78	137	257	233	274
大庆	181	91	55	20	59	129	153	176
伊春	190	148	189	146	146	246	283	253
佳木斯	120	232	110	133	228	233	279	188
七台河	270	233	261	138	260	198	273	276
牡丹江	125	138	100	122	191	127	168	169
黑河	142	183	228	66	148	272	278	271
绥化	276	251	280	286	276	287	284	264
指数均值	23	30	25	14	22	29	32	30
指数方差	10	9	21	17	9	16	16	12

数据来源：中国社会科学院城市与竞争力指数数据库。

在创新驱动的知识城市方面，黑龙江省总体处于全国的中下游水平，而且城市间差距比较大。从表 16－3 可以看出，黑龙江省的知识城市竞争力指数均

值为0.26342，全国排名第25位，指数方差为0.03115，全国排名第21位。具体到各城市来看，哈尔滨和大庆排名进入了前100，分列第23和55位。牡丹江、齐齐哈尔、伊春排在100～200位，其他的城市都排在200名以后。可见，黑龙江省在创新驱动城市发展方面总体上处于下游水平，可喜的是哈尔滨和大庆这两个城市有较好的工业基础，在创新驱动城市发展方面表现抢眼，未来应该更好地发挥这些城市的排头兵作用以及区域带动作用，整个省域的发展也要更注重科技创新的作用。

在城乡一体的全域城市方面，黑龙江省处于全国的中上游水平，但各城市之间的状况差距略大。黑龙江省的全域城市竞争力指数均值为0.27074，全国排名第14位，指数方差为0.01126，全国排名第17位。具体到各城市来看，大庆、鹤岗、黑河、哈尔滨等7个城市进入了前100名，但绥化等城市也排在200名以后。可见，整体上黑龙江省在城乡一体化方面做得比较好，但有个别城市还需做大的改进，提高城乡融合程度。

在公平包容的和谐城市方面，黑龙江省总体表现一般，但各城市间发展相对均衡。黑龙江省的和谐城市竞争力指数均值为0.33834，全国排名第22位，指数方差为0.01196，全国排名第9位。具体各城市来看，只有大庆进入了前100名，列59位，另外有8个城市排在100～200位。黑龙江省未来也要突破故步自封的理念，实现包容性增长。

在创业至上的宜商城市方面，黑龙江省总体情况较差，与全国平均水平差距不小。黑龙江省的宜商城市竞争力指数均值为0.21483，全国排名第29位，指数方差为0.01367，全国排名第16位。具体各城市来看，只有哈尔滨进入了前100名，列51位，另外有7个城市排名在200名以后。可见，未来黑龙江省还要继续深化国有体制改革，活跃市场经济，并尝试在信贷和税收政策方面做相应调整，创造更好的投资环境。

在以人为本的宜居城市方面，黑龙江省总体情况基本处于全国的最差水平。黑龙江省的宜居城市竞争力指数均值为0.25347，全国排名第32位，指数方差为0.00797，全国排名第16位。具体各城市来看，没有一个城市进入前100名，其中有10个城市排名在200名以后。黑龙江省的宜居城市竞争力指数均值排在全国最末位，除了与严寒的气候有关以外，未来城市的发展也要更好地完善基础设施，并在提供价格合理的商品房以及保障房体系上多下功夫。

在交流便捷的信息城市方面，黑龙江省也是处于全国的下游水平。黑龙江省的信息城市竞争力指数均值为0.16707，全国排名第30位，指数方差为0.01094，全国排名第12位。具体各城市来看，只有哈尔滨进入了全国前100位，列第34位，另外有8个城市排名在200名以后。可见，黑龙江省在未来更应重视信息化在城市发展中的作用，不断加强信息交通等方面的基础设施建设。

（四）结论与政策建议

总体来说，黑龙江省在经济竞争力和可持续竞争力方面均处于下游水平，而且可持续竞争力方面还存在着发展不平衡的现象。具体来讲，黑龙江省各城市在8个方面离理想城市都有不小的差距，除了全域城市竞争力处于全国中上游水平以外，其他7个方面均表现一般，宜居城市竞争力指数和信息城市竞争力指数更是排在了全国的最后3位（见图16－6）。

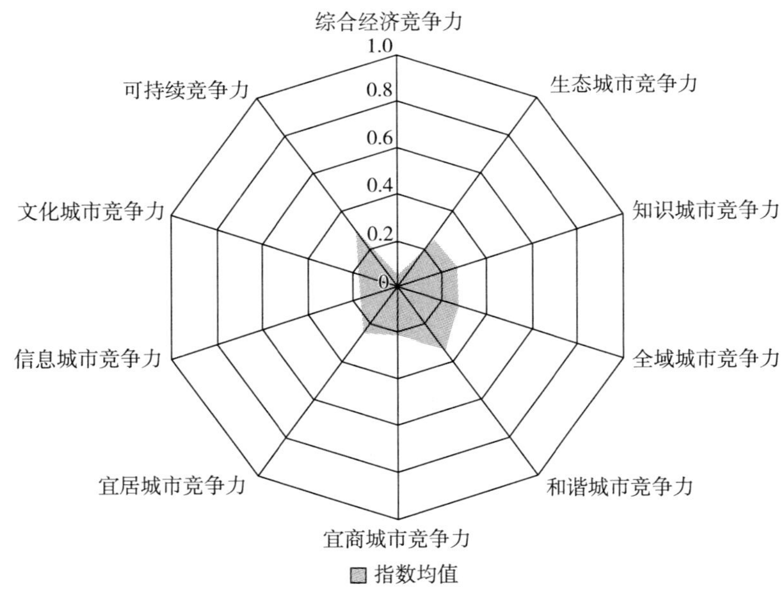

图16－6　2012年黑龙江省城市竞争力

资料来源：中国社会科学院城市与竞争力指数数据库。

因此，黑龙江省在未来的经济发展中，要以加快转变经济发展方式为主线，紧紧围绕“十二五”规划制定的“八大经济区”和“十大工程”战略完善发展。并不断推进改革开放，推进结构调整，提升产业核心竞争力。在城市发展过程中也应该充分重视科技创新的作用，提高信息化水平，并充分重视环境保护，建设宜居城市、生态城市。

B.17
中国（中部地区）城市竞争力报告

黄 城*

一 中国城市竞争力（湖北）报告

湖北省，简称鄂，地处我国中南部，位于长江中游、洞庭湖之北，省会是武汉市。全省面积18.59万平方公里，占全国总面积的1.94%。2011年，湖北省常住人口为5758万人，全省完成生产总值19632.26亿元，按不变价格计算，比上年增长13.8%。“十二五”时期，湖北省提出通过推进经济社会跨越式发展，构建促进中部地区崛起的战略支点，实现经济平稳较快发展、产业结构优化升级、城乡区域协调、保障和改善民生等目标。

（一）综合经济竞争力：整体居中，武汉优势明显

武汉作为老工业基地湖北的中心，经济一直强劲增长；襄阳、宜昌把经济发展与生态保护有机结合起来，对地区发展起到示范作用。2012年湖北省的综合经济竞争力指数均值为0.07034，全国排名第16位，指数方差为0.00288，全国排名第23位。其中，综合增量竞争力指数均值为0.07983，全国排名第16位，指数方差为0.01063，全国排名第22位；综合效率竞争力指数均值为0.00665，全国排名第17位，指数方差为0.00008，全国排名第22位。从图17－1可知，武汉全国排名第13位，处于最好之列，襄阳处于较好之列，其他城市处于一般或较差之列。湖北在

* 黄城，西南财经大学，西方经济学专业硕士研究生，研究方向：城镇化。

实施“两圈一带”发展战略过程中，充分发挥武汉城市圈作用，促进区域不同地区经济协调发展。

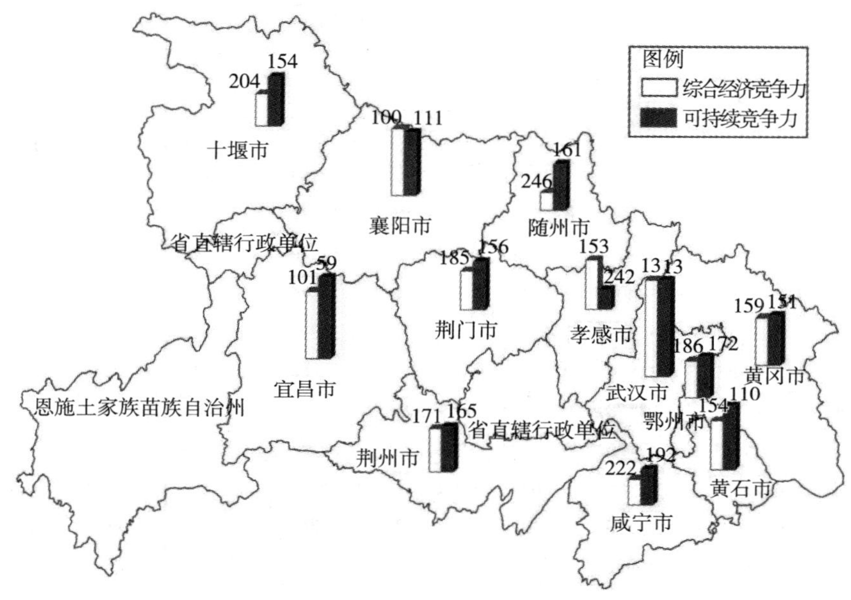

图 17－1　2012 年湖北省城市竞争力排名

（二）可持续竞争力：总体居中，城乡一体化不足

湖北不同区域城市可持续竞争力差异较大。2012 年湖北省的可持续竞争力指数均值为 0. 39726，全国排名第 16 位，指数方差为 0. 00902，全国排名第 10 位。其中，武汉全国排名第 13 位，处于最好之列，宜昌处于较好之列，除孝感较差外，其他城市处于一般之列。湖北在坚持科学发展观的基础上，继续实施可持续发展战略，转变经济发展方式，调整经济结构，推动产业结构升级，增强城市可持续竞争力。

（三）可持续竞争力分项

湖北武汉在文化交流、人才引进和管理创新等方面具有很强竞争力。从表 17－1 可知，文化城市竞争力武汉全国排名第 16 位，处于最好之列。在加大对外开放力度的同时，对区域发展起到重要推动作用。

表 17－1　湖北省城市可持续竞争力分项

单位：位

可持续竞争力分项	文化城市竞争力	生态城市竞争力	知识城市竞争力	全域城市竞争力	和谐城市竞争力	宜商城市竞争力	宜居城市竞争力	信息城市竞争力
城市	指数	指数	指数	指数	指数	指数	指数	指数
武汉	0.58383	0.46645	0.75648	0.38657	0.62575	0.64704	0.58661	0.58363
黄石	0.30964	0.23126	0.41181	0.24761	0.49763	0.27952	0.46383	0.26805
十堰	0.18027	0.51926	0.28575	0.25526	0.35530	0.23435	0.44798	0.14921
宜昌	0.29146	0.52495	0.51829	0.20625	0.54976	0.38818	0.54554	0.34328
襄阳	0.24961	0.33005	0.40263	0.19094	0.34679	0.36253	0.48507	0.32654
鄂州	0.21768	0.30317	0.21172	0.16884	0.25276	0.25462	0.46885	0.31608
荆门	0.17089	0.31876	0.24116	0.16027	0.37384	0.36272	0.48304	0.27202
孝感	0.15272	0.04528	0.23415	0.10494	0.22856	0.25680	0.43814	0.23949
荆州	0.19121	0.42720	0.33004	0.15172	0.33651	0.23193	0.31185	0.28256
黄冈	0.23351	0.48868	0.20355	0.19561	0.35532	0.24524	0.45507	0.22835
咸宁	0.17943	0.34556	0.31858	0.13257	0.23349	0.22694	0.39707	0.20018
随州	0.28855	0.66992	0.26900	0.19454	0.24511	0.24152	0.28524	0.17076
指数均值	0.25407	0.38921	0.34860	0.19959	0.36674	0.31095	0.44736	0.28168
指数方差	0.01349	0.02659	0.02528	0.00534	0.01672	0.01451	0.00725	0.01269
城市	排名	排名	排名	排名	排名	排名	排名	排名
武汉	16	74	9	35	17	8	25	17
黄石	92	231	84	126	55	156	96	143
十堰	195	50	140	118	167	208	110	239
宜昌	104	46	51	160	35	76	46	89
襄阳	140	164	88	172	172	94	78	100
鄂州	165	190	198	192	224	180	94	106
荆门	205	173	172	202	152	93	80	137
孝感	219	284	179	248	237	177	116	164
荆州	183	104	112	208	180	211	232	130
黄冈	155	62	206	168	166	191	104	174
咸宁	196	156	122	219	232	214	158	199
随州	107	4	149	169	227	197	248	227
指数均值	16	18	17	21	18	17	13	18
指数方差	15	24	11	7	15	18	14	13

资料来源：中国社会科学院城市与竞争力指数数据库。

湖北是老工业基地，武汉城市圈又是重工业密集区，经济发展对能源、资源的依赖性很强，生态环境问题日益凸显。生态城市竞争力指数均值为0.38921，全国排名第18位，指数方差为0.02659，全国排名第24位。在实施跨越式发展过程中，应节约资源、能源，保护生态环境，走人与自然和谐的可持续发展道路。

湖北在教育科研、人才结构、知识创新等方面处于中间水平。知识城市竞争力武汉全国排名第9位，处于最好之列，宜昌、襄阳、黄石处于较好之列。在转变发展方式过程中，优化投入产出结构，提高知识创造、知识转化能力。

湖北城乡一体化不足。全域城市竞争力指数均值为0.19959，全国排名第21位，指数方差为0.00534，全国排名第7位。在新型城镇化战略大背景下，应走适合湖北发展的城镇化道路，不断提高居民收入、完善公共服务、加大基础建设，最终实现城乡一体化。

湖北体制改革需要不断深化。和谐城市竞争力指数均值为0.36674，全国排名第18位，指数方差为0.01672，全国排名第15位。湖北在完善政府治理结构过程中，应加大社会保障体系建设，维护社会安全稳定，提高城市竞争力。

湖北大城市营商条件优越。宜商城市竞争力武汉全国排名第8位，处于最好之列，宜昌、襄阳、荆门处于较好之列。湖北在改善投资营商环境、完善政策制度过程中，应充分发挥武汉示范效应，不断培育市场主体，增强市场活力。

湖北在完善公共投入过程中，坚持以人为本，改善人居环境，提高人口素质。其中，以人为本的宜居城市指数均值为0.44736，全国排名第13位，指数方差为0.00725，全国排名第14位。

湖北工业转型过程中，交通设施需要不断优化。信息城市竞争力指数均值为0.28168，全国排名第18位，指数方差为0.01269，全国排名第13位。湖北应加大交通运输基础设施建设，充分利用区域内铁路、海运优势，促进经济协调发展。

（四）结论与政策建议

从图 17 -2 可以看出，湖北省在以人为本的宜居城市方面优势较为明显，而在城乡一体化的全域城市、环境友好的生态城市等方面还有不足。在实施“两圈一带”发展战略过程中，应走湖北特色的新型城镇化道路，保护生态环境，统筹城乡发展，推动产业升级，实施跨越发展，提升城市竞争力。

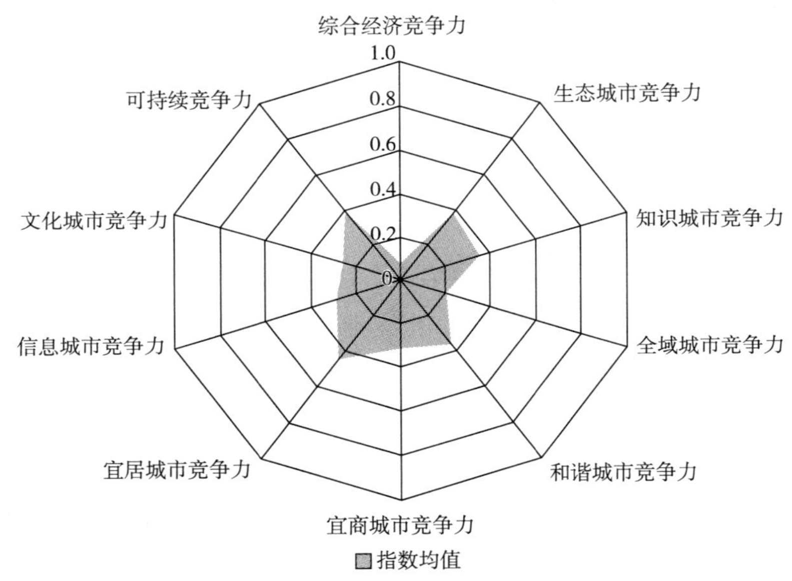

图 17 -2　2012 年湖北省城市竞争力

资料来源：中国社会科学院城市与竞争力指数数据库。

二　中国城市竞争力（湖南）报告

湖南省，简称湘，地处我国中南部，位于长江中游、洞庭湖之南，省会为长沙市。全省面积 21. 18 万平方公里，占全国国土面积的 2. 2% 。2011 年末，湖南省常住人口为 6595. 6 万人，全省完成生产总值 19669. 56 亿元，按不变价

格计算，比上年增长 12.8%。“十二五”时期，湖南省提出通过构建区域协调发展新格局，力争到 2015 年基本形成现代产业体系、科技创新体系、可持续发展体系、民生保障体系和制度支撑体系，实现经济发展方式转变、人民物质文化生活明显改善等目标。

（一）综合经济竞争力：总体居中，长沙一枝独秀

湖南长株潭城市群综合经济竞争力遥遥领先，湘南地区发展缓慢，湘西地区由于自然条件等原因，需要更多政策扶持。2012 年湖南省的综合经济竞争力指数均值为 0.06730，全国排名第 17 位，指数方差为 0.00135，全国排名第 17 位。其中，综合增量竞争力指数均值为 0.07943，全国排名第 17 位，指数方差为 0.00634，全国排名第 18 位；综合效率竞争力指数均值为 0.00488，全国排名第 18 位，指数方差为 0.000024，全国排名第 14 位。从图 17－3 可知，长沙全国排名第 23 位，处于最好之列，岳阳处于较好之列，其他城市处于一

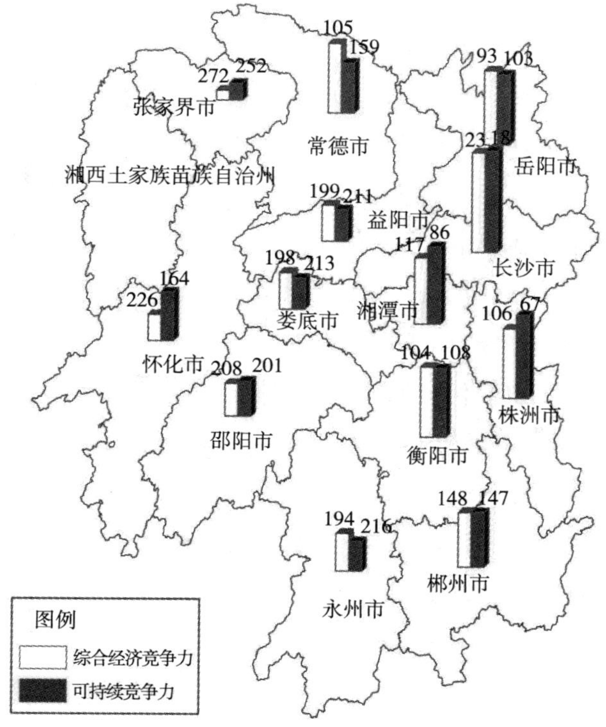

图 17－3　2012 年湖南省城市竞争力排名

般或较差之列，而张家界排第 272 位，处于差的水平。湖南在实施区域协调发展战略过程中，增强长沙对周边地区的辐射效应，加大对落后地区的扶持力度，促进区域经济共同发展。

（二）可持续竞争力：区域差异明显，长株潭领先

湖南区域可持续竞争力差异明显，长株潭城市群和湘西地区分化严重。2012 年湖南省的可持续竞争力指数均值为 0. 38299，全国排名第 18 位，指数方差为 0. 00981，全国排名第 17 位。其中，长沙全国排名第 18 位，处于最好之列，株洲、湘潭处于较好之列，而邵阳、益阳、娄底、永州、张家界均位于 200 位以后。湖南在加大对湘西地区扶持力度过程中，发挥长株潭城市群的辐射作用，探索一条协调发展道路。

（三）可持续竞争力分项

湖南各城市在文化软实力等方面竞争力相对较弱。从表 17 –2 可知，文化城市竞争力长沙全国排名第 38 位，岳阳、湘潭处于较好之列，其他城市处于一般或较差之列。应加大对外开放，通过人才引进、改革创新来不断提升城市竞争力。

湖南自然环境整体居中。生态城市竞争力指数均值为 0. 39188，全国排名第 17 位，指数方差为 0. 01224，全国排名第 6 位。湘南、湘西等地区在发展经济的同时，需要处理好资源、环境等问题。

湖南的长株潭城市群优势明显。知识城市竞争力长沙全国排名第 11 位，处于最好之列，湘潭、株洲处于较好之列。省内不同地区差异较大，应充分发挥长株潭城市群的增长极效应，带动周边地区发展。

湖南城乡一体化水平不足，地区差异非常明显。全域城市竞争力指数均值为 0. 17066，全国排名第 26 位，指数方差为 0. 00771，全国排名第 12 位。其中，长沙全国排名第 34 位，而益阳、永州、张家界排名均在 250 位以后。在走新型城镇化道路过程中，应加大基础投入，完善公共服务，缩小地区、城乡差异。

表 17－2 湖南省城市可持续竞争力分项

单位：位

可持续竞争力分项	文化城市竞争力	生态城市竞争力	知识城市竞争力	全域城市竞争力	和谐城市竞争力	宜商城市竞争力	宜居城市竞争力	信息城市竞争力
城市	指数	指数	指数	指数	指数	指数	指数	指数
长　沙	0.46818	0.62788	0.70608	0.38732	0.64405	0.59854	0.57926	0.46493
株　洲	0.28224	0.44257	0.44310	0.26324	0.45442	0.36362	0.53399	0.36334
湘　潭	0.31345	0.32316	0.44619	0.23722	0.63093	0.30963	0.51603	0.23871
衡　阳	0.24966	0.34742	0.27641	0.20096	0.45433	0.41045	0.42607	0.34070
邵　阳	0.13313	0.37674	0.14548	0.14009	0.41050	0.29067	0.32540	0.20326
岳　阳	0.31846	0.54212	0.29469	0.17613	0.55406	0.28132	0.45841	0.22219
常　德	0.23289	0.46776	0.23391	0.13936	0.46092	0.28059	0.39724	0.17947
张家界	0.13506	0.47767	0.06673	0.07398	0.18543	0.14023	0.38600	0.16441
益　阳	0.18459	0.28364	0.25110	0.07847	0.38669	0.27004	0.32620	0.13670
郴　州	0.24773	0.31071	0.25726	0.12741	0.53354	0.30503	0.41342	0.25390
永　州	0.17169	0.26777	0.15897	0.07489	0.29728	0.23866	0.43375	0.22075
怀　化	0.15828	0.31466	0.19121	0.17764	0.64898	0.26248	0.35957	0.27379
娄　底	0.20091	0.31238	0.21700	0.14184	0.13915	0.20771	0.42851	0.18937
指数均值	0.23818	0.39188	0.28370	0.17066	0.44618	0.30454	0.42953	0.25012
指数方差	0.00866	0.01224	0.02745	0.00771	0.02694	0.01218	0.00594	0.00838
城市	排名	排名	排名	排名	排名	排名	排名	排名
长　沙	38	14	11	34	13	13	28	29
株　洲	112	93	72	110	82	91	50	71
湘　潭	89	168	71	132	16	130	59	165
衡　阳	139	155	146	166	83	67	132	91
邵　阳	232	136	241	215	120	149	216	196
岳　阳	84	39	135	186	34	153	103	179
常　德	156	73	180	216	76	154	157	220
张家界	230	67	278	266	255	265	165	234
益　阳	188	201	164	261	139	166	215	251
郴　州	143	185	159	224	40	133	142	149
永　州	202	212	233	263	201	203	121	181
怀　化	216	179	213	183	12	172	190	135
娄　底	174	184	195	213	268	226	128	211
指数均值	18	17	21	26	9	18	16	24
指数方差	9	6	17	12	24	12	11	4

资料来源：中国社会科学院城市与竞争力指数数据库。

湖南在政治治理、社会保障等方面整体优势明显。和谐城市竞争力指数均值为0.44618，全国排名第9位，指数方差为0.02694，全国排名第24位。应在进一步深化体制改革的同时，缩小城市差异，完善相关制度，不断提高城市竞争力。

湖南税收安排、金融服务等方面长沙领先。宜商城市竞争力长沙全国排名第13位，处于最好之列。湖南可以推广长沙经验，针对不同地区及其特点，制定适合企业长足发展的战略规划。

湖南公共服务总体居中，需要继续优化。以人为本的宜居城市指数均值为0.42953，全国排名第16位，指数方差为0.00594，全国排名第11位。应在以人为本的理念下，调整公共投入结构，完善公共服务体系。

湖南在信息交流、物质交流等方面不足。信息城市竞争力指数均值为0.25012，全国排名第24位，指数方差为0.00838，全国排名第4位。在加大基础设施建设力度的同时，应注重产业结构升级，发展信息产业，走新型工业化道路。

（四）结论与政策建议

从图17－4可以看出，湖南省在公平包容的和谐城市方面优势明显，而在

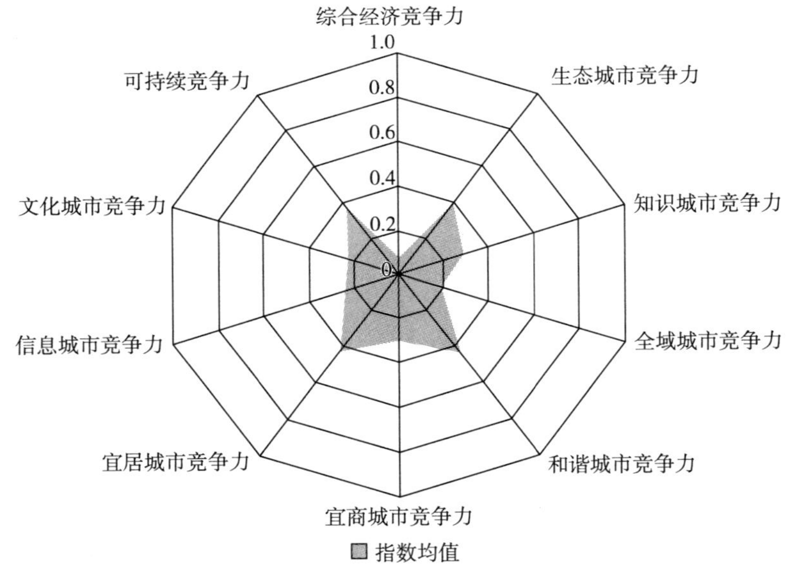

图17－4　2012年湖南省城市竞争力

资料来源：中国社会科学院城市与竞争力指数数据库。

城乡一体的全域城市、交流便捷的信息城市等方面还有不足。湖南在构建区域协调发展新格局过程中，应加大基础设施建设，发挥长株潭城市群的辐射作用，加大湘南、湘西投入与扶持，走新型城镇化道路，缩小区域差异，促进城市健康发展。

三　中国城市竞争力（河南）报告

河南省，简称豫，位于中国中东部、黄河中下游，东接安徽、山东，北界河北、山西，西接陕西，南临湖北，省会郑州市。全省面积16.7万平方千米，常用耕地面积10801.77万亩。2011年末，河南省总人口10489万人，常住人口9388万人，省完成生产总值26931.03亿元，按不变价格计算，比上年增长11.9%。“十二五”时期，河南省提出通过加强中原经济区建设，形成国家重要的粮食生产和现代农业基地，实现经济结构优化、居民收入提高，工业化、城镇化和农业现代化协调发展等目标。

（一）综合经济竞争力：整体居中，城市差异较大

河南是传统的农业大省，以郑州为中心的城市群，其城市综合经济竞争力明显高于其他地区。2012年河南省的综合经济竞争力指数均值为0.07762，全国排名第15位，指数方差为0.00093，全国排名第14位。其中，综合增量竞争力指数均值为0.08487，全国排名第14位，指数方差为0.00324，全国排名第12位；综合效率竞争力指数均值为0.00897，全国排名第13位，指数方差为0.000036，全国排名第17位。从图17－5可知，郑州全国排名第22位，处于最好之列，洛阳、焦作、许昌、安阳、南阳、平顶山处于较好之列，其他城市处于一般或较差之列。河南在发展现代农业过程中，不断调整产业结构，提高产品附加值，走综合协调发展之路。

（二）可持续竞争力：总体不足，多项指标靠后

河南在农业现代化进程中可持续竞争力面临诸多挑战。2012年河南省的可持续竞争力指数均值为0.37209，全国排名第21位，指数方差为0.00431，

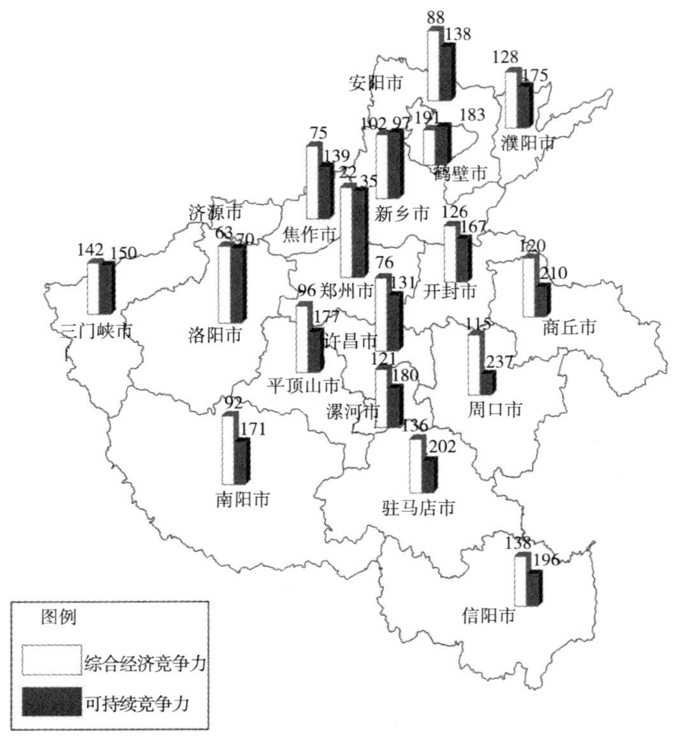

图 17－5　2012 年河南省城市竞争力排名

全国排名第 3 位。其中，郑州全国排名第 35 位，处于最好之列，洛阳、新乡处于较好之列，其他城市处于一般或较差之列。河南在发展现代农业的基础上，调整经济结构，推动工业化和城镇化大发展，充分发挥大城市辐射作用，带动周边城市共同发展。

（三）可持续竞争力分项

河南在外资利用、人才引进等方面不足。从表 17－3 可知，文化城市竞争力郑州全国排名第 33 位，洛阳第 43 位，安阳、南阳处于较好之列，周口处于差的水平。应加大政策力度，不断完善人文环境，提升城市竞争力。

表 17-3　河南省城市可持续竞争力分项

单位：位

可持续竞争力分项	文化城市竞争力	生态城市竞争力	知识城市竞争力	全域城市竞争力	和谐城市竞争力	宜商城市竞争力	宜居城市竞争力	信息城市竞争力
城市	指数	指数	指数	指数	指数	指数	指数	指数
郑　州	0.49427	0.35260	0.64662	0.33760	0.46044	0.53797	0.46156	0.50102
开　封	0.29344	0.39012	0.25019	0.17719	0.41242	0.14417	0.34899	0.25830
洛　阳	0.45031	0.25342	0.46621	0.21192	0.49910	0.41469	0.46342	0.42373
平顶山	0.17162	0.25945	0.24587	0.21773	0.45336	0.32671	0.31240	0.17062
安　阳	0.37851	0.19048	0.30840	0.20467	0.42490	0.33207	0.38138	0.23866
鹤　壁	0.20157	0.24549	0.15487	0.21952	0.44072	0.20501	0.42841	0.20628
新　乡	0.22750	0.38121	0.38978	0.21397	0.44432	0.28682	0.46619	0.37912
焦　作	0.28098	0.28086	0.33741	0.25747	0.27777	0.37616	0.47887	0.16508
濮　阳	0.17144	0.32473	0.21533	0.16363	0.44223	0.27733	0.47353	0.16986
许　昌	0.20000	0.57506	0.27058	0.30151	0.34008	0.29181	0.40038	0.21695
漯　河	0.23200	0.35068	0.12991	0.11373	0.42097	0.25124	0.43069	0.28689
三门峡	0.17214	0.37923	0.26580	0.23804	0.44774	0.27413	0.35489	0.23671
南　阳	0.33256	0.22305	0.31742	0.10895	0.34096	0.32924	0.30369	0.27656
商　丘	0.23232	0.26689	0.14624	0.13491	0.32020	0.20162	0.17717	0.36064
信　阳	0.12516	0.45296	0.21052	0.08083	0.25499	0.33472	0.37870	0.29866
周　口	0.10855	0.37098	0.09688	0.09809	0.28605	0.24580	0.29358	0.19631
驻马店	0.15112	0.53865	0.19633	0.09390	0.37422	0.20350	0.34289	0.19197
指数均值	0.24844	0.34329	0.27343	0.18669	0.39062	0.29606	0.38216	0.26926
指数方差	0.01223	0.01139	0.01837	0.00561	0.00542	0.00864	0.00667	0.00936
城市	排名	排名	排名	排名	排名	排名	排名	排名
郑　州	33	149	21	59	77	25	98	24
开　封	103	121	165	184	118	262	197	146
洛　阳	43	220	61	152	54	61	97	44
平顶山	203	218	168	143	84	116	231	228
安　阳	56	242	132	164	107	112	169	166
鹤　壁	173	223	235	141	98	228	129	195
新　乡	159	132	90	151	95	150	95	60
焦　作	115	203	108	117	215	84	84	233
濮　阳	204	167	196	198	97	161	89	229
许　昌	176	30	147	74	178	147	151	184
漯　河	158	151	250	236	109	182	125	126
三门峡	201	134	156	130	91	164	193	168
南　阳	75	235	126	241	177	114	238	134
商　丘	157	214	240	218	190	231	280	75
信　阳	239	87	200	260	223	108	174	121
周　口	255	140	269	250	206	190	243	204
驻马店	220	41	209	254	151	229	205	208
指数均值	17	21	24	23	17	20	23	20
指数方差	12	5	6	8	5	9	13	7

资料来源：中国社会科学院城市与竞争力指数数据库。

河南生态环境面临考验。生态城市竞争力指数均值为0.34329，全国排名第21位，指数方差为0.01139，全国排名第5位。河南在发展经济的同时，需要提高资源、能源利用率，完善环境监督管理制度，走节约、高效、环保的发展道路。

河南知识创新不足。知识城市竞争力指数均值为0.27343，全国排名第24位，指数方差为0.01837，全国排名第6位。在加大教育、科研投入的同时，应着重培养专业技术人才，调整产业结构，优化投入产出比例。

河南城乡差异明显，公共服务不均。全域城市竞争力指数均值为0.18669，全国排名第23位，指数方差为0.00561，全国排名第8位。在新时期大背景下，应抓住机遇，结合农业大省的特点，走适合河南的新型城镇化道路。

河南需要继续推动行政体制改革。公平包容的和谐城市全国排名均在50位以后，大多处于较好或一般之列。应加快社会保障体系建设，构建公平和谐的社会环境，提高城市竞争力。

河南需要不断优化营商环境。宜商城市竞争力指数均值为0.29606，全国排名第20位，指数方差为0.00864，全国排名第9位。河南在完善企业相关制度的同时，需要协调地区差异，为企业发展创造合适的生存环境。

河南公共投入不足，人居环境急需改善。以人为本的宜居城市全国排名均在50位以后，商丘第280位。在改善人居环境，提高人口素质方面，应加大财政投入力度，注重人文关怀，推动城市健康可持续发展。

河南需要进一步构建交通新格局。信息城市竞争力指数均值为0.26926，全国排名第20位，指数方差为0.00936，全国排名第7位。在中原经济区建设过程中，应加快信息产业建设，提升交通枢纽服务功能。

（四）结论与政策建议

从图17－6可以看出，河南省在综合经济竞争力方面优势较为明显，而在知识城市竞争力、城乡一体的全域城市、以人为本的宜居城市等方面还有不足。在建设中原经济区过程中，河南应充分发挥农业基础优势，保障国家粮食安全，不断调整产业结构，提高产品附加值，走工业化、城镇化和农业现代化协调发展的道路。

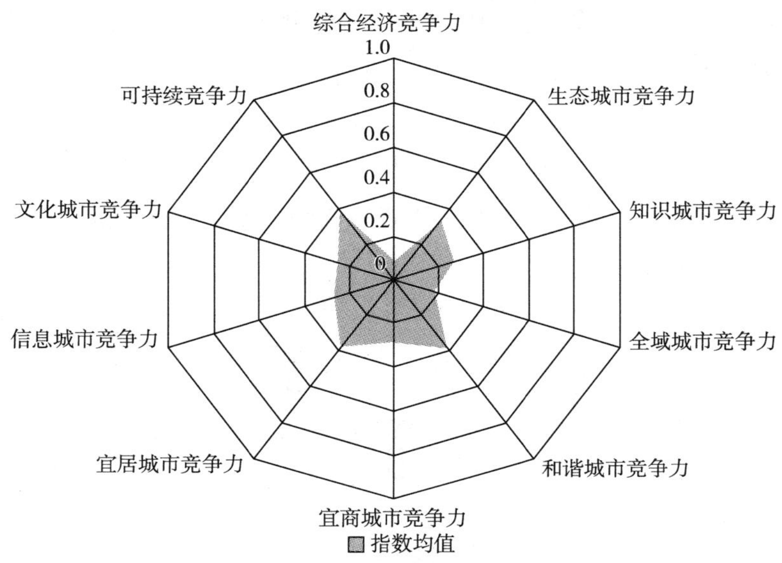

图 17－6　2012 年河南省城市竞争力

资料来源：中国社会科学院城市与竞争力指数数据库。

四　中国城市竞争力（山西）报告

山西省，简称晋，大部分位于太行山之西，吕梁山和黄河以东，省会太原市。全省面积 15.67 万平方千米，约占全国总面积的 1.6%。2011 年末，山西省常住人口 3593 万人，省完成生产总值 11237.55 亿元，按不变价格计算，比上年增长 13%。“十二五”时期，山西省提出通过实施以转型跨越为核心的发展战略，探索资源型经济转型的基本路径，实现经济快速健康发展、城乡居民收入较快增加、改革开放不断深化等目标。

（一）综合经济竞争力：整体靠后，城市差异明显

山西经济发展对煤炭依赖程度较大，总体综合经济竞争力不足。2012 年山西省的综合经济竞争力指数均值为 0.05009，全国排名第 27 位，指数方差为 0.00020，全国排名第 3 位。其中，综合增量竞争力指数均值为 0.04228，

全国排名第25位，指数方差为0.00038，全国排名第4位；综合效率竞争力指数均值为0.00365，全国排名第24位，指数方差为0.000011，全国排名第9位。从图17-7可知，太原全国排名第74位，长治、吕梁、临汾处于一般之列，其他城市排名均在200位以后。山西各城市综合经济竞争力排名比较靠后，在“十二五”应期间应整合利用资源优势，加快调整经济结构，推进实现转型发展、跨越发展。

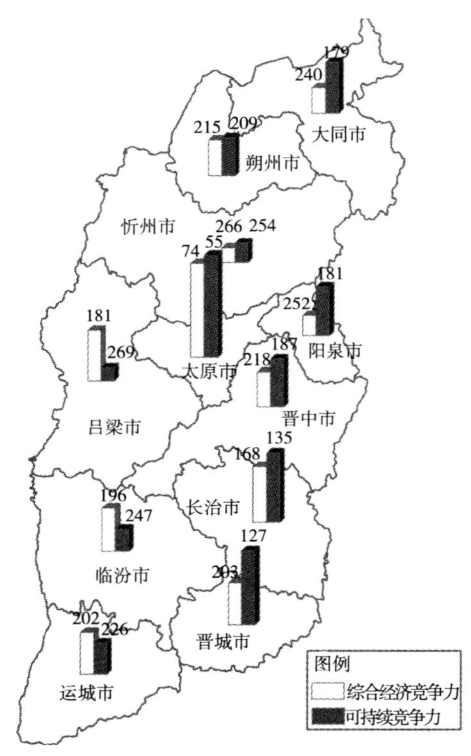

图17-7 2012年山西省城市竞争力排名

（二）可持续竞争力：总体靠后，环境问题突出

山西环境问题突出，经济发展模式急需调整。2012年山西省的可持续竞争力指数均值为0.32851，全国排名第25位，指数方差为0.00673，全国排名第6位。其中，太原全国排名第55位，处于较好之列，忻州、吕梁处于差的

水平，其他城市处于一般或较差之列。在充分利用资源优势的基础上，应注重资金、技术、人力资本积累，完善投资环境，推动产业结构调整，提高城市可持续竞争力。

（三）可持续竞争力分项

山西在文化交流创新等方面不足。从表 17－4 可知，文化城市竞争力大同、太原处于较好之列，忻州处于差的水平，其他城市处于一般或较差之列。在深化对外交流过程中，应提升文化实力，做好管理创新。

表 17－4　山西省城市可持续竞争力分项

单位：位

可持续竞争力分项	文化城市竞争力	生态城市竞争力	知识城市竞争力	全域城市竞争力	和谐城市竞争力	宜商城市竞争力	宜居城市竞争力	信息城市竞争力
城市	指数	指数	指数	指数	指数	指数	指数	指数
太原	0. 35704	0. 18155	0. 64844	0. 43674	0. 38909	0. 43451	0. 37551	0. 60152
大同	0. 36024	0. 06953	0. 31722	0. 27365	0. 16025	0. 32222	0. 40187	0. 36658
阳泉	0. 12320	0. 16593	0. 21783	0. 29654	0. 34316	0. 24236	0. 45863	0. 31254
长治	0. 14549	0. 31283	0. 26787	0. 25794	0. 46660	0. 27867	0. 41891	0. 36254
晋城	0. 21940	0. 35227	0. 20579	0. 28617	0. 45531	0. 30137	0. 44147	0. 32673
朔州	0. 18037	0. 31818	0. 10114	0. 16100	0. 28189	0. 23302	0. 43871	0. 19360
晋中	0. 24307	0. 09324	0. 29277	0. 25813	0. 14523	0. 30107	0. 47091	0. 35057
运城	0. 18284	0. 15059	0. 25413	0. 20564	0. 18704	0. 18917	0. 37315	0. 13277
忻州	0. 08922	0. 10525	0. 16267	0. 11254	0. 18414	0. 20139	0. 31313	0. 22663
临汾	0. 18666	0. 02868	0. 25138	0. 12826	0. 18653	0. 25703	0. 37067	0. 26864
吕梁	0. 17074	0. 00190	0. 07385	0. 21141	0. 18193	0. 24677	0. 31619	0. 15864
指数均值	0. 20530	0. 16181	0. 25392	0. 23891	0. 27101	0. 27342	0. 39811	0. 30007
指数方差	0. 00751	0. 01438	0. 02291	0. 00828	0. 01493	0. 00458	0. 00288	0. 01683
城市	排名	排名	排名	排名	排名	排名	排名	排名
太原	67	249	20	24	138	57	177	15
大同	65	279	127	99	263	120	150	70
阳泉	241	254	194	77	176	196	101	110
长治	224	180	151	116	71	158	138	72

续表

城市	排名	排名	排名	排名	排名	排名	排名	排名
晋城	163	150	204	87	81	136	113	98
朔州	194	174	267	199	211	209	115	207
晋中	148	272	137	115	267	138	91	81
运城	189	259	160	161	253	239	181	255
忻州	264	269	230	237	256	232	230	175
临汾	186	285	163	223	254	176	183	142
吕梁	206	286	275	153	259	188	226	236
指数均值	21	32	26	19	27	23	19	16
指数方差	6	10	9	13	12	2	4	19

资料来源：中国社会科学院城市与竞争力指数数据库。

山西在资源节约、环境保护等方面处于劣势。生态城市竞争力指数均值为0.16181，全国排名第32位，指数方差为0.01438，全国排名第10位。大部分城市全国排名均在200位以后。在加快经济建设、转变发展方式的同时，需要着重保护生态环境，走人与自然和谐发展的道路。

山西在教育、科研等方面发展不足。知识城市竞争力指数均值为0.25392，全国排名第26位，指数方差为0.02291，全国排名第9位。在优化投入产出结构的过程中，应加大科研投入，培养知识创新能力，提升产品价值。

山西城乡一体化水平较低。城乡一体的全域城市太原全国排名第24位，阳泉、晋城、大同处于较好之列，其他城市处于一般或较差之列。在国家实施新型城镇化战略大背景下，山西应注重公共服务均等化，加大基础建设，提高居民收入，走区域特色的城镇化道路。

山西在体制改革方面压力较大。公平包容的和谐城市运城、临汾、忻州、吕梁、大同全国排名均在250位以后，处于差的水平。在深化行政体制改革过程中，应提高就业水平，加快完善社会保障体系，维护社会安全稳定，提高城市竞争力。

山西营商制度环境不够健全，需要不断改善。宜商城市竞争力太原全国排

名第 57 位，其他城市全国排名均在 100 位以后。在完善企业经营制度过程中，应加快发展相关服务行业，为市场微观主体创造良好环境，鼓励民营企业进入垄断行业，促进共同发展。

山西人居环境需要不断提高。以人为本的宜居城市晋中全国排名第 91 位，其他城市全国排名均在 100 位以后。在以人为本思想的指导下，应创造宜人的居住环境，改善空气质量，提高人口素质，增强城市竞争力。

山西交通处于中间水平。信息城市竞争力指数均值为 0. 30007，全国排名第 16 位，指数方差为 0. 01683，全国排名第 19 位。其中，太原全国排名第 15 位，大同、长治、晋中、晋城处于较好之列。山西在整合交通资源的同时，应发展信息产业，推动产业发展方式转变。

（四）结论与政策建议

从图 17 －8 可以看出，山西省在交流便捷的信息城市方面处于中等水平，而在环境友好的生态城市、公平包容的和谐城市、知识城市竞争力及综合经济

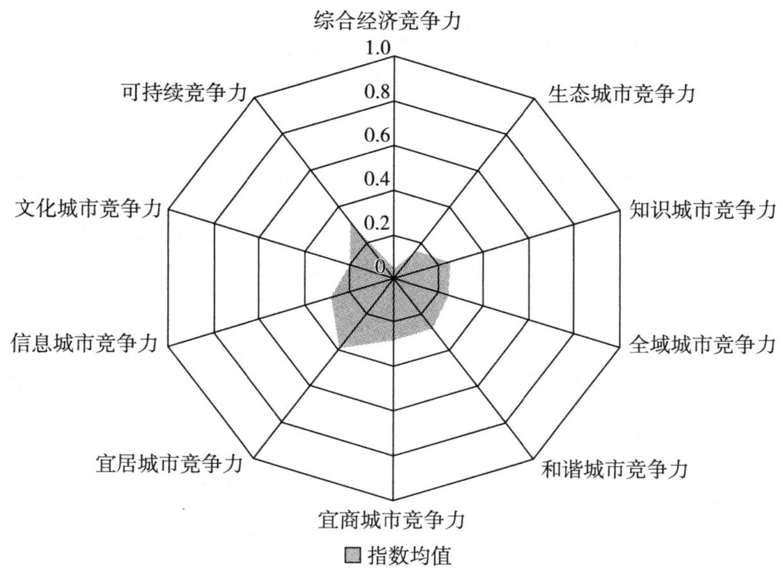

图 17 －8　2012 年山西省城市竞争力

资料来源：中国社会科学院城市与竞争力指数数据库。

竞争力等方面还有不足。山西在实施以转型跨越为核心的发展战略过程中，应转变经济发展方式，调整经济结构，推动产业升级，完善社会保障体系，加大环境保护力度，走人与自然和谐共处的可持续发展道路。

五 中国城市竞争力（江西）报告

江西省，简称赣，位于长江中下游南岸，中国东南部，省会南昌市。全省面积16.69万平方千米，森林覆盖率达63.1%。2011年末，江西省常住人口4488万人，省完成生产总值11702.82亿元，按不变价格计算，比上年增长12.5%。“十二五”时期，江西省提出按照十八大的战略部署，通过走出一条具有江西特色的绿色崛起之路，实现经济总量跨越万亿元台阶并向两万亿元迈进、主要经济指标在全国的位次前移、欠发达地区的地位得到显著改变等目标，为全面建成小康社会打下具有决定性意义的基础。

（一）综合经济竞争力：总体靠后，绿色崛起之路不易

江西传统产业比例较大，经济转型、产业升级、绿色发展面临诸多问题。2012年江西省的综合经济竞争力指数均值为0.05728，全国排名第24位，指数方差为0.00044，全国排名第9位。其中，综合增量竞争力指数均值为0.05373，全国排名第22位，指数方差为0.00129，全国排名第8位；综合效率竞争力指数均值为0.00476，全国排名第20位，指数方差为0.000019，全国排名第11位。从图17-9可知，南昌全国排名第49位，处于最好之列，其他城市处于一般或较差之列。江西在走绿色崛起之路过程中，应努力把生态优势转化为经济优势，加快经济建设，推进新型工业化和新型城镇化，提高城市综合经济竞争力。

（二）可持续竞争力：整体居中，生态环境优势突出

江西生态优势明显，全省森林覆盖率达60%以上，多个县被环保部命

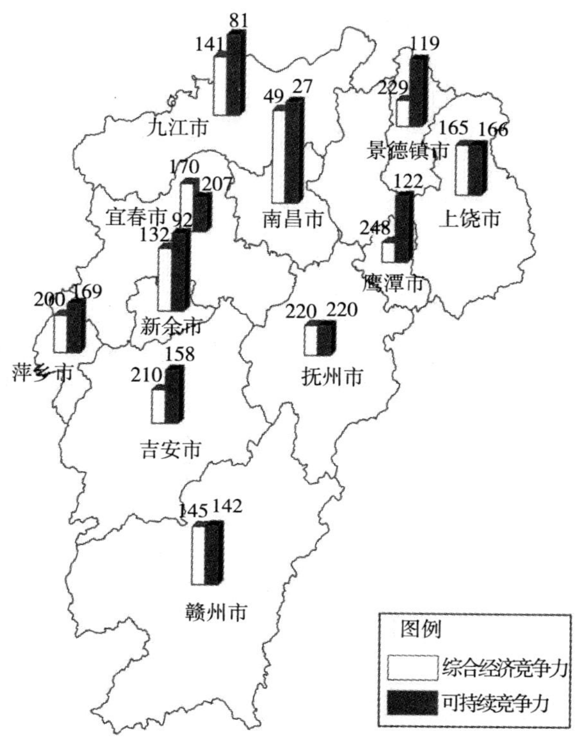

图 17－9　2012 年江西省城市竞争力排名

名为“国家级生态示范区”。2012 年江西省的可持续竞争力指数均值为 0.39676，全国排名第 17 位，指数方差为 0.00604，全国排名第 4 位。其中，南昌全国排名第 27 位，处于最好之列，九江、新余处于较好之列，其他城市处于一般或较差之列。在绿色发展过程中，应充分发挥南昌增长极效应，利用交通枢纽重要地位，增强对周边城市的辐射作用，带动区域协调发展。

（三）可持续竞争力分项

江西人文优势明显。从表 17－5 可知，文化城市竞争力指数均值为 0.30828，全国排名第 13 位，指数方差为 0.01315，全国排名第 14 位。江西在文化创新、对外交流等方面有较强竞争力。

表 17－5 江西省城市可持续竞争力分项

单位：位

可持续竞争力分项	文化城市竞争力	生态城市竞争力	知识城市竞争力	全域城市竞争力	和谐城市竞争力	宜商城市竞争力	宜居城市竞争力	信息城市竞争力
城市	指数	指数	指数	指数	指数	指数	指数	指数
南　昌	0.53695	0.70363	0.62363	0.26643	0.48886	0.49315	0.51017	0.46289
景德镇	0.32367	0.65503	0.36289	0.23084	0.35606	0.18536	0.48440	0.18523
萍　乡	0.12627	0.43291	0.23494	0.17355	0.55530	0.21887	0.42447	0.21002
九　江	0.31653	0.63915	0.36516	0.20708	0.37829	0.35811	0.43166	0.32171
新　余	0.28320	0.59184	0.31324	0.17863	0.57558	0.23259	0.57775	0.28682
鹰　潭	0.27968	0.58674	0.23016	0.19259	0.56622	0.21175	0.36236	0.31923
赣　州	0.48475	0.43412	0.27030	0.11719	0.24389	0.30873	0.28756	0.33869
吉　安	0.29041	0.45182	0.25330	0.11978	0.28343	0.29306	0.36220	0.29952
宜　春	0.25877	0.38782	0.17563	0.09598	0.29250	0.25471	0.30436	0.14972
抚　州	0.20983	0.24556	0.12745	0.10645	0.26798	0.25137	0.45118	0.14402
上　饶	0.28105	0.66705	0.17471	0.13200	0.43312	0.22047	0.36976	0.17531
指数均值	0.30828	0.52688	0.28467	0.16550	0.40375	0.27529	0.41508	0.26301
指数方差	0.01315	0.02093	0.01836	0.00310	0.01608	0.00769	0.00781	0.00977
城市	排名	排名	排名	排名	排名	排名	排名	排名
南　昌	25	3	28	107	63	36	61	30
景德镇	78	7	103	136	164	241	79	214
萍　乡	237	99	177	187	33	220	135	190
九　江	86	9	102	158	143	98	124	102
新　余	110	22	128	180	27	210	29	127
鹰　潭	116	23	186	171	31	223	186	103
赣　州	36	97	148	234	229	132	247	94
吉　安	106	88	162	230	209	145	188	119
宜　春	133	122	225	251	203	179	237	238
抚　州	169	222	253	244	216	181	106	245
上　饶	114	5	226	220	103	219	184	223
指数均值	13	3	20	28	14	22	18	23
指数方差	14	18	5	6	14	8	15	8

资料来源：中国社会科学院城市与竞争力指数数据库。

江西在自然生态环境方面具有明显优势。生态城市竞争力指数均值为0.52688，全国排名第3位，指数方差为0.02093，全国排名第18位。其中，南昌、上饶、景德镇、九江、新余、鹰潭全国排名均处于最好之列。所以应加大对生态圈经济的开发，探索一条绿色经济的发展道路，推动江西大发展。

江西自主创新能力不足。知识城市竞争力指数均值为0.28467，全国排名第20位，指数方差为0.01836，全国排名第5位。在继续实施创新驱动发展战略过程中，应强化“人才兴赣”和“六个一工程”战略，全面推动自主创新能力提升。

江西城乡一体化落后。城乡一体的全域城市全国排名均在100位以后。应在加强保护、适度开发和合理利用之间寻求最佳平衡点，加速推进新型城镇化建设。

江西公共服务体系差异较大。公平包容的和谐城市新余、鹰潭、萍乡处于最好之列，南昌处于较好之列，其他城市处于一般或较差之列。在进一步深化行政体制改革过程中，应继续完善社会保障体系，促进社会公平，提高城市竞争力。

江西营商环境需进一步改善。宜商城市竞争力指数均值为0.27529，全国排名第22位，指数方差为0.00769，全国排名第8位。江西应进一步完善制度环境，培育市场主体，引导企业发展，增强市场竞争力。

江西人居环境居中，城市差异较大。以人为本的宜居城市指数均值为0.41508，全国排名第18位，指数方差为0.00781，全国排名第15位。在以人为本的理念下，应继续完善公共服务体系，不断改善人居环境，提高人口整体素质，打造舒适宜人的生态城市。

江西在发展转型过程中，信息、交通发展不足。交流便捷的信息城市南昌全国排名第30位，赣州处于较好之列，其他城市处于一般或较差之列。在充分利用现有信息资源、交通资源基础上，江西应加大投资力度，推动区域协调发展。

（四）结论与政策建议

从图17－10可以看出，江西省在环境友好的生态城市方面优势明显，而在城乡一体化的全域城市及综合经济竞争力方面还有不足。江西在转变经济发展方式、集约利用资源的过程中，应充分发挥地区生态资源优势，加速推进工业化和新型城镇化，走将生态文明建设融入经济建设、政治建设、文化建设、社会建设的绿色崛起之路。

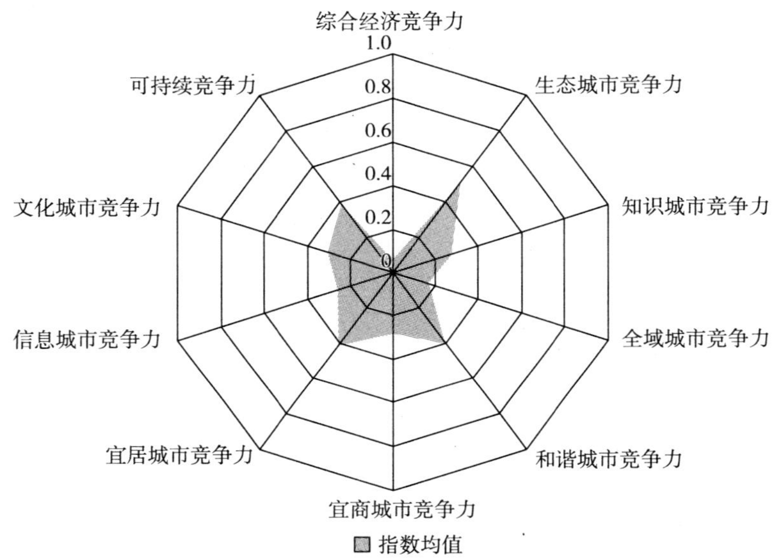

图 17－10　2012 年江西省城市竞争力

资料来源：中国社会科学院城市与竞争力指数数据库。

六　中国城市竞争力（安徽）报告

安徽省，简称皖，位于中国东南部，是华东地区跨江近海的内陆省份，省会合肥市。全省面积 13.96 万平方千米，居华东第 3 位，全国第 22 位。2011 年，安徽省常住人口 5968 万人，省完成生产总值 15300.65 亿元，按不变价格计算，比上年增长 13.5%。“十二五”时间，安徽省提出通过转变经济社会发展模式，加速工业化、城镇化进程，实现区域进一步协调发展、城乡居民收入普遍较快增长、社会建设明显加强、改革开放迈出新步伐等目标。

（一）综合经济竞争力：整体不足，长江流域较强

安徽长江流域周边城市综合经济竞争力较强。2012 年安徽省的综合经济竞争力指数均值为 0.06024，全国排名第 20 位，指数方差为 0.00078，全国排名第 12 位。其中，综合增量竞争力指数均值为 0.04805，全国排名第 23 位，指数方差为 0.00217，全国排名第 11 位；综合效率竞争力指数均值为 0.00817，全国排名第 14 位，指数方差为 0.000064，全国排名第 20 位。从图 17 - 11 可知，合肥全国排名第 34 位，处于最好之列，芜湖、马鞍山处于较好之列，黄山、池州处于差的水平，其他城市处于一般或较差之列。安徽应充分利用区位优势，发挥淮河、长江、新安江的重要交通作用，推动区域产业升级和转型发展。

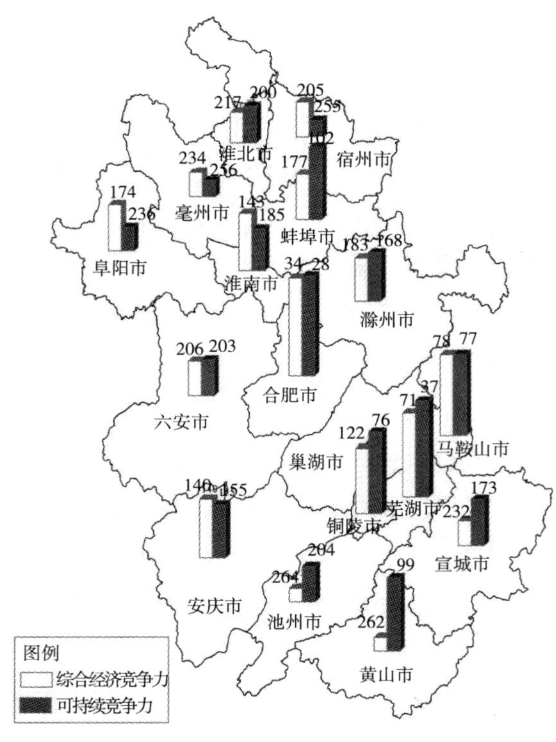

图 17 - 11　2012 年安徽省城市竞争力排名

（二）可持续竞争力：总体不足，城乡一体化靠后

安徽各地区城市可持续竞争力差异较大，宿州、亳州整体落后。2012 年安徽省的可持续竞争力指数均值为 0.37552，全国排名第 19 位，指数方差为 0.00924，全国排名第 13 位。其中，合肥全国排名第 28 位，芜湖第 37 位，处于最好之列，铜陵、马鞍山、黄山处于较好之列，宿州、亳州处于差的水平，其他城市处于一般或较差之列。在继续推动长江流域城市健康发展的同时，应加大对省内北部地区的建设，优化区域整体经济布局。

（三）可持续竞争力分项

安徽在人文交流等方面不足。从表 17－6 可知，文化城市竞争力指数均值为 0.22531，全国排名第 20 位，指数方差为 0.00529，全国排名第 2 位。在强化对外交流过程中，应继续深化改革，提升文化实力，大力引进人才、技术，做好管理创新。

安徽在资源节约、环境保护方面具有优势。环境友好的生态城市黄山、宣城、合肥、芜湖、安庆全国排名处于最好之列。在推进工业化、城镇化过程中，应进一步协调处理好经济发展与节能环保的关系。

安徽各地区产业结构差异明显，投入产出比例不够协调。知识城市竞争力合肥全国排名第 12 位，芜湖第 29 位，处于最好之列，而阜阳、六安、宿州、亳州处于差的水平。应充分发挥合肥等地区极增长效应，推动区域经济转型发展。

安徽城乡一体化不足，地区差异明显。全域城市竞争力指数均值为 0.17017，全国排名第 27 位，指数方差为 0.01118，全国排名第 16 位。其中，六安、池州、宿州、阜阳、亳州全国排名均在 250 位以后，处于差的水平。在坚持走安徽特色城镇化道路过程中，应科学制定城镇化发展规划，加快形成现代城镇体系。

安徽在行政透明度、社会安全保障等方面有一定优势。和谐城市竞争力指数均值为 0.41419，全国排名第 12 位，指数方差为 0.01209，全国排名第 10 位。在继续深化行政体制改革过程中，应不断提升城市竞争力。

表 17-6　安徽省城市可持续竞争力分项

单位：位

可持续竞争力分项	文化城市竞争力	生态城市竞争力	知识城市竞争力	全域城市竞争力	和谐城市竞争力	宜商城市竞争力	宜居城市竞争力	信息城市竞争力
城市	指数	指数	指数	指数	指数	指数	指数	指数
合　肥	0.36587	0.55478	0.70326	0.29073	0.57905	0.48188	0.50872	0.51851
芜　湖	0.32942	0.55085	0.61716	0.32652	0.54395	0.32187	0.59088	0.40672
蚌　埠	0.24772	0.43422	0.41073	0.23077	0.36721	0.25961	0.40457	0.36945
淮　南	0.15802	0.16910	0.31199	0.17083	0.39671	0.33275	0.40976	0.17240
马鞍山	0.33301	0.38718	0.42147	0.30714	0.57799	0.31487	0.47595	0.23254
淮　北	0.18118	0.31495	0.15981	0.21589	0.35634	0.21161	0.33588	0.17802
铜　陵	0.26076	0.36854	0.44929	0.34602	0.58253	0.27520	0.50242	0.28245
安　庆	0.13541	0.53416	0.26698	0.14606	0.44019	0.29277	0.38551	0.26697
黄　山	0.26244	0.66235	0.32509	0.16830	0.36120	0.27742	0.50596	0.31552
滁　州	0.17876	0.37733	0.23161	0.12422	0.42935	0.22264	0.43303	0.30360
阜　阳	0.16595	0.30683	0.12235	0.04114	0.35496	0.22704	0.25061	0.28181
宿　州	0.16007	0.21917	0.07030	0.05125	0.21750	0.21332	0.33488	0.21551
六　安	0.20078	0.49763	0.09755	0.09588	0.44596	0.22200	0.28516	0.27274
亳　州	0.28113	0.32012	0.03562	0.02067	0.35565	0.14839	0.43736	0.19765
池　州	0.18094	0.24419	0.18801	0.08164	0.35335	0.25118	0.49817	0.20955
宣　城	0.16342	0.58592	0.23153	0.10571	0.26515	0.24666	0.44091	0.30641
指数均值	0.22531	0.40796	0.29017	0.17017	0.41419	0.26870	0.42498	0.28312
指数方差	0.00529	0.02080	0.03664	0.01118	0.01209	0.00553	0.00825	0.00824
城市	排名	排名	排名	排名	排名	排名	排名	排名
合　肥	63	35	12	83	25	40	62	23
芜　湖	77	36	29	63	38	121	21	51
蚌　埠	144	96	85	137	155	175	149	67
淮　南	217	252	130	190	125	110	145	224
马鞍山	74	123	82	71	26	125	86	170
淮　北	191	178	232	147	163	225	208	221
铜　陵	130	141	69	50	24	163	67	131
安　庆	229	42	153	212	99	146	167	144
黄　山	127	6	117	193	161	159	65	108
滁　州	197	135	184	226	106	217	122	115
阜　阳	211	188	258	282	168	213	260	132
宿　州	215	236	277	274	239	222	210	186
六　安	175	59	268	252	93	218	249	136
亳　州	113	170	283	285	165	261	119	202
池　州	192	225	216	259	169	183	71	193
宣　城	213	24	185	245	218	189	114	113
指数均值	20	13	19	27	12	24	17	17
指数方差	2	17	23	16	10	3	17	3

资料来源：中国社会科学院城市与竞争力指数数据库。

安徽营商制度环境不够健全。宜商城市竞争力合肥全国排名第 40 位，其他城市全国排名均在 100 位以后。安徽在进一步完善相关制度、增强市场活力过程中，应加快服务转型，为企业创造良好环境，引导企业健康发展。

安徽人居条件地区差异较大。以人为本的宜居城市芜湖全国排名第 21 位，合肥、黄山、铜陵、池州、马鞍山处于较好之列，阜阳处于差的水平。在完善公共服务过程中，应改善人居环境，提高人口素质，增强城市竞争力。

安徽信息交通发展水平居中。信息城市竞争力指数均值为 0. 28312，全国排名第 17 位，指数方差为 0. 00824，全国排名第 3 位。安徽在工业化加速发展时期，应充分利用海运的优势，加大交通基础设施建设，推动区域经济协调发展。

（四）结论与政策建议

从图 17 -12 可以看出，安徽省在公平包容的和谐城市方面优势明显，而在城乡一体的全域城市、宜商城市竞争力等方面还有不足。安徽在新型城镇化大背景下，应继续转变经济社会发展方式，推进产业结构升级，完善公共服务体系，科学制定城镇发展规划，在统筹城乡过程中，实现又好又快发展。

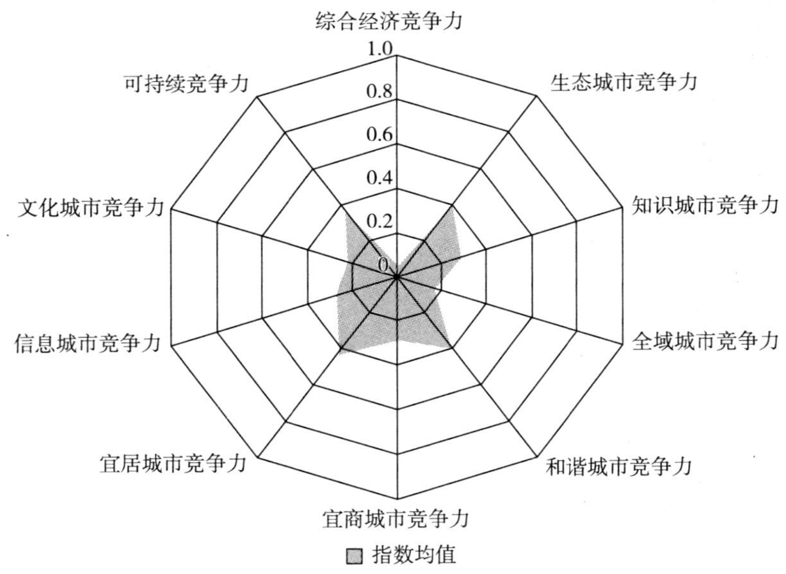

图 17 -12　2012 年安徽省城市竞争力

资料来源：中国社会科学院城市与竞争力指数数据库。

B.18
中国(西南地区)城市竞争力报告

卢　彪*

一　中国城市竞争力（四川）报告

四川位于西南腹地，地处长江上游，东邻重庆，南接云南、贵州，西衔西藏，北连青海、甘肃、陕西，辖区面积48.6万平方公里，名列中国第5位，截至2011年末人口达到8050万人，是我国的人口大省之一。2012年四川省实现地区生产总值23849.8亿元，比上年增长12.6%。四川“十二五”规划以工业化为主线，工业化和城镇化相互联动；优化产业结构，大力发展战略新兴产业，力争实现生产总值年均增长12%左右，2015年突破3万亿元大关，人均生产总值达到3.5万元左右，进入中等收入地区。

（一）综合经济竞争力：总体靠后，成都一市独大

四川综合经济竞争力方面整体较差，落后于全国平均水平，指数均值为0.058，排名全国第22位，指数方差为0.00145，全国第18位。其中成都市作为四川的省会城市，综合经济竞争力首屈一指，全国排名为第16名，而省内其他城市大多处于150~250名之间。四川当前区域经济格局是“一市独大、梯队不良”，而各市、州发展相对滞后。从分项来看，综合增量竞争力指数均值为0.05758，排名第19位，指数方差为0.00684，排名第20位；综合效率竞争的指数均值为0.00473，指数方差为0.000025，排

* 卢彪，西南财经大学2011级西方经济学硕士研究生。

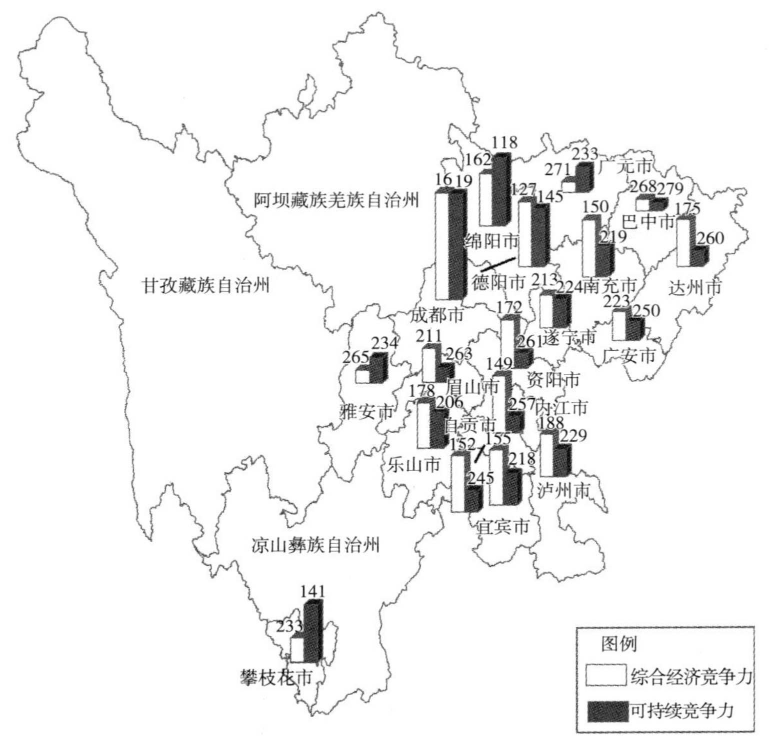

图 18－1　2012 年四川省城市竞争力排名

名第 16 位。由此可见，四川的综合增量竞争力和综合效率竞争力都较一般，主要由于人口众多，同时经济发展方式还较粗放，需要逐步转变增长方式。

（二）可持续竞争力：整体水平很差，各分项均排名靠后

四川省可持续竞争力方面很差，低于全国平均水平，指数均值为 0.30174，排名全国第 27 位，指数方差为 0.01034，全国排名第 18 位。整体发展很不均衡，其中成都全国排名第 19 位，其他城市较为均衡，但大多数都处在 200 名以后。成都将全省大部分优势人才、资金等各种要素吸引来，推动了这个特大城市的超常发展，而其他城市却因缺少各方面投入，缺乏可持续增长能力，难以形成新的增长极。

（三）可持续竞争力分项

如表 18－1 所示，从分项指标来看：

表 18－1　四川省城市可持续竞争力分项

单位：位

可持续竞争力分项	文化城市竞争力	生态城市竞争力	知识城市竞争力	全域城市竞争力	和谐城市竞争力	宜商城市竞争力	宜居城市竞争力	信息城市竞争力
城市	指数	指数	指数	指数	指数	指数	指数	指数
成　都	0.59262	0.52136	0.70011	0.37577	0.60992	0.58381	0.50794	0.56387
自　贡	0.24003	0.15875	0.18759	0.12152	0.15334	0.30377	0.30000	0.08935
攀枝花	0.18530	0.18850	0.31770	0.32556	0.54728	0.29535	0.49584	0.16967
泸　州	0.20318	0.15645	0.16221	0.08571	0.44817	0.24439	0.32936	0.12731
德　阳	0.25618	0.32000	0.27785	0.17264	0.53497	0.30010	0.39215	0.18293
绵　阳	0.23551	0.33469	0.49122	0.17174	0.42254	0.34346	0.40833	0.27143
广　元	0.09965	0.18512	0.12184	0.11943	0.33743	0.28385	0.28977	0.22928
遂　宁	0.12120	0.44624	0.09399	0.09323	0.34731	0.25071	0.26902	0.25086
内　江	0.08532	0.18003	0.07744	0.06632	0.34713	0.27893	0.23774	0.18028
乐　山	0.29545	0.14297	0.32775	0.12003	0.30315	0.30110	0.37965	0.10232
南　充	0.12821	0.29979	0.19506	0.08652	0.29022	0.31147	0.29542	0.18022
眉　山	0.16871	0.12229	0.08250	0.10775	0.30177	0.19324	0.34765	0.04357
宜　宾	0.25079	0.07003	0.23478	0.11241	0.54597	0.28042	0.34278	0.13277
广　安	0.12049	0.33278	0.10518	0.11708	0.23005	0.24368	0.30899	0.08545
达　州	0.08941	0.08729	0.06473	0.15851	0.15595	0.31589	0.23070	0.20813
雅　安	0.09949	0.27965	0.22932	0.14677	0.30214	0.18664	0.31526	0.09977
巴　中	0.04257	0.36583	0.03786	0.04872	0.29914	0.07202	0.23426	0.04482
资　阳	0.03807	0.52275	0.09249	0.07410	0.23806	0.29705	0.28924	0.05723
指数均值	0.18068	0.26192	0.21109	0.13910	0.35636	0.28255	0.33189	0.16774
指数方差	0.01651	0.01978	0.02847	0.00718	0.01821	0.00961	0.00643	0.01459
城市	排名	排名	排名	排名	排名	排名	排名	排名
成　都	13	48	14	39	20	16	63	20
自　贡	150	256	218	227	265	135	240	272
攀枝花	187	243	125	64	36	144	73	230
泸　州	172	258	231	258	90	194	213	258
德　阳	136	171	144	188	39	141	161	215
绵　阳	152	158	60	189	108	105	147	139
广　元	258	245	259	232	179	151	245	173
遂　宁	243	90	270	256	170	185	256	156

续表

城市	排名	排名	排名	排名	排名	排名	排名	排名
内　江	267	250	274	270	171	157	263	217
乐　山	101	261	115	229	195	137	173	269
南　充	236	193	210	257	205	128	242	218
眉　山	209	265	273	242	197	237	198	284
宜　宾	138	278	178	239	37	155	206	254
广　安	244	161	265	235	234	195	234	273
达　州	263	275	279	203	264	124	267	194
雅　安	259	205	188	211	196	240	228	270
巴　中	279	144	282	276	198	277	265	283
资　阳	281	47	271	265	230	143	246	280
指数均值	24	28	31	30	19	21	26	29
指数方差	17	16	19	11	18	10	12	16

资料来源：中国社会科学院城市与竞争力指数数据库。

文化城市竞争力整体水平较差，其指数均值为0.18068，排在第24名；并且四川整体开放程度不平衡，只有成都排名第13位，而其他城市大多都排在200名之后，指数方差为0.01651，全国排名第17位，应充分把握国家将成渝经济区建设成为深化内陆开放试验区的契机，带动成都周边中小城市开放。

生态城市竞争力整体水平很差，其指数均值为0.26192，排名第28位，指数方差为0.01978，全国排名第16位。成都和资阳处于最好之列，巴中等5个城市处于一般之列，而其他城市则竞争力较差或很差，处于200名之后。在加快四川农村现代化进程和小城镇建设过程中，须注重生态环境保护。

知识城市竞争力整体水平很差，指数均值为0.21109，排名全国第31位。且各地差距较大，作为高校和科研机构的聚集地，成都和绵阳排在全省前两名，分别排在全国第14名和第60名，而其他城市大部分在200名以后，指数方差为0.02847，全国排名第19位。

全域城市竞争力整体水平很差，且发展不均衡，除成都和攀枝花位列前两名，分别排在全国第39名和64名，处于最好和较好之列，其他城市大多排在200名之后，其指数均值为0.13910，全国排名第30位，指数方差为0.00718，排名第11位，其他各市可借鉴利用成都发展经验，加强统筹协调，促进城乡共同发展。

和谐城市竞争力整体水平一般，指数均值为0.35636，排名第19位，指数方差为0.01821，全国排名第18位。其中成都、攀枝花、宜宾、德阳依次处在最好之列，分别排在第20、36、37、39名，其他城市大多都排在170～250名之间。四川城乡统筹的城乡一体化推进过程，使得城乡差距逐步缩小，各方面均衡协调发展，公平性得到了提升。

宜商城市竞争力整体水平较差，指数均值为0.28255，排名第21位，指数方差为0.00961，全国排名第10位。除成都在最好之列，排名第16位外，其他城市较为均衡，大多处于100～200名，而眉山、雅安、巴中处于较差或最差之列。随着沿海地区成本上升，四川的资源和人力优势凸显，产业逐渐西移。

宜居城市竞争力整体水平较差，指数均值为0.33189，排名第26位，从省内格局来看，成都和自贡位列前两位，排名第63和73位，其他城市则大多位于200名之后，其指数方差为0.00643，全国排名第12位。四川应加快转变发展方式，以生态建设为重点，完善城镇基础设施建设，建设宜居四川，提高各城市生活品质。

信息城市竞争力整体水平很差，低于全国平均水平，指数均值为0.16774，排名第29位。但发展极不均衡，成都排在全省第1，全国第20；而大多数城市位于200名以后，甚至有一半的城市在250名以后。指数方差为0.01459，全国排名第16位。从整体来看，信息发展迅速，但交通方面落后，应继续打造西部综合交通枢纽。

（四）结论与政策建议

从图18－2可以看出，四川省各方面指数与最好的均相差很大，并且均低于全国平均水平，大多处于0.2～0.3之间，各项分项指数中宜居城市竞争力和和谐城市竞争力表现最好，综合经济竞争力方面表现最差。从中可以看出，四川经济实力依然较弱，发展质量不高，工业化和城镇化进程滞后，结构性矛盾突出；不平衡程度较高，区域、城乡差别较大。全省提出把多点多极支撑作为发展的战略部署，重点打造成都平原、川南、攀西和川东北四大城镇群，将城市群作为推进城镇化的主体形态，以大城市为依托，以中小城市为重点，将促进大中小城市和小城镇均衡协调发展，从整体上提升全省竞争力。

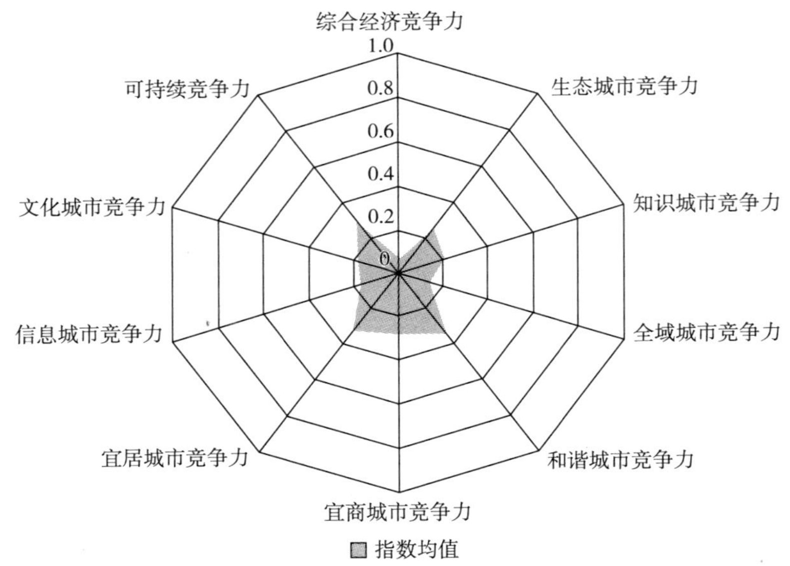

图 18－2　2012 年四川省城市竞争力

资料来源：中国社会科学院城市与竞争力指数数据库。

二　中国城市竞争力（云南）报告

云南省位于中国西南边陲，与云南省相邻的省区有四川、贵州、广西、西藏，云南省的 3 个邻国是缅甸、老挝和越南，总面积约 39 万平方千米，占全国面积的 4.11%，排名第 8 位，其中山区、半山区占全省总面积的 94%；总人口 4596 万（2010 年），占全国人口的 3.35%，排名第 12 位。云南“十二五”规划将通过坚持实施扩大内需、西部大开发和“两强一堡”战略，实现经济平稳较快发展，经济增长的质量和效益明显提高，就业持续增加，价格总水平保持基本稳定，全省生产总值和人均生产总值确保两位数增长，力争翻番。

（一）综合经济竞争力：总体水平落后，一城独大

云南综合经济竞争力方面整体水平很差，指数均值为 0.04302，仅排在全国第 31 名，指数方差为 0.00040，全国排名第 8 位。除昆明排在全国百

名以内（第80），其余城市较为均衡，大多数分布在250名以后。从分项来看，综合增量竞争力指数均值为0.03560，排名第29位，指数方差为0.00191，排名第10位；综合经济效率竞争力指数均值为0.00139，排名第32位，指数方差为0.000003，排名第4位。由此可见，云南综合增量竞争力和综合效率竞争力很差。昆明作为省会城市，在云南一家独大，竞争力较好的城市均位于云南的东部，而西部主要处于横断山脉，基本都是山区，基础设施薄弱，交通不便利，经济相当落后。

（二）可持续竞争力：总体水平落后，各分项除环境友好，均排名靠后

云南可持续竞争力方面整体水平很差，指数均值为0.22355，排在全国第32名。发展也不平衡，除昆明排在第62名，其他城市大多数位于250名之后，与昆明差距较大，竞争力很差，指数方差为0.01582，全国排名第22位；这些城市大多以山区为主，虽拥有丰富的自然资源，但因道路交通的不便利、信息的闭塞，影响了开发，同时也阻碍了城市的扩张和城市之间的相互融合（见图18－3）。

（三）可持续竞争力分项

如表18－2所示，从分项指标来看：

文化城市竞争力整体水平很差，并且各市发展不平衡，除昆明排在百名以内（第30名）外，其他城市大多处于250名之后，其指数均值为0.15650，排在第30名，指数方差为0.02292，全国排名第21位。云南民俗文化丰富，但旅游文化创新程度不高，产业发展不完善，再加上交通等基础设施薄弱，吸引力没能得到增强。

生态城市竞争力整体水平一般，并且全省较为均衡，除昭通和曲靖处于200名之后，其余均在200名之前，其中丽江、玉溪、普洱都在百位之前，其指数均值为0.37001，排名第19位，指数方差为0.01812，全国排名第12位。

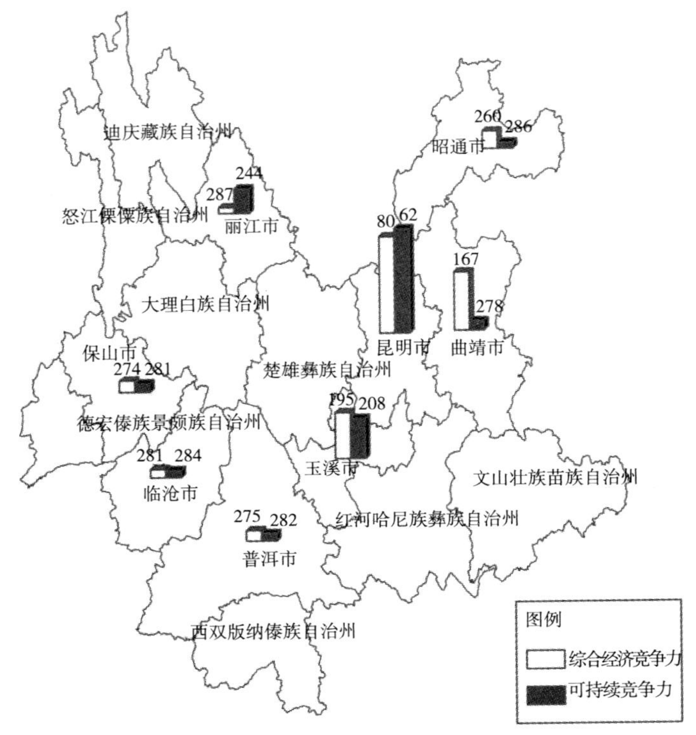

图 18-3 2012 年云南省城市竞争力排名

表 18-2 云南省城市可持续竞争力分项

单位：位

可持续竞争力分项	文化城市竞争力	生态城市竞争力	知识城市竞争力	全域城市竞争力	和谐城市竞争力	宜商城市竞争力	宜居城市竞争力	信息城市竞争力
城市	指数	指数	指数	指数	指数	指数	指数	指数
昆明	0. 50770	0. 32124	0. 55106	0. 34719	0. 20761	0. 44759	0. 43183	0. 45549
曲靖	0. 09166	0. 15875	0. 08899	0. 06956	0. 00413	0. 16304	0. 27637	0. 19421
玉溪	0. 11568	0. 50451	0. 28206	0. 10532	0. 23409	0. 25102	0. 43760	0. 11522
保山	0. 10508	0. 33461	0. 12543	0. 03471	0. 05434	0. 05086	0. 20040	0. 03829
昭通	0. 02455	0. 27710	0. 00000	0. 00000	0. 08802	0. 05099	0. 08882	0. 05043
丽江	0. 21564	0. 57563	0. 14817	0. 12012	0. 18238	0. 09875	0. 35328	0. 07392
普洱	0. 10888	0. 45892	0. 11795	0. 07641	0. 07131	0. 00209	0. 21701	0. 05923
临沧	0. 08282	0. 32938	0. 05144	0. 05898	0. 22831	0. 02796	0. 24176	0. 01778

续表

城市	指数	指数	指数	指数	指数	指数	指数	指数
指数均值	0.15650	0.37001	0.17064	0.10154	0.13377	0.13654	0.28088	0.12557
指数方差	0.02292	0.01812	0.03035	0.01128	0.00799	0.02236	0.01451	0.02080
城市	排名	排名	排名	排名	排名	排名	排名	排名
昆明	30	169	46	48	243	54	123	32
曲靖	262	257	272	268	286	249	255	206
玉溪	248	55	143	247	231	184	118	262
保山	256	159	256	284	284	282	274	285
昭通	283	207	287	287	279	281	285	282
丽江	166	29	238	228	258	273	194	275
普洱	254	82	260	262	281	286	271	279
临沧	268	165	281	272	238	285	262	286
指数均值	30	19	32	32	32	32	29	32
指数方差	21	12	20	18	6	23	23	21

资料来源：中国社会科学院城市与竞争力指数数据库。

云南富饶的资源与贫困的经济并存，建设环境友好型社会是摆脱“贫困的恶性循环”的必然抉择。

创新城市竞争力整体水平很差，并且各地区较不均衡，除昆明排第 46 位、玉溪第 143 位外，其他城市大多排在 250 名之后，指数均值为 0.17064，排在第 32，指数方差为 0.03035，全国排名第 20 位。昆明作为云南的首府，它拥有九成以上科研资源，在创新型云南建设的进程中，发挥着举足轻重的作用。

全域城市竞争力整体水平很差，全省 2011 年城镇化率达到 36.8%，但仍然低于国家水平，除昆明全市城镇化率达 64% 较高，其余城市城镇化率均很低，指数均值为 0.10154，排名第 32 位。而且各地区差距较大，全省除昆明排第 48 名，其他城市都在 200 名之后，指数方差为 0.01128，全国排名第 18 位。

和谐城市竞争力整体水平很差，指数均值为 0.13377，排在第 32 名。各地发展较为均衡，指数方差为 0.00799，全国排名第 6 位，但包括昆明在内全省所有的城市均排在全国200名之后，竞争力很差。云南农村较多，信息沟通不畅，影响公平包容的和谐城市建设，应着眼城乡统筹，不断缩小城乡待遇差距。

宜商城市竞争力整体水平很差，指数均值为0.13654，排在全国第32名，且各地发展极不均衡，指数方差为0.02236，全国排名第23位，除昆明排在百名以内（第54名），大多数排在250名之后。云南需要紧紧抓住中国面向西南开放重要的“桥头堡”和西部大开发机遇，以改善民生为根本出发点，释放农村需求，扩大商业范围。

宜居城市竞争力整体水平很差，指数均值为0.28088，排第29名，且各地差距较大，全省各市均排在百名以后，除玉溪、昆明、丽江竞争力一般，分别排名全国第118、123、194位，其他大多数排在250名之后，指数方差为0.01451，全国排名第23位。主要原因在于各种公共设施的落后，投入不足。

信息城市竞争力整体水平很差，指数均值为0.12557，排名第32。各地发展很不平衡，除昆明排名第32名外，其他城市都排在200名以后，与昆明差距很大，指数方差为0.02080，全国排名第21位，应加快对落后地区的基础设施建设。

（四）结论与政策建议

从图18－4可以看出，各方面指数与最好的均有较大差距，10个指数中有6个指数排在全国倒数第一，且指数大多处于0.2以下；其中环境友好的生态城市指数方面表现最好，是10个方面指数中唯一高于全国平均水平的指数，综合经济竞争力方面指数表现最差。从中可以看出，地处西南地区的云南面临最大的难题在于云南山区较多，道路不通畅，信息闭塞，阻碍了各个方面的发展。但地方自然文化资源丰富，通过创新自然文化产业，加快道路建设，推进“城镇上山”和工业项目上山，同时实现土地高效利用和城镇化科学发展，走出一条具有云南特色的城镇化道路，将从整体上提升全省竞争力。

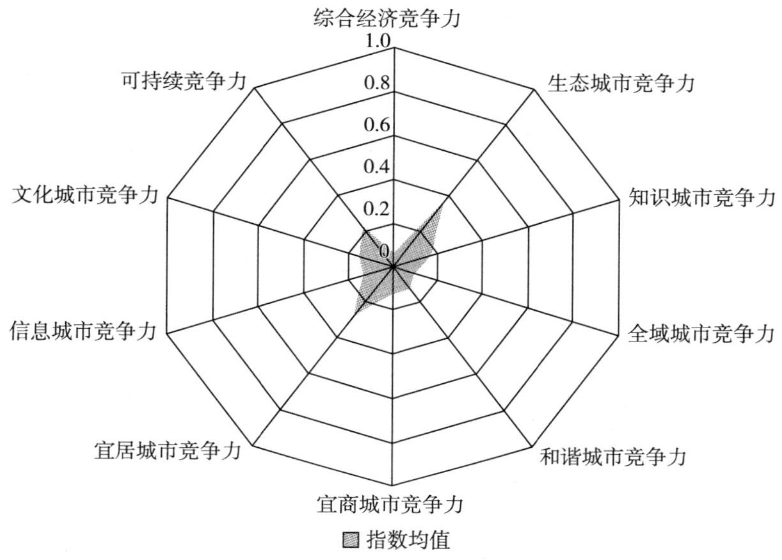

图 18－4　2012 年云南省城市竞争力

资料来源：中国社会科学院城市与竞争力指数数据库。

三　中国城市竞争力（贵州）报告

贵州省位于中国西南的东南部，东毗湖南、南邻广西、西连云南、北接四川和重庆，面积约 17.6 万平方千米，占全国国土面积的 1.8%，2010 年总人口达到 3475 万人。2012 年，地区生产总值达到 6802 亿元，5 年年均增长 12.8%。“十二五”时期贵州省将突出加速发展、加快转型、推动跨越的主基调，重点实施工业强省战略和城镇化带动战略，力争在西部地区实现赶超进位。其主要目标是：到 2015 年，地区生产总值实现 8000 亿元，力争翻一番，突破 10000 亿元，人均生产总值接近 3000 美元，城镇化率由 31% 提高到 40%。

（一）综合经济竞争力：总体排名靠后，效率很低

贵州省综合经济竞争力方面整体水平很差，指数均值为 0.04760，排在全国第 30 名。从省内格局来看，各地差距较小，贵阳市作为省会城市，在

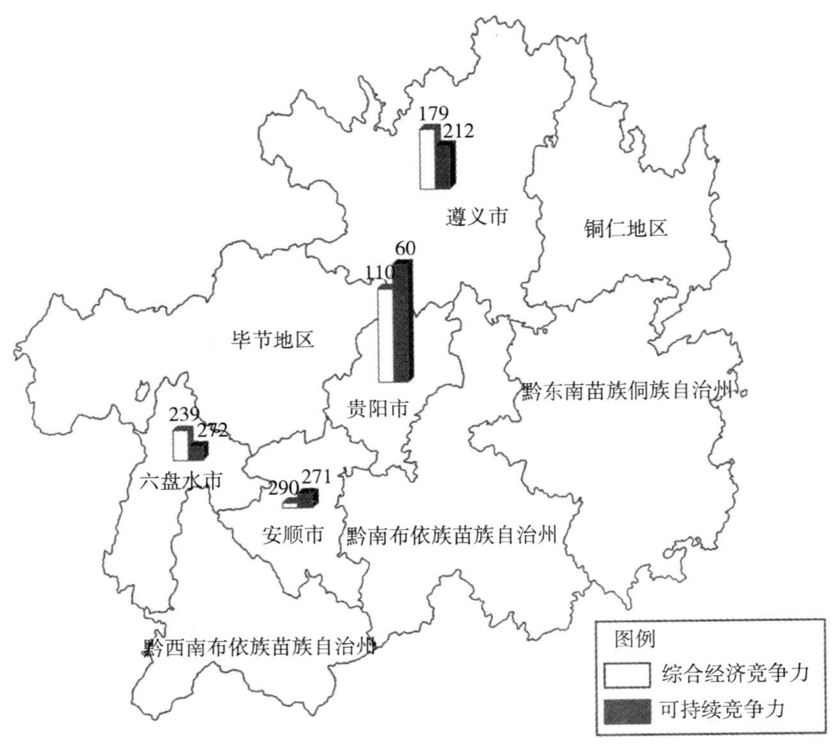

图 18－5　2012 年贵州省城市竞争力排名

全国排名也仅为 110 位，竞争力一般；其次是遵义市，排名 179 位；其他两个城市都在 200 名之后，指数方差为 0.00034，全国排名第 7 位。从分项来看，综合增量竞争力指数均值为 0.04134，排名第 26 位，指数方差为 0.00078，排名第 10 位；综合效率竞争力指数均值为 0.00302，排名第 27 位，指数方差为 0.000007，排名第 8 位。由此可见，贵州综合增量竞争力和综合效率竞争力都很差。贵州大多数地区为山地，省内地理情况复杂，基础设施成为其经济增长的主要问题，同时山区农村较多，观念意识传统、市场意识淡薄也成为阻碍经济增长的绊脚石。

（二）可持续竞争力：整体水平落后，地区发展失衡，各项指标均落后全国平均水平

贵州省综合经济竞争力整体水平很差，指数均值为 0.29364，排在全国第 29

名。从省内格局来看，各地发展很不均衡，贵阳列全省第1位，排在全国第62名，其他城市排名均在200名之后，指数方差为0.01925，全国排名第25位。随着全省铁路和高速公路布局的推进，贵阳作为西南地区的重要交通枢纽得到加强，省域“向心积聚”特征将得到强化，以贵阳作为中心城市，连接周边城市的黔中经济圈，将带动区域产业聚集和优势互补，形成有较好竞争力的产业集群。

（三）可持续竞争力分项

如表18－3所示，从各个分项指标来看：

表18－3 贵州省城市可持续竞争力分项

可持续竞争力分项	文化城市竞争力	生态城市竞争力	知识城市竞争力	全域城市竞争力	和谐城市竞争力	宜商城市竞争力	宜居城市竞争力	信息城市竞争力
城市	指数	指数	指数	指数	指数	指数	指数	指数
贵　阳	0.26393	0.38015	0.56018	0.30587	0.42997	0.41703	0.44649	0.43561
六盘水	0.09706	0.06630	0.02555	0.23785	0.12933	0.18322	0.20986	0.14792
遵　义	0.24045	0.29679	0.24180	0.11246	0.28499	0.28354	0.23060	0.12833
安　顺	0.11225	0.29314	0.12775	0.04010	0.06211	0.10876	0.19473	0.14481
指数均值	0.17842	0.25909	0.23882	0.17407	0.22660	0.24814	0.27042	0.21417
指数方差	0.00739	0.01813	0.05370	0.01439	0.02709	0.01781	0.01400	0.02187
城市	排名	排名	排名	排名	排名	排名	排名	排名
贵　阳	126	133	45	72	105	59	111	39
六盘水	260	281	285	131	270	242	272	241
遵　义	149	194	171	238	208	152	268	257
安　顺	251	198	252	283	282	271	276	244
指数均值	27	29	28	24	29	26	30	27
指数方差	5	13	25	22	25	21	20	22

资料来源：中国社会科学院城市与竞争力指数数据库。

文化城市竞争力整体水平很差，指数均值为0.17842，全国排名第27位。各地区之间差距较小，但排名较为靠后，全省各市均在百名之后，贵阳、遵义分别排在第126、149名，其他两个城市都在200名之后，指数方差为

0.00739，全国排名第5位。应加大力度实现文化和人才走出去，提升知名度。

生态城市竞争力整体水平很差，指数均值为0.25909，全国排名第29位。各地区较为均衡，指数方差为0.01813，全国排名第13位，全省参评的4个城市，均在百名之后，贵阳排名全国第133位，其他处于200名左右或200名之后。贵州应从根本上转变经济发展方式，建设循环经济，稳步发展节能环保。

创新城市竞争力整体水平很差，指数均值为0.23882，全国排名第28位，各地差距很大，其中贵阳市排名全国第45名，处于最好之列，而其他城市与其差距较大，安顺和六盘水排在250名之后，指数方差为0.05370，全国排名第25位。贵州应加大落后地区科技投入，不断提升各地科技创新实力均衡程度。

全域城市竞争力整体水平较差，全省整体上城镇化水平较低，2012年城镇化率仅为35%，指数均值为0.17407，全国排名第24位。各地区发展不均衡，指数方差为0.01439，全国排名第22位，其中只有贵阳市（第72名）排百名以内，其他城市除六盘水排名第131名，均在200名以外。

和谐城市竞争力整体水平很差，指数均值为0.22660，全国排名第29位。同时各地区差距也很大，除贵阳市排在第105名，竞争力一般，其余均在200名以外，指数方差为0.02709，全国排名第25位。因此贵州应逐步减小地区差距，加强对落后地区的保障投入。

宜商城市竞争力整体水平很差，指数均值为0.24814，全国排名第26位。各地区差距较大，贵阳排在全国第59名，六盘水、安顺排在150名以后，其指数方差为0.01781，全国排名第21位。全省以服务业为主，受政府消费的驱动影响大，但生产型服务业比重大不，服务业发展缺乏深厚的基础，且产业低度化导致产业链短，产业关联度小，对劳动力吸纳能力小。

宜居城市竞争力整体水平很差，指数均值为0.27042，全国排名第30位。各地区差距较大，指数方差为0.014，全国排名第20位。除贵阳市排在全国第111名，其他城市都排在全国最差之列。全省自然环境优美，城市基础设施建设不足成为制约宜居城市建设的主要因素。

信息城市竞争力整体水平很差，指数均值为0.21417，全国排名第27位。各地区差距较大，指数方差为0.02187，全国排名第22位，贵阳排在第39名，处于全国最好之列，其他城市处于较差或很差之列，均排在200名之后。贵州

省“交通优先发展”战略，将会极大改善以高速公路和农村公路建设为重点的交通基础设施条件。

（四）结论与政策建议

从图 18－6 可以看出，全省各方面指数与最好的相比差距都很大，且均低于全国平均水平，表现较差或很差，指数集中在 0.2～0.3 之间，其中综合经济竞争力方面表现最差。贵州应充分利用丰富的自然资源，以及与成渝经济区、珠三角、湖南、云南相连的区位优势，加快解决长期以来制约其发展的交通、水利等基础设施问题，带动各地区优势资源相互融合。同时借鉴吸取东部沿海地区在发展新型工业化、扩大投资、推进城镇化、创造消费方面的经验教训，即在快速发展的同时协调生态环境和经济发展的友好关系，优化赶超战略，用尽可能低的发展成本提升竞争力，从而避免先污染后治理的发展模式。

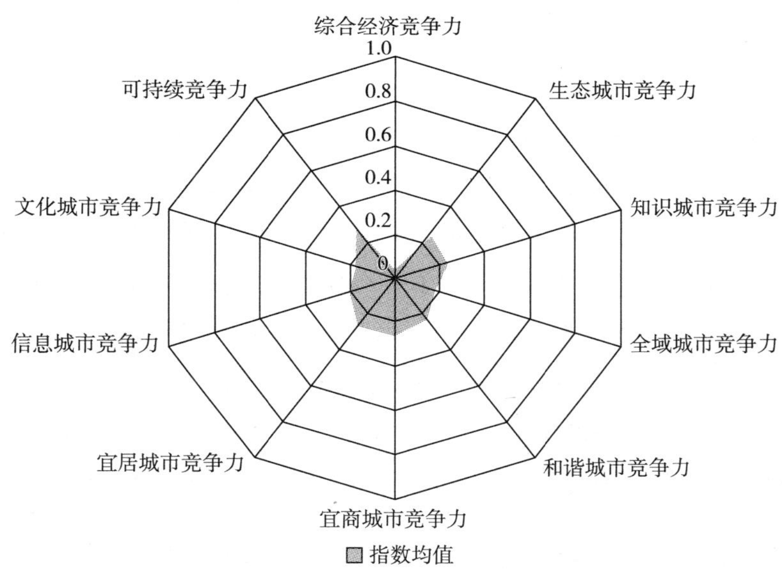

图 18－6　2012 年贵州省城市竞争力

资料来源：中国社会科学院城市与竞争力指数数据库。

四 中国城市竞争力（海南）报告

海南省，位于中国最南端，是仅次于台湾的全国第二大岛。全省陆地总面积3.54万平方公里，总人口约为867.15万人。2012年海南实现地区生产总值（GDP）2855.26亿元，较2011年增长9.1%，人均GDP为32374元。海南省“十二五”规划将紧紧围绕海南国际旅游岛建设，开展以旅游业为龙头的现代服务业，集约集群发展新型工业，提升热带农业发展水平，培育高新技术产业，开发海洋经济，初步形成现代产业体系的主要框架，力争实现全省生产总值年均增长13%左右，全社会固定资产投资总额年均增长22%。

（一）综合经济竞争力：总体靠后，效率较高

海南综合经济竞争力方面整体水平较差，指数均值为0.05376，排在全国第25名，指数方差为0.00022，全国排名第5位。从省内格局来看，作为海南省最耀眼的两个城市，海口和三亚两市竞争尤为激烈。海口市作为海南的省会城市，竞争力远远高于三亚，分别排在全国的第123、235名。从分项来看，综合增量竞争力指数均值为0.02263，排名第30位，指数方差为0.00020，排名第1位；综合效率竞争力指数均值为0.00956，排名第12位，指数方差为0.000025，排名第15位。由此看出，海南综合增量竞争力很差，但综合效率竞争力较好。海南的产业结构和国际旅游岛的战略定位与国家扩大内需、刺激消费战略目标完全吻合，建立健全引进岛外消费和鼓励岛内消费的激励机制，提高了消费对经济增长的拉动力。

（二）可持续竞争力：整体领先，多项排名前茅，公平包容表现最差

海南可持续竞争力方面整体处于中上游水平，指数均值为0.47467，排在全国第11名。整体上发展很均衡，全省排名依次为海口、三亚，分别排

名第 37、110 位，指数方差为 0.00631，全国排名第 5 位。海南将生态作为其核心竞争力，走绿色低碳可持续的科学发展之路，创新生态旅游，各地区打造以生态为核心的产业，着力发展新型工业和高科技产业，初步实现了工业项目的合理布局，污染降到了最低限度，增强了城市在可持续方面的竞争力（见图 18－7）。

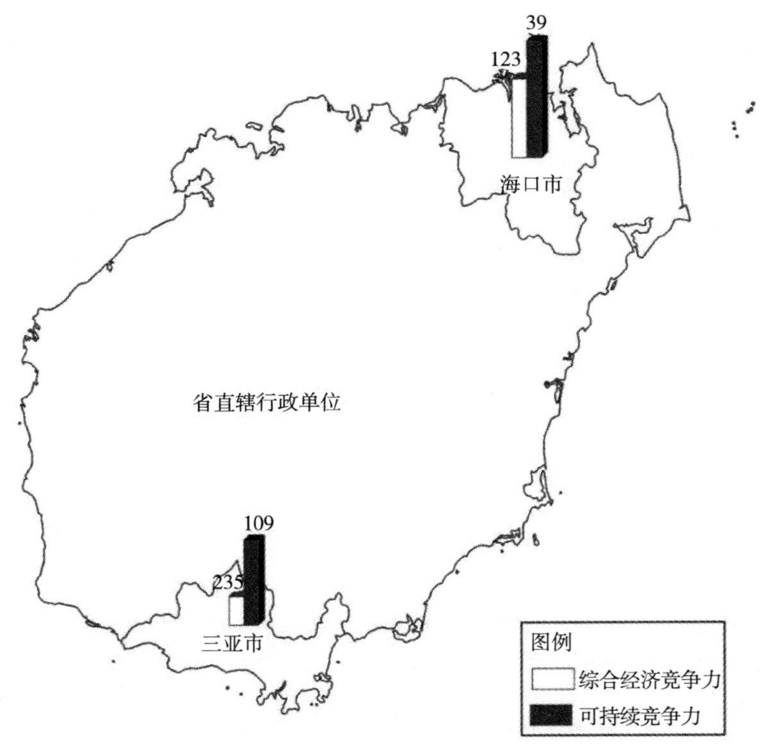

图 18－7　2012 年海南省城市竞争力排名

（三）可持续竞争力分项

如表 18－4 所示，从分项指标来看：

文化城市竞争力整体处于上游水平，指数均值为 0.38935，排在全国第 9 名。从省内格局来看，差距也很小，海口和三亚均具有较强的优势，分别为第 49 和 64 名，指数方差为 0.00169，全国排名第 1 位。独特的地理位置，经济

特区的发展机遇，多元文化的互补共生，形成了海南浓郁而鲜明的精神特质——开放包容。

表 18-4　海南省城市可持续竞争力分项

单位：位

可持续竞争力分项	文化城市竞争力	生态城市竞争力	知识城市竞争力	全域城市竞争力	和谐城市竞争力	宜商城市竞争力	宜居城市竞争力	信息城市竞争力
城市	指数	指数	指数	指数	指数	指数	指数	指数
海口	0.41840	0.45382	0.49510	0.29230	0.38274	0.47163	0.63195	0.47232
三亚	0.36030	0.48950	0.30597	0.26762	0.29889	0.16076	0.55713	0.32953
指数均值	0.38935	0.47166	0.40054	0.27996	0.34082	0.31619	0.59454	0.40093
指数方差	0.00169	0.00064	0.01789	0.00030	0.00352	0.04832	0.00280	0.01019
城市	排名	排名	排名	排名	排名	排名	排名	排名
海口	49	85	57	82	142	44	8	27
三亚	64	61	133	106	199	250	40	97
指数均值	9	7	12	12	20	16	4	9
指数方差	1	1	4	1	2	25	3	9

资料来源：中国社会科学院城市与竞争力指数数据库。

生态城市竞争力整体处于上游水平，指数均值为0.47166，排在全国第7名。从省内格局来看，各个城市发展状况很均衡，海口和三亚分别排在第85和61名，指数方差为0.00064，全国排名第1位。作为一个以生态环境为核心竞争力的省份，良好的生态环境，是海南可持续发展的生命线。

创新城市竞争力整体处于上游水平，指数均值为0.40054，排在全国第12名。海口、三亚差距很小，省内排名依次为海口、三亚，排名全国第57、133位，指数方差为0.01789，全国排名第4位。全省在“一省两地”发展战略的基础上，提出并实施了“大企业进入、大项目带动、高科技支撑”的发展道路。

全域城市竞争力整体处于中上游水平，指数均值为0.27996，排在全国第12名。从省内格局来看，海口与三亚差距很小，均排在100名左右，依次为

第82、106名。指数方差为0.0003，全国排名第1位。海南陆地面积较小，人口分布相对集中，城乡联结紧密，行政管辖层次少，易于进行全岛区域整合，率先在全国实现了城乡一体化。

和谐城市竞争力整体水平较差，指数均值为0.34082，排在全国第20名。海口、三亚相差很小，分别排名第142、199位，竞争力一般，指数方差为0.00352，全国排名第2位。海南始终把改善民生放在和谐建设的首位，不断夯实社会和谐的物质基础。

宜商城市竞争力整体处于中游水平，指数均值为0.31619，排在全国第16名。地区之间差距较大，海口排在全国第44名，而三亚仅排在250名，指数方差为0.04832，全国排名第25位。海南良好的生态环境越来越显现出吸引人气、资金流的巨大商业价值，已成为国内外大企业布局新兴产业的重要选择。

宜居城市竞争力整体处于上游水平，指数均值为0.59454，排在全国第4名。海口和三亚均处于全国最好之列，分别排在全国第8名和40名，指数方差为0.00280，全国排名第3位。由于得天独厚的自然环境，以及国际旅游岛建设上升为国家战略，海口、三亚正在逐步成长为世界级的旅游休闲度假城市，成为愿意享受生活和放松心情的人士之首选。

信息城市竞争力整体处于上游水平，指数均值为0.40093，排在全国第9名。海口、三亚差距较小，海口处于全国最好之列，排在第27名，三亚处于较好之列，排在第97名，指数方差为0.01019，全国排名第9位。全省基本形成岛内以公路为主，对外以海运为主，大小港口相结合，海运、公路、琼州海峡轮渡以及民航互相配合的交通体系。

（四）结论与政策建议

从图18－8可以看出，全省各方面指数与最好的还有一些差距，指数大多处于0.4左右及以上。其中综合经济竞争力表现最差，低于全国平均水平，其他各方面指数均有较强的优势，高于全国平均水平，其中宜居城市竞争力表现最好。由此可看出由于海南位于西南地区，经济基础较弱，起步时间晚，造成了其综合经济竞争力水平较低。但由于地理位置独特，生态环境良好，海南提出了发展以生态环境作为核心竞争力的绿色经济。并且作为中国最大的经济特区，随着将海南国际旅游岛战略提升至国家高度，势必会加快海南的经济发展。

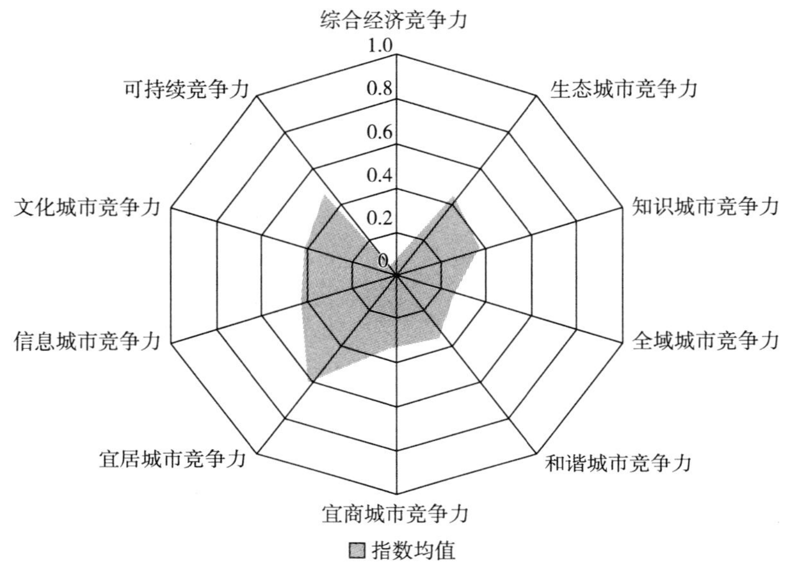

图 18－8　2012 年海南省城市竞争力

资料来源：中国社会科学院城市与竞争力指数数据库。

五　中国城市竞争力（广西）报告

广西壮族自治区位于华南地区西部，与广东、湖南、贵州、云南以及越南相邻，并与海南隔海相望。面积为 23.67 万平方公里，人口约 4603 万人，以汉族、壮族为主。2012 年广西 GDP 达到 13031.04 亿元，增长率为 11.3%。在“十二五”时期，广西围绕实现“富民强桂”新跨越，推进四化，深入实施西部大开发战略，努力把北部湾经济区打造成中国大西南的出海通道，力争实现地区生产总值年均增长 10%，到“十二五”期末翻一番，财政收入、全社会固定资产投资、社会消费品零售额、进出口总额翻一番以上；结构调整取得重大进展，工业增加值占地区生产总值比重提高 6 个百分点。

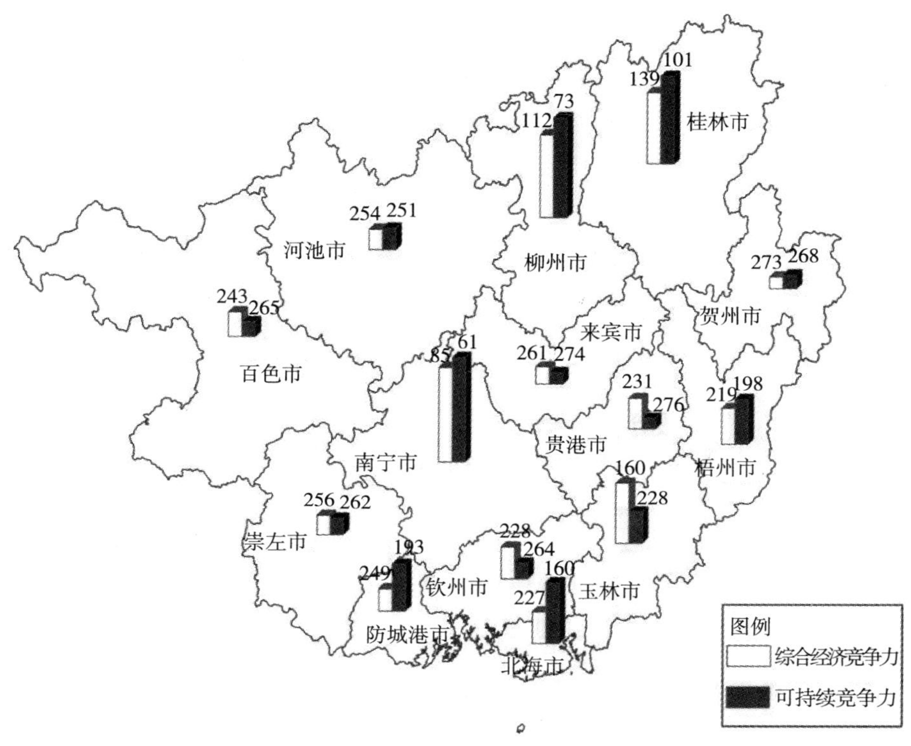

图 18－9　2012 年广西壮族自治区城市竞争力排名

（一）综合经济竞争力：总体排名靠后，且效率低

广西综合经济竞争力方面整体水平很差，指数均值为 0.04773，排在全国第 29 名。从区内的格局来看，各地差距较小，除南宁排名第 85 位，竞争力较好，柳州、桂林、玉林排名分别为 112、139、160 位，竞争力一般，其余城市则处于 200 名之后，竞争力较差或者很差，指数方差为 0.00020，全国排名第 4 位。由此可看出，以南宁、柳州、桂林为代表的中心城市发展迅猛，已成为加快和推动全区综合经济竞争力增强的区域核心城市。从分项来看，综合增量竞争力指数均值为 0.04315，排名第 24 位，指数方差为 0.00104，排名第 7 位；综合效率竞争力指数均值为 0.00238，排名第 29 位，指数方差为 0.000002，排名第 3 位。由此看出，广西的综合增量竞争力较差，且经济发展方式还是以粗放为主，综合效率竞争力很差。

（二）可持续竞争力：整体水平落后，各分项指标均排名靠后

广西可持续竞争力方面整体水平很差，指数均值为0.29723，全国排名第28位。从区内格局来看，各地差距较大，除南宁、柳州、桂林排名第61、73、101名，其他城市大多在250位之后，竞争力很差，指数方差为0.01085，全国排名第20位。南宁、柳州、桂林已经成为加速人口和产业集聚、支撑全区城镇化跨越发展的关键所在，加快建设南宁、柳州超大城市和桂林特大城市，有助于壮大广西经济增长极，增强其对全区经济发展的辐射带动能力。

（三）可持续竞争力分项

如表18－5所示，从分项指标来看：

表18－5 广西壮族自治区城市可持续竞争力分项

单位：位

可持续竞争力分项	文化城市竞争力	生态城市竞争力	知识城市竞争力	全域城市竞争力	和谐城市竞争力	宜商城市竞争力	宜居城市竞争力	信息城市竞争力
城市	指数	指数	指数	指数	指数	指数	指数	指数
南　宁	0.27931	0.54045	0.53108	0.16777	0.39522	0.48399	0.50758	0.43469
柳　州	0.25416	0.32747	0.44053	0.25314	0.51661	0.47412	0.47796	0.34707
桂　林	0.30895	0.41689	0.49504	0.24981	0.23100	0.36516	0.35044	0.31571
梧　州	0.22663	0.46201	0.18933	0.14715	0.17459	0.23880	0.31741	0.24636
北　海	0.28262	0.37396	0.28883	0.16046	0.40204	0.21162	0.40567	0.19450
防城港	0.18941	0.26280	0.13614	0.21507	0.34547	0.23669	0.54763	0.16521
钦　州	0.17834	0.12303	0.07183	0.04729	0.12447	0.14942	0.42530	0.27182
贵　港	0.14827	0.10387	0.00453	0.04319	0.25753	0.15995	0.30711	0.11716
玉　林	0.14203	0.27988	0.21147	0.04677	0.19898	0.30486	0.37817	0.21573
百　色	0.07725	0.08267	0.20029	0.10562	0.10123	0.14343	0.37392	0.22424
贺　州	0.10047	0.31597	0.10992	0.05063	0.02482	0.15830	0.39335	0.16674
河　池	0.11299	0.26108	0.14757	0.07371	0.25142	0.11945	0.39075	0.14563
来　宾	0.05930	0.11008	0.11000	0.05431	0.12212	0.11979	0.32687	0.13255
崇　左	0.16767	0.10136	0.22494	0.07488	0.11963	0.14235	0.36299	0.10407
指数均值	0.18053	0.26868	0.22582	0.12070	0.23322	0.23628	0.39751	0.22011
指数方差	0.00641	0.02202	0.02551	0.00603	0.01932	0.01569	0.00507	0.00912

续表

城市	排名	排名	排名	排名	排名	排名	排名	排名
南　宁	117	40	49	194	130	39	64	40
柳　州	137	166	73	120	46	41	85	85
桂　林	93	112	58	123	233	89	196	107
梧　州	160	80	215	209	261	202	225	161
北　海	111	139	139	201	122	224	148	205
防城港	185	215	247	149	174	205	45	232
钦　州	198	264	276	277	271	259	133	138
贵　港	222	270	286	281	222	252	236	261
玉　林	226	204	199	278	248	134	175	185
百　色	269	276	208	246	277	263	180	178
贺　州	257	177	264	275	285	255	160	231
河　池	250	217	239	267	225	268	162	242
来　宾	275	268	263	273	273	267	214	256
崇　左	210	271	191	264	274	264	185	266
指数均值	25	25	29	31	28	27	20	25
指数方差	4	20	13	9	19	20	8	5

资料来源：中国社会科学院城市与竞争力指数数据库。

文化城市竞争力整体水平较差，指数均值为0.18053，全国排名第25位。各地差距较小，排名分布较为均衡，其中桂林排在全国第93位，北海等6个城市均匀分布在100～200位，崇左等7个城市均匀分布于200位之后，指数方差为0.00641，全国排名第4位。全区应注意在加快对整体开放性建设的同时，不能忽视弱势地区。

生态城市竞争力整体水平较差，指数均值为0.26868，全国排名第25位。各地差距较大，全区仅南宁和梧州排在百名之内，分别为第40、80位；其余城市则大多处在200位之后，指数方差为0.02202，全国排名第20位。广西生态系统脆弱，增长普遍粗放，传统产业工艺相对落后，消耗高、效益低、污染重，走新型工业化道路，是建设生态城市的必由之路。

创新城市竞争力整体水平很差，指数均值为0.22582，全国排名第29位。但南宁、柳州、桂林依然表现抢眼，分别排在第49、73、58位；而其他城市较为均匀地分布在139～286名，指数方差为0.02551，全国排名第13位。广西大多数教育和科研资源都集中到大城市中，阻碍了中小城市转型和整体提升，须合理分配资源。

全域城市竞争力整体水平很差，指数均值为 0.12070，全国排名第 31 位。各地发展较为均衡，全区城市均在百名之后，柳州等 4 个城市处在 100～200 位，其余均衡分布在 200 位之后，其指数方差为 0.00603，全国排名第 9 位。广西逐渐降低农村居民进城入户门槛，放开全区县（市）城镇落户条件，促进劳动力自由流动，优化农村资源。

和谐城市竞争力整体水平很差，指数均值为 0.23322，全国排名第 28 位。各地差距较大，除柳州竞争力很好，排在第 46 位，大多数城市都位于 200 名之后，其指数方差为 0.01932，全国排名第 19 位。全区城市化率不高，造成的城乡居民的待遇不同，应逐渐改变城乡分割的二元结构体制，改善城乡关系。

宜商城市竞争力整体水平很差，指数均值为 0.23628，全国排名第 27 位。全区各地发展较不均衡，南宁、柳州、桂林依次为广西的前三，位列全国前 100 位，分别排第 39、41、89 位；而其他城市除玉林都位于 200 位之后，指数方差为 0.01569，全国排名第 20 位。南宁、柳州、桂林作为各区域的中心，商业吸引力较强，有利于区域优势聚集，反过来增强了商业吸引力，同时也会带动周边城市的发展。

宜居城市竞争力整体水平较差，指数均值为 0.39751，全国排名第 20 位。各地差距较小，防城港、南宁、柳州分列全国第 45、64、85 位；其他城市位于 100～250 位之间，指数方差为 0.00507，全国排名第 8 位。广西生态气候环境较好，但由于大部分地区经济环境较差，基础设施薄弱，生活较不便利，所以应着眼于扶贫开发，切实加强贫困地区基础设施建设。

信息城市竞争力整体水平较差，指数均值为 0.22011，全国排名第 25 位。各地区发展较为均衡，南宁、柳州分别排名第 40、85 位，其余城市有 5 个处在 100～200 位，另外 7 个城市位于 200 名之后，指数方差为 0.00912，全国排名第 5 位。加强柳州、南宁交通和信息化建设，能优化区域交通通信结构，发挥其区域中心城市的辐射作用，促进广西经济的发展。

（四）结论与政策建议

从图 18 - 10 可以看出，全区各方面指数与最好的差距很大，大多处于 0.2 左右，均低于全国平均水平。10 个指数中宜居城市竞争力方面表现最好，略低于全国水平，其他方面表现都较差，其中以综合经济竞争力和全域城市竞争力表现最差。由此可见，广西在全面提升竞争力，实现“十二五”规划“富民强桂”目标的过程中，首先应该继续保障和改善民生，大力发展交通等基础设施，逐步推进城镇化建设，缩小城乡之间的差距；其次应逐步转变经济发展方式，优化地区粗放式的增长方式，减少资源浪费和环境污染；同时逐渐放开地方市场，实现区域内外协调合作，释放地方优势资源。

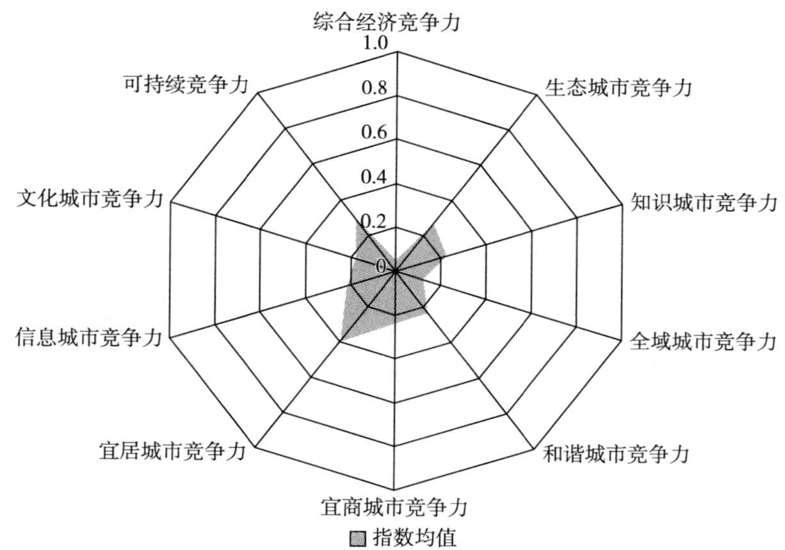

图 18 - 10　2012 年广西壮族自治区城市竞争力

资料来源：中国社会科学院城市与竞争力指数数据库。

六　中国城市竞争力（重庆）报告

重庆简称渝或巴，位于长江上游，东邻湖北、湖南，南接贵州，西靠四川，北连陕西，全市辖区面积 8.24 万平方公里，总人口 3303.45 万人（2010 年）。2012 年重庆实现地区生产总值 11459 亿元，同比增长 13.6%，增速为全国第二，西部第一。重庆“十二五”期间将继续围绕“314”总体部署，到“十二五”期末实现 GDP 翻一番，年均增长 12.5%，达到 1.5 万亿元，相当于上海目前的体量，人均 GDP 翻一番，达到 8000 美元，相当于 2008 年北京的水平，重庆整体进入现代化阶段。

（一）综合经济竞争力：总体处于上游，效率较低，但增长快速

重庆综合经济竞争力方面整体处于上游水平，高于全国平均水平，指数为 0.16593，排在全国省域第 7 名，从全国城市排名来看则排名第 27 位，处于最好之列。从分项来看，综合增量竞争力指数均值为 0.56744，排名第 4 位；综合效率竞争力指数均值为 0.00478，排名第 19 位。由此看出，重庆的综合增量竞争力较好，但经济正处于转型阶段，粗放的发展式尚未完全摆脱，综合效率竞争力一般。从全市经济格局来看，都市发达经济圈拥有较为完整的地理位置，基础条件好，经济综合能力相对较好；渝西经济走廊是产业密集带和大、中城市连绵区，工业、城市化进程正处于加速阶段；三峡库区生态经济区生态环境资源和资源禀赋优越，但基础设施薄弱，经济发展水平较低。

（二）可持续竞争力：整体排名靠前，除城乡一体和公平包容，多项指标领先

重庆可持续竞争力方面处于上游水平，高于全国平均水平，指数均值为 0.52353，排在全国省域第 6 名，从全国城市排名来看则排名第 43 位，具有很强的竞争力。重庆自然资源丰富，能源供给充足，交通通信发达，还有良好的工业基础，雄厚的科技教育实力，广阔的市场和丰富的劳动力资源。同时重庆是大城市与大农村的结合体，二元经济结构明显。“1 小时经济圈”打造以主城区为核心的城市群战略部署的提出将逐渐缩小区域之间的发展不平衡，增强重庆整体可持续竞争力（见图 18－11）。

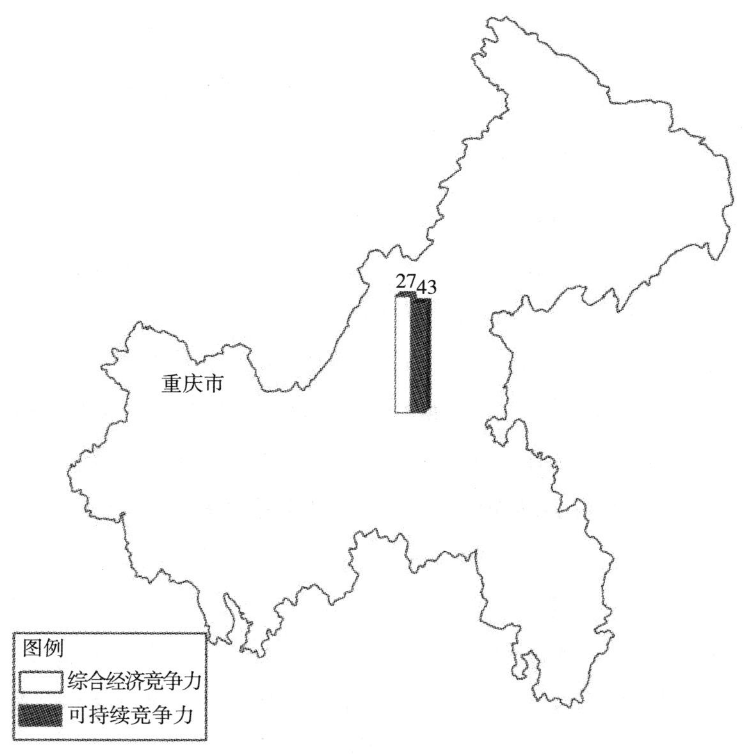

图 18－11　2012 年重庆市城市竞争力排名

（三）可持续竞争力分项

如表 18－6 所示，从分项指标来看：

表 18－6　重庆市城市可持续竞争力分项

单位：位

可持续竞争力分项	文化城市竞争力	生态城市竞争力	知识城市竞争力	全域城市竞争力	和谐城市竞争力	宜商城市竞争力	宜居城市竞争力	信息城市竞争力
城市	指数	指数	指数	指数	指数	指数	指数	指数
重庆	0.58143	0.41858	0.57060	0.18969	0.28335	0.49567	0.50517	0.67866
指数均值	0.58143	0.41858	0.57060	0.18969	0.28335	0.49567	0.50517	0.67866
城市	排名	排名	排名	排名	排名	排名	排名	排名
重庆	17	110	43	173	210	35	66	9
指数均值	5	12	5	22	26	6	9	4

资料来源：中国社会科学院城市与竞争力指数数据库。

文化城市竞争力整体处于上游水平，远高于全国平均水平，指数均值为0.58143，排全国省域第5位，从全国城市排名来看则排名第17位。重庆独特的巴山文化，以及作为西部工业重镇，吸引了大量的外企落户重庆，大量的外来人口增添了重庆的文化多样性，使重庆变得更加开放包容。

生态城市竞争力整体处于中上游水平，略高于全国平均水平，指数均值为0.41858，排名全国省域第12位，从全国城市排名来看则排名第110位。重庆以工业为主，能耗最大的工业对重庆地区生产总值的贡献度仍然在50%以上，使得建设资源节约型和环境友好型社会变得迫切而任重道远。

创新城市竞争力整体处于上游水平，远高于全国平均水平，指数均值为0.57060，排名全国省域第5位，从全国城市排名来看则排名第43位，处在最好之列。与沿海城市相比差距仍较大，为推动产业结构优化升级，实现“重庆制造”向“重庆创造”转变，重庆需加快实施创新驱动战略。

全域城市竞争力整体水平较差，低于全国平均水平，指数均值为0.18969，排名全国省域第22位，从全国城市排名来看则排名第173位。重庆城乡二元结构十分典型，城乡收入差距高于全国平均水平，正从典型的大城市带大农村，逐步转向城乡统筹、城乡一体化发展。

和谐城市竞争力整体水平较差，低于全国平均水平，指数均值为0.28335，全国排名第26位，从全国城市排名来看则排名第210位。重庆的城乡差距较大，最终体现在了公共服务水平不均衡上，尤其是农村教育、医疗、社会保障等社会事业与城市的差距有扩大的趋势，影响了和谐社会的建设。

宜商城市竞争力整体处于上游水平，高于全国平均水平，指数均值为0.49567，全国排名第6位，从全国城市排名来看则排名第35位。重庆是大城市和大工业基地，服务业集群和制造业集群配套良好，还享受中国西部开发的政策，两江新区、保税区是中国内陆优惠政策最密集的地方，对外资、内资产生巨大的吸引力、凝聚力。

宜居城市竞争力整体处于上游水平，高于全国平均水平，指数均值为0.50517，全国排名第9位，从全国城市排名来看则排名第66位。全市近来加快“畅通重庆”建设；率先大规模建设公租房，解决了低收入者的住房问题；完善公共文化娱乐服务网络，提升了城市文化品位，丰富着市民文化娱乐生活。

信息城市竞争力整体处于上游水平，远远高于全国平均水平，指数均值为0.67866，全国排名第4位，从全国城市排名来看则排名第9位。重庆是中国长江上游地区唯一汇集水、陆、空交通资源的特大型城市，是西南地区综合交通枢纽，同时全市实现了村村通公路、互联网宽带的目标。

（四）结论与政策建议

从图18－12可以看出，重庆各方面指数与最好的仍有一些差距，大多处于0.5左右及以上，除全域城市竞争力和和谐城市竞争力表现最差以外，其他均高于平均水平，其中信息城市竞争力表现最好。综上所述，城乡差距成为阻碍重庆发展的主要因素，城乡差距有失公平正义，同时制约农村发展，阻碍城市化、工业化，影响社会和谐稳定，从整体上削弱了重庆的经济和可持续竞争力。为缩小差距，重庆正在建设城乡统筹的直辖市，率先推进农民工户籍制度改革，逐步实现城乡之间基础设施、社会保障、教育等要素流通的一体化，缩小城乡差距。同时继续建设“五个重庆”，全面提升全市竞争力。

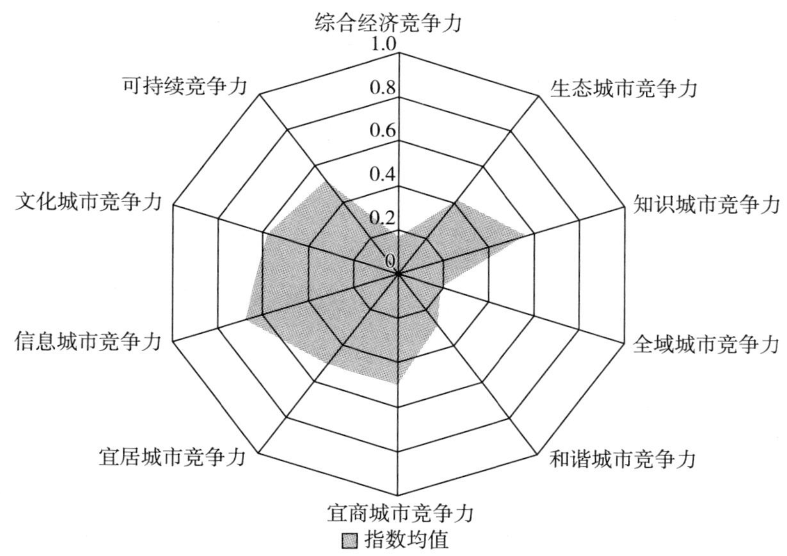

图18－12　2012年重庆市城市竞争力

资料来源：中国社会科学院城市与竞争力指数数据库。

B.19
中国(西北地区)城市竞争力报告

魏　婕*

一　中国城市竞争力（陕西）报告

陕西省，面积约21万平方千米，人口3733万，省会西安。下辖西安1副省级市、宝鸡等9地级市及1农业示范区。“十一五”期间，陕西经济进入快速发展的轨道，2010年全省GDP总量居全国第16位（由2005年的20位提升至2010的16位），正式跨入国内“万亿省份俱乐部”。2012年全省GDP总量为14457.84亿元，较上年增速15.51%。快于全国平均水平6.2%，居西部第一。在全国排名16位，连续10年保持两位数增长。人均GDP为38608元人民币，合6204美元（2012年末），继续领跑西部，人均GDP居全国第14位。陕西省“十二五”规划将“富民强省”作为基调。提出实现“三个上台阶”，即经济综合实力、人民生活水平和质量、生态环境保护上台阶；“三个大幅提升”，即生产总值、财政收入、城乡居民收入大幅提升；“两个明显改善”，即基础设施和公共服务保障水平明显改善，社会和谐程度和人民群众幸福指数明显改善；“一个大跨越”，即从经济欠发达省份跨进中等发达省份行列。

（一）综合经济竞争力：大城市表现良好，资源型城市异军突起

陕西省城市综合经济竞争力指数均值为0.05874，全国排21位；方差相对较小，全国排名15位，居中游，说明陕西省各城市之间综合经济竞争力差距为全国中等。其中，陕西省综合增量竞争力指数和综合效率竞争指数均

---

* 魏婕，西北大学经济管理学院2010级西方经济学博士研究生。

值分别为0.06671和0.00348，排名分别为18位和25位。从省内各城市综合经济竞争力排名来看，除了榆林属于小城市以外，其他排名较高的三大城市（西安、咸阳和宝鸡）都为大型或特大型城市，可以说城市规模与综合经济竞争力息息相关。另外榆林作为资源类城市较为特殊，排名较高的城市发展阶段相对也较高。从全国排名来看，陕西省城市综合经济竞争力排进全国前100位2名，前200位6位，占到总城市数的60%，总体一般。可以说陕西省近些年某些资源型城市排名异军突起，虽在数据方面表现良好，但是长期可持续问题仍然存在。

（二）可持续竞争力：省会西安独占鳌头，其他城市发展潜力亟待提高

陕西省城市整体的可持续竞争力指数均值为0.33827，全国排名第24位；方差为0.00888，全国排名第9位。总体表现出排名一般，但城市之间差距较小。从省内各城市的可持续竞争力来看，西安市作为省会，同时也是级别较高的副省级城市，当仁不让的居首，且远远高于其他城市。排第2名和第3名的咸阳市和宝鸡市都属于大型城市且发展阶段属于工业化初期，城市规模和发展阶段都高于其他城市。从全国排名来看，排名前50位只有西安市，前150位只有3个城市，相比全国，大部分城市可持续竞争力排名居后。由此可见，陕西省目前城市发展状况不甚理想，未来城市发展的潜力亟待提高（见图19－1）。

（三）可持续竞争力分项

文化城市竞争力，陕西省该指数整体均值为0.22848，排名第19位，方差全国排名第20位，可以看出在开放多元方面，陕西省城市整体处于中游，但省内城市之间差距不小。其中西安市高居第12位，其他城市与西安相比，开放与多元程度相去甚远。从全国排名来看，陕西省城市开放多元的文化城市指数居前100位的2名，100～200位的4名。可以说开放多元程度较好的数量甚少，多为一般程度居中下。说明陕西省各城市作为内陆城市，在对外开放方面以及突出自身个性方面远远不足，可喜的是西安市作为领头城市，其开放多

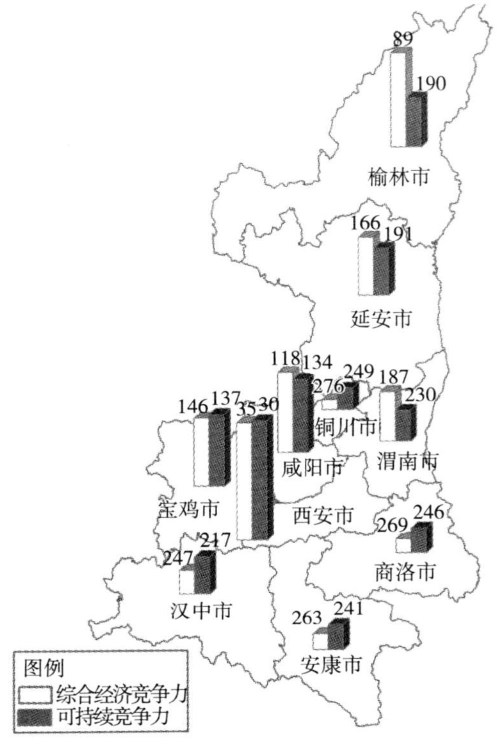

图 19－1　2012 年陕西省城市竞争力排名

元的特色被人称道，起了良好的带头作用。

生态城市竞争力，陕西省城市整体均值 0.28894，排名第 24 位，指数方差为 0.02097，全国排名第 19 位。在环境友好方面，可以看出城市规模越大，发展阶段越高，其生态环境反而可能越恶化，以西安市和咸阳市为代表，表现出城市发展程度与生态环境良好严重不一致。从全国排名来看，陕西省城市之间在全国排名差异较大，居前 100 位的有 3 个城市，但剩下多为近 200 位或 200 位以后，说明在环境和生态保护方面城市之间差异较大，同时整体较全国落后。该指数的排名状况为陕西省城市发展敲响了警钟，城市可持续发展离不开生态环境的友好。

知识城市竞争力，陕西省整体均值排名仍显一般，均值为 0.27979，排名第 23 位，但该指数省内城市之间方差较小，全国排名第 10 位。与开放多元个

性城市指数类似，除了西安市遥遥领先，其他城市均表现一般，几个大型城市和发展程度较高的城市同样也排名一般。从全国排名来看，前 100 位只有 2 名，前 200 位 5 名，提高创新能力和发展高新技术，是陕西省各城市面对的同样问题。

全域城市竞争力，相比其他指数，陕西省该指数均值排名相当居后，居第 29 位，同时方差特别小，仅有 0.00302，全国排名第 4 位。不论从省内还是全国排名来看，陕西省全部城市都排名相当不理想，连西安市也难以幸免，无一城市排在全国前 100 名内，同时城市之间在城乡一体化程度方面差异不大。说明陕西省城市整体城乡一体化进程推进缓慢，城乡融合互动程度较差，未来城市发展在此方面要下足功夫。

和谐城市竞争力，该指数陕西省表现出的状况正常，整体城市均值为 0.33634，全国排名第 23 位。其中，西安市在公平、包容与和谐方面表现特别突出，全国排名第 4。说明西安市在近些年的发展过程中，在创造城市氛围和环境方面下足了功夫。咸阳市排全国第 60 位，也属于较好的位置，而其他城市表现平平。

宜商城市竞争力，实业仍是一个城市发展的关键所在。陕西省该指数城市整体均值排名全国第 25 位，方差排名 19 位。省内城市之间差距相对较大，两极分化严重。实业发展相对较好的，如西安和咸阳排名也在全国前 100 位，而商洛、延安和铜川等城市已经在 250 名以后。所以陕西省实业发展程度较弱的城市，根据自身的优势寻找合适的产业和实业，建设城市核心竞争是当务之急。

宜居城市竞争力，陕西省整体表现一般，均值 0.35261，全国排名第 24 位。这与环境友好的生态城市指数排名不高是一致的，说明陕西省整体城市宜居程度一般。其中西安市在此指数方面也表现不甚理想，排名 90 位，和西安市综合排名差距较大。其他城市也没有因为城市规模和发展阶段不同表现出太大的差异。

信息城市竞争力，陕西省城市整体该指数均值为 0.26646，排第 21 位；方差 0.01548，排第 17 位。省内比较来看，最高是西安，排第 19 位，最低是商洛，排第 252 位，从高低排位来看，差距较大。从全国层面来看，排在前100位的只有西安和咸阳2个城市，100位到200位有6个城市，整体属于一般，说明城市在信息交通等基础设施建设方面应加快步伐（见表19－1）。

表19－1 陕西省城市可持续竞争力分项

单位：位

可持续竞争力分项	文化城市竞争力	生态城市竞争力	知识城市竞争力	全域城市竞争力	和谐城市竞争力	宜商城市竞争力	宜居城市竞争力	信息城市竞争力
城市	指数	指数	指数	指数	指数	指数	指数	指数
西安	0.59314	0.29230	0.67469	0.25258	0.69011	0.53143	0.47296	0.56598
铜川	0.03922	0.14621	0.19465	0.18896	0.36266	0.16030	0.34489	0.20207
宝鸡	0.19186	0.48826	0.37845	0.16087	0.39941	0.27658	0.42170	0.21933
咸阳	0.30721	0.18496	0.31848	0.18244	0.49360	0.35841	0.34395	0.33764
渭南	0.17325	0.08733	0.22993	0.10306	0.32080	0.23558	0.31862	0.21981
延安	0.24756	0.48015	0.21027	0.17711	0.20301	0.15803	0.25511	0.31846
汉中	0.21324	0.24461	0.26896	0.11955	0.21310	0.27281	0.26674	0.14191
榆林	0.23374	0.46316	0.18769	0.12970	0.16181	0.26098	0.44293	0.24229
安康	0.11633	0.19928	0.13069	0.06782	0.32685	0.18313	0.32337	0.28093
商洛	0.16930	0.30313	0.20406	0.09501	0.19204	0.11007	0.33583	0.13621
指数均值	0.22848	0.28894	0.27979	0.14771	0.33634	0.25473	0.35261	0.26646
指数方差	0.02179	0.02097	0.02426	0.00302	0.02657	0.01476	0.00519	0.01548
城市	排名	排名	排名	排名	排名	排名	排名	排名
西安	12	199	17	121	4	27	90	19
铜川	280	260	211	174	159	251	201	198
宝鸡	182	63	94	200	123	162	137	183
咸阳	94	246	123	178	60	97	202	95
渭南	200	274	187	249	189	206	222	182
延安	145	66	201	185	247	256	259	105
汉中	168	224	150	231	241	165	257	246
榆林	154	79	217	222	262	174	112	163
安康	247	239	249	269	185	243	219	133
商洛	208	191	205	253	251	270	209	252
指数均值	19	24	23	29	23	25	24	21
指数方差	20	19	10	4	23	19	9	17

资料来源：中国社会科学院城市与竞争力指数数据库。

（四）结论与政策建议

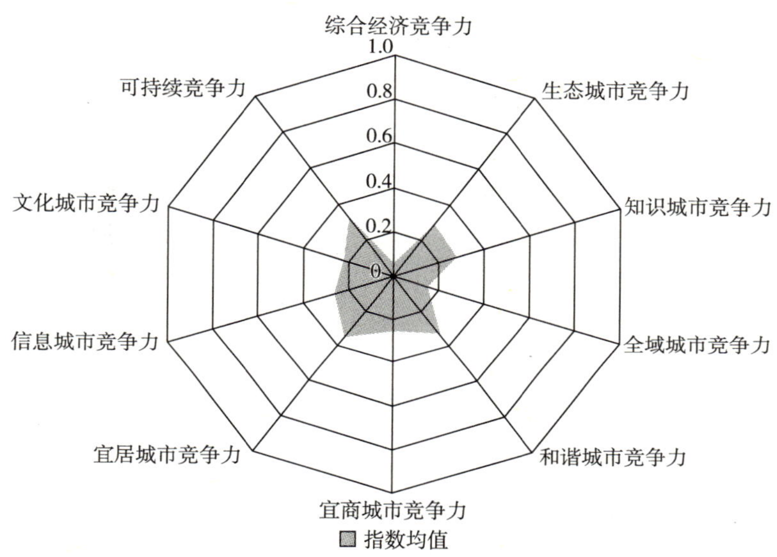

图 19－2　2012 年陕西省城市竞争力

资料来源：中国社会科学院城市与竞争力指数数据库。

总体来说，陕西省不论综合经济竞争力还是可持续竞争力表现均一般，在可持续竞争力方面，城乡一体化的全域城市建设方面明显滞后于全国，同时环境友好的生态城市也略显不足。所以未来立足于实际，加快发展是关键。推进城乡融合，建立城乡良性互动机制，加快推进城乡一体化进程。除此之外，生态环境建设是绕不开的话题，要想持续发展，保持优美的宜居环境才是城市根本所在。

二　中国城市竞争力（甘肃）报告

甘肃省地处黄河上游，东接陕西，南控巴蜀、青海，西倚新疆，北扼内蒙古、宁夏。下辖 12 个地级市和 2 个自治州，省会兰州。东西蜿蜒 1600 多公里，面积 45. 37 万平方公里，占全国总面积的 4. 72%。2011 年甘肃省实现生产总值5020亿元，比上年增长12.5%。经过多年的西部大开发后，甘肃省充分发挥资源、区位和老工业基地的比较优势，形成石油天然气与精细化工、有色冶金新材料、生物制药、特色农副产品及以其为原料的加工业、旅游业五大支柱产业。甘肃省“十二五”规划以努力推动全省经济社会跨越式发展为主线，全面实施区域发展战略。加快兰白核心经济区建设，发挥“中心带动”辐射作用；推进酒嘉、张掖、金武、平庆、天水（关中—天水）经济区发展，实现“两翼齐飞”；充分发挥各地比较优势，支持甘南、临夏、定西、陇南“两州两市”加快特色产业发展和集中连片扶贫攻坚，支持张掖、武威等河西绿色经济区和金昌、白银等为重点的循环经济区建设，促进各具特色的区域“组团发展”和全省发展的“整体推进”。

（一）综合经济竞争力：全国居末，呈整体落后状况

甘肃省该指数均值为0.03241，第33名，全部省份和地区的最后1名；方差0.00009，排第1名。这说明甘肃省城市整体综合经济竞争力较差，同时城市之间差距很小，属于整体落后的状况。除了省会兰州，省内城市排名基本都在250位以后，另外没有一个城市进入全国前100名。在综合增量竞争力指数和综合效率竞争力指数方面，甘肃省依然呈现出整体落后的状况，指数均值排名都为全国各地区的最后1位（第33位）。由此可见，在经济整体发展方面，甘肃省各城市不发达状况明显，发展都属于刚起步阶段，与其他城市发展差距较大，未来加快经济量的积累是关键。

（二）可持续竞争力：好于综合经济竞争力，解决发展是首要问题

甘肃省该指数明显要好于综合经济竞争力指数，全省均值0.24270，排名第31位，并未居末位。方差不大，仅为0.00911，全国排名第11位。由此说明，甘肃省城市可持续竞争力虽然较全国平均水平仍显较低，但其高于综合经济竞争力，其在持续竞争力方面要明显好于现阶段的经济发展。在此竞争力方面，城市之间差异不大，兰州排名最高，第100位；100~200位有2名；剩下的城市都在200名以后，所以甘肃省城市从总体来看，解决发展问题是首要（见图19-3）。

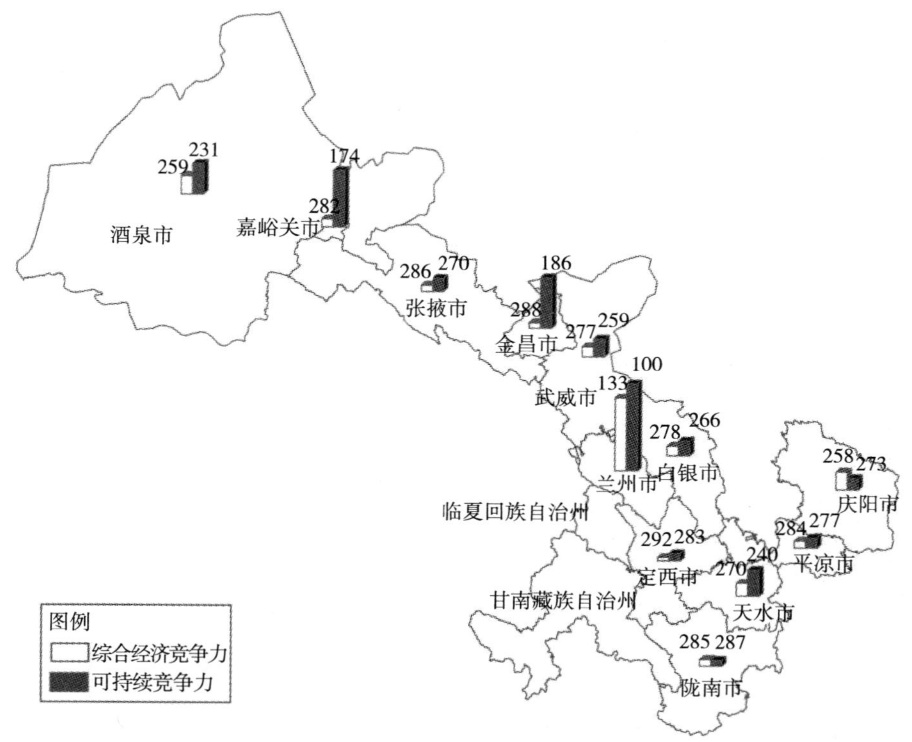

图 19－3　2012 年甘肃省城市竞争力排名

（三）可持续竞争力分项

文化城市竞争力，甘肃省均值较低，排名全国第 32 位。没有一个城市排在前 150 位，最好的是天水，排名 162 位。可以说甘肃省各个城市由于所处地理位置，对外开放程度较低，城市多元化也不甚理想。

生态城市竞争力，甘肃省全省均值为 0.26535，排名第 26 位；方差为 0.01974，排名第 15 位。从环境和生态来说，甘肃省各个城市要好于经济发展，这是甘肃城市发展的可取之处。但是其中问题也非常明显，省会兰州在该指数排名第 247 位，排名相当靠后，说明兰州在发展过程中以生态环境为代价的特征明显。

知识城市竞争力，甘肃省全省均值排名第 30 位，为 0.22046，方差不大，排名第 8 位。其中兰州表现优异，排名第 32 位，这与兰州作为甘肃省首府科研院所较多等密不可分，另外也说明兰州经济发展中科技含量高，创新能力强。相比兰州，甘肃省其他城市就没有什么突出的表现，100名到200名排名中仅有3席，其他均在200名以后，说明其他城市发展科技，以科技推动城市发展仍需提高。

全域城市竞争力，甘肃省在该项指数上表现较其他分项指数最好，全省均值为0.17128，全国排名第25位。从省内城市来看，嘉峪关排名最高，第32位，兰州也比较理想，第52位；100~200名有3个城市，分别为金昌（113）、酒泉（129）和白银（191）；其他城市均在200名以后。由此来看，嘉峪关和兰州城乡一体化推进程度相对较理想。甘肃省整体来说城乡融合方面在全国属于中游，成绩还是显著的。

和谐城市竞争力，甘肃省整体该项指数均值为0.20381，排名第30位，方差不大，城市之间差距不大。白银排位最高，第150位，意味着甘肃省所有城市该指数均在150名以后，说明甘肃省各城市在构建城市环境和氛围方面也略显一般。

宜商城市竞争力，甘肃省整体靠后，均值为0.16128，排在第31位，方差为0.01345，排在第14位。兰州排位最高，第53位，其他城市基本在200名以外（除酒泉192位），说明甘肃省的各个城市产业发展方面依然滞后，以实业为主体的竞争力还未完全构建成功。

宜居城市竞争力，甘肃省整体情况也和大多数指数类似，相对靠后，排在第31位。排位最高的是金昌，第77位。100名到200名有嘉峪关、酒泉两个城市，其他均在200名以后。特别是兰州市，排在第203位，说明兰州在构建宜居城市方面略显不足，未来探索以人为核心的宜居城市是关键。

信息城市竞争力，甘肃省整体情况也是居后的，全省均值为0.14638，排在第31位；方差为0.01065，排在第10位。可见在该指数方面，甘肃省表现的整体水平还是相对较差，但城市间差距不大。其中最好的是兰州，排在第61位；第二是嘉峪关，排在第128位，其他均在200位以后。由此可见，甘肃省在城市软硬环境构造方面仍显欠缺，加快基础设施，建设交流便利的城市是未来发展的主要内容（见表19－2）。

表 19－2　甘肃省城市可持续竞争力分项

单位：位

可持续竞争力分项	文化城市竞争力	生态城市竞争力	知识城市竞争力	全域城市竞争力	和谐城市竞争力	宜商城市竞争力	宜居城市竞争力	信息城市竞争力
城市	指数	指数	指数	指数	指数	指数	指数	指数
兰　州	0.21778	0.18478	0.60937	0.34536	0.29887	0.45603	0.34383	0.37743
嘉峪关	0.16269	0.38141	0.18607	0.39499	0.19098	0.19626	0.43022	0.28674
金　昌	0.14172	0.42637	0.16419	0.26095	0.26441	0.22278	0.48654	0.17168
白　银	0.08788	0.06166	0.17314	0.17063	0.37480	0.15895	0.22243	0.06075
天　水	0.22068	0.30131	0.33722	0.11895	0.18309	0.09505	0.16120	0.18925
武　威	0.14605	0.31268	0.13697	0.14079	0.05852	0.15933	0.23534	0.12589
张　掖	0.16953	0.00000	0.29403	0.13629	0.13167	0.17419	0.31533	0.13924
平　凉	0.00000	0.27228	0.13771	0.09323	0.19228	0.07627	0.27893	0.10388
酒　泉	0.12317	0.21198	0.26720	0.23844	0.10878	0.24494	0.41191	0.10332
庆　阳	0.04993	0.26922	0.12340	0.06519	0.36590	0.06756	0.17276	0.05341
定　西	0.02201	0.26721	0.18191	0.04477	0.15203	0.03968	0.06906	0.14496
陇　南	0.00139	0.49528	0.03430	0.04577	0.12442	0.04436	0.00000	0.00000
指数均值	0.11190	0.26535	0.22046	0.17128	0.20381	0.16128	0.26063	0.14638
指数方差	0.00621	0.01974	0.02168	0.01335	0.01030	0.01345	0.02157	0.01065
城市	排名	排名	排名	排名	排名	排名	排名	排名
兰　州	164	247	32	52	200	53	203	61
嘉峪关	214	131	219	32	252	236	126	128
金　昌	227	105	229	113	219	216	77	225
白　银	266	282	227	191	150	254	269	277
天　水	162	192	109	233	257	274	282	213
武　威	223	182	245	214	283	253	264	259
张　掖	207	287	136	217	269	245	227	249
平　凉	287	208	244	255	250	276	254	267
酒　泉	242	238	152	129	275	192	144	268
庆　阳	278	211	257	271	157	280	281	281
定　西	284	213	221	280	266	284	286	243
陇　南	286	60	284	279	272	283	287	287
指数均值	32	26	30	25	30	31	31	31
指数方差	3	15	8	19	7	14	24	10

资料来源：中国社会科学院城市与竞争力指数数据库。

（四）结论与政策建议

从以上分析可以看出，甘肃省城市整体竞争力在全国来说相对较为落后，除了城乡一体的全域城市指数外，指数排名都比较靠后，说明甘肃省城市不论软实力还是硬实力方面在现阶段仍有欠缺，通过加快发展改善城市的各个方面，调整产业结构，推进城乡融合，注意生态环境保护，是甘肃省所有城市面临的相同问题（见图 19 -4）。

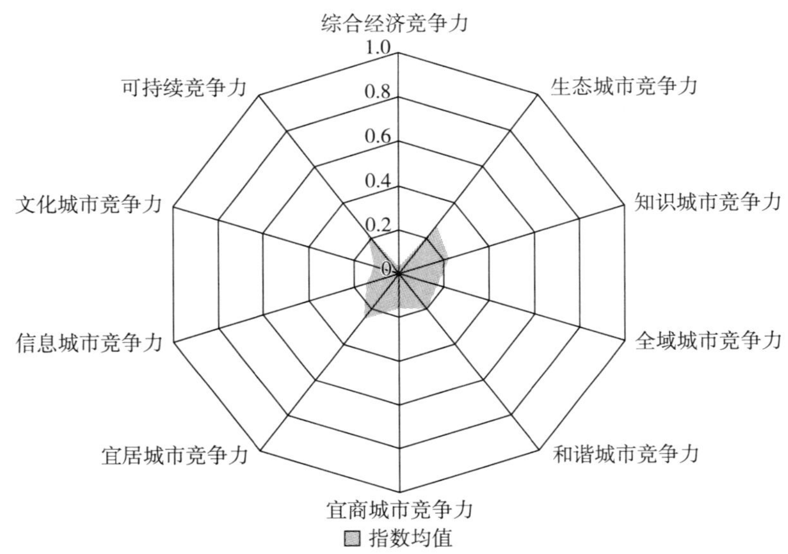

图 19 -4　2012 年甘肃省城市竞争力

资料来源：中国社会科学院城市与竞争力指数数据库。

三　中国城市竞争力（宁夏）报告

宁夏回族自治区，是我国五大自治区之一。宁夏回族自治区首府是银川。宁夏处在中国西部的黄河上游地区，南北相距约 456 公里，东西相距约 250 公里，总面积为 6.6 万多平方千米。宁夏东邻陕西省，西部、北部接内蒙古自治区，南部与甘肃省相连。2011 年全区实现生产总值 2326.64 亿元，按不变价格计算，比上年增长 11.5%。其中，第一、二、三产业分别增长了 5.6%、13.8% 和 9.7%。按常住人口计算，全区人均生产总值 36166 元，增长 10.3%。宁夏“十二五”规划认为发展是当前和今后一个时期解决宁夏一切

问题的关键所在，并提出“六个着力”，着力推进以项目为载体的基础设施建设，着力推进以构建现代农业产业体系为主要任务的农业现代化，着力推进以宁东能源化工基地建设为重点的新型工业化，着力推进以沿黄城市带为支撑的特色城市化，着力推进以生态治理和节能减排为“抓手”的生态环境建设，着力推进以生态移民攻坚为重点的扶贫开发进程。

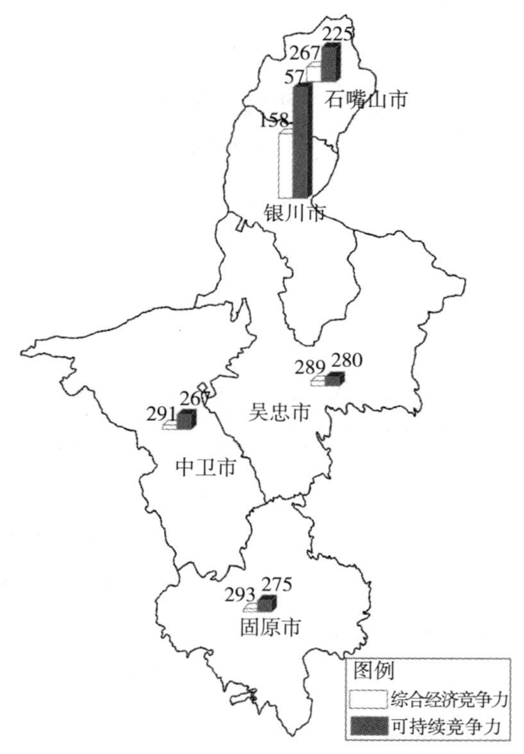

图 19－5　2012 年宁夏回族自治区城市竞争力排名

（一）综合经济竞争力：整体比较偏后

宁夏仅好于甘肃，全省各城市均值为 0.03252，全国排名第 32 位，省内城市之间差距不大，方差仅为 0.00017，全国排名第 2。可以说宁夏和甘肃类似，城市整体综合经济竞争力较弱，同时各城市在经济方面差异较小。宁夏各个城市在全国排名，都在 150 位以后，银川位次最高，158 位，整体属于偏后的位置。在综合增量竞争力指数和综合效率竞争力指数方面，宁夏整体排名也比较靠后，分别排在第32位和30位。同时也无一个城市排在全国前100位，可以说宁夏经济长期增长潜力和经济效率依然很弱。

（二）可持续竞争力：银川一马当先，其他城市表现较弱

宁夏全区均值0.27808，排在第30位，方差为0.01848，排第23位。同样与甘肃类似，相比综合经济竞争力，宁夏可持续竞争力排名要好于综合经济竞争力，可以说宁夏发展的可持续性相比现在的综合经济竞争力较好。从自治区内来看差距较大，银川一马当先，排名第57位，而其他几个城市排名均在200名以后。可以说除了银川，其他城市可持续竞争力较弱。银川在此表现良好，可持续发展能力在全国也属于较强程度。

（三）可持续竞争力分项

文化城市竞争力，该指数宁夏均值为0.11384，排在第31位，方差排第18位。可以说由于发展滞后和对外开放程度较弱，宁夏城市表现出的开放和多元程度相比全国平均水平来说较差。最好的排位是银川，居第70位，其他城市均在240名以后，说明银川相比其他城市开放多元化程度要高很多。

生态城市竞争力，宁夏整体表现一般，均值为0.26335，排在第27位，方差不大，为0.01702，全国第11位。从各城市排名来看，银川排位最高，第86位，100~200名有1位，剩下3位居200名以后。可以看出，宁夏环境和生态保护方面还算不错，特别是银川排位非常好，说明银川走的是环境生态优良的可持续发展之路。

知识城市竞争力，宁夏在此指数上，相比其他指数表现不错，均值为0.24643，全国排名第27位，方差排在第22位。其中银川排在全国所有城市中的第40位，说明银川在通过创新来驱动经济和城市发展方面可圈可点。其他城市表现的就不如银川那么良好，均在200名以后。

全域城市竞争力，宁夏在该指数方面是所有可持续竞争力分项指数中表现最好的，全省整体均值为0.21009，排名第20位，方差0.01399，排名第21位。从省内城市来看，差距相对较大，银川和石嘴山排名相对较高，分别为

42 位和 67 位，而其他城市均在 200 名以后。从全国来看，银川和石嘴山表现也不错，城乡一体化进程推进较快，而其他城市则不尽如人意。

和谐城市竞争力，宁夏排名相对靠后，排在第 31 位，均值仅为 0. 17539。从城市各个排名来看，整体表现差强人意。所有城市均在 180 名以后，排位最高的是银川，第 186 位。由此可见，宁夏在城市软环境构建方面仍是滞后。

宜商城市竞争力，宁夏该指数整体均值为 0. 17841，排名第 30 位，方差 0. 01440，排名第 17 位。整体来看，宁夏城市在实业发展方面起步较晚，底子薄，城市之间差异较大。银川仍是一马当先，全国排名 83 位，其他城市均在 200 名以后，由此可见，宁夏城市未来如何发展实业是关键。

宜居城市竞争力，宁夏在此方面表现相比其他较好，整体均值为 0. 34463，排名第 25 位，方差排在第 22 位。其中银川排在所有城市中第 76 位，石嘴山排在第 105 位，其他 3 个城市均在 200 名以后。可以看出省内城市在宜居方面差异不小，银川最为宜居。从全国层面来看，宁夏各城市构建宜居城市还有很长的路要走。

信息城市竞争力，宁夏该指数在全国排名第 28 位，整体均值为 0. 18560，方差相对不大，为 0. 01287，排在全国第 15 位。这一指数是宁夏为数不多还表现相对不错的分项指数，银川依然一枝独秀，排名第 79 位，而其他各城市都相对靠后（见表 19 – 3）。

表 19 – 3　宁夏回族自治区城市可持续竞争力分项

单位：位

可持续竞争力分项	文化城市竞争力	生态城市竞争力	知识城市竞争力	全域城市竞争力	和谐城市竞争力	宜商城市竞争力	宜居城市竞争力	信息城市竞争力
城市	指数	指数	指数	指数	指数	指数	指数	指数
银　川	0. 34696	0. 45327	0. 57343	0. 35947	0. 32532	0. 37819	0. 49305	0. 35510
石嘴山	0. 11694	0. 24788	0. 20878	0. 31382	0. 07944	0. 19822	0. 45309	0. 19669
吴　忠	0. 03357	0. 18579	0. 18174	0. 15764	0. 00000	0. 12631	0. 26058	0. 10609
固　原	0. 00773	0. 31751	0. 15548	0. 10719	0. 26681	0. 07776	0. 23280	0. 06019
中　卫	0. 06400	0. 11229	0. 11271	0. 11230	0. 20537	0. 11156	0. 28364	0. 20993
指数均值	0. 11384	0. 26335	0. 24643	0. 21009	0. 17539	0. 17841	0. 34463	0. 18560
指数方差	0. 01863	0. 01702	0. 03467	0. 01399	0. 01793	0. 01440	0. 01427	0. 01287

续表

城市	排名	排名	排名	排名	排名	排名	排名	排名
银　川	70	86	40	42	186	83	76	79
石嘴山	246	221	203	67	280	235	105	203
吴　忠	282	244	222	204	287	266	258	265
固　原	285	175	234	243	217	275	266	278
中　卫	271	267	262	240	245	269	252	191
指数均值	31	27	27	20	31	30	25	28
指数方差	18	11	22	21	17	17	22	15

资料来源：中国社会科学院城市与竞争力指数数据库。

（四）结论与政策建议

总体来看，宁夏城市整体发展状况比较滞后，各个方面的排名不尽如人意，加快发展仍然是不变的主题。但同时首府银川一枝独秀的特征比较明显，未来应发挥银川的辐射带头作用，促进宁夏其他城市的发展，从而实现共同发展（见图 19－6）。

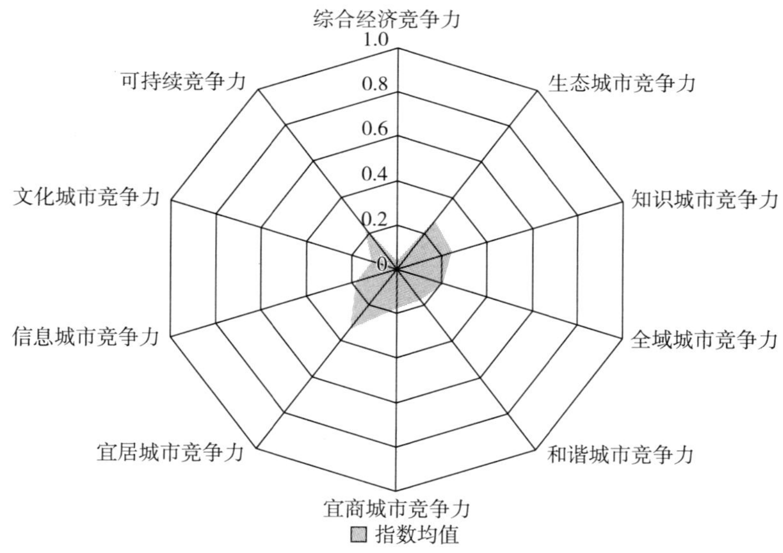

图 19－6　2012 年宁夏回族自治区城市竞争力

资料来源：中国社会科学院城市与竞争力指数数据库。

四　中国城市竞争力（青海）报告

青海省为我国青藏高原上的重要省份之一。面积 72.23 万平方公里，东西长 1200 多公里，南北宽 800 多公里，辖 6 州、2 市、51 个县级行政单位。有汉、藏、回、土、撒拉、维吾尔、蒙古、哈萨克等民族。2011 年青海省完成地区生产总值 1622 亿元，增长 13.5%。青海“十二五”规划提出四个“上一个大台阶”：全省综合经济实力上一个大台阶；人民生活水平上一个大台阶；生态环境保护和建设上一个大台阶；社会管理水平上一个大台阶。到“十二五”末期，人均经济总量、人均投资强度、城乡一体化、基本公共服务、绿色发展、生态保护与建设等六个方面走在西部前列。

青海省的城市，只考察其省会城市——西宁。在综合经济竞争力方面，西宁综合经济竞争力指数排名全国第 193 位，在省份层面，青海省排名第 26 位。综合增量竞争力指数和综合效率竞争力指数方面，西宁分别排名第 192 位和 149 位。可以看出，西宁乃至整个青海省综合经济竞争力方面仍处于靠后的水平，综合经济竞争力不高是一个客观事实。在可持续竞争力方面，西宁排名第 153 位；青海省在省份中排名第 20 位，略好于综合经济竞争力，说明西宁现在发展阶段决定未来西宁以及整个青海省的发展潜力还不错（见图 19－7）。

在可持续竞争力分项方面，文化城市竞争力西宁排第 177 位，处于中游水平；生态城市竞争力西宁排在比较靠后的位置，第 253 位，说明西宁在环境和生态环境保护等方面令人担忧；知识城市竞争力西宁排在第 66 位，是所有可持续竞争力分项指数中排位最高的一项指标，由此可见西宁在创新方面和提高科技含量方面走在了前列；全域城市竞争力西宁表现平平，总体尚可，全国排名第 105 位，即西宁的城乡一体化推进基本达到了全国平均水平；和谐城市竞争力西宁排在第 204 位，相对较后，意味着城市软环境还有待提高；宜商城市竞争力西宁排位不错，在 90 位，可以说西宁实业发展相对合理；宜居城市竞争力西宁该指数是所有分项指数中最差的，排在第 251 位，由此可见西宁离宜居城市的标准还相对较远；在信息城市竞争力西宁表现一般，109 位，信息交通便利程度一般（见表 19－4）。

图 19－7　2012 年青海省城市竞争力排名

表 19－4　青海省城市可持续竞争力分项

可持续竞争力分项	文化城市竞争力	生态城市竞争力	知识城市竞争力	全域城市竞争力	和谐城市竞争力	宜商城市竞争力	宜居城市竞争力	信息城市竞争力
城市	指数	指数	指数	指数	指数	指数	指数	指数
西宁	0. 19900	0. 16764	0. 45791	0. 26983	0. 29105	0. 36379	0. 28388	0. 31504
指数均值	0. 19900	0. 16764	0. 45791	0. 26983	0. 29105	0. 36379	0. 28388	0. 31504
城市	排名	排名	排名	排名	排名	排名	排名	排名
西宁	177	253	66	105	204	90	251	109
指数均值	22	31	9	15	25	14	28	14

资料来源：中国社会科学院城市与竞争力指数数据库。

综上所述，西宁一个城市很难代表青海省整体城市的发展，但其确具有一定的代表性。以西宁为代表的青海省各城市，发展还是首要问题，解决发展问题是解决一切问题的根本所在。未来青海省因地制宜，特别发挥自身的资源和能源优势，解决城市的发展问题，同时注意生态环境的保护，提高城市的持续发展能力和宜居程度是关键（见图 19－8）。

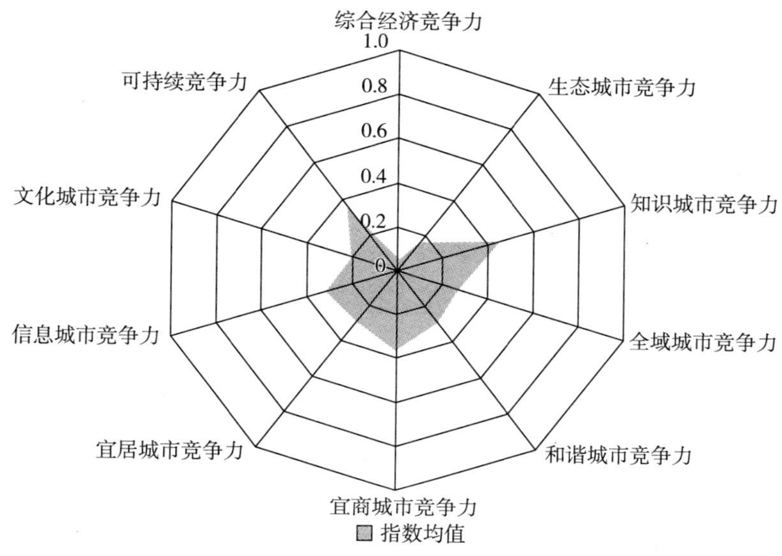

图 19－8　2012 年青海省城市竞争力

资料来源：中国社会科学院城市与竞争力指数数据库。

五　中国城市竞争力（新疆）报告

新疆维吾尔自治区，地处中国西北边陲，总面积 166.49 万平方公里，占中国陆地总面积的六分之一，周边与俄罗斯、巴基斯坦、蒙古、印度、阿富汗等 8 个国家接壤，是中国陆地边境线最长、毗邻国家最多的省区。新疆石油、天然气丰富，是西气东输的起点、我国西部大开发的主要阵地。截至 2010 年底，新疆维吾尔自治区辖 2 个地级市、7 个地区、5 个自治州、11 个市辖区、21 个县级市、62 个县、6 个自治县。2011 年新疆实现地区生产总值（GDP）7530.32 亿元，比上年增长 12%。其中，第一、二、三产业分别增长 7.0%、13.7% 和 12.3%。人均地区生产总值 33909 元，增长 10.8%。新疆“十二五”规划提出，坚持走具有中国特色、符合新疆实际的发展路子，全面推进经济建设、文化建设、社会建设和生态文明建设，到 2015 年新疆人均地区生产总值达到全国平均水平，城乡居民收入和人均基本公共服务能力达到西部地区平均水平，基础设施条件明显改善，自我发展能力明显提高，民族团结明显加强，社会稳定明显巩固。

（一）综合经济竞争力：全国中等，乌鲁木齐与克拉玛依两市差距不小

新疆全区均值为0.05786，排在第23位，全国中等位置。从两个城市排名，乌鲁木齐和克拉玛依分别排在第111位和224位，可见两城市之间差距不小，乌鲁木齐达到全国平均水平，而克拉玛依相对靠后。从综合增量竞争力指数和综合效率竞争力指数来看，新疆综合增量竞争力指数表现不错，排名第21位，乌鲁木齐排名第91位；从综合效率竞争力指数来看，两城市均在100名以后，两市差异不大。

（二）可持续竞争力：谋求可持续发展能力相对不错

新疆全区均值0.43431，排在第14位。其中乌鲁木齐排在第79位，克拉玛依排在第117位。总体情况好于综合经济竞争力，可以看出新疆在可持续竞争力方面表现相对要好一点。从两市在全国的排名来看，位于中上游，说明两市在谋求可持续发展方面做得相对不错（见图19－9）。

（三）可持续竞争力分项

文化城市竞争力，新疆该指数是所有可持续竞争力分项指数中表现最差的，全省平均值为0.17847，全国排位第26位。乌鲁木齐和克拉玛依差距也不小，前者排100位，后者在273位，可以说新疆城市对外开放程度略显一般，多元化程度不高。

生态城市竞争力，新疆表现不错，整体均值为0.47338，排在第6位。克拉玛依在此方面远远好于乌鲁木齐，前者排名第26位，乌鲁木齐排在143位。从全国来看，克拉玛依在保护生态环境方面做得不错。

知识城市竞争力，新疆表现相当良好，整体均值为0.49535，全国排名第8位。其中乌鲁木齐和克拉玛依均在前100位，说明两市通过创新和科技发展经济和城市的能力较强。

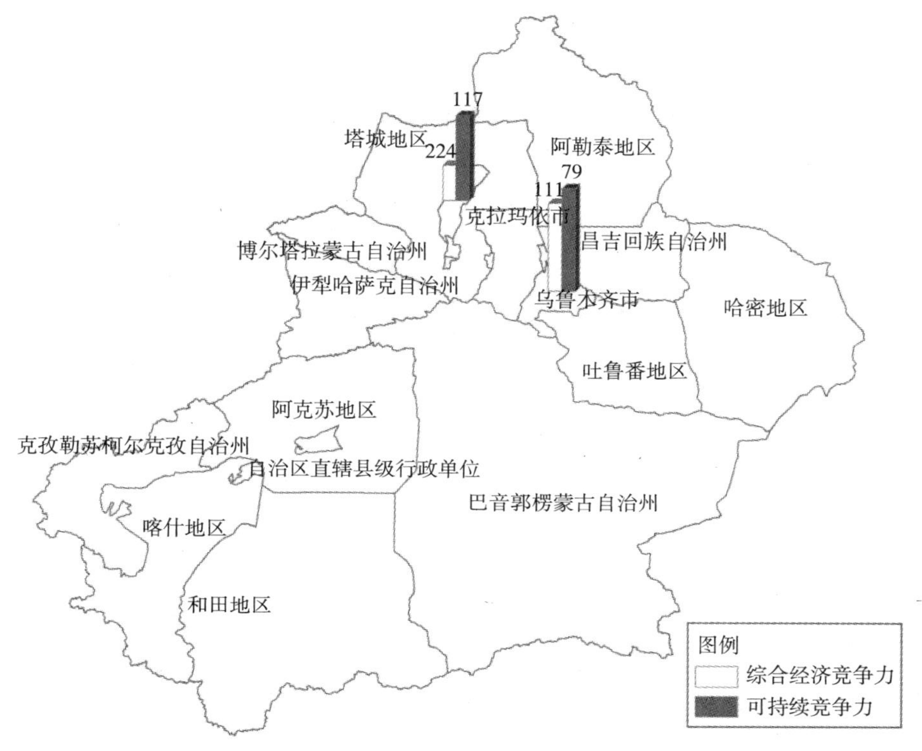

图 19－9　2012 年新疆维吾尔自治区城市竞争力排名

全域城市竞争力，该指数是新疆在所有可持续竞争力分项指数中表现最好的。整体均值 0.45409，全国排名第 6 位。乌鲁木齐和克拉玛依排名在全国前 50，前者 28 位，后者 16 位，总体在城乡一体化方面和城乡融合互动方面走在全国前列。

和谐城市竞争力，新疆该指数均值为 0.33334，排在第 24 位；方差 0.02138，列第 21 位。其中乌鲁木齐由于一系列原因，城市和谐环境不尽理想，排在 235 位，克拉玛依倒是处于一般水平，排在第 100 位。

宜商城市竞争力，新疆倒是在该指数方面表现不错，均值为 0.37516，全国第 13 位。乌鲁木齐进入前 100 位，列 64 位；而克拉玛依在 107 位，说明两市实业发展水平处于全国平均且领先水平，宜商程度不错。

宜居城市竞争力，新疆同样表现优异，均值 0.46084，全国排名第 12

位。由于两个城市之间差距较大，导致新疆维吾尔自治区该指数方差较大，排在第 25 位。从克拉玛依宜居的程度来看，相当不错，全国排名第 31 位；而乌鲁木齐以人为本的宜居程度相对较差，全国排名第 200 位，是比较靠后的位置。

信息城市竞争力，新疆整体均值 0. 26574，排名第 22 位，表现就相对一般。乌鲁木齐和克拉玛依之间排名差距较大，乌鲁木齐由于其首府城市的优势，交通便捷程度远远高于克拉玛依，在全国也属于中上等水平，排名第 66 位；而克拉玛依由于地处边陲，信息便捷度明显不高，全国排名第 235 位（见表 19 -5）。

表 19 -5　新疆维吾尔自治区城市可持续竞争力分项

单位：位

可持续竞争力分项	文化城市竞争力	生态城市竞争力	知识城市竞争力	全域城市竞争力	和谐城市竞争力	宜商城市竞争力	宜居城市竞争力	信息城市竞争力
城市	指数	指数	指数	指数	指数	指数	指数	指数
乌鲁木齐	0. 29548	0. 36665	0. 56944	0. 42529	0. 22995	0. 41246	0. 34500	0. 37083
克拉玛依	0. 06147	0. 58010	0. 42125	0. 48289	0. 43672	0. 33786	0. 57669	0. 16065
指数均值	0. 17847	0. 47338	0. 49535	0. 45409	0. 33334	0. 37516	0. 46084	0. 26574
指数方差	0. 02738	0. 02278	0. 01098	0. 00166	0. 02138	0. 00278	0. 02684	0. 02209
城市	排名	排名	排名	排名	排名	排名	排名	排名
乌鲁木齐	100	143	44	28	235	64	200	66
克拉玛依	273	26	83	16	100	107	31	235
指数均值	26	6	8	6	24	13	12	22
指数方差	24	21	1	3	21	1	25	23

资料来源：中国社会科学院城市与竞争力指数数据库。

（四）结论与政策建议

综上所述，地处边陲的新疆，城市整体发展程度不高，由于乌鲁木齐和克拉玛依两市特殊的地方和实体经济，在可持续竞争力某些分项指标表现不错。但是如何在边陲与临近国家发展边境经济，以及保持稳定和和谐的环境，提高城市宜居，宜商等方面的水平，是亟待解决的现实问题。

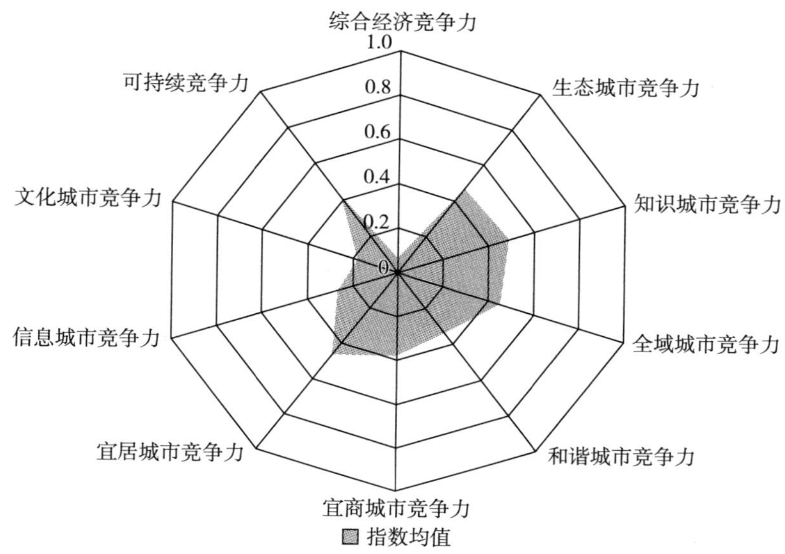

图 19－10　2012 年新疆维吾尔自治区城市竞争力

资料来源：中国社会科学院城市与竞争力指数数据库。

六　中国城市竞争力（内蒙古）报告

内蒙古自治区，首府为呼和浩特。位于中国北部边疆，紧邻蒙古和俄罗斯，面积 118 万平方公里。以蒙古族和汉族为主，还有朝鲜、回、满、达斡尔、鄂温克、鄂伦春等民族。全区分设 9 个地级市，3 个盟；其下又辖 12 县级市、17 县、49 旗、3 自治旗。2011 年内蒙古生产总值超过 14000 亿元，增长 15%。内蒙古三次产业分别增长 8%、19% 和 12%。2011 年，自治区经济继续保持平稳较快发展，人均 GDP 达到 57515 元人民币，比上年增长 13.8%，超过全国平均水平。内蒙古“十二五”规划提出坚持走富民强区之路，推进经济结构战略性调整，提高科技创新能力，着力保障和改善民生，建设环境友好型和资源节约型社会，深化改革开放，加快工业化、城镇化和农牧业现代化进程，促进经济长期平稳较快发展和社会和谐稳定，为全面建成小康社会奠定坚实基础。

（一）综合经济竞争力：达全国平均水平，资源型城市表现优异

内蒙古整体均值为 0.06603，全国排名第 18 位，方差不大，为 0.00053，列全国第 10 位。整体来说，内蒙古城市综合经济竞争力达到全国平均水平，且城市与城市之间差距并不是很大。从自治区内排名来看，资源型城市（包头、鄂尔多斯、呼和浩特）综合经济竞争力明显好于其他城市，其中包头和呼和浩特城市规模也相对较大。从全国来看，内蒙古在前 100 名的城市有 3 个，100 名到 200 名城市有 4 个，200 名以后的有 2 个，绝大多数城市综合经济竞争力属于中等偏上水平。另外，内蒙古综合增量竞争力指数排名全国第 13 位，位次相当不错，并有 5 个城市在全国所有城市前 100 名中，说明内蒙古长期增长能力较强；但是反观综合效率竞争力指数，内蒙古整体排名比较滞后，第 28 位，同时有 6 个城市排在所有城市的 200 位以后，说明内蒙古城市经济效率不高。

（二）可持续竞争力：表现差于综合经济竞争力，可持续发展能力略显不足

内蒙古可持续竞争力表现没有综合经济竞争力那么好，整体均值 0.36498，排在第 22 位；方差为 0.01158，排在第 21 位。从自治区内来看，依然是城市规模相对较大的可持续竞争力相对较高，资源型城市同样表现出好于其他城市的可持续竞争力。从全国来看，呼和浩特（38）、包头（52）和鄂尔多斯（63）排在前 100 位，100 位到 200 位特别少，只有乌海，其他均在 200 名以后。可见内蒙古整体可持续竞争力确实有明显的不足（见图 19－11）。

（三）可持续竞争力分项

文化城市竞争力，内蒙古排名相对比较靠后，整体均值为 0.15991，排在第 29 位，方差不大，仅为 0.01099，排在第 11 位。除了呼和浩特（第 59 位），其他城市均在 100 名以后。省内城市之间差距较大，最好的呼和浩特和最差的乌海，相差 218 位。除了呼和浩特，内蒙古大部分城市在开放多元化方面表现相对滞后。

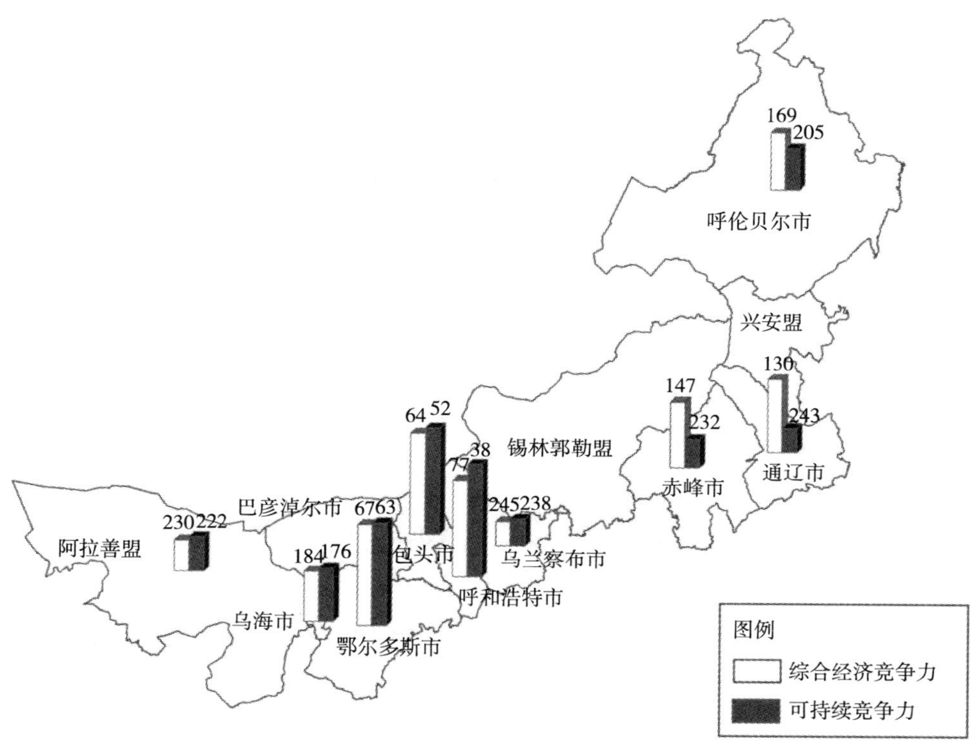

图 19－11　2012 年内蒙古自治区城市竞争力排名

生态城市竞争力，内蒙古城市整体来看中等偏下，均值为 0. 29269，全国排名第 23 位，方差则排在第 25 位。从自治区内来看，鄂尔多斯一枝独秀，生态建设。环境保护明显走在前列，排名第 19 位；而其他城市则表现出中等偏下的水平。从全国来看，仅鄂尔多斯排在前 50 位，5 个城市排在 200 名以后，占内蒙古所有城市的 71%。在环境生态保护方面，内蒙古任重而道远。

知识城市竞争力，内蒙古整体排在第 22 位，均值为 0. 28079，方差不大，排在第 12 位。从全区来看，大城市创新能力相对较强，呼和浩特和包头分别排在第 38 和 54 位，远远高于其他城市。从全国来看，前 100 位有 2 个城市，100 ~200 位的有 3 个城市，200 位以后的有 4 个城市，可以看出内蒙古城市创新驱动方面还是略显不足。其中值得一提的是鄂尔多斯此项排名相比其他分项，比较靠后，由此可见鄂尔多斯经济和城市发展中技术和创新成分明显不足。

全域城市竞争力，是内蒙古可持续竞争力分项中表现最好的指数，均值0.31702，排在全国第11位，方差也不是很大，0.01084。从全区来看，差距不是很大，不论是大城市还是中小城市，城乡一体化进程相当。其中共有6个城市排在全国前100名，3个城市在100名到200名之间，最高的位次是鄂尔多斯，第21位。由此可见，内蒙古城市整体在城乡融合方面推进较快，城乡一体化走在全国前列。

和谐城市竞争力，内蒙古整体平均值0.34067，排在第21位，方差为0.01435，全国第11位。从全区来看，城市与城市差异不小，最好排位是呼和浩特，高出最后一名巴彦淖尔195位。全国横向比较，资源型城市呼和浩特、包头和鄂尔多斯均在前100位，而其他相对靠后，可以说三大规模城市在构建和谐城市方面走在了内蒙古的前列，且在全国表现不俗。

宜商城市竞争力，内蒙古整体排在第19位，由于城市之间差距较小，方差也不大，排在全国第7位。工业相对发达的呼和浩特和包头在内蒙古各城市间遥遥领先，其他城市除了乌兰察布均主要分布在100到200名之间。从全国来看，呼和浩特和包头也表现出明显的实业为本的特色，总体来说内蒙古实业方面要好于其他西北省份。

宜居城市竞争力，内蒙古在构建这一方面略显一般，整体均值0.38758，居全国第22位，方差也不小，为0.01407。全区比较，鄂尔多斯独占鳌头，远远高于其他城市，而其他大城市如呼和浩特和包头则在构建宜居城市方面一般。全国层面上，鄂尔多斯第13名，属于为数不多的适合宜居城市，次席为呼和浩特，第100位，100到200位共3个城市，剩下均为200名以后。

信息城市竞争力，内蒙古在指标上均值为0.27872，排名第19位，方差为0.01092，排名第11位。从全区来看，规模较大的城市呼和浩特、包头、鄂尔多斯和赤峰排名明显高于其他中小城市。在全国层面看，前100位有4个城市，100到200位2个城市，剩下3个城市均在200名以后，可以看出内蒙古在信息交流等方面差异较大，好的在全国表现可圈可点，差的处于末流（见表19－6）。

表 19－6　内蒙古自治区城市可持续竞争力分项

单位：位

可持续竞争力分项	文化城市竞争力	生态城市竞争力	知识城市竞争力	全域城市竞争力	和谐城市竞争力	宜商城市竞争力	宜居城市竞争力	信息城市竞争力
城市	指数	指数	指数	指数	指数	指数	指数	指数
呼和浩特	0.37273	0.47243	0.58901	0.34603	0.50682	0.43265	0.46042	0.41462
包　　头	0.27054	0.46357	0.50359	0.39340	0.47579	0.40898	0.43796	0.36212
乌　　海	0.05409	0.33564	0.23980	0.42886	0.39375	0.24939	0.45847	0.21017
赤　　峰	0.13298	0.09041	0.22190	0.16399	0.21592	0.26823	0.19033	0.38353
通　　辽	0.06276	0.05732	0.20983	0.20674	0.22944	0.34924	0.32477	0.25391
鄂尔多斯	0.19773	0.60380	0.29207	0.45313	0.45227	0.33866	0.60694	0.37322
呼伦贝尔	0.14840	0.21227	0.19117	0.35528	0.25810	0.25004	0.31788	0.13972
巴彦淖尔	0.11170	0.26941	0.15376	0.20978	0.20360	0.24008	0.35894	0.18178
乌兰察布	0.08823	0.12936	0.12600	0.29600	0.33032	0.17548	0.33252	0.18936
指数均值	0.15991	0.29269	0.28079	0.31702	0.34067	0.30142	0.38758	0.27872
指数方差	0.01099	0.03627	0.02539	0.01084	0.01435	0.00732	0.01407	0.01092
城市	排名	排名	排名	排名	排名	排名	排名	排名
呼和浩特	59	69	38	49	51	58	100	49
包　　头	122	78	54	33	66	68	117	73
乌　　海	277	157	174	27	131	187	102	189
赤　　峰	233	273	192	197	240	167	277	58
通　　辽	272	283	202	159	236	101	217	148
鄂尔多斯	179	19	138	21	87	106	13	65
呼伦贝尔	221	237	214	44	221	186	224	248
巴彦淖尔	252	210	237	155	246	199	191	216
乌兰察布	265	262	254	79	184	244	212	212
指数均值	29	23	22	11	21	19	22	19
指数方差	11	25	12	15	11	7	21	11

资料来源：中国社会科学院城市与竞争力指数数据库。

（四）结论与政策建议

综上所述，内蒙古近些年实业发展成绩斐然，有目共睹，综合经济竞争力在西北地区居首。但内蒙古内部城市发展不均衡特征相对较为明显，几个规模较大的城市发展远远超过其他城市。未来如何发挥大城市的辐射带动作用，促进内蒙古城市经济、环境和社会良性发展是根本所在。

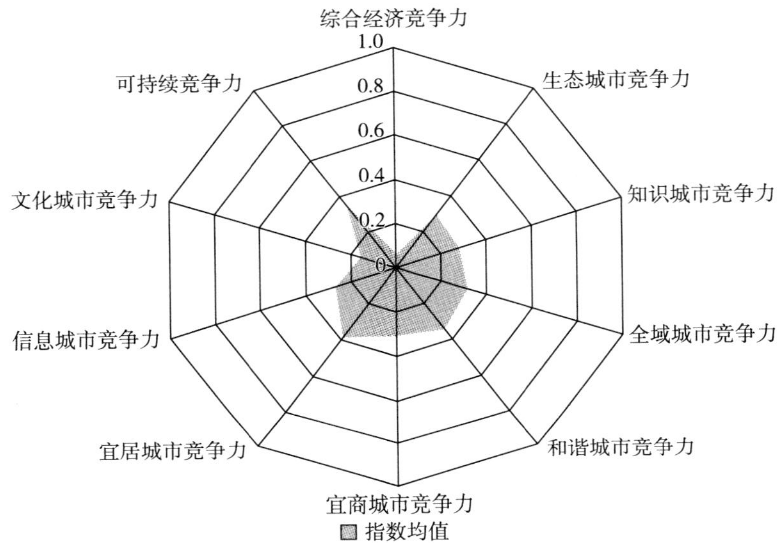

图 19－12　2012 年内蒙古自治区城市竞争力

资料来源：中国社会科学院城市与竞争力指数数据库。

B.20

中国（港澳台地区）城市竞争力报告

沈建法　刘成昆　卢彪　乔静予*

一　中国城市竞争力（香港）报告

香港地处珠江口以东，与广东省深圳市隔深圳河相望，濒临南中国海，人口为715.64万（2012），总面积为1104平方公里，是全球人口最密集的地区之一。2012年受外部需求疲软所拖累，香港地区生产总值为20401.04亿港元，仅较上年名义增长5.4%，实质增长1.4%。在“十二五”时期，国家支持进一步巩固和提升香港国际金融、贸易、航运中心的地位，增强全球影响力。香港特区将借助国家支持，发挥自身优势，继续发展离岸人民币服务、国际资产管理服务、建设高价值货物存货管理及区域分销中心，同时深化区域内粤港合作，积极推动落实《粤港合作框架协议》、落实广东对香港服务业开放“先行先试”措施以及协助推动深圳前海地区发展，以促进区域经济社会协调发展，逐步形成世界级的城市群。

（一）综合经济竞争力：总体保持首位，但增速放缓

从总体上来看，在综合经济竞争力方面，香港依旧保持在全国首位。但在综合竞争力分项上表现稍有差异，从综合增量竞争力分项指数来看，香港整体很好，但作为一个成熟的经济体，在税收、人才、软硬件设施等方面的优势逐渐弱化，土地稀少形成的高额租金也阻碍了中小企业的发展，同时过

* 卢彪，西南财经大学2011级西方经济学硕士研究生；乔静予，外交学院世界经济专业硕士研究生，研究方向为国际金融和城市经济。

分倚重金融、房地产等少数行业，缺乏稳定的增长点，其指数为 0.44534，排名全国第 8 位，落后于台北、北京、广州、天津、深圳等城市，仍高于中西部城市；从综合效率竞争力分项指数来看，香港整体很好，指数为 0.69968，排名全国第 3 位，仅落后于台湾和澳门，地均 GDP 优势明显，这得益于其人口和商业密集，集约化程度高，以及商业规管精简、政府廉洁，配套设施及服务效率高。

（二）可持续竞争力：整体领先，各分项均名列前茅，知识城市成为“短板”

香港在可持续竞争力方面整体领先，其指数为 0.98029，排名全国首位。香港经济近年保持了整体良好的发展态势，但同时也必须看到目前香港所面临的挑战。知识城市方面落后于北京、上海和深圳。

首先，产业结构向创新科技方向转型无明显突破，经济高度依赖金融业和房地产。土地和房屋供给的严重不足使得房地产价格过快增长，经济过度依赖房地产。结果一是经济日趋虚拟化、泡沫化。房产增值的速度远远高于经济收入，房地产炒作完全凌驾于正常的经济活动之上，社会炒作氛围浓厚。二是增加了香港的通货膨胀压力。房屋和商铺租金价格的过快上涨提高了企业的经营成本，增加了市民的生活压力，推高了通胀水平。三是使香港失去了创业和创新的潜力。过高的租金挤压了其他行业的利润空间，阻止了新兴产业的发展。四是社会不满情绪有所增多。高房价、高租金提高了居民的住房成本，影响了市民生活品质，也使处于夹心阶层的市民置业困难。特区政府近期推出的一系列严厉措施开始见效，房价开始回落。

其次，人口老龄化加速，2012 年香港 65 岁以上的人口为 98 万，占香港总人口的 14%，未来这一比例将持续增加。据测算，到 2041 年，65 岁以上人口将增加至 256 万，占香港人口的 30%。老龄化的加速，将对香港形成巨大挑战，劳动力结构老化，影响产业结构升级。

最后，国际和国内城市的竞争。一是新加坡在金融、跨国公司营运总部等方面对香港形成竞争。新加坡战略定位清晰，环境稳定，一些产业与香港形成直接竞争，香港与新加坡在经济发展质量、可持续性以及发展后劲上的

差距越来越大。二是珠三角产业重工业化及高科技化，香港参与能力有限。香港90%以上的企业都是小型企业，缺乏重工业和科技产业的发展基础，其与内地特别是珠三角产业之间的互补性变弱，原有的“前店后厂”模式面临挑战。三是随着中国改革开放的深入，内地形成对香港服务业的替代。内地特别是珠三角地区形成的港口群影响香港的传统经贸桥梁和中介角色。香港服务业特别是生产性服务业整体规模较小，品牌知名度较低，内地企业在选择服务性企业时往往选择知名度较高的跨国企业或成本较低的内地企业（见图20－1）。

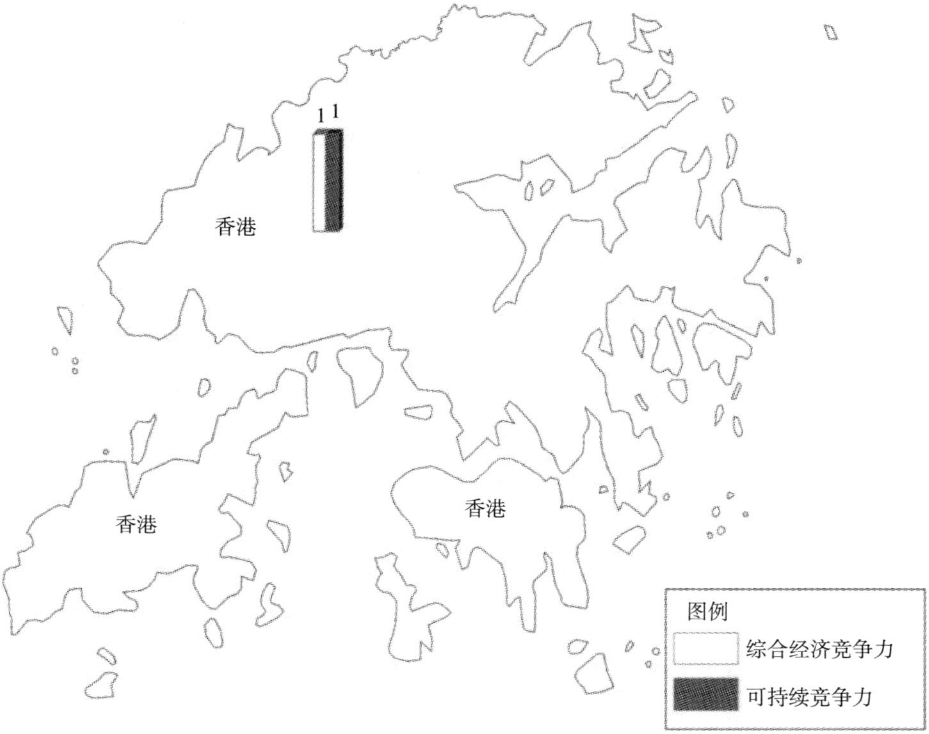

图20－1　2012年香港特别行政区城市竞争力排名

（三）可持续竞争力分项

如表20－1所示，从分项指标来看：

表 20 -1　香港特别行政区城市可持续竞争力分项

单位：位

可持续竞争力分项	文化城市竞争力	生态城市竞争力	知识城市竞争力	全域城市竞争力	和谐城市竞争力	宜商城市竞争力	宜居城市竞争力	信息城市竞争力
城市	指数	指数	指数	指数	指数	指数	指数	指数
香港	1.00000	0.99304	0.83988	1.00000	1.00000	1.00000	1.00000	0.90470
指数均值	1.00000	0.99304	0.83988	1.00000	1.00000	1.00000	1.00000	0.90470
城市	排名	排名	排名	排名	排名	排名	排名	排名
香港	1	2	4	1	1	1	1	3
指数均值	1	2	3	1	1	1	1	2

资料来源：中国社会科学院城市与竞争力指数数据库。

文化城市竞争力整体领先。香港作为一个国际化的大都市，连续 18 年被评为世界经济自由度最高的城市，高度的自由宽松的管理体制使香港文化充满生机和活力，同时也吸引各国跨国公司和世界各地人口的入驻，带来不同的文化。100 多年的东西方文化互相融合碰撞以及积淀过程中，既保留了中国传统文化，也形成了香港独特的自由开放、多元包容的特色文化。

生态城市竞争力整体领先。香港政府近几年在竭力打造健康优质的生活环境上，推行了一连串环境保护政策和措施及各种提高公众环保生活意识的计划，至目前空气、水质均有较大幅度改善；同时提出了提高能源效益，推出《建筑物能源效益守则》，通过立法和非立法渠道进一步推广减废及回收，在创建生态城市方面领先内地所有城市。

知识城市竞争力整体领先，但落后于内地（北京、上海、深圳），指数为 0.83988，全国排名第 4，研发开支占 GDP 的比重远低于日本、韩国、新加坡以及内地的研发投入，缺乏大胆的支持科技的计划和有力的科技创新激励制度，科技创新氛围不足，科技转化能力较弱。与内地合作实施高技术产业重大工程和高技术产业化重大专项，加强投融资和创新科技等领域的合作，取长补短，互通有无，将能够促进国家产业创新技术和生产经营一体化，也可为香港的产业重组创造条件。

全域城市竞争力整体领先。香港自开埠以来从一个数千人的渔岛发展成 700 万人口的国际化都市，高密度的城市建设和城市人口背后是一系列予以支

撑的社会服务机制，如公屋制度、社工体系、医疗福利、教育及劳工制度等，这些软环境共同运作方能保证其高密度城市化模式的可持续发展，内地在城市化过程中需要借鉴。

和谐城市竞争力整体领先。香港经济发达，廉政公署严格执法，社会呈现出公正、开放和廉洁的局面，多数人依靠自身努力向上流动成为可能，形成了大量的中层阶级，成为社会和谐稳定的巨大力量。同时政府大力推行公屋、义务教育、新市镇等系列民生政策，满足了各阶层的公平诉求。

宜商城市竞争力整体领先，营商环境继续保持全国首位。作为一个没有贸易障碍的免税港，香港税率低，税制简单，政府廉洁高效，在经济方面干预很少，金融与银行业限制很少，薪酬与价格干预很少，产权观念牢固，维持低程度的规管，非常规市场活动很少，是一个大市场小政府的自由市场。

宜居城市竞争力整体领先。突出表现在城市环境好，公共交通发达，生活便利，人口素质高，相互之间公平包容，但是香港房屋性支出较多，市民的住房负担较大，影响了市民的生活质量。

信息城市竞争力整体领先。香港是亚太地区的交通枢纽之一，公共交通系统以铁路、小渡轮、公共汽车等组成的运输网，几乎伸展到港内每一角落。海陆空交通发达，航运业发达，目前已与 186 个国家和地区的 472 个港口有航运往来，形成了以香港为枢纽，航线通达五大洲、三大洋的完善的海上运输网络。香港还拥有完善的信息和通信基础设施，政府和社会服务信息化程度高，电子商务等信息产业发达。

（四）结论与政策建议

从图 20 - 2 可以看出，香港除在信息城市竞争力、知识城市竞争力方面落后少数几个城市外，其他指数均处于领先地位，这也体现了其强大的竞争力。但是也必须看到在内地城市追赶的过程中，差距在逐渐缩小，香港需要居安思危，解决自身所面临的一些问题，同时要在与内地合作的过程中抓住机遇。以下提出香港在未来发展过程中的几点建议。

第一，转变政府施政理念，制定长期发展规划。重新审视政府与市场之间的边界，发挥政府在经济发展中的作用，制定关系香港发展的重大专项发展规

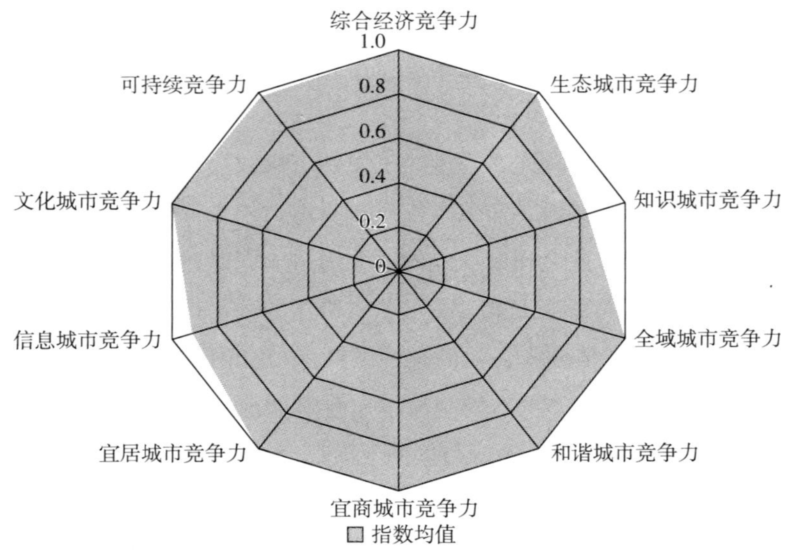

图 20－2　2012 年香港特别行政区城市竞争力

资料来源：中国社会科学院城市与竞争力指数数据库。

划。一是检讨土地政策，增加土地供给，做好城市发展规划。二是制定金融、航运物流、贸易及专业服务等支柱产业升级发展规划，应对国际与国内城市竞争。三是制定科技创新、文化创意、环保及检测认证等新兴产业发展规划，培育新的经济增长点。四是制定长远人口政策和可持续发展目标，增加退休年龄弹性，应对人口老龄化。五是制定人才发展规划，采取措施吸引年轻专才留港，优化专业教育，提升人才素质，应对人才大量外流。

第二，根据中国经济新形势重新定位，发挥独特作用和影响。根据国家发展变化，利用各自优势，共同发展。一是利用国家经济结构调整，与内地政府共同努力，为内地的港资企业在内销渠道、品牌建设、企业收购兼并等方面提供帮助。推动 CEPA 在广东的先行先试，与内地进一步加强合作，开拓和服务内地市场。二是支持内地企业走出去。加强香港企业与内地企业在联合投资、联合招标、联合承揽项目等方面的合作，共同开拓国际市场。进一步优化人民币结算平台，推广人民币的使用范围，吸引更多的企业使用人民币进行结算。三是参与建设创新型国家。充分借鉴美国、欧洲、日本以及内地的经验，完善

科研体制和产业环境配套措施；与亚洲国家特别是内地合作，建设知识产权交易平台；鼓励香港科研人员配合国家发展，参与国家科技发展规划，吸引更多的科技企业在香港科技园建立研发中心。四是参与大珠三角经济圈建设。让香港民众充分认识两地合作对于地区繁荣稳定的重要性；加强两地基础设施的衔接，构建大珠三角完善的基础设施体系；重视民间与官方的交流与合作；加快推进与前海、南沙和横琴三个重点区域的合作开发。

第三，促进科技创新，引领知识经济。一是成为“深港创新圈”的参与者与推动者。学习苏州新加坡工业园的模式，在深圳设立香港高科技园，实行产研一体，发挥香港科技研发优势和珠三角地区的制造优势，实现共赢。二是建设亚洲知识产权交易与服务中心。争取国家的支持，把香港的“知识产权交易中心”纳入国家知识产权交易市场体系，强化香港在国家知识产权交易市场中的地位。三是建设内地企业在海外和香港的研发和创意设计中心，利用香港具有多元化的人才和完备的商业服务，内地某些行业（如生物科技、中医药、电子、物流、服装等）的企业可以在香港科技园建立研发和创新中心，从而推动企业走出去。四是实行“走出去”和“引进来”战略。鼓励香港科研人员配合国家发展，参与国家科技发展规划，吸引内地更多的科技企业在香港科技园建立亚洲研发中心。

二　中国城市竞争力（澳门）报告

澳门位于中国大陆东南沿海，地处珠江三角洲的西岸，毗邻广东省，与香港相距60公里，距离广州145公里。澳门包括澳门半岛、氹仔岛和路环岛，澳门的总面积因为沿岸填海造地而一直扩大，自有记录的1912年的11.6平方公里逐步扩展至2011年的29.9平方公里。澳门人口近20年快速增长，每年以接近4%的幅度增加，2011年为3.1%。截至2012年底，澳门居住人口估计为58.2万人，包括外地雇员110552人，人口密度每平方公里19465人，澳门半岛北区更为世界人口密度最高的城区之一。澳门人口的流动性相当大，全年人口流动量超过2500万人次。2012年澳门本地生产总值为3482亿澳门元（约435.8亿美元），按年实质增长率为9.9%。中央政府“十二五”规划提出

“支持澳门建设世界旅游休闲中心，加快建设中国与葡语国家商贸服务合作平台”的目标，支持澳门推动经济适度多元化，加快发展休闲旅游、会展商务、中医药、教育服务、文化创意等产业，加快区域合作，为保持澳门长期繁荣稳定、促进澳门经济社会可持续发展奠定坚实基础。

（一）综合经济竞争力：总体靠前，效率高，但增长趋缓

澳门综合经济竞争力 2012 年度排名总体靠前，在 33 个省（自治区、直辖市和特别行政区）中排第 5 名，仅次于香港和三大直辖市（上海、北京、天津）；在 293 个地级及以上城市中排第 10 名，处于全国上游水平。综合增量竞争力在省级区域中排第 31 名，仅高于宁夏和甘肃两个西北省区；在全国 293 个城市中排第 252 名，处于全国的下游位置。而综合效率竞争力在省级区域中高居榜首，在全国 293 个城市中亦列第 2 位，仅次于台北，高于香港（见图 20－3）。

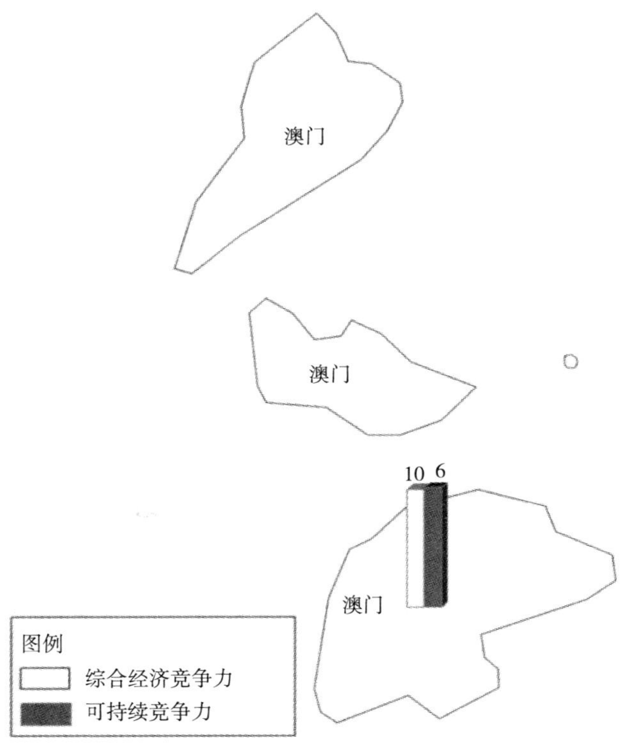

图 20－3　2012 年澳门特别行政区城市竞争力排名

澳门综合经济效率竞争力较高，综合增量竞争力偏低，呈现出发达经济增长趋缓、要素趋紧的特点。澳门既是一个高度开放的微型经济体，又是一个高度发达的城市经济体，集聚了大量的外部资源，包括来自美国、澳洲和香港等地的巨额博彩资本投入，超过 10 万人的外地雇员，本地失业率不到 2%，劳动市场近乎充分就业，不足 30 平方公里的土地上实现了 3000 多亿澳门元的产出。从地均 GDP 这方面来看，土地短缺、资源稀缺的澳门具有明显的优势。

开放的澳门经济增长的依赖性和波动性大，当外部环境发生变化时，澳门的支柱产业博彩业乃至整个经济就会受到较大冲击。2007 年全球金融危机爆发，加之 2008 年中央政府收紧内地居民赴澳门的“自由行”政策，澳门 2008 年和 2009 年的本地生产总值实质增长率陡然下滑，分别只有 3.4% 和 1.7%；2010 年本地生产总值恢复性增长，实质增长率急剧回升至 27.5%，2011 年为 21.8%，2012 年则又降到 9.9%。

澳门近 5 年（2008 ~ 2012 年）的本地生产总值增长率跌宕起伏，5 年的年均 GDP 增长率偏低，内因在于狭小城市区域中形成的“一业独大”的单一产业结构。高盈利的博彩业吸纳了大量的资本和劳动要素，推高了非博彩业的要素成本，延宕了向适度多元化转变的进程，亦制约了人力资本的积累，从而减缓了澳门整体经济中的要素投入以及全要素生产率的提升。博彩业在本地生产总值中所占比例过大，始终是一个影响澳门经济结构转型的问题。

从指标上来看，2012 年澳门综合经济竞争力指数为 0.31218，综合效率竞争力指数高达 0.98022，而综合增量指数则低至 0.02097。

（二）可持续竞争力：整体领先，多项指标名列前茅，创新驱动成为“短板”

2012 年澳门可持续竞争力整体领先，在省级区域中排第 4 名，在全国 287 个城市中排第 6 名，处于全国上游水平（见图 20 - 3）。澳门可持续竞争力在全国的排名与其综合经济竞争力排名基本一致，城市投入和产出大致匹配。从指标上看，可持续竞争力指数为 0.75160，几乎是全国均值的一倍。

表 20－2　澳门特别行政区城市可持续竞争力分项

单位：位

可持续竞争力分项	文化城市竞争力	生态城市竞争力	知识城市竞争力	全域城市竞争力	和谐城市竞争力	宜商城市竞争力	宜居城市竞争力	信息城市竞争力
城市	指数	指数	指数	指数	指数	指数	指数	指数
澳门	0.52308	1.00000	0.42913	0.99976	0.87036	0.60835	0.99121	0.43212
指数均值	0.52308	1.00000	0.42913	0.99976	0.87036	0.60835	0.99121	0.43212
城市	排名	排名	排名	排名	排名	排名	排名	排名
澳门	29	1	76	2	2	12	2	42
指数均值	6	1	10	2	2	4	2	7

资料来源：中国社会科学院城市与竞争力指数数据库。

澳门可持续竞争力的 8 个分项在全国的排名，多数位居领先或上游水平。其中，生态城市竞争指数为 1.00000，在省级区域及地级城市中均排名第 1，而澳门的地均 GDP 亦位于全国前列，这表明澳门在保持经济增长的同时亦保护了环境，避免了很多城市以牺牲环境为代价换来经济增长。澳门的经济增长并非粗放型的资源消耗性的模式，而是资源节约型和环境友好型的模式。

全域城市竞争力指数（0.99976）、和谐城市竞争力指数（0.87036）及宜居城市竞争力指数（0.99121）均列全国省级区域及全国 287 个城市的第 2 位，这三类指数侧重于居民收入、社会保障和人口素质，都包含了人的因素，亦强调了政府善治、为居民提供公共服务。2012 年澳门特区政府继续沿袭并适当扩大了前期实行的多项分享经济增长成果和利民纾困的经济补助措施，其中包括：将敬老金调升到 6000 澳门元；为符合资格的每名澳门居民中央储蓄制度户口注资 6000 澳门元；向每名永久性居民发放现金 7000 澳门元，非永久居民发放 4200 澳门元。2012 年澳门特区政府在经济补贴和成果分享中的支出为 85.7 亿澳门元。此外，2012 年澳门加快了落实 1.9 万间公共房屋的建设。这些施政措施改善了民生、增进了居民的福祉，反过来也提高了居民对政府的满意度。

文化城市竞争力指数（0.52308）、宜商城市竞争力指数（0.60835）与信息城市竞争力指数（0.43212）在省级区域中排名分别为第 6、第 4 和第 7，在全国 287 个城市中排名分别为第 29、第 12 和第 42，亦处于全国上游水平。澳门奉行市场经济制度，投资营商手续简便，外地与本地投资者成立企业的程序

相同，并可通过“一站式”服务协助办理各项行政手续。澳门具有自由港、单独关税区地位，实行简单低税政策，企业所得税最高税率只有12%。澳门拥有广泛的国际市场网络，与全球100多个国家和地区保持贸易往来，尤其与葡语系国家联系密切，参加的国际性组织达50多个，商业运作准则与国际惯例相适应，为来自世界各地的投资者发展业务提供了理想的环境。澳门具有CEPA（《内地与澳门关于建立更紧密经贸关系的安排》）的独特优势。

知识城市竞争力指数（0.42913）在省级区域中排名第10，在全国287个城市中排名第76，处于全国中游偏上水平，成为澳门可持续竞争力的“短板”。澳门的科技创新能力排名靠后与澳门人力资源不足、产业结构相对单一有关。澳门的劳动人口已达饱和，2012年11月~2013年1月的失业率为1.9%，就业不足率为0.6%，旅游博彩业为澳门创造了大量的就业机会，但对就业人口的受教育水平要求并不高。博彩业空缺职位招聘要求的初中学历占63.2%，高中学历占23.3%。2012年12月博彩业全职雇员平均薪酬（不含花红及奖金）为18040澳门元，远高于12000澳门元的全部行业的月工作收入平均数，甚至高于一些如需要接受更多教育才能从事的职业收入（如金融业务、教育等）。澳门虽有12家不同类型的高等教育机构，但多为教学型的院校。综合性的两所大学（澳门大学和澳门科技大学）虽在上海交通大学等两岸四地大学排名中进入了百强，但与2011年分列72名和82名相比，2012年的排名双双下滑至85名和91名。

（三）结论

从总体情况看，澳门近5年（2008~2012年）的经济增长波动较大，综合增量竞争力在全国排名非常靠后；但澳门是一个高度开放、高度发达的微型城市经济体，生产要素大量集聚，外部经济性明显，有限资源得以优化配置，经济效率竞争力在全国排名十分靠前。两项竞争力分指数一高一低，总指数仍表现不俗：2012年澳门综合经济竞争力在省级区域中排名第5，在全国293个城市中排名第10，整体上处于全国的领先水平。

澳门在生态城市、全域城市、宜居城市、和谐城市方面的竞争力一流，在全国数一数二；文化城市、宜商城市和信息城市方面的竞争力亦较高，在全国排名靠前；知识城市竞争力相对较弱，在全国处于中等偏上水平（见图20-4）。

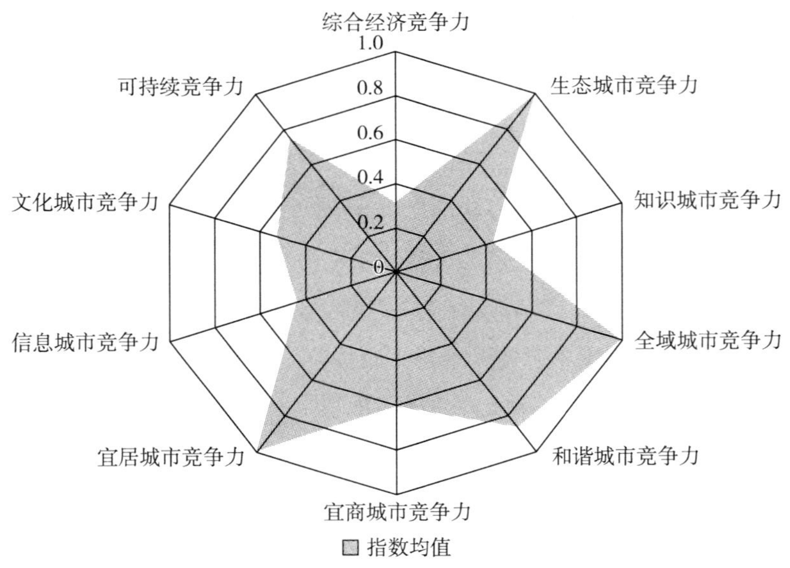

图 20－4　2012 年澳门特别行政区城市竞争力

资料来源：中国社会科学院城市与竞争力指数数据库。

（四）政策建议

澳门的目标定位是成为“世界旅游休闲中心”，实现从世界博彩之城向世界旅游休闲之都的战略转移，澳门需扬长避短、统筹兼顾，不断增强可持续的城市竞争力。

第一，巩固博彩业的竞争优势地位，推动经济适度多元。博彩业是澳门的支柱产业，也是澳门独特的城市名片，在全球博彩大爆炸的国际背景以及周边国家开赌的区域竞争压力下，澳门仍然要做大做强博彩业。单纯的限制博彩业，反而会导致博彩公司获取更高的垄断利润，而适当放开、渐进降低博彩业进入壁垒，促进澳门博彩业的寡头垄断市场结构向垄断竞争市场结构转化，引导博彩公司在竞争中提高水平，亦可逐步缓解澳门经济增长对博彩业的高度依赖，推动经济适度多元化，提升澳门的长远竞争力。

第二，打造多层级的区域合作平台，促进区域深度融合。澳门狭小的土地空间吸纳了大量的资源，实现了集聚经济，表现出较高的经济效率竞争力；但

随着要素的进一步投入，边际效益递减，如不适当拓展发展空间，将会向集聚不经济反转。澳门需借助横琴开发，与珠海深度融合，不断加强与珠三角和泛珠三角的区域合作，加快建设中国与葡语国家商贸服务合作平台，以区域合作保障产业多元化的顺利实施，消除经济长期增长的土地和资源瓶颈。

第三，统筹解决人力资源短缺问题，加快人力资本积累。澳门人力资源严重短缺是影响澳门竞争力的一个劣势因素，合力筹划、多方协调解决好人力资源问题是澳门克服劣势、实现可持续增长的根本之路。由此，澳门要将本地居民的人力资源开发和管理与经济增长和产业发展统一考量，深入分析人力资源的数量、素养、结构、分布的变化趋势与澳门经济社会变迁以及资源、环境的相互影响，并注意兼顾外地人才引入与本地人才培养，加快人力资本的投入和积累，从而实现经济社会的可持续发展。

第四，理顺经济增长与改善民生的关系，实现以人为本的善治。澳门特区政府在本地经济增长的同时，也出台了一系列切实的措施，让居民得以分享经济增长的成果，澳门若干以人为本的竞争力表现超强，高居全国榜首。然而，鉴于社会福利的边际效用递减，居民对政府的派钱等措施的期待逐年增加，一旦降低尤其是经济增长放缓、财政盈余减少的情况下，会让政府的福利政策显得比较被动。因此构建中央公积金制度为主的社会保障制度，有利于稳步提升澳门的长期竞争力。

三　中国城市竞争力（台湾）报告

台湾省位于中国东南沿海，它自古以来就是我国的神圣领土。台湾岛美丽富饶，资源丰富，被誉为“祖国的宝岛”。全省总面积约 3.6 万平方公里，总人口约 2327 万人。全球金融危机之后，台湾经济在新的挑战中缓慢复苏。2012 年，在全球经济增速放缓的背景下，台湾全省贸易总量减少，民间消费增长缓慢。受此影响，台湾省 2012 年实际 GDP 增长率有所下降。2009 年，台湾“经济部”在《2015 年台湾产业发展愿景与策略》中提出，实现“经济发展、环境永续、社会公义”的目标，将台湾建成充满活力、多元富裕的亚洲经济中心（见图 20 – 5）。

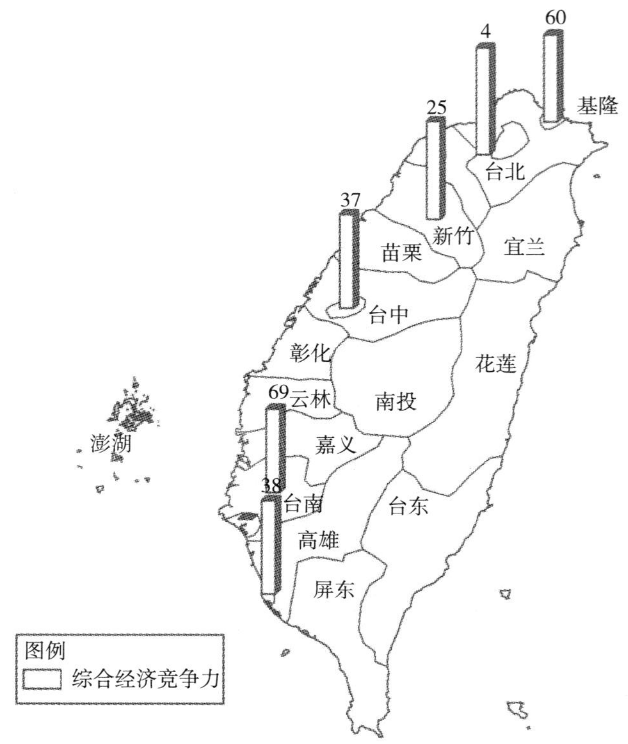

图 20－5　2012 年台湾省城市竞争力排名

（一）综合经济竞争力：总体领先，综合效率高，经济增长放缓

台湾城市总体综合经济竞争力位于全国前列，各城市经济状况存在差异。综合经济竞争力分项方面，综合效率竞争力较强，但是综合增量竞争力较为薄弱。在经历工业化和城镇化的高速发展时期之后，台湾城市表现出经济效率高，但是经济增长放缓的趋势。这样的特征是台湾城市经济转型过程的必经阶段。2012 年，台湾城市综合经济竞争力平均指数是 0. 19329，在全国各省排名第 6；综合经济竞争力指数平均方差是 0. 02514，位列全国各省第 25 名。综合经济竞争力指数的构成方面，台湾城市综合增量竞争力的指数均值和方差分列全国第 27 名和第 5 名；综合效率竞争力的指数均值和方差分列全国第 3 名和第 26 名（见表 20－3）。

表 20－3　2012 年台湾城市综合经济竞争力指数、方差及排名*

单位：位

城市	综合经济竞争力指数	全国排名	综合增量竞争力指数	全国排名	综合效率竞争力指数	全国排名
台北	0.51147	4	0.07258	105	1.00000	1
新竹	0.17568	25	0.01755	258	0.32849	4
台中	0.14080	37	0.06111	125	0.07183	11
高雄	0.13455	38	0.05947	129	0.06625	13
基隆	0.10231	60	0.00402	290	0.20212	6
台南	0.09495	69	0.03134	218	0.05044	17
指数均值	0.19329	6	0.04101	27	0.28652	3
指数方差	0.02514	25	0.00075	5	0.133656	26

* 台湾在 2010 年实行“五都改制”，通过县市合并、升格改制等方法形成五大直辖市，即台北市、新北市、台中市、台南市和高雄市。由于新行政区划的数据收集不全，且难以进行历史比较，故此处仍然按照台湾原有的六个城市进行竞争力指数的测算和排名。

在综合经济竞争力总体较强的基础上，台湾各城市的表现互不相同，形成特点鲜明的竞争力格局。第一，从省内综合经济竞争力排名来看，台北市一枝独秀，并且长期保持领先。2012 年，台北市的综合经济竞争力位于全省第一，其余 5 市与台北市的差距较大。第二，从省内竞争力格局来看，台北市、新竹市、台中市和高雄市的综合经济竞争力较强，基隆市和台南市的综合经济竞争力相对落后。台北是台湾的经济中心，地均 GDP 居全省首位，综合经济效率竞争力最强；新竹是台湾西北部的工业重镇，以高科技产业为主导，经济总量具有优势；台中是台湾中部的商业都会，工商和金融业发达，经济转型趋势增强；高雄是台湾最大的港口城市和国际商埠，工业基础完善，经济发展稳定；基隆是台湾北部的国际商港，经济基础良好，但是经济增长后劲不足；台南是台湾的历史文化名城，经济规模相对局限，产业层次和收入水平有待提升。通过对城市区位和产业规模等进行比较，台湾城市综合经济竞争力表现出如下格局：以台北和新竹为代表的台湾西北部城市综合经济竞争力较强，工业城市和港口城市的综合经济竞争力表现突出。第三，从各城市历史比较来看，与 2011 年相比，台中和新竹的综合经济竞争力提升明显，高雄、基隆和台南的综合经济竞争力有所下降。

台湾城市综合经济竞争力在全国具有优势。2012 年，台湾城市综合经济竞争力集中分布在全国最好和较好的水平。按照综合经济竞争力排名，台北、新竹、台中和高雄位于全国前 50 名之内，为综合经济竞争力最好的城市；基隆和台南分别为第 60 和第 69 名，为综合经济竞争力较好的城市。按照综合经济竞争力分项指数排名，台湾城市的综合增量竞争力表现一般甚至较差，新竹和基隆的综合增量竞争力最不理想；台湾城市的综合效率竞争力全国最好，台北的综合效率竞争力全国第一。

台湾城市综合经济竞争力总体较强，经济效率高，但是经济增长趋缓的格局，为台湾城市带来机遇和挑战。此格局的优势在于，全省整体经济水平领先，经济总量和经济效益并重。但是，台湾城市经济增速偏低，综合增量竞争力相对于内地增速较快的城市整体处于劣势，综合经济竞争力的提升空间有限。

（二）可持续竞争力：总体较好，各项标准表现均衡，统筹发展需要加强

由于台湾城市相关的数据收集不够全面，本报告没有对台湾城市可持续竞争力的分项指数算出得分。此处按照可持续竞争力的定义和分项标准，对台湾城市可持续竞争力的现状格局进行分析和评价。

总体上，当前台湾城市发展的基本思路和价值取向符合可持续竞争力的要求。因此，台湾城市的可持续竞争力表现较好，多数城市达到可持续竞争力的标准。大都会区功能齐备，整体发展开放多元；城市经济转型增长，生态环境明显改善；知识经济推动创新，智慧城市前景广阔；城乡统筹联系密切，一体发展较为均衡；社会建设取得进展，和谐和平众所期盼；金融贸易优势突出，工商实业较为发达；人居环境逐步改善，规划合理生活舒适；交通通信便利快捷，信息城市生机勃勃。

具体而言，台湾城市可持续竞争力呈现如下特点与格局（见表 20－4）。其中，台北在开放多元的文化城市、创新驱动的知识城市、交流便捷的信息城市方面独占鳌头；新竹在创新驱动的知识城市、城乡一体的全域城市、创业至上的宜商城市方面优势明显；台中在环境友好的生态城市、创业至上的宜商城

市、以人为本的宜居城市方面独具魅力；高雄在开放多元的文化城市、创业至上的宜商城市、交流便捷的信息城市方面颇具特色；基隆在环境友好的生态城市、公平包容的和谐城市、交流便捷的信息城市方面特点突出；台南在开放多元的文化城市、环境友好的生态城市、创业至上的宜商城市方面潜力无限。

表 20－4　2012 年台湾城市可持续竞争力特点与格局

城市	开放多元 文化城市	环境友好 生态城市	创新驱动 知识城市	城乡一体 全域城市	公平包容 和谐城市	创业至上 宜商城市	以人为本 宜居城市	交流便捷 信息城市
台北	国际都市 多元发展	重视生态 降低能耗	科技引领 智慧城市	县市合并 统筹规划	都市社会 倡导公正	经贸发达 收入较高	人口稠密 合理布局	交通发达 通信便利
新竹	引进外资 汇聚人才	环境优美 治理转型	东方硅谷 科技新都	集约建设 城乡整合	制定规则 有序管理	科学工业 信息产业	配置齐全 空间拓展	高效物流 信息网络
台中	文化创意 活力中部	依山傍海 气候宜人	教育多元 科技重镇	县市合并 统筹规划	注重管理 保障有力	产业优势 消费城市	得天独厚 低碳宜居	中部枢纽 便利畅通
高雄	古今交融 国际都市	热带风光 海港城市	传统转型 知识经济	县市合并 统筹规划	维护权益 促进公平	港口经济 工业重镇	人文生态 相得益彰	港口优势 便捷畅达
基隆	时尚都市 国际商港	海湾特色 保护生态	创意产业 激发活力	卫星都市 转型发展	重视福利 公平参与	港埠产业 振兴消费	公共服务 友善宜居	港口优势 便捷畅达
台南	历史名城 文化深厚	加强环保 健康生态	产业升级 培育科技	县市合并 统筹规划	互信互利 参与共享	工商服务 商贸繁荣	都市规划 拓展空间	交通局限 有待改进

台湾城市可持续竞争力的特点和优势在于，总体可持续竞争力在全国表现优异，各城市的竞争力格局较为均衡。台湾注重总结工业化和城市化过程中的经验和教训，明确经济社会与资源环境之间的关系，提出生态城市、永续发展的理念。台湾城市在追求经济发展的同时，注重提升城市综合、实质和长期的发展水平，在长远的意义上提高城市可持续竞争力。同时，台湾城市可持续竞争力也存在相应的问题，主要表现在统筹区域均衡发展和应对国际城市竞争方面。在现有城市格局的基础上，台湾需要加强不同区域的均衡协调，更好地建设城乡一体的全域城市。台湾北部城市竞争力强，中部和南部城市提高空间广阔，其他县市同样具有较大潜力。以“五都改制”为契机，台湾五大都会区将带动周边县市，实现区域资源整合，共同提高可持续竞争力。在全球城市竞争的背景下，台湾城市需要持续提升开放程度和国际化水平。尤其是新竹、台

中和台南等非港口城市，应当进一步优化贸易、投资和人员往来的便利程度，促进经济、科技和文化交流。此外，台湾城市在向大都会区转变的过程中，规划建设日益趋同，城市特色逐渐弱化。为此，台湾城市应在原有特色和优势的基础上，塑造独特、个性化的城市魅力。

未来，台湾提升城市竞争力的关键在于实现均衡、协调、可持续发展，保持综合经济竞争力，提高可持续竞争力。台湾的城市化进程和城市发展具有良好的基础，城市竞争力整体水平较高。在这样的条件下，台湾需要加强传统优势，克服城市转型中的问题，应对全球城市竞争的挑战。

综合经济竞争力方面，台湾城市的主要目标是提高综合增量竞争力。深化两岸经济合作，全面加强转型升级是台湾实现经济增长的根本途径。两岸经济合作是支持台湾经济长期增长的重要力量。例如，《海峡两岸经济合作框架协议》（ECFA）的签订和实施，对于优化台湾经济环境，推动相关产业转型具有重要意义。在此基础上，产业转型升级是台湾保持经济增长的内部动力。目前，台湾已经开启产业经济的新思路，提出国际化、普遍化、差异化和本地化的产业发展愿景，以传统产业、新兴产业、智慧型产业和重点服务业，创造新的经济增长点。可持续竞争力方面，台湾城市的提升途径在于统筹均衡发展、提高开放程度、保持文化特色。按照城市可持续竞争力的要求，台湾在开放多元的文化城市、城乡一体的全域城市、多元包容的和谐城市等分项标准上还有提升空间。台湾城市需要探索城乡一体化的新路径，找寻国际化与当地化的平衡点，促进城市竞争力更加均衡。此外，台湾还应继续保持社会稳定，创造良好的社会环境，形成多元包容、公平正义、和谐稳定的社会氛围。展望未来，台湾将在深化两岸合作、平稳均衡发展的基础上，进一步提高竞争力，形成开放多元、环境友好、创新驱动、城乡一体、多元包容、创业至上、以人为本、交流便捷的城市可持续竞争力格局。

B.21
附　录

一　中国城市竞争力报告：产出指标体系

指标	指标衡量方法	指标说明
综合增量	GDP 连续 5 年平均增量	综合反映城市货币收益增加的速度与规模,反映城市产品和服务所占市场份额的变化
综合效率	地均 GDP	克服生产率指标的不足,从更加综合的角度,反映经济发展的效率
全要素生产率	DEA malmquist 指数法	由于样本不全,仅作为竞争力指标的参照系
综合环境成本	单位 GDP 二氧化硫排放量	作为调整因素,对初始的竞争力指数进行修正

资料来源：根据国家统计局、香港特别行政区政府统计处、澳门特别行政区统计暨普查局及台湾"行政院"主计处数据计算。

二　样本选择

报告中的样本城市包括中国 34 个省、市、区和特别行政区的 293 个城市，具体为内地 285 个地级以上城市和香港、澳门、台北、高雄、基隆、新竹、台中、台南。

三　计算方法

（一）指标数据标准化方法

由于城市竞争力各项指标数据的量纲不同，因此，要对这些指标进行综合集成，所有指标数据都必须进行无量纲化处理。客观指标分为单一客观指标和综合客观指标。对于单一性客观指标原始数据无量纲处理，本文主要采取标准化、指数化、阈值法和百分比等级法四种方法。

标准化计算公式为：$X_i = \frac{(x_i - \bar{x})}{Q^2}$，$X_i$ 为 x_i 转换后的值，x_i 为原始数据，$\bar{x}$ 为平均值，Q^2 为方差，X_i 为标准化后数据。

指数法的计算公式为：$X_i = \frac{x_i}{x_{0i}}$，X_i 为 x_i 转换后的值，x_i 为原始值，x_{0i} 为最大值，X_i 为指数。

阈值法的计算公式为：$X_i = \frac{(x_i - x_{\mathrm{Min}})}{(x_{\mathrm{Max}} - x_{\mathrm{Min}})}$，$X_i$ 为 x_i 转换后的值，x_i 为原始值，x_{Max} 为最大样本值，x_{Min} 为最小样本值。

百分比等级法的计算公式为：$X_i = \frac{n_i}{(n_i + N_i)}$，$X_i$ 为 x_i 转换后的值，x_i 为原始值，n_i 为小于 x_i 的样本值数量，N_i 为除 x_i 外大于或等于 x_i 的样本值数量。

综合客观指标原始数据的无量纲化处理是：先对构成中的各单个指标进行量化处理，然后再用等权法加权求得综合的指标值。

（二）城市竞争力计量的方法

1. 城市竞争力总指数：综合经济竞争力和可持续竞争力的计算方法

综合经济竞争力和可持续竞争力各项指标综合的方法是非线性加权综合法。所谓非线性加权综合法（或“乘法”合成法）是指应用非线性模型 $g = \prod x_i^{w_i}$ 来进行综合评价的。式中 w_i 为权重系数，$x_i \leqslant 1$。对于非线性模型来说，在计算城市经济竞争力的 2 项指标中或城市可持续竞争力的 8 项指标中，只要有一个指标值非常小，那么经济竞争力值或可持续竞争力值将迅速接近于零。换言之，这种评价模型对取值较小的指标反应灵敏，对取值较大的指标反应迟钝。运用非线性加权综合法进行城市竞争力计量，能够更全面、科学地反映综合指标值。

2. 城市竞争力的分项指数：可持续竞争力分项竞争力的计算方法

尽管报告设计的城市可持续竞争力分项的指标为二级指标，实际上包括原始指标在内，城市可持续竞争力分项的指标为三级，在三级指标合成二级指标和二级指标合成一级指标时，采用先标准化再等权相加的办法，标准化方法如前所述。其公式为：

$$z_{il} = \sum_{j} z_{ilj}$$

其中，z_{il} 表示各二级指标，z_{ilj} 表示各三级指标。

$$Z_{i} = \sum_{l} z_{il}$$

其中，Z_{i} 表示各一级指标，z_{il} 表示各二级指标。

3. 城市竞争力分类指数

报告将城市分别按照区域、省份、城市规模和发展阶段进行了归类，各类别中某一类型的竞争指数是对该类别所有城市该项指标的竞争力指数求平均。比如区域分类中，东南地区的区域经济竞争力指数是对东南所有 55 个城市的经济竞争力指数求平均。

B.22
后　记

过去的10年，《中国城市竞争力报告》与中国城市化和城市发展共成长，对中国城市发展和城市化起到很好的引导、激励和决策参考的作用。从城镇化的角度，新型城镇化的新目标是建设可持续竞争力的理想城市；从竞争力的角度，最具竞争力的城市是可持续竞争力的理想城市。有鉴于国内外发展的新趋势和新命题、新型城镇化的新要求，未来10年，课题组将以可持续竞争力的理想城市评估原则和标准，进行理论、实证和案例研究，以此引领中国城市实现可持续的发展和竞争力提升。本次报告主题是着力构建可持续理想城市的理论体系和评估基准。

《中国城市竞争力报告 No. 11》由中国社会科学院财贸经济研究所倪鹏飞博士牵头，数十家国内著名高校、地方院校、权威统计部门、企业研发机构的近百名专家参与，历经大半年时间，进行理论和调查、计量和案例等经验研究而形成的成果。《中国城市竞争力报告 No. 11》的基础理论、指标体系、研究框架和重要结论主要由主编倪鹏飞博士做出。副主编南开大学组合数学研究中心侯庆虎博士（数学专家）负责计量、提供计算支持；副主编梁华（中国社会科学杂志社）负责报告的审核、校对；副主编陈小龙博士（国家统计局）负责标准化数据、数据审核，并提供统计技术支持。特邀主编沈建法、林祖嘉、刘成昆负责台湾、香港、澳门的数据支持、审核和报告的讨论工作。副主编杨杰（中国社会科学院研究生院博士研究生）负责报告的数据采集、具体计算、资料汇总、协调调度等工作。卢彪（西南财经大学硕士研究生）负责协助数据采集工作。张殿君（中国科学院地理科学与资源研究所）负责城市竞争力指数地图的绘制。

关于城市竞争力，本次报告提出其主要包括城市综合经济竞争力和城市可持续竞争力两个部分，并分别设计了指标体系，从而对中国293个城市的综合经济竞争力和中国（除台湾外）287 个城市的可持续竞争力进行了衡量。除总报告外，本报告还对构成可持续竞争力的八个方面进行了理论研究，并从每一方面对样本城市进行了分析和比较，形成了八份分项报告。同时，还制作了中国七大区域的区域报告。报告的文稿是在锤炼理论、采集数据、进行计量并得出基本结论后，由执笔者撰写而成的。

各章的文字贡献者是：第一章：中国城市竞争力 2012 年度排名，课题组集体；第二章：中国城市竞争力 2012 年度评述，倪鹏飞、李超（中国社会科学院财经战略研究院）；第三章：城市竞争力：文献回顾，杨晓兰（中央财经大学）；第四章：城市竞争力：理论与模型，倪鹏飞、杨杰（中国社会科学院研究生院）；第五章：城市竞争力：可持续竞争力，倪鹏飞、杨杰（中国社会科学院研究生院）；第六章：中国宜居城市竞争力报告，李光全（中共青岛市委党校）；第七章：中国宜商城市竞争力报告，李清彬（国家发改委经济研究所）；第八章：中国和谐城市竞争力报告，刘金伟（北京工业大学）；第九章：中国生态城市竞争力报告，魏劭琨（国家发改委城市和小城镇改革发展中心）；第十章：中国知识城市竞争力报告，赵英伟（中国社会科学院研究生院博士研究生、青岛科技大学讲师）；第十一章：中国全域城市竞争力报告，蔡书凯（中国社会科学院财经战略研究院博士后）；第十二章：中国信息城市竞争力报告，刘艺（清华大学）；第十三章：中国文化城市竞争力报告，许峰（山东大学）、漆睿、李静（山东大学管理学院硕士研究生）；第十四章：中国（东南地区）城市竞争力报告，邹琳华（中国社会科学院财经战略研究院）；第十五章：中国（环渤海地区）城市竞争力报告，刘伟（中国社会科学院研究生院）、卜鹏飞（首都经济贸易大学）；第十六章：中国（东北地区）城市竞争力报告，卜鹏飞（首都经济贸易大学）；第十七章：中国（中部地区）城市竞争力报告，黄城（西南财经大学）；第十八章：中国（西南地区）城市竞争力报告，卢彪（西南财经大学）；第十九章：中国（西北地区）城市竞争力报告，魏婕（西北大学）；第二十章：中国（港澳台地区）城市竞争力报告，乔静予（外交学院）、卢彪（西南财经大学）、刘成昆（澳门科技大学行政与管理学院）；附录：倪鹏飞、侯庆虎、杨杰。整个报告的计量数据，由倪鹏飞、侯庆虎领导下的课题组完成。

《中国城市竞争力报告 No. 11》和中国城市竞争力的研究得到报告顾问及诸多机构和人士真诚无私的支持。我们对所有支持和关心这项研究的单位和人士表示钦佩、敬意和感谢。

倪鹏飞

2013 年 4 月 20 日

权威报告 热点资讯 海量资源

当代中国与世界发展的高端智库平台

皮书数据库 www.pishu.com.cn

皮书数据库是专业的人文社会科学综合学术资源总库，以大型连续性图书——皮书系列为基础，整合国内外相关资讯构建而成。包含七大子库，涵盖两百多个主题，囊括了近十几年间中国与世界经济社会发展报告，覆盖经济、社会、政治、文化、教育、国际问题等多个领域。

皮书数据库以篇章为基本单位，方便用户对皮书内容的阅读需求。用户可进行全文检索，也可对文献题目、内容提要、作者名称、作者单位、关键字等基本信息进行检索，还可对检索到的篇章再作二次筛选，进行在线阅读或下载阅读。智能多维度导航，可使用户根据自己熟知的分类标准进行分类导航筛选，使查找和检索更高效、便捷。

权威的研究报告，独特的调研数据，前沿的热点资讯，皮书数据库已发展成为国内最具影响力的关于中国与世界现实问题研究的成果库和资讯库。

皮书俱乐部会员服务指南

1. 谁能成为皮书俱乐部会员？

- 皮书作者自动成为皮书俱乐部会员；
- 购买皮书产品（纸质图书、电子书、皮书数据库充值卡）的个人用户。

2. 会员可享受的增值服务：

- 免费获赠该纸质图书的电子书；
- 免费获赠皮书数据库100元充值卡；
- 免费定期获赠皮书电子期刊；
- 优先参与各类皮书学术活动；
- 优先享受皮书产品的最新优惠。

社会科学文献出版社 皮书系列
SOCIAL SCIENCES ACADEMIC PRESS (CHINA)
卡号：2798191116358061
密码：

（本卡为图书内容的一部分，不购书刮卡，视为盗书）

3. 如何享受皮书俱乐部会员服务？

（1）如何免费获得整本电子书？

购买纸质图书后，将购书信息特别是书后附赠的卡号和密码通过邮件形式发送到pishu@188.com，我们将验证您的信息，通过验证并成功注册后即可获得该本皮书的电子书。

（2）如何获赠皮书数据库100元充值卡？

第1步：刮开附赠卡的密码涂层（左下）；

第2步：登录皮书数据库网站（www.pishu.com.cn），注册成为皮书数据库用户，注册时请提供您的真实信息，以便您获得皮书俱乐部会员服务；

第3步：注册成功后登录，点击进入“会员中心”；

第4步：点击“在线充值”，输入正确的卡号和密码即可使用。

皮书俱乐部会员可享受社会科学文献出版社其他相关免费增值服务
您有任何疑问，均可拨打服务电话：010-59367227 QQ:1924151860
欢迎登录社会科学文献出版社官网(www.ssap.com.cn)和中国皮书网（www.pishu.cn）了解更多信息